# 成就与经验

## 中国改革开放40年论文集

上册

靳诺　刘伟　主编

中国人民大学出版社
·北京·

# 编委会

# 序 言

1978 年以党的十一届三中全会为标志，中国开始了改革开放的历史征程。从农村到城市，从沿海到内陆，从试点到推广，从经济体制改革到全面深化改革，40 年众志成城，40 年砥砺奋进，40 年春风化雨，中华民族在中国共产党领导下，走出了一条中国特色社会主义道路，中国人民用双手书写了国家和民族发展的壮丽史诗。

2017 年 10 月，党的十九大将习近平新时代中国特色社会主义思想确立为我们党长期坚持的指导思想，描绘了中国建设社会主义现代化强国的宏伟蓝图，提出了新时代坚持和发展中国特色社会主义的基本方略和决策部署。十九大刚刚闭幕，习近平总书记就在十九届中共中央政治局常委同中外记者见面会上指出："2018 年，我们将迎来改革开放 40 周年。""我们将总结经验、乘势而上，继续推进国家治理体系和治理能力现代化，坚定不移深化各方面改革，坚定不移扩大开放，使改革和开放相互促进、相得益彰。"

为回顾改革开放 40 年所取得的伟大成就，总结 40 年来的历史经验，中国人民大学于 2018 年 12 月 16 日在北京召开"成就与经验：中国改革开放 40 年"论坛。此次论坛面向全国征文，共收到论文 351 篇，经过专家初审和复审，遴选出不同学科领域的优秀论文，结集成《成就与经验：中国改革开放 40 年论文集》。论文集围绕政治、经济、金融、社会、教育、文化等重要领域，回顾总结了我国改革开放 40 年来的伟大成就和历史经验，并对未来中国社会经济转型的重点改革领域提出了建设性意见。

2018 年，与改革开放共命运的中国人民大学迎来复校 40 周年。作为改革开放的见证者、参与者、推动者，中国人民大学在改革开放的大潮中实现腾飞，成为中国共产党扎根中国大地办大学的典范。作为人文社会科学领域的领航者，中国人民大学对于改革开放更有着特殊的意义：胡福明校友参与撰写的《实践是检验真理的唯一标准》、陈锡添校友撰写的《东方风来满眼春》，都已成为改革开放发展历史中重要的思想风标。

回首过去，我们逢山开路，遇水架桥，实现了经济发展现代化和人的现代化，这是改革开放40年带给中国的巨大变化。我们坚持把马克思主义的基本立场和方法应用于中国发展实践，始终强调解放和发展生产力；我们探索和创造社会主义市场经济，把公有制和市场经济统一起来；我们坚持开放道路，顺应时代，融入世界；我们运用辩证法的智慧，最大限度凝聚共识，减少改革的风险。

审视今天，中国特色社会主义进入了新时代，这是一段史诗般的进步，也是人类发展史上最激动人心的例子之一。与此同时，当中国特色社会主义制度优势成为中国人对中国最大期待时，我国仍处于发展关键期、改革攻坚期和矛盾凸显期，改革的复杂性和艰巨性前所未有。我们需要在继续念好“发展经”“改革经”的同时，更加重视中国特色社会主义制度的完善和发展。一方面需要踩油门，另一方面也需要点刹车，同时还要把握好改革开放的方向盘，推动经济社会各方面全面协同均衡有序发展。

展望未来，改革不停顿，开放不止步。如何承前启后、继往开来，不断把改革开放推向前进，把新时代中国特色社会主义事业推向前进，是哲学社会科学工作者必须思考的责任和使命。

毋庸置疑，改革开放是一项长期的、艰巨的、繁重的事业，不可能一蹴而就，也不能一劳永逸，需要久久为功，一代又一代人接续奋斗。面对全面深化改革的现实需要，哲学社会科学工作者要不忘初心、牢记使命，继续追踪我国改革开放的历史进程，深入研究解决全面深化改革面临的重大理论和实际问题，不断总结改革开放的新经验，继续探索改革开放的客观规律，继续以逢山开路、遇水架桥的开拓精神，以更高的站位、更大的勇气和更加辛勤的努力，为开创中国特色社会主义建设新局面提供更加有力、更有质量的智力支持，继续书写新时代中国改革开放和社会主义现代化建设的新篇章。

# 目 录

## 上册

# 十一届三中全会的历史评价
## ——回顾改革开放40周年

桁　林*

**【摘　要】**十一届三中全会的历史评价重点内容在于以下两个方面：一是40年后如何认识十一届三中全会的意义，二是十一届三中全会之所以能够开启新的历史征程的成因是什么。这两个方面明确之后，十一届三中全会的历史地位也就确立了。当然，今天对十一届三中全会历史地位的认识，显然比10年前、20年前更进了一步。随着实践发展，认识也在深化。

**【关键词】**十一届三中全会；历史评价；意义；成因

## 一、40年之后再来看十一届三中全会的意义

1978年召开的十一届三中全会，实现了党的指导思想的拨乱反正，摒弃了“以阶级斗争为纲”的口号，达到了拨乱反正、解放思想、重新团结起来的目的，是党的工作重心由“以阶级斗争为纲”开始真正转向经济建设，进而致力于全面建设小康社会“三步走”战略的一次思想总动员。由这个历史节点出发，我国进入了中国特色社会主义发展的伟大征程，由此开辟了一条由站起来到富起来再到强起来的长期持续发展的道路。因此，1978年也就成了中国特色社会主义的元年。

* 桁林，中国社会科学院马克思主义研究院研究部副主任、教授。

以十一届三中全会为界，如何看待1978年之前的30年和之后的40年的关系呢？显然，“前三后四”无法割裂，是继承与发展的关系，一脉相承，最集中地反映在四项基本原则上。当然，二者的区别也很明显，最大的区别就体现在上述有关十一届三中全会的历史意义上。

“一个中心、两个基本点”这一社会主义初级阶段的基本路线已经充分表明了党对“前三后四”关系的鲜明态度。在改革开放起步时就提出这个要管一百年、能覆盖整个社会主义初级阶段的指导方针①，现在回过头来看，不能不佩服其立意高远、高屋建瓴有眼光。总结改革开放40年的经验、探索中国特色社会主义的发展规律，无不与40年前制定的“一个中心、两个基本点”这条总纲对接，各项事业推陈出新无不是它的延伸与拓展。

在半个多世纪风起云涌的民族解放运动中，世界上很多发展中国家，不论国家大小、实力强弱，也不论国家性质、发展条件、发展程度如何，都没有做到持之以恒保持长期发展，只有中国成为全球最耀眼的新兴增长极。中国特色社会主义道路自信、理论自信、制度自信、文化自信已经成为新发展理念最丰富的滋养，是发展理论再次兴盛的最大源泉。中国特色社会主义就是新的发展理论，给世界上那些既希望加快发展又希望保持自身独立性的国家和民族提供了全新选择，提供了中国范本，拓展了发展中国家走向现代化的途径。

邓小平理论作为中国特色社会主义理论的开山之作，它的核心就在于“一个中心、两个基本点”。作为这份弥足珍贵的政治遗产的主要创立者，邓小平谆谆告诫后人一定要坚持四项基本原则，尤其是坚持党的领导，这是保持长治久安的压舱石。经济改革可以试，即便错了还能改，因为它背后还有党这个坚强后盾，但是，政治体制改革不允许失败，开弓没有回头箭，一失足成千古恨，苏东剧变就是深刻的教训。所以，党的十九大报告明确强调，党的领导是中国特色社会主义最本质的特征。

改革开放积累了40年的经验，40年来，党带领人民坚持不懈、持之以恒不断探索和一心一意谋求的是中国特色社会主义这项伟大事业，为此总结出了中国特色社会主义的总依据、基本路线、基本理论、基本纲领、基本经验、基本要求、基本方法、基本方略等，而今，需要进一步上升到对中国特色社会主义发展规律认识的高度，从而为全面建成小康社会、实现中华民族伟大复兴的中国梦提供强大的理论指导。这是研究中国特色社会主义

---

① “基本路线要管一百年，动摇不得。……谁要改变三中全会以来的路线、方针、政策，老百姓不答应，谁就会被打倒。”(邓小平文选：第3卷．北京：人民出版社，1993：370－371.)

发展史、总结改革开放的历史经验和探索中国特色社会主义发展规律的最大动力。

## 二、十一届三中全会之所以能够开启新的历史征程的成因是什么？

### （一）十一届三中全会能取得卓越历史成就不是偶然的

1978年召开的十一届三中全会发生历史性转折，绝不是偶然的，在此之前已有诸多铺垫，早有蓄势待发之势。有人讲，十一届三中全会是在正确的时间召开的一次正确的会议，此话不无道理。

1977年，再次复出的邓小平重点抓了三件事：一是恢复高考、恢复高校，邓小平“自告奋勇”抓教育和科技。高考改变了一代知青的命运，不啻在乍暖还寒之时炸响的第一声春雷，宣告改革的春天已经提前到来。二是着手平反冤假错案。作为党内“走资派”第二号代表人物，邓小平复出这件事本身就极具代表性，传递出超强的政治信号，冤假错案将要启封，相应地，必然涉及对毛泽东晚年的历史评价。三是着手与美国外交谈判。还在国门尚未开放之际，邓小平就已经将外资外贸和人才培养通盘考虑，把它们放在战略高度来决策，本着为我所用、为发展中国经济服务的目的运筹帷幄。之后他出国第一站就选择了美国，这就是他的政治谋略。他访美期间戴西部牛仔帽的照片给世人留下了既亲切又深刻的印象。

这些举措都是实打实的思想解放，其释放出的积极影响与真理标准大讨论默契配合，不正包含了后来我们所讲的“改革”“开放”“解放思想”等中国特色社会主义的新元素吗？

天道酬勤，当大多数人还在沉睡中浑然不觉之时，邓小平则气定神闲、举重若轻①，已在悄然改变历史格局，多年以后我们才意识到当时的这些布局有着多么重大的意义和价值啊！再如对深圳逃港事件，邓小平判断“主要是生活不好，差距太大”②。只有这样的判断力才会想到去建特区“桥头堡”，如果只想着扎紧篱笆，把铁丝网再加高一尺，就会是另一堵柏林墙，而不会有深圳今天的繁荣③，也不可能有颇为壮观的沿海开放地带，更不会有全面开放的今天。而当初的这项决策是有争议的，有风险的。又如，在改

---

① 周恩来评价邓小平做事是举重若轻，他自己做事则是举轻若重，事无巨细，面面俱到。（邓在军．你是这样的人：回忆周恩来口述实录．北京：人民出版社，2013：56-57.）

② 中共中央文献研究室．邓小平年谱：1975—1997：上．北京：中央文献出版社，2004：238.

③ 深圳作为全国一线城市，成为年轻人择业定居首选之地，完全是改革开放带来的。

革开放之初即做出裁军百万之举，举世震惊。邓小平正确地判断和平与发展是当今时代的主题，世界大战一时打不起来，中国人完全可以利用这段时间抓紧把国内经济建设搞上去。

有资料显示，邓小平在出访东南亚国家马来西亚、新加坡、泰国归来后阅读了中央工作会议有关讨论的简报，认为已经准备好的发言稿不能用了，需要重拟闭幕式讲话，这才有了《解放思想，实事求是，团结一致向前看》这篇振聋发聩的改革“宣言书”。

中央工作会议开了一个多月，接着就召开了十一届三中全会。十一届三中全会原定的议题是讨论农业、经济和计划问题，结果开成了平反昭雪、改革开放的大会。

偶然吗？好像很有戏剧效果，但这些表象背后，则是必然性在起作用。因为这个时候大家都已经认识到，改革的春天来了，不改革就是死路一条。

### （二）十一届三中全会的成功根本在于回到了“八大路线”的正确轨道

1956年的中国，生产关系的社会主义改造基本完成，开始进入社会主义社会。同年召开的党的八大对社会主要矛盾这一新变化做出积极回应，提出今后党和国家的中心工作将转向经济建设，由此兴起了社会主义现代化建设的新高潮——社会主要矛盾的变化决定了新时期新阶段及其新的历史任务。1956年毛泽东在中共中央政治局扩大会议上的讲话，即著名的《论十大关系》中阐述的十大关系就是十大矛盾，跟《关于正确处理人民内部矛盾的问题》（1957年）一样，用的都是矛盾分析法，但是这些矛盾多数已不再是对抗性矛盾，而是没有内在根本冲突的非对抗性矛盾。显然，矛盾的性质已经发生根本改变。

在阶级社会的生产关系中，存在根本对立的阶级和不可调和的阶级斗争，它在整个生产关系中起着主导作用，因而决定了该阶级社会的性质，由此有了奴隶社会、封建社会和资本主义社会这些不同社会形态的分别。诚如《共产党宣言》所揭示的，阶级斗争是推动阶级社会历史发展的根本力量。在束缚生产力发展几成桎梏的剥削关系及其经济基础被彻底铲除之后，生产力获得了前所未有的解放，此时阶级对立不复存在，阶级斗争不再是社会的主要矛盾，取而代之的是没有剥削、没有根本利害冲突的新型生产关系。如何才能更好地促进生产力发展呢？这是社会主义条件下的社会主要矛盾。因此，促进和发展生产力，实现更好更快的发展，并以此工作为中心不断调整生产关系也就顺理成章地成为社会主义社会最重大的历史任务。党的八大将社会主要矛盾概括为“人民对于建立先进的工业国的要求同落后的农业国的现实之间的矛盾”，“人民对于经济文化迅速发展的需要同当前经济文化不能满足人民需要的状况之间的矛盾”[①]，同时期出版的苏联《政治经济学教科书》（第三版）则将社会主要矛盾直接概述为“先进的社会主义制度和落后的社会生产力之间的矛盾”。这都旨在表明社会主义生产关系的内在本质，表明社会主义社会最重要的历史任务不在于别的方面，而在于如何协调好生产力和生产关系之间的非对抗性矛盾。

可见，十一届三中全会的成功根本在于回到了“八大路线”的正确轨道。以邓小平同志为核心的党的第二代中央领导集体，将百废待兴的中国领到新的发展航道上，中国从此走上了中国特色社会主义的道路。改革的前景是在改革进程中逐步展开的。正是在改革过程中，我们才明确了改革的目标是要释放出市场活力，调动每个人的积极性，使他们尽可能地投入物力、人力，这就必须形成正向激励机制[②]。又经过十多年的不懈探索，改革的目标最终落在了“三个有利于”上。

从 1981 年党的十一届六中全会开始，社会主要矛盾被规范表述为“人民日益增长的物质文化需要同落后的社会生产之间的矛盾”[③]。这一表述一直沿用到党的十九大，此后，社会主要矛盾才有了更新的表述。党的十九大将社会主要矛盾表述为“人民日益增长的美好生活需要和不平衡不充分的发展之间的矛盾”，这体现了生产力和生产关系两个方面发展了之后的新面貌、新气象。以需求为例，需求层次由过去的温饱型、小康型的基本需要上升到更高层次的对美好生活的向往，而发展的不平衡不充分也不再是原有落后生产力下的三大差别（工农差别、城乡差别、脑力劳动和体力劳动的差别），而是更要着眼于发展了之后的新表现、新动向，要避免落入“中等收入陷阱”。社会主要矛盾的这种转变和转向，赋予了时代新特征、新任务，表明中国特色社会主义进入了新时代，这也是唯物史观的应有之义。当然，新时代并没有脱离社会主义初级阶段这个最大国情和最大实际，中国仍处于并将长期处于社会主义初级阶段的基本国情没有变，作为世界最大发展中国家的国际地位没有变。至于解决社会主要矛盾的办法，离不开国家治理体系和治理能力现代化，即通过有效的制度设计，全面协调整个生产关系，从而促进生产力更好更快地发展，让各种生产要素的活力竞相迸发，让一切创造财富的源泉充分涌流，让更多发展成果惠及全体人民，充分实现共建共享美好家园这一美好愿望。这是我们积 40 年中国特色社会主义历史经验得出的结论。

---

① 中共中央文献研究室．建国以来重要文献选编：第 9 册．北京：中央文献出版社，1994：341.

② 逆向淘汰机制就会导致“大跃进”“吃大锅饭”之类脱离实际的极端情形发生。

③ 中共中央文献研究室．十一届三中全会以来重要文献选读：上册．北京：人民出版社，1987：345.

### （三）十一届三中全会以来致力于发展什么才能得到如此多助？

早在1992年，邓小平在南方谈话中就曾做过这样的设想："恐怕再有三十年的时间，我们才会在各方面形成一整套更加成熟、更加定型的制度。在这个制度下的方针、政策，也将更加定型化。"[①] 也就是说，到2020年全面建成小康社会之时，一整套更加成熟、更加定型的制度体系应当建立起来。

这是一套什么样的制度呢？它的目标就是要充分调动每个人的积极性，形成正向激励机制，使每个人能够各尽其能（力），各得其所，使整个社会形成最大的合力，这也就是《共产党宣言》中所讲的"每个人的自由发展是一切人的自由发展的条件"，其首要条件就在于每个人能够自由发展。它意味着生产方式的根本性变革使得整个社会结构的重心下移，社会将关注点转向个人层面，关注每个人是否自愿投入更多的资源和精力。

对于制度顶层设计所要达到的目标，1992年邓小平在南方谈话中已经明确给出了"三个有利于"的判断标准。党的十六大报告则进一步明确提出"两让"，其中一段话是这样的："要形成与社会主义初级阶段基本经济制度相适应的思想观念和创业机制，营造鼓励人们干事业、支持人们干成事业的社会氛围，放手让一切劳动、知识、技术、管理和资本的活力竞相迸发，让一切创造社会财富的源泉充分涌流，以造福于人民。"

胡锦涛在2008年纪念党的十一届三中全会召开三十周年大会上的讲话中重申了"两让"："放手让一切劳动、知识、技术、管理、资本的活力竞相迸发，让一切创造社会财富的源泉充分涌流。"并且指出，"我们党提出把社会主义市场经济体制确立为我国经济体制改革的目标模式，正确解决了关系整个社会主义现代化建设全局的一个重大问题"。这既是制度改革的目标，也是几十年来改革开放所有历史经验的高度浓缩。

2013年召开的十八届三中全会不仅明确提出了顶层设计这一概念，而且对顶层设计的目标概括得更加全面到位，总结起来就是要做到"三让"，即让一切劳动、知识、技术、管理、资本的活力竞相迸发，让一切创造社会财富的源泉充分涌流，让发展成果更多更公平惠及全体人民。这是对"两让"的补充和完善。所有的制度设计都要围绕着这个目标来实现。制度改革的目标确立之后，检验改革成败的标准也就确立起来了。

古人云，得道多助。长期致力于发展这么一套制度，自然会得到越来越多的人的理解与支持，所以，中国特色社会主义道路能够越走越宽，中国特色社会主义理论能够越来越

① 邓小平文选：第3卷．北京：人民出版社，1993：372.

自信，中国特色社会主义文化能够越来越有吸引力。

## 三、结语

从冷战结束之后整个国际形势“西强东弱”的变化来看，十一届三中全会事实上已经高举起了21世纪马克思主义的大旗，在苏东剧变、原有的社会主义国家纷纷易帜的情况下，中国特色社会主义风景这边独好。中国特色社会主义道路自信、理论自信、制度自信，凝结成新时代的文化自信，五千年中华文明最终汇集成滔滔江河，铸成了这股生生不息的向心力。中国特色社会主义的理论和实践已经成为研究科学社会主义鲜活生动而又内容丰富的教科书。

所有这些改变，都始自十一届三中全会。改革开放是决定当代中国命运的关键一招，中国特色社会主义是改革开放以来党的全部理论和实践的主题，改革开放赋予了社会主义新的生机和活力，十一届三中全会开辟了中国特色社会主义的新纪元。

在当代中国，坚持中国特色社会主义，就是真正坚持科学社会主义。中国特色社会主义是马克思主义基本原理同当代中国实际和时代特征相结合的产物。中国特色社会主义既坚持了科学社会主义的基本原则，又根据时代条件赋予其鲜明的中国特色，是在中国改革开放和现代化建设的伟大实践中经过检验、由中国发生的历史性变化和取得的巨大成就所证明的正确道路、科学理论、先进制度，是对科学社会主义的继承和创新，是科学社会主义发展的新阶段。

每个时代都有自己的使命和肩负的历史重任，十一届三中全会及其开创的改革开放正是抓住了现实当中最突出的矛盾和迫切需要解决的根本问题，层层深入，在不断解决矛盾和问题中充实自身的理论，拓展自身的道路，健全自身的制度，增强自身的文化，体现了实事求是、求真务实、与时俱进的精神品质，以此来应对不断变化了的现实诉求，引领时代进步的潮流。

40年弹指一挥间，今天我们纪念十一届三中全会，就是向这种崇高品质致敬。同时，也是向中国人自强不息的奋斗史致敬。

### 参考文献

[1] 习近平．决胜全面建成小康社会　夺取新时代中国特色社会主义伟大胜利．北京：人

民出版社，2017.

［2］中共中央文献研究室．建国以来重要文献选编：第9册．北京：中央文献出版社，1994.

［3］中共中央文献研究室．十一届三中全会以来重要文献选读：上册．北京：人民出版社，1987.

［4］中共中央文献研究室．十八大以来重要文献选编：上．北京：中央文献出版社，2014.

［5］邓小平文选：第3卷．北京：人民出版社，1993.

［6］中共中央文献研究室．邓小平年谱：1975—1997：下．北京：中央文献出版社，2004.

［7］析林，等．中国特色社会主义历史进程初探．北京：社会科学文献出版社，2017.

# 《共产党宣言》经济全球化理论及其在新时代的发展*

秦洪良**

**【摘　要】**《共产党宣言》深入剖析了资产阶级开启的经济全球化进程，揭示了经济全球化的二重性悖论。近年来欧美国家逆全球化，凸显了当代资本主义内在矛盾和西方主导全球治理体系的困境。改革开放以来，我国从经济全球化中持续受益，又不断做出贡献。特别是党的十八大以来，我国为经济全球化正名打气、导航定向、架桥铺路、续航助力，贡献了新时代的中国智慧和中国方案。

**【关键词】**《共产党宣言》；经济全球化；改革开放；新时代

2018年是我国改革开放40周年，又值马克思诞生200周年、《共产党宣言》发表170周年。《共产党宣言》深入剖析资产阶级开启的追逐资本利润最大化的经济全球化进程，由此发展出马克思主义经济全球化理论。改革开放40年的成功实践证明，我国是经济全球化的受益者，更是贡献者。近年来，欧美国家逆全球化现象明显升温，在经济全球化何去何从的重大抉择关头，中国共产党人坚定不移推动经济全球化，为国际社会贡献了中国智慧和中国方案。

---

* 本文摘要刊于2018年5月23日《光明日报》，题为《充分利用一切机遇，合作应对一切挑战》。

** 秦洪良，中央政策研究室信息局副局长。

## 一、《共产党宣言》关于经济全球化的深刻论断

《共产党宣言》深入剖析资产阶级开启的追逐资本利润最大化的经济全球化进程，科学预见经济全球化时代的到来，做出了诸多具有开创性的深刻论断，奠定了马克思主义经济全球化理论的坚实基础。

一是首先提出了资本主义世界性问题。资本主义世界性可追溯到15世纪哥伦布发现美洲大陆，这可视作经济全球化现象的萌芽。《共产党宣言》充分肯定了资产阶级开启的经济全球化进程对推动历史进步的革命作用。“大工业建立了由美洲的发现所准备好的世界市场。世界市场使商业、航海业和陆路交通得到了巨大的发展。这种发展又反过来促进了工业的扩展，同时，随着工业、商业、航海业和铁路的扩展，资产阶级也在同一程度上发展起来，增加自己的资本，把中世纪遗留下来的一切阶级排挤到后面去。”①

二是揭示了经济全球化由资本主义利己本性所驱动。《共产党宣言》指出，资产阶级“使人和人之间除了赤裸裸的利害关系，除了冷酷无情的‘现金交易’，就再也没有任何别的联系了”②。“不断扩大产品销路的需要，驱使资产阶级奔走于全球各地。它必须到处落户，到处开发，到处建立联系。”③ 由此可见，资产阶级开启的经济全球化进程由资本主义利己本性所驱动，其目的在于用公开的、无耻的、直接的、露骨的剥削来掠夺和占有全球资源、原材料和劳动力，追逐资本利润最大化。

三是揭示了经济全球化世界性影响既表现在物质方面，又表现在精神方面。“资产阶级，由于开拓了世界市场，使一切国家的生产和消费都成为世界性的了。……物质的生产是如此，精神的生产也是如此。”在物质方面，“古老的民族工业被消灭了”，新的工业“所加工的，已经不是本地的原料，而是来自极其遥远的地区的原料；它们的产品不仅供本国消费，而且同时供世界各地消费”。在精神方面，“各民族的精神产品成了公共的财产”，“由许多种民族的和地方的文学形成了一种世界的文学”④。以上论述显示，经济全球化必然影响各个国家和民族的物质生活和精神生活，落后国家和民族将被深深打上资本主义烙印。

四是揭示了经济全球化本质是资产阶级“按照自己的面貌为自己创造出一个世界”⑤。

① 马克思恩格斯选集：第1卷.3版.北京：人民出版社，2012：401-402.

② 同①403.

③ 同①404.

④ 同①404.

⑤ 同①404.

《共产党宣言》阐明经济全球化的本质就是资产阶级“按照自己的面貌为自己创造出一个世界”，其结果“正像它使农村从属于城市一样，它使未开化和半开化的国家从属于文明的国家，使农民的民族从属于资产阶级的民族，使东方从属于西方”①。由此可见，资产阶级依仗其发达的生产工具和便利的交通条件，开拓殖民地和世界市场，迫使他国接受资本主义的生产方式和生产关系，以确保资产阶级在经济全球化中的统治地位。

五是预言了资本全球扩张将导致资产阶级的消亡。《共产党宣言》阐明了资本主义制度固有的内在矛盾，进而指出，“这个曾经仿佛用法术创造了如此庞大的生产资料和交换手段的现代资产阶级社会，现在像一个魔法师一样不能再支配自己用法术呼唤出来的魔鬼了”②，其突出表现就是周期性经济危机的出现。“随着大工业的发展，资产阶级赖以生产和占有产品的基础本身也就从它的脚下被挖掉了。它首先生产的是它自身的掘墓人。资产阶级的灭亡和无产阶级的胜利是同样不可避免的。”③ 这里指出了资本内在的自我否定性并大胆做出预言：资产阶级的发展、贸易自由的实现和世界市场的建立，将导致各国人民之间民族分隔和对立的消失；也就是说，资本的全球扩张将走到资产阶级对立面，为消灭资本主义、实现共产主义准备条件。

综上所述，《共产党宣言》揭示了经济全球化的二重性悖论：一方面是作为资产阶级发端的资本主义经济全球化，服从于资产阶级最大限度攫取利益的需要，具有强烈的利己排他性；另一方面是作为社会历史发展逻辑下的经济全球化，将成为不可逆转的时代潮流，钳制和抑制资本的扩张，终结资本主义经济全球化。

## 二、经济全球化新的时代特点

170 年来虽然国际政治经济版图发生了翻天覆地的变化，但是经济全球化仍未摆脱《共产党宣言》揭示的二重性悖论，同时又具有了许多新的时代特点。

长期以来，经济全球化的推进由西方国家主导，与西方资本主义发展及其全球范围的扩张基本保持同步。进入 20 世纪特别是第二次世界大战以后，经济全球化深入发展，跨国商品、服务贸易、生产要素和国际资本自由流动加快，网络信息技术得到广泛传播并普及，很多国家乘势实现高速增长。西方国家在全球治理体系中居于主导和支配地位，通过

---

① 马克思恩格斯选集：第 1 卷 . 3 版 . 北京：人民出版社，2012：405.

② 同①406.

③ 同①412－413.

其控制的国际经济组织和跨国公司，向发展中国家实施经济、政治、文化等各层面的渗透和扩张。这种资本全球扩张主导的资本主义经济全球化，不可避免地加剧了技术、市场、资源乃至文化、政治、宗教等方面的竞争、冲突甚至战争，拉大了南北差距、东西差距，给世界增加了不稳定不确定因素，资本主义基本矛盾也更多更充分地暴露出来。比如，美国对阿富汗、伊拉克、叙利亚等发动的军事战争，2008 年国际金融危机以及随后的欧债危机，都是经济全球化背景下资本主义基本矛盾激化和转嫁的结果。

同时，经济全球化又具有许多新的时代特点，提出了构建新型经济全球化和变革全球治理体系的迫切要求。与《共产党宣言》发表时的时代相比，当前经济全球化与资本全球扩张的疏离趋势凸显，各个国家、各个民族之间相互关联、相互依存程度之深前所未有，成为你中有我、我中有你的命运共同体。世界多极化、经济全球化、社会信息化、文化多样化深入发展，和平合作、开放融通、变革创新潮流滚滚向前，发展中国家特别是新兴市场国家携手合作发展、深度参与全球事务的意愿空前增强，构建新型经济全球化和变革全球治理体系的呼声空前高涨。

近年来一个值得注意的动向是，西方特别是一些欧美国家逆全球化现象明显升温：内政外交政策孤立主义色彩渐浓，内顾倾向明显，英国“脱欧”，特朗普当选美国总统后连续推出“美国优先”政策，欧洲政坛右翼势力卷土重来；频繁采取贸易保护主义措施，恶意发动贸易战，强调本国的自身利益和眼前利益，与经济全球化和区域经济一体化拉开距离；反全球化思潮滋生蔓延，不少民众把贫富分化、移民、社会安全等国内问题带来的利益受损归咎于经济全球化，质疑和反对声音四起。

根据《共产党宣言》的分析，可以认为：资产阶级开启的资本主义经济全球化，曾经让欧美国家赚得盆满钵满，因此长期以来它们都极力鼓吹和推动经济全球化。但是到了今天，由于原来那种利己排他的资本主义全球化已成明日黄花，“使整个社会服从于它们发财致富的条件”① 一去不返，欧美国家在经济全球化进程中的主导和支配地位受到冲击，本国经济增长动能不足、发展持续低迷、社会问题丛生，焦虑情绪加重、自信心受挫，于是它们就把问题归咎于经济全球化，变成了经济全球化的反对者乃至终结者。欧美国家的真实意图在于转嫁社会矛盾，以缓解国内压力，遏制竞争对手，确保自身最大利益。这凸显了当代资本主义基本矛盾的激化和西方主导全球治理体系的困境，也让我们再次见识了《共产党宣言》批判的资产阶级的利己本性和虚伪面目。

---

① 马克思恩格斯选集：第 1 卷 . 3 版 . 北京：人民出版社，2012：411.

## 三、经济全球化的中国智慧和中国方案

我国实行改革开放 40 年来，持续从经济全球化中受益，又不断对经济全球化做出贡献。一方面，充分利用一切机遇，主动参与国际生产分工，解放和发展社会生产力，让经济全球化正面效应得以充分释放；另一方面，合作应对一切挑战，妥善施策、趋利避害，讲求效率、注重公平，把经济全球化的负面效应降到最低。伴随改革开放的深化，我国对经济全球化的规律性认识日臻完善。特别是在经济全球化何去何从的重大抉择关头，习近平主席基于中国特色社会主义进入新时代的历史方位，运用马克思主义基本原理科学分析世界大势，系统阐述全面认识、主动适应、正确引导经济全球化的原则立场、目标方向和措施建议，为国际社会贡献了中国智慧和中国方案，为徘徊中的世界增添了力量、带来了希望。

首先，提出“新的全球共识”，为经济全球化正名打气。习近平主席在多个场合系统阐述为经济全球化正名打气的政策主张，这些主张被誉为中国“对经济全球化的标准界定”和“新的全球共识”①。一是充分肯定经济全球化的积极影响。综合研判世界发展大势，经济全球化是不可逆转的时代潮流，是社会生产力发展的客观要求和科技进步的必然结果，为世界经济增长提供了强劲动力，促进了商品和资本流动、科技和文明进步、各国人民交往，符合各国共同利益。二是客观看待经济全球化的负面效应。经济全球化是一把“双刃剑”。当世界经济处于下行期时，全球经济“蛋糕”不容易做大，甚至变小了，增长和分配、资本和劳动、效率和公平的矛盾更加突出，发达国家和发展中国家都会感受到压力和冲击。反全球化的呼声，反映了经济全球化进程的不足，值得我们重视和深思。三是适应和引导好经济全球化。正确的选择是：充分利用一切机遇，合作应对一切挑战，适应和引导好经济全球化，消解经济全球化的负面影响，让经济全球化进程更有活力、更加包容、更可持续。各国要主动作为、适度管理，顺应大势、结合国情，讲求效率、注重公平，让不同国家、不同阶层、不同人群共享经济全球化的好处。

其次，推动构建人类命运共同体，为经济全球化导航定向。基于经济全球化背景下人类利益格局从输赢分化到休戚与共的变化趋势，习近平主席提出构建人类命运共同体的重

① 让思想之光引领世界前行之路：习近平主席二〇一七年达沃斯、日内瓦主旨演讲的世界意义．人民日报，2018-01-25.

大倡议。其核心要义是建设持久和平、普遍安全、共同繁荣、开放包容、清洁美丽的世界，涵盖政治、安全、经济、文化、生态五大领域。其中，在政治上坚持相互尊重、平等相待，走对话而不对抗、结伴而不结盟的国与国交往新路，妥善管控矛盾分歧，努力实现持久和平；在安全上坚持对话协商、共担责任，秉持共同、综合、合作、可持续的安全理念，统筹应对传统和非传统安全挑战；在经济上坚持同舟共济、合作共赢，走开放融通、互利共赢之路，构建开放型世界经济，推动经济全球化朝着更加开放、包容、普惠、平衡、共赢的方向发展；在文化上坚持兼容并蓄、和而不同，加强双边和多边框架内合作，推动文明交流互鉴；在生态上坚持敬畏自然、珍爱地球，加强气候变化、环境保护、节能减排等领域交流合作，为子孙后代留下蓝天碧海、绿水青山。构建人类命运共同体，作为“中国为地球村提供的一把发展的钥匙”①，坚持共商共建共享的全球治理观，与既有国际秩序之间是兼容而非排斥的关系，目的是推动实现世界各国的共同繁荣发展。

再次，推动共建“一带一路”，为经济全球化架桥铺路。针对既往经济全球化开放性、公平性和包容性不足的弊端，习近平主席提出共建“一带一路”合作倡议，旨在打造顺应经济全球化潮流的最广泛国际合作平台，为构建新型经济全球化提供实现路径。内容包括：构建以合作共赢为核心的新型国际关系，营造共建共享的安全格局；聚焦发展这个根本性问题，以产业合作、金融服务、设施联通为重点，释放各国发展潜力，实现经济大融合、发展大联动、成果大共享；打造开放型合作平台，维护和发展开放型世界经济，携手构建广泛的利益共同体；维护多边贸易体制，推动自由贸易区建设，促进贸易和投资自由化便利化；着力解决发展失衡、治理困境、数字鸿沟、分配差距等问题，建设开放、包容、普惠、平衡、共赢的经济全球化；坚持创新驱动发展，加强前沿领域合作；践行绿色发展理念，加强生态环保合作；以文明交流超越文明隔阂、文明互鉴超越文明冲突、文明共存超越文明优越，推动各国相互理解、相互尊重、相互信任。5年来的生动实践证明，“一带一路”不仅惠及中国，而且使全球受益，借用巴基斯坦前总理阿齐兹的话说，“这是通往光明未来的前进方向，也是值得世界各国追寻的方向”②。

最后，坚定不移推进改革开放，为经济全球化续航助力。改革开放的成功，印证了习近平主席的重要论断：“中国的发展是世界的机遇，中国是经济全球化的受益者，更是贡

---

① 让思想之光引领世界前行之路：习近平主席二〇一七年达沃斯、日内瓦主旨演讲的世界意义．人民日报，2018-01-25.

② 奏响新时代中国特色大国外交新乐章．人民日报，2018-04-10.

献者。”[①] 一是为开放型世界经济发展提供动力。40年来，我国国内生产总值（按可比价格计算）年均增长约9.5%，经济总量从世界第十一位跃居第二位，成为世界第一大工业国、第一大货物贸易国、第一大外汇储备国，连续多年对世界经济增长的贡献率超过30%，为开放型世界经济发展提供了重要动力。二是推动世界经济更加平衡、更加包容。40年来，我国对外贸易额（以美元计算）年均增长14.5%，同其他国家发展联动不断加强，推动世界经济发展更加平衡。按现行联合国标准，7亿多贫困人口成功脱贫，占同期全球减贫人口总数70%以上，推动世界经济增长更加包容。三是改革开放重大举措将惠及世界。在博鳌亚洲论坛2018年年会开幕式上的主旨演讲和庆祝海南建省办经济特区30周年大会上的重要讲话中，习近平主席宣布我国将采取一系列重大举措，释放出改革再深化、开放再扩大的强烈信号。一个更加开放的中国将给世界带来更多发展机会，为经济全球化注入新的动力活力。

“凡是过往，皆为序章”。立于新时代改革开放再出发的潮头，中国将携手各国坚定不移推动经济全球化，让中国同世界交融发展的新画卷更加恢宏开阔。

---

① 习近平谈治国理政：第2卷．北京：外文出版社，2017：484.

# 论改革开放以来中国共产党对私营企业主的意识形态治理*

张　彦**　郗凤芹***

【摘　要】私营企业主阶层作为改革开放以来中国新兴社会力量的代表，其利益需求、思想观念、价值倾向的动态直接关系着国家、社会和个人在意识形态领域的互动。中国共产党对私营企业主的意识形态治理是应对新自由主义、消费主义与虚无主义等社会思潮对主流意识形态挑战的必然要求。基于价值排序的视角，改革开放40年以来中国共产党对私营企业主的意识形态治理呈现出悬搁—松动—强化—极端重视的历史演进过程。在这一过程中，中国共产党对私营企业主的意识形态治理的综合效应不断显现，促进了中国社会治理整体结构的完善和社会公平正义的价值彰显。

【关键词】意识形态治理；价值排序；中国共产党；私营企业主；改革开放40年

"治理一词的基本含义是指在一个既定的范围内运用权威维持秩序，满足公众的需要。"① 在国家治理体系与治理能力现代化不断推进的今天，治理的好坏、治理的效能成为评判各领域实现跨越式发展的重要标准。意识形态治理则更为复杂与特殊。改革开放40年以来，基于新自由主义、消费主义与虚无主义等思潮对主流意识形态的严峻挑战，中国

* 本文原刊发于《云梦学刊》2018年第6期。

** 张彦，浙江大学马克思主义学院教授。

*** 郗凤芹，浙江大学马克思主义学院博士研究生。

① 俞可平．治理与善治．北京：社会科学文献出版社，2000：5.

共产党对私营企业主的意识形态治理呈现出悬搁—松动—强化—极端重视的过程，对私营企业主的意识形态治理的综合效应不断显现，大大促进了中国社会治理整体结构的完善和社会公平正义的价值彰显。

## 一、中国共产党对私营企业主意识形态治理的价值立场

改革开放以来，西方的新自由主义、消费主义与虚无主义等社会思潮在私营企业主阶层的渗透使其形成了特定的意识形态样式。首先，私营企业主的意识形态以资本权力化为中心。所谓资本权力化，是指资本不仅是一种经济力量，而且力图成为一种政治力量，通过对权力人士价值观的扭曲、生活方式的重塑等方式，完成对权力阶层的俘获①。计划经济体制向市场经济体制的转型使得私营企业主阶层在国家放权和松绑的基础上获得蓬勃发展。私营企业主为了增强利益保障，大力寻求政治参与，而政治寻租、权钱交易等非制度化政治参与的大量出现使得官商勾结现象越发普遍，资本权力化趋势日渐显现。其次，私营企业主的意识形态具有一定的软弱性与妥协性。一方面，私营企业主不积极也不自觉抵制西方资本主义的意识形态，甚至以新自由主义、消费主义与虚无主义等作为生活生产活动的重要思想“说辞”。另一方面，随着社会主义主流意识形态主导地位的不断强化，私营企业主往往采用隐蔽的、间接的方式表达对社会主义主流意识形态的排斥。最后，私营企业主的意识形态呈现出“经济人”与“道德人”分离的伦理风险。私营企业主的“利益至上”观念以牺牲合乎理性的伦理精神为代价，引发了生产经营行为的失范现象。

马克思、恩格斯指出：“统治阶级的思想在每一时代都是占统治地位的思想。这就是说，一个阶级是社会上占统治地位的**物质**力量，同时也是社会上占统治地位的**精神**力量。”② 这鲜明地揭示了意识形态的阶级属性，强调了统治阶级掌握意识形态领导权的重要性。在市场化过程中崛起的私营企业主群体是具有相对独立性特征的力量，对这一阶层的意识形态治理，是巩固马克思主义意识形态领导权、巩固中国共产党执政地位的必然选择。正是基于私营企业主意识形态的独特性，中国共产党对私营企业主的意识形态治理具有鲜明的针对性和重要的现实意义。

---

① 靳凤林．资本的道德二重性与资本权力化．哲学研究，2014（12）．

② 马克思恩格斯文集：第1卷．北京：人民出版社，2009：550．

改革开放以来，私营企业主阶层在发展社会生产力、调动生产者的积极性、带动社会发展的整体活力等方面发挥着不可忽视的重要作用。作为政治参与的重要力量，私营企业主积极呼吁行政理念的不断革新与行政效率的不断提高，加强了对公共权力的有效监督，极大推动了政府职能的有效转变。然而，私营企业主阶层作为市场发展的重要力量，有着追求利润最大化的天然本性。在资本权力化的过程中，个人本位高于集体本位的价值观、拜金主义的生活方式、虚无主义的生活态度在私营企业主阶层更加明显，这对我国社会主义核心价值观建设造成极大的冲击。私营企业主阶层与权力阶层之间的“精英联盟”为其不正当的生产经营行为、自由主义的意识形态提供了屏障。“资本权力化”作为私营企业主自身发展的必然逻辑，是中国共产党对其进行意识形态治理的最大障碍。因此，随着资本权力化的持续扩张，中国特色社会主义“必须以人民权力、国家权力规约资本权力，将其限制在不改变我国的根本性质、有利于社会发展的方向和范围内”①。中国共产党将资本与权力的良性互动、国家权力对资本权力的有效制约作为对私营企业主的意识形态进行治理的基本价值立场，充分发挥私营企业主资本力量的正向作用，坚决抵制资本的非道德性所导致的资本与权力的相互勾结。资本与权力的良性互动作为中国共产党对私营企业主政治参与的有效制约，本质上是对私营企业主以新自由主义、消费主义等意识形态诱惑与俘获权力阶层、威胁主流意识形态的强力应对。

私营企业主软弱性与妥协性的根本表现在于其对马克思主义信仰的不坚定性。西方新自由主义、消费主义与虚无主义等意识形态呈现出“利益至上”“重物轻人”“价值虚无”等特点，在一定程度上“迎合”了部分私营企业主对眼前利益与个人利益的追逐欲望。与这种意识形态进路不同，马克思主义以对商品拜物教、货币拜物教与资本拜物教的批判为出发点，以自由人的联合体和人的自由全面发展为价值指向，反对打着“意识形态终结论”的旗号所进行的意识形态渗透或意识形态同质化阴谋，主张从现实生活世界出发思考意识形态的本质，进一步实现对资本主义意识形态的彻底批判。因此，中国共产党以马克思主义作为对私营企业主的意识形态进行治理的根本价值立场，帮助私营企业主重塑理想信念，克服以信仰缺失和自我存在的虚无为标志的意义危机，以有效应对私营企业主对主流意识形态的挑战，赢得私营企业主阶层对社会主义主流意识形态的价值认同。

道德是一种特殊的社会意识形态，中国共产党对私营企业主的意识形态治理必然离不

① 刘志洪．资本的权力：现代权力架构中的主宰：马克思对资本权力地位的分析及其意义．学术交流，2017(4).

开对其道德意识的综合考察。马克思认为："财产的任何一种**社会形式**都有各自的'道德'与之相适应"①。私营企业主的道德意识根源于其生产经营活动，并通过生产经营活动表现出来。私营企业主财富伦理观的确立是其经济行为的前提和保障。中国共产党把经济行为和道德规范的统一作为对私营企业主进行意识形态治理的核心价值立场，在鼓励、支持和引导个体私营等非公有制经济发展的同时，注重对私营企业主经济活动的道德规范，使私营企业主在经济活动与行为中明确是非与善恶观念，恪守公平、诚信等商业道德。万俊人指出："合理健康的道德信念和规范构成了市场经济健康发展的必要条件"，"对市场经济和经济学的道德审察或伦理批判总是必要的"②。事实上，私营企业主所呈现的"资本权力化""软弱性与妥协性"的意识形态样式是在"经济人"与"道德人"分离的基础上衍生而来的。经济行为和道德规范的统一作为中国共产党对私营企业主意识形态治理的核心价值立场，为私营企业主意识形态的治理提供了重要的途径和方式。

## 二、从悬搁到极端重视：中国共产党对私营企业主意识形态治理的历史演进

改革开放 40 年来，中国共产党对私营企业主的意识形态治理经历了从悬搁到极端重视的发展阶段。究其原因，主要在于中国共产党在不同的历史时期对私营企业主意识形态治理的价值排序不同。中国共产党在不同时期对私营企业主意识形态治理理念的确立，离不开对各种价值观念的梳理和选择，离不开通过"排序"方式对在何种情境下的何种优先性的选择和践行。

第一，中国共产党对私营企业主意识形态的悬搁阶段（1978—1986 年）。

私营企业主产生初期，社会各界围绕当时的雇工问题展开讨论。在"七上八下"的既有规定中，8 人以上属于雇工，存在剥削。私营企业主是不是以营利为目的的、通过压榨和剥削工人的剩余劳动来占取剩余价值的资本家？其意识形态是否属于资本主义意识形态范畴？针对这些问题，当时的中国共产党主要采取悬搁策略。邓小平的观点是主张看一看，不要动他们。1983 年邓小平说："有个别雇工超过了国务院的规定，这冲击不了社会

① 马克思恩格斯选集：第 3 卷．3 版．北京：人民出版社，2012：160.

② 万俊人．论市场经济的道德维度．中国社会科学，2000（2）.

主义。只要方向正确，头脑清醒，这个问题容易解决。”① 随后形成了影响深远的“三不”原则，即“不宜提倡，不要公开宣传，也不要急于取缔”。

在当时的情境下，中国共产党对于雇工问题性质的判断直接关系着其对私营企业主意识形态性质的基本判定。如若在当时将雇工问题看作资本主义兴起的前兆，将私营企业主的意识形态直接定性为资本主义意识形态，完全否定和排斥私营企业主的发展，则容易引发私营企业主阶层的抵抗，增加社会的不安定因素。与之相反，如若对新兴的私营企业主阶层的雇工问题持完全肯定和鼓励的态度，则容易引发社会关于资本主义与社会主义性质界定的巨大争论，不利于社会主义主流意识形态的巩固。因此，针对私营企业主当时的发展状况，以社会稳定为优先考虑，中国共产党对其采取悬搁性的意识形态治理策略。

第二，中国共产党对私营企业主意识形态的松动阶段（1987—2000年）。

悬搁策略的实施在一定程度上“破坏”了社会发展的活力，压制了私营企业主主观能动性的积极发挥，也倒逼中国共产党意识形态治理策略的改革，以适应私营企业发展的规律。1987年1月22日，中共中央政治局通过的《把农村改革引向深入》的决定第一次肯定了私营企业，这标志着中国共产党对私营企业主的意识形态治理从悬搁走向松动。

在这一阶段，中国共产党逐步认同私营企业主的身份，肯定私营企业主的社会地位和价值。在该阶段初期，中国共产党正式确立了私营企业主的合法身份，初步认同私营经济与私营企业主阶层的存在。《把农村改革引向深入》的决定指出：“在一个较长时期内，个体经济和少量私人企业的存在是不可避免的。”并提出“允许存在，加强管理，兴利抑弊，逐步引导”方针。1988年4月，《中华人民共和国宪法修正案》第一条规定，宪法第十一条增加“私营经济是社会主义公有制经济的补充”的规定。1992年邓小平的南方谈话在一定程度上排除了各种歪曲私营企业主阶层的困扰。党的十五大明确指出：“非公有制经济是我国社会主义市场经济的重要组成部分。对个体、私营等非公有制经济要继续鼓励、引导，使之健康发展。”② 至此，私营经济由社会主义经济的“补充”到“重要组成部分”，体现了中国共产党对私营企业主阶层的逐步认同和支持。

在该阶段，中国共产党对私营企业主阶层身份的充分肯定是基于其为社会生产力的迅速发展所做的经济层面的贡献。经济建设被摆在国家和社会发展的首要位置，意识形态工作未能得到充分重视，出现了意识形态建设的松动现象。这主要是因为，改革开放初期，

① 国家发展改革委经济体制综合改革司，国家发展改革委经济体制与管理研究所．改革开放三十年：从历史走向未来．北京：人民出版社，2008：307.

② 江泽民文选：第2卷．北京：人民出版社，2006：20.

在生产力水平相对落后的中国，经济建设的迫切需要优先于意识形态建设。

第三，中国共产党对私营企业主意识形态的强化阶段（2001—2011年）。

中国共产党在该阶段的治理重点与前一阶段相比发生了重大变化，实现了对私营企业主的意识形态治理由松动向强化的转化。究其原因，主要在于改革开放后意识形态领域的长期松动使得“去意识形态化”严重威胁着社会的主流意识形态安全。因此，在经济建设取得较大成效后，中国共产党逐步意识到加强对私营企业主意识形态治理的重要性与紧迫性，实现了对私营企业主的认识由感性认识向理性认识的逐步转变。

一方面，中国共产党加强对私营企业主的政治吸纳。在该阶段初期，人们对私营企业主能否入党这个问题展开激烈的讨论。作为经济精英，私营企业主拥有较强的经济实力与影响力，在政治领域的话语权却十分薄弱。江泽民指出：“应该把承认党的纲领和章程、自觉为党的路线和纲领而奋斗、经过长期考验、符合党员条件的社会其他方面的优秀分子吸收到党内来”①。事实上，中国共产党与私营企业主不存在非此即彼的排斥关系。私营企业主通过中国共产党为其提供的宽松的民主政治环境而获得切实的政治保障与话语权利。中国共产党通过将党组织建立在私营企业内部，实现了对私营企业主意识形态的有效统合。另一方面，中国共产党加强对私营企业主的思想指导和价值引领。中国共产党对私营企业主的意识形态领导权是赢得私营企业主的政治认同的前提和基础。“党管意识形态”理念的提出正是中国共产党对私营企业主的意识形态治理由松动阶段转向强化阶段的根本表现。

第四，中国共产党对私营企业主意识形态的极端重视阶段（2012年至今）。

意识形态在新时代的复杂多样性决定了中国共产党意识形态治理的极端重要性。习近平在2013年召开的全国宣传思想工作会议上指出：“经济建设是党的中心工作，意识形态工作是党的一项极端重要的工作。”② 由此可见，“中心”与“极端重要”表明了中国共产党人对目前中国所需着重考虑的问题的价值排序，即在坚持以经济建设为中心不动摇的情况下，着重突出意识形态治理工作。

党的十八大以来，面对意识形态领域日益错综复杂的形势，以习近平同志为核心的党中央提出了一系列针对私营企业主的意识形态治理的新理念、新论断。第一，统筹推进对私营企业主阶层的统战工作。中国共产党本着以统战促党建、以党建带统战的原则，加强

---

① 江泽民文选：第3卷．北京：人民出版社，2006：286.

② 习近平谈治国理政．北京：外文出版社，2014：153.

私营企业主阶层的党建工作，以增强党组织的凝聚力，促进私营经济与党建工作的共同发展。第二，提出新型政商关系理念。2016年3月4日，习近平在民建、工商联界委员联组会上首次用“亲”“清”两字阐明新型政商关系。新型政商关系是对私营企业主“资本权力化”意识形态的强大约束，是中国共产党对私营企业主的意识形态进行治理的基本依据。第三，加强对私营企业主的教育引导，以“致富思源、富而思进”的理念引导私营企业主认识到中国共产党在其成长壮大过程中所起的决定性作用，鼓励私营企业主将个人价值与社会价值的统一作为其开展生产经营活动的基本理念。中国共产党通过加强对私营企业主阶层的统战工作与思想引领，进一步捍卫了马克思主义主流意识形态阵地，更好地实现了中国特色社会主义的持续健康发展。

## 三、中国共产党对私营企业主意识形态治理的综合效应

依托于对以“经济人”与“道德人”为核心范畴的经济伦理的考察，中国共产党对私营企业主的意识形态治理坚持以社会公平正义为出发点，以共建共享为支撑点，以私营企业主个人价值和社会价值的统一为立足点。一方面，中国共产党通过加强对私营企业主“经济人”意识形态的治理促进了社会正义的不断发展。私营企业主作为理性的“经济人”，始终立足于个人本位，并以个人利益的最大化和物质欲望的满足作为生产经营的最终目的。作为改革开放的受益阶层，私营企业主垄断了大量优质资源，造成了社会的不公正现象。面对私营企业主阶层与其他阶层的发展不平衡现象，中国共产党本着共建共享的价值理念，加强了对资源、权利与机会等在各阶层间的公平分配，使得农民工、知识分子等阶层与私营企业主阶层在共建美好生活中享有平等参与市场发展的机会和权利。同时，面对私营企业主的奢侈消费与贫困群体的消费不足的贫富差距现象，中国共产党本着以人民为中心的价值立场，使得获利最少的贫困群体受到尽可能多的利益保障。此外，在“社会共同体”“公共理性”等理念的教育引导下，私营企业主意识到个人价值的实现离不开社会共同体所具有的公共价值的支撑。私营企业主对个人本位的扬弃和对公共善的追寻促进了社会公平正义的不断发展。另一方面，中国共产党通过加强对私营企业主虚无主义思潮的治理促进了私营企业主个人价值的确立。中国共产党通过加强对私营企业主的意识形态治理，为私营企业主的生产生活活动确立了新的规范与限制。同时，中国共产党以社会主义核心价值观在私营企业主阶层的渗透与融入为着力点，为私营企业主从价值无序和道德冷漠状态中抽离出来并开始新的价值引领与价值建构提供新动力。

中国共产党对私营企业主的意识形态治理也取得了实际的综合效应。

第一，协同效应。改革开放以来，中国共产党对私营企业主的意识形态工作逐步强化的过程同时也是由管理与控制逐步走向治理的有机转化过程。中国共产党作为意识形态治理的主体，与作为治理客体的私营企业主之间是协商合作、互利共生的关系。面对私营企业主多元化的意识形态状况，中国共产党本着对话协商的原则，将对立思维转化为协同思维，实现意识形态的对立统一。改革开放 40 年中国共产党对私营企业主的意识形态工作的历史和实践表明，意识形态治理的目的不在于排斥私营企业主的多元思想观念，而在于以协同治理为桥梁构建私营企业主与中国共产党的对话平台，在此基础上达到私营企业主阶层的企业家精神与中国特色社会主义理想信念的有效衔接。这样的协同效应不仅改变了以往自上而下的意识形态管理方式，体现了中国共产党对私营企业主主体性作用的认可，为私营企业主参与社会主流意识形态的建设和发展提供了难得的机遇，同时也有利于指引私营企业主的生产经营行为、政治参与行为与思想观念的表达行为向科学合理的方向迈进。

第二，排序效应。从总体上看，中国共产党对私营企业主的意识形态治理由悬搁到极端重视的过程是其在改革开放的大背景下不断进行价值排序的过程。“价值排序的含义是首先对各个价值理念进行价值清理，在清理过程中所得的各个价值理念之间进行优先性的顺序排列，以便在价值原则冲突之时明确何者处于相对优先的位置。”① 面对私营企业主身份的不断转化与多种社会思潮的不断涌现，社会主义意识形态的自洽性一度受到挑战。中国共产党以私营企业主的发展态势与国家的总体规划为参考点，以价值排序思想为依据，通过排序与甄选明确经济建设与意识形态建设在不同的历史阶段何者优先的选择，对社会现实做出了有力的解释和应对。同时，中国共产党对私营企业主阶层内部的多种意识形态力量对比进行了分析，明确了与其他社会阶层的不同治理方式，凸显了私营企业主阶层意识形态治理的重点，使得中国共产党对私营企业主的意识形态治理逐步走向有序化与规范化。

第三，强化效应。中国共产党对私营企业主的意识形态治理巩固了马克思主义在意识形态领域的主导地位，增强了社会主义主流意识形态的吸引力和凝聚力。首先，私营企业主对中国共产党的信任与支持不断强化，对中国特色社会主义道路、理论、制度和文化的信心更加坚定。近年来私营企业主入党的比例逐年增高，私营企业党组织建设逐步走向完

---

① 张彦．价值排序与核心价值观．杭州：浙江大学出版社，2017：143.

善和系统化。其次，私营企业主社会责任感与社会服务意识增强，积极从事社会公益活动。在全面建成小康社会的时代背景下，私营企业主作为重要的市场力量与社会力量积极参与到扶贫攻坚事业中去，促进了贫困群体的精准脱贫。最后，私营企业主对西方意识形态的自觉抵制逐步增强。本着诚信的经营原则，私营企业主自觉摈弃不正当竞争活动，在创新、协调、绿色、开放、共享的新发展理念指引下明确了私营经济发展的价值导向。

总之，面对私营企业主阶层对社会主义主流意识形态的挑战，中国共产党为了巩固执政地位，增强中国特色社会主义意识形态的吸引力与凝聚力，逐步加强对私营企业主的意识形态治理。改革开放40年的历史证明，中国共产党对私营企业主的意识形态治理是合目的性与合规律性的统一，是党治国理政的重要组成部分，不仅体现了中国社会治理现代化的完善过程，也大大彰显了以人民为中心的发展观，促进了社会整体的公平正义。

# 改革开放40年成就与新时代的改革开放观*

丁俊萍** 许洪位***

【摘 要】改革开放是当代中国一切发展进步的强大动力，也是决定未来中国前途命运的关键抉择。改革开放以来的实践证明，只有坚持改革开放，才能实现中华民族的伟大复兴。在中国特色社会主义进入新时代的条件下，推进改革开放继续深入，需要树立正确的改革开放观、坚持科学的方法论，做到不走封闭僵化的老路，不走停滞不前的死路，不走利益固化的绝路，不走改旗易帜的邪路，始终坚持改革开放的正确方向；努力做到社会主义与市场经济相结合、独立自主同学习外来相结合，牢牢把握和熟稔运用“改与不改”“开与不开”“改多改少”“开多开少”“改快改慢”“开快开慢”的辩证法，从而增强驾驭复杂改革和深化开放的执政本领。

【关键词】改革开放；新时代中国特色社会主义；中华民族伟大复兴；改革开放观；科学方法论

## 一、改革开放：当代中国一切发展进步的强大动力

改革开放是当代中国一切发展进步的强大动力，也是决定未来中国前途命运的关键抉

---

* 本文原刊发于《湖北社会科学》2019年第2期。

** 丁俊萍，武汉大学马克思主义学院教授、博士生导师。

*** 许洪位，武汉大学马克思主义学院硕士研究生。

择。1978年开启的改革开放，为历经沧桑和磨难的中华民族注入了新的活力，中华民族从此焕发出时代的蓬勃生机，踏上了从“站起来”到“富起来”再到“强起来”的伟大历史征程。

改革开放给中国带来的社会进步不是局部性的调整，而是革命性的重大变化，它从整体上改变了中华民族的面貌、中国人民的面貌。中国的改革开放虽然仅仅进行了40年，却深刻影响了中国的政治状况、经济体制、思想观念和社会结构，开启了中华文明史上的全方位变革和历史性飞跃。改革开放40年，是中国抓住有利战略机遇期迅速实现和平崛起的40年，是中国经济社会全面进步和国家面貌根本改观的40年，是中国国家形象、地位和国际影响力大幅提升的40年，是中国开创、坚持和发展中国特色社会主义的40年，也是逐步接近和实现中华民族伟大复兴的40年。中国在这短短40年间所发生的天翻地覆的变革，书写了人类发展史上的华彩篇章。

首先，改革开放40年，是中国抓住有利战略机遇期迅速实现和平崛起的40年。

20世纪70年代后，虽然冷战仍在继续，但国际形势在总体上已经逐步趋于缓和，世界各个国家纷纷将主要精力放到发展经济和改善民生上来，和平与发展日渐成为时代的主题。世界形势的变化，时代主题的变更，为20世纪70年代末的中国利用有利的国际和平环境，通过实施改革开放实现国家的迅速和平崛起提供了时代契机。

“文化大革命”结束以后，以邓小平为主要代表的中国共产党人敏锐地抓住世界形势的变化和时代主题的转换，科学预见世界大战在短时间内打不起来，指出“我们能够争取比较长一点时间不打仗”①，我国可以争取到一个较长的相对稳定的和平时期。正是基于这个判断，邓小平反思了在改革开放之前我们党过多地担心世界大战很快就要打起来，因而忽视发展生产力，忽视经济建设的深刻教训，强调现在要“根据新的观察、新的分析，下决心一心一意搞建设”②，要求全党全国要“紧紧抓住经济建设这个中心，不要丧失时机”③。邓小平还针对第二次世界大战结束后和第三次科技革命期间，世界主要发达资本主义国家推行产业转移政策以促进产业转型升级而纷纷向海外转移劳动密集型产业的有利时机，提出要扩大开放、利用外资。这样，以党的十一届三中全会为标志，中国共产党果断停止“以阶级斗争为纲”的口号，把党和国家的工作重心转移到经济发展和社会主义现代化建设上来，做出实行改革开放的伟大决策。此后，江泽民、胡锦涛、习近平也都在不同

---

① 邓小平文选：第2卷.2版.北京：人民出版社，1994：77－78.

② 邓小平文选：第3卷.北京：人民出版社，1993：250.

③ 同②270.

场合反复强调，要紧紧抓住战略机遇期，坚持和深化改革开放，加快经济社会发展。

正是在对中国所处国际环境和时代主题变化的敏锐观察与科学判断的基础上，中国共产党明确了抓住国际环境总体和平这一有利战略机遇期，推进和深化改革开放的伟大战略决策。从此，中国牢牢扭住经济建设这个中心，坚持聚精会神搞建设、一心一意谋发展，做到不折腾、不懈怠，仅仅用了 40 年的时间就走过了西方发达资本主义国家用几百年时间所走完的路程，取得了西方发达资本主义国家用几百年时间积累所取得的成就，推动了中国经济社会的全面进步和综合国力的整体跃升。

其次，改革开放 40 年，是中国经济社会全面进步和国家面貌根本改观的 40 年。

改革开放进程中的中国，经济发展，生活富裕，政治昌明，科技进步，文化繁荣，社会和谐，生态优良，人民安居乐业。可以说，正是改革开放从根本上改变了中国长期贫穷落后的面貌，使中国在短时间内就实现了从“站起来”到“富起来”再到“强起来”的历史性飞跃。

通过改革开放，中国经济实力和生产力水平大幅提升。改革开放以来，中国仅仅用了 30 多年时间就迅速成为世界第二大经济体和世界上最具增长潜力与活力的经济体。中国的国内生产总值从 1978 年的 3 678.7 亿元增长到 2017 年的 82.7 万亿元，是改革开放前的近 225 倍。到 2017 年，中国经济占世界经济比重达到了 15%左右，对世界经济增长的贡献率超过 30%。改革开放以来，中国经济以明显高于同期世界经济增长的速度持续增长。中国经济在短时间里的腾飞，创造了世界经济发展史上的光辉奇迹，为当代中国的教科文卫等社会事业的发展提供了坚实的物质基础，推动了中国经济社会的全面进步。

通过改革开放，人民的生活水平极大改善。广大人民群众在波澜壮阔的改革开放进程中既是参与者，也是受益者。改革开放仅仅用了 15 年，即到 1993 年，就使我国彻底告别了计划经济时期物资短缺的票证时代，实现了商品市场活跃、社会产品敞开供应。改革开放以来，我国城镇居民人均可支配收入从 1978 年的 343 元增加到 2017 年的 36 396 元，农村居民人均可支配收入从 1978 年的 134 元增加到 13 432 元。经济收入的增加为生活质量的提高打牢了基础。改革开放以来，人们的消费结构日益多元化，广大城乡居民能够根据自己的需要自由选择和安排教育文化、旅游娱乐、医疗保健、交通通信、食品烟酒、衣着服饰等多种生活消费项目，人民的物质和文化生活极大丰富。正是基于改革开放 40 年来我国生产力的巨大跃升和人民生活水平的极大改善这一国情的阶段性变化，2017 年党的十九大报告提出，我国社会主要矛盾已经不再是人民日益增长的物质文化需要同落后的社会生产之间的矛盾，而是“转化为人民日益增长的美好生活需要和不平衡不充分的发展之间的矛盾”[①]。社会主要矛盾的变化，标志着中国经济社会开始进入人民生活由量到质、综合国力由富到强的更高水平的新的历史发展时期。

再次，改革开放40年，是中国国家形象、地位和国际影响力大幅提升的40年。

在改革开放之前，中国由于抗美援朝的胜利、“两弹一星”的成功和恢复联合国合法席位而享有一定的国际地位，在国际上尤其是在广大第三世界国家中具有较大的影响力。但是，由于意识形态的分歧以及中国的经济实力与综合国力总体上相对较弱，中国常常受到西方大国和苏联大国沙文主义的多方威胁，致使中国的国际影响力受限，国际处境艰难。在社会主义阵营中，一些跟随苏联的社会主义国家和兄弟党也曾对中国表示不理解，正如毛泽东在20世纪60年代末总结我国当时在国际中的地位和所处环境时说，“我们现在孤立了，没有人理我们了”[②]。在国家形象上，西方国家普遍对中国进行妖魔化和丑化宣传，使中国在世界舆论上长期被描绘成“贫穷落后、专制独裁、侵略好战、没有自由、漠视人权”的不民主国家形象，中国的国际话语权和国家软实力受到极大影响。

改革开放以来，随着我国经济的迅速发展，中国的综合国力和国际影响力明显提高，国家形象也得到极大改善。在参与全球治理方面，中国成功加入了世界贸易组织，积极参与经济全球化进程并致力于构建公正合理的国际政治经济新秩序。中国成为国际货币基金组织的第三大股东，提升了在国际经济规则制定中的发言权和投票权。在国家形象和软实力方面，中国通过抗击汶川大地震等自然灾害所表现出的“一方有难、八方支援”的精神，通过成功举办2008年第29届夏季奥运会和2010年世界博览会，通过积极承担国际责任，在参与维和、对外援助、处理全球气候变暖和朝核伊核问题等国际和地区事务中发挥积极作用等，让全世界人民认识到一个和平、繁荣、可亲的中国，有力地回应了西方舆论中曾经甚嚣尘上的“中国崩溃论”和“中国威胁论”。特别是党的十八大以来，中国提出共商共建共享的“一带一路”和推动构建人类命运共同体的倡议得到了国际社会的普遍认可和广泛响应，为构建持久和平、共同繁荣的世界贡献了“中国智慧”。

当前，世界上许多重大的国际和地区性事务，越来越离不开中国的积极参与和发挥作用，中国日益走近世界舞台的中央。相信随着改革开放的继续深入、国民经济的持续发展和综合国力的不断提高，中国主张、中国方案必将为更多的国家和人民所理解和接受，中华民族必将为世界和人类的文明进步做出更大的贡献，中国的国际地位和世界影响力必将

---

① 习近平．决胜全面建成小康社会　夺取新时代中国特色社会主义伟大胜利．北京：人民出版社，2017：11.

② 陶文钊．中美关系史（1949—1972）．上海：上海人民出版社，1999：504.

得到进一步彰显。

复次，改革开放40年，是中国开创、坚持和发展中国特色社会主义的40年。

开创、坚持和发展中国特色社会主义是中国改革开放取得的最伟大、最根本的成就。在改革开放的伟大实践中，我们党把马克思主义基本原理同中国社会主义现代化建设的具体实践相结合，从中国正处于并将长期处于社会主义初级阶段的基本国情出发，确立了解放和发展生产力是社会主义的根本任务，通过不断改革生产关系和上层建筑中不适应生产力发展的一系列环节，实现了市场经济体制与社会主义基本制度的有机结合，走出了一条具有中国特色的社会主义道路，形成了中国特色社会主义理论体系，完善了中国特色社会主义制度，培育了中国特色社会主义先进文化，为当代中国的一切发展进步确立了正确方向、奠定了制度前提、提供了理论引领。

可以说，没有改革开放的伟大实践，没有在改革开放的过程中排除各种“左”的和右的思想干扰进而坚定不移地推进改革开放，没有对40年一以贯之的改革开放实践经验的深刻总结，就不可能开创、坚持和发展中国特色社会主义，也就不可能取得堪称世界奇迹的发展成就。

1978年党的十一届三中全会做出了实行改革开放的伟大决策，1982年党的十二大进一步提出“建设有中国特色的社会主义”的伟大命题，指明了改革开放的基本方向。但是在具体实践中，应该怎么改革、怎样开放，如何建设符合中国国情、具有中国特色的社会主义，则需要中国共产党根据中国实际国情逐步摸索。

实践的要求推动了思想的解放和理论的创新，为开创、坚持和发展中国特色社会主义提供了思想理论前提。在改革开放进程中，中国共产党坚持以实践为导向，从解决束缚生产力发展的具体问题着手，先后破除了被斯大林模式教条化的传统社会主义的条条框框，厘清了人们在姓“资”姓“社”、姓“公”姓“私”等思想认识问题上的种种困惑，极大地解放了人们的思想。在对“什么是社会主义、怎样建设社会主义”有了比较正确的认识和回答后，中国共产党实事求是地、创造性地运用马克思主义解决中国改革开放和社会主义现代化建设中遇到的各种实际问题，提出了农村家庭联产承包责任制、社会主义也可以搞市场经济、鼓励发展私营经济等非公有制经济、推进国有企业改革与发展混合所有制经济、允许具有共产主义觉悟的私营企业家加入中国共产党等符合中国社会主义初级阶段基本国情的新观点、新政策，从而逐步探索出了一条适合中国国情的社会主义建设道路。

思想的解放和理论的创新带来了实践的成就，为开创、坚持和发展中国特色社会主义提供了物质前提。由于摆脱了传统社会主义思想的束缚，中国改革开放的具体政策不再拘泥于意识形态的条条框框，而是更加务实地以“三个有利于”作为指导和评价改革开放的标准。在改革开放进程中，中国共产党根据社会生产力在不同发展阶段对生产关系提出的具体需要，不断推进中国特色社会主义的政策创新：一方面，坚持马克思主义基本原理，坚持四项基本原则，坚持公有制为主体，坚持共同富裕的初心追求；另一方面，从中国实际国情出发，学习吸收人类文明有益成果，大胆利用本身并不具有意识形态和社会制度属性的具体生产方式和经济手段，最大限度地调动人民群众的生产积极性和创造性。正是将马克思主义的科学真理、社会主义制度的自身优势与务实灵活的有效政策结合起来，改革开放促进了中国社会生产力的巨大飞升，带来了人民生活水平的极大提高，从而极大地巩固了中国共产党执政和社会主义制度的群众基础，使得中国的社会主义在历经各种风险考验时也能够稳住阵脚、屹立不倒，从而成功地捍卫了中国特色社会主义，并不断推动中国特色社会主义事业以无限蓬勃的生机走进新时代。

最后，改革开放40年，也是逐步接近和实现中华民族伟大复兴的40年。

经过40年的改革开放，我国的社会主义现代化建设事业取得了历史性成就，党和国家的面貌、中国人民的面貌、中华民族的面貌发生了历史性变革，中国实现“两个一百年”奋斗目标、实现中华民族伟大复兴呈现出无比灿烂的光明前景。改革开放以来，我国经济、政治、文化、社会、生态、民族宗教、祖国统一、国防、外交、党的建设等各项事业取得了显著成就。这些成就的取得，为我们在新的历史起点上实现中华民族伟大复兴的中国梦奠定了雄厚基础，也成为当代中国人自信昂扬的深厚底蕴。正如习近平总书记所说，今天，我们比历史上任何时期都更接近、更有信心和能力实现中华民族伟大复兴的目标。

2017年10月召开的党的十九大在我国近40年改革开放所取得的伟大成就的基础上，进一步提出了实现社会主义现代化强国目标的“两步走”战略，即：“第一个阶段，从二〇二〇年到二〇三五年，在全面建成小康社会的基础上，再奋斗十五年，基本实现社会主义现代化。”“第二个阶段，从二〇三五年到本世纪中叶，在基本实现现代化的基础上，再奋斗十五年，把我国建成富强民主文明和谐美丽的社会主义现代化强国。”[①] “两步走”战略把中国实现中华民族伟大复兴的中国梦的蓝图具体化，开启了新时代全面深化改革开放和实现中华民族伟大复兴的历史新征程。

改革开放40年来，我国社会主义现代化建设的伟大实践和取得的卓越成就，生动地

---

① 习近平．决胜全面建成小康社会 夺取新时代中国特色社会主义伟大胜利．北京：人民出版社，2017：28－29.

表明：改革开放是决定当代中国命运的关键抉择，是实现中华民族伟大复兴的关键一招。新时代，我们要更加坚定不移地推进全面深化改革和进一步扩大对外开放，澄清思想界和舆论场中存在的干扰新时代改革开放的各种思想认识误区，始终把握好改革开放的正确航向，运用好辩证科学的方法论，使改革开放不断朝着实现中华民族伟大复兴的中国梦的方向胜利前进！

## 二、新时代深化改革开放需要树立科学的改革开放观

从根本上说，改革开放是顺应党心民心、顺应时代潮流的利国利民的正确决策，改革开放 40 年来取得的经济社会发展成就，已经用事实证明了这一点。但是改革开放的不断深入所带来的利益格局和价值观念的深刻变迁，国内思想文化领域对改革开放仍然存在着的一些思想上的分歧和认识上的误区，极大地干扰着新时代推进改革开放继续深入。因此，树立什么样的改革开放观，如何评价已经进行了 40 年的改革开放，就成为中国特色社会主义进入新时代后继续深化改革开放的思想基础和认识前提。

回顾中国改革开放所走过的 40 年征程，可以发现中国的改革开放从来都不是一帆风顺的，它从一开始就是在各种“左”的和右的思想干扰中走过来的。一路走来，由于中国共产党始终保持着改革开放的政治定力，始终把握着改革开放的正确方向，我们才取得了社会主义现代化建设事业的巨大成就，避免了苏东社会主义国家改革的悲剧。

思想引领实践，思想上不清楚、认识上缺乏方向感，就会在实践中产生盲动主义进而误入歧途。因而，对于干扰改革开放的认识误区和错误思潮，理应进行思想澄清和理论勘误，只有这样才能统一全党思想，凝聚全国人民关于改革开放的共识，进而更好地推进新时代的改革开放。我国改革开放的总设计师邓小平曾经告诫全党，对改革开放过程中进行的政策创新应做到大胆试、大胆闯、敢试验、不争论①。在这里，邓小平的原意是强调对改革开放中出台的一些本身不具有社会制度属性的新政策，不要陷入过多和无谓的姓“资”姓“社”的意识形态争论，否则就把推进改革的良好时机耽搁了。改革开放中推出的新政策对不对，是不是符合社会主义，其评价标准只能是社会实践，通过政策的实践效果来看其是否促进了社会主义现代化建设。因此，邓小平关于“不争论”的观点并不是国

---

① 邓小平在 1992 年南方谈话中指出：“改革开放胆子要大一些，敢于试验，不能像小脚女人一样。看准了的，就大胆地试，大胆地闯。”还指出：“不搞争论，是我的一个发明。不争论，是为了争取时间干。一争论就复杂了，把时间都争掉了，什么也干不成。”（邓小平文选：第 3 卷．北京：人民出版社，1993：372，274.）

内一些人所曲解的对于“左”的和右的错误社会思潮不要“亮剑”，不应加以批评和回应。相反，邓小平对于思想文化领域的意识形态斗争从来没有放松过警惕。

中国特色社会主义进入新时代，改革开放也进入了新时代。在新时代，继续推进改革开放不可避免地会受到各种思想认识误区的影响。因而，要保证新时代改革开放的正确方向，就必须时时刻刻对思想上和理论上的认识误区给予澄清、加以回应。具体来看，当前国内思想文化领域关于如何评价和推进改革开放存在以下四种错误观点和思想倾向：

第一种观点以改革开放过程中出现了某种程度的社会风气恶化、思想道德下滑、利益格局固化、贫富差距拉大、官员腐败严重等问题为由，教条化地套用传统社会主义的观点来解释改革开放过程中出现的这些新问题和新现象，得出改革开放是“资本主义复辟”的结论，并对改革开放给予根本上的否定，进而主张回到计划经济和传统社会主义的老路上去。

第二种观点认为改革开放已经取得很大成就，可谓十全十美，毫无缺点，对改革开放过程中出现的问题和潜在风险视而不见、避而不谈，或者即使明知改革开放存在矛盾和难题，却以继续改革风险大、困难多为由而拒绝深化改革，习惯于改革开放带来的所谓“太平盛世”的精神自欺，因而得出维持现状、不需要继续推进改革开放的结论。

第三种观点虽然承认继续推进改革开放是必要的，但是不允许对已经形成的有利于自己的既得利益格局进行改革，一旦改革触碰到关系自己利益的领域，则千方百计地阻挠或拖延改革，呈现出对改革开放的选择性支持态度。

第四种观点与第一种观点类似，以改革开放过程中出现的新问题为依据，所不同的是认为造成这些问题的根源在于社会主义制度“专制集权”和“不民主”，得出改革开放并不彻底的结论，故主张应该在改革开放上“走得更远一些”，希望通过所谓彻底的改革开放走向西方现代化的道路。

毫无疑问，上述四种思想倾向都是片面的和不正确的，都不利于新时代继续推进改革开放朝纵深方向健康发展。因而，必须从理论上澄清这些认识误区，树立正确的改革开放观，只有这样才能在新时代进一步广泛凝聚改革开放的共识，进一步全面深化改革和扩大开放。

首先，新时代坚持改革开放的正确方向，需要毫不动摇地坚持改革开放基本国策，不走封闭僵化的老路。

应当看到，改革开放40年来，在我国的经济社会发展取得巨大成就的同时，党和国家事业中也出现了一些改革开放之初未曾想到也无法想到的新问题、新风险、新矛盾，甚至在一定程度上和一定领域内，这些问题、风险和矛盾表现得还相当突出。改革开放过程中出现这些问题、风险和矛盾，是必然的，也是正常的，我们不能讳疾忌医，关键在于如何通过进一步的改革开放去化解这些重大矛盾、克服这些重大风险。

从根本上来说，改革开放过程中产生的诸如居民收入分配差距拉大、地区经济文化发展不平衡加剧、党员干部腐败案件增多、社会道德领域出现一定程度的失范等问题，只能通过进一步改革来解决。我们决不能因为改革开放过程中出现了收入分配差距拉大和社会矛盾增多、国有企业职工下岗和社会弱势群体产生、社会风气出现一定范围滑坡和理想信仰一定程度缺失、一些干部贪污腐败和脱离群众比较严重等突出问题，就全盘否定改革开放，也不能因为改革开放推行了一些诸如允许非公有制经济发展和吸收一些优秀私营企业家入党的新政策就认为这是走资本主义道路或扣上“修正主义”的帽子。

应当看到，虽然改革开放是一条通向民族复兴和人民幸福的康庄大道，但任何事物都是前进性和曲折性的统一，改革开放的道路也不会是一帆风顺的。一方面，虽然在改革开放过程中不可避免地出现了一些比较突出和难以解决的问题，但是改革开放 40 年的成就是主要的，我们应当相信历经革命、建设和改革百年艰辛磨炼的，在政治上、思想上高度成熟的中国共产党完全有能力解决这些问题。另一方面，世界潮流是不断向前发展的，中国的改革开放一经开启，实际上就是一个不可逆的过程，中国只能勇往直前把改革开放继续深入推进，而决不能逆时代潮流走回头路。中国在发展过程中产生的问题要通过发展来解决，改革开放过程中产生的矛盾也只能通过继续改革开放来加以破除，那种一看到改革开放进程中采取了过去没有推出的新政策，出现了一些比较突出的新问题，就套用传统社会主义的模板，教条化地认为改革开放是走向资本主义的邪路，继而主张回到计划经济时代的思想是违背时代发展的趋势和人民根本利益的，也是不符合马克思主义的理论精髓和社会主义的本质要求的。

其次，新时代坚持改革开放的正确方向，需要一以贯之地推进改革开放继续深入，不走停滞不前的死路。

改革开放取得的伟大成就，使一些人在思想上出现了停滞，在精神上出现了松懈，认为通过 40 年的改革开放，人民的生活水平已经明显提高，我国已经成为世界第二大经济体，国防实力已经大幅增强，因而不再需要继续推进改革开放。他们还认为，如果继续推进改革开放，将会面临更大的风险、难度和不确定性，因此主张维持现状。必须清楚地认识到，虽然我国的经济实力有了大幅上升，但是生产力发展不平衡不充分、收入分配不合理的局面还未根本改变，离实现社会主义现代化强国所需要的经济物质基础的要求还相差甚远。科学技术虽有很大进步，但与西方发达国家还存在较大差距，部分核心关键技术还受制于人。制约生产力发展的生产关系和上层建筑还没有改革到位，政治民主、依法治国、文化繁荣、社会治理和生态文明建设等领域的改革发展任务依然繁重，在改革开放过程中出现的大量矛盾、问题和风险还需要逐一加以解决。因而，尽管改革开放40年来，我们取得了中国历史上进步最快的成就，但我国仍处于并将长期处于社会主义初级阶段的基本国情没有变，我国是世界最大发展中国家的国际地位没有变。那种认为已经取得了伟大成绩就可以停下来松口气、歇歇脚、吃老本和享受享受的想法，是当前一些地方和部门的党员干部和政府官员在继续推进改革开放任务上表现消极、庸政懒政、无所作为、追求享受，进而丧失理想信念、被各种诱惑所腐蚀的重要原因。

毛泽东早在中国新民主主义革命即将胜利之时，在党的七届二中全会上就科学预见了党内因胜利可能滋长的骄傲自满、停滞不前、安于现状、贪图享受、不思进取的危险，强调“夺取全国胜利，这只是万里长征走完了第一步”，而“革命以后的路程更长，工作更伟大，更艰苦”，因此有针对性地提出了“务必使同志们继续地保持谦虚、谨慎、不骄、不躁的作风，务必使同志们继续地保持艰苦奋斗的作风”① 的要求。改革开放是中国的第二次“革命”，被称作建设中国特色社会主义的新的伟大长征，改革开放40年来所取得的初步胜利，同样只是新的万里长征走完了第一步，我们如果仅仅满足于改革开放40年所取得的成就和成果而不继续前进，那么迟早会把改革开放40年积累的家底“吃光喝净”。正如邓小平在1992年南方谈话中所指出的，“不坚持社会主义，不改革开放，不发展经济，不改善人民生活，只能是死路一条”②。因此，改革开放只有进行时，没有完成时，实现中华民族伟大复兴的中国梦，需要一代一代中国人接续推进改革开放不断进入新境界。

新时代推进全面改革开放，需要拿出更大的政治勇气、魄力和智慧，必须坚定革命的进取精神和斗争精神，不因迷恋眼前的成就而不前，不被前进的风险困难吓倒而不进，始终保持无产阶级政党的革命斗争精神和大无畏的气概，敢于进行具有新的历史特点的伟大斗争，不断推动新时代全面深化改革开放破浪前行。正如习近平所说：“实践发展永无止境，解放思想永无止境，改革开放也永无止境，停顿和倒退没有出路。现在，推进改革矛盾多、难度大，但不改不行。我们要拿出勇气，坚持改革开放正确方向，敢于啃硬骨头，敢于涉险滩，既勇于冲破思想观念的障碍、又勇于突破利益固化的藩篱，做到改革不停

---

① 毛泽东选集：第4卷．2版．北京：人民出版社，1991：1438-1439.

② 邓小平文选：第3卷．北京：人民出版社，1993：370.

顿、开放不止步。”①

新时代进一步推进全面改革开放，需要建立推进改革开放的容错纠错机制，宽容领导干部在推进改革开放过程中的失误，要选拔有改革担当精神、敢闯新路、能够打开工作局面的优秀干部，同时教育和严肃处理得过且过、安于现状、庸政怠政、不思进取、缺乏担当的干部，以创造和培育鼓励广大党员领导干部敢闯敢试、勇于改革的良好氛围。

再次，新时代坚持改革开放的正确方向，需要以巨大的政治勇气打破利益固化藩篱，不走利益固化的绝路。

中国的改革开放采取的是渐进式推进、波浪式前进的方式，实行的是“先富带后富”的策略，这是符合中国发展不平衡的现实情况的。但是，当改革进行到一定阶段后，生产力发展到一定程度后，改革开放产生的成果如何分配，必然会成为一个关系改革开放能否继续进行下去的重大议题。不可否认的是，改革开放 40 年来，在一些领域已经形成或正在形成既得利益集团，他们凭借各种权力和垄断地位以及相互之间的利益交换，控制了部分社会资源并将其看成自己的“私产”。他们对改革开放的态度是典型的“两面人”的态度：对于没有触碰到自身利益或核心利益的改革开放政策，会表示赞成和拥护；而一旦触碰到自身的利益，则会千方百计地阻碍改革开放，或者利用自己掌握的权力和利益关系网，把改革开放的政策部门利益化、地方利益化，使改革开放政策朝着有利于巩固和扩展自身利益的方向演化。利益格局固化、改革开放成果分配不公，会直接稀释全国人民对改革开放的共识，降低社会发展活力与流动性，引发社会阶级阶层对立，长期发展下去势必造成社会撕裂，将中国的改革开放引向死路和绝路，并最终影响社会主义现代化建设的全局和中华民族伟大复兴的中国梦的大局。

中国共产党是全心全意为人民服务的马克思主义政党，中国共产党做出改革开放的伟大决策，从根本上说是为了实现人民群众的根本利益，让人民群众过上共同富裕的美好生活。马克思主义唯物史观强调，人民群众是实践的主体，是历史的创造者。广大人民群众是改革开放的拥护者、参与者，理应成为改革开放成果的享有者，如果改革开放带来的结果是大多数成果和利益被少数人占有，这样必定会动摇广大人民群众对改革开放的信心、对中国共产党的信任和对社会主义的信念。实际上，邓小平在改革开放初期就提出警告，“如果我们的政策导致两极分化，我们就失败了；如果产生了什么新的资产阶级，那我们

① 中共中央文献研究室．习近平关于全面深化改革论述摘编．北京：中央文献出版社，2014：30－31.

就真是走了邪路了”[①]，“如果搞两极分化，情况就不同了，民族矛盾、区域间矛盾、阶级矛盾都会发展”[②]，如果出现那种情况，“中国就会发生闹革命的问题”[③]。党的十八大以来，习近平总书记多次强调，全面深化改革开放要突破利益固化的藩篱，警惕改革开放过程中形成所谓的既得利益集团，这在很大程度上就是要保证改革开放和国家发展的正确航向。

最后，新时代坚持改革开放的正确方向，需要旗帜鲜明地坚持中国特色社会主义，不走改旗易帜的邪路。

中国的改革开放是社会主义的改革开放，是为了解放和发展社会主义初级阶段的生产力、巩固社会主义制度的，而不是改向资本主义、开往资本主义的。在改革开放过程中，有一种观点认为中国改革开放 40 年之所以会存在一些比较突出的结构性矛盾和问题，就在于改革开放“不彻底”，即没有实行西方多党竞争性选举和宪政民主，没有采取私有化的经济发展模式，没有推行社会意识形态多元化。这种观点一方面大肆渲染公有制经济缺乏效率、社会主义制度是腐败之源，另一方面则竭力鼓吹新自由主义，主张国内经济私有化和对外贸易自由化，企图把中国的改革开放引向西方资本主义的邪路。

显然，这种观点是典型的资产阶级自由化思潮的具体表现，其目的不仅要使中国的社会主义制度滑向资本主义，而且要让中国重新沦为西方发达资本主义体系的经济附庸。对于这种错误论调，我们必须保持高度警惕，在新时代全面深化改革开放的过程中，必须始终做到坚持社会主义基本制度和以人民为中心的发展导向不能变，公有制为主体和共同富裕的社会主义的根本原则和初心追求不能丢，以人民代表大会制度为根本的人民民主制度不能动，牢牢把握深化改革开放与坚持四项基本原则的有机统一。

我们常说改革开放是决定当代乃至未来中国命运的关键，但仅仅强调这一点似乎还不够，实际上，改革开放的价值取向和发展方向对于改革开放和社会主义现代化事业的兴衰成败同样具有不可忽视的重要作用。从某种程度上讲，改革开放的旗帜鲜不鲜明、立场坚不坚定、方向正不正确，直接关系到中国的发展前途和命运。习近平在 2016 年哲学社会科学工作座谈会和 2018 年纪念马克思诞辰 200 周年大会上的讲话中，旗帜鲜明地对我国改革开放以来形成的现代化发展道路和成就的特点进行了准确的概括，指出，“当代中国的伟大社会变革，不是简单延续我国历史文化的母版，不是简单套用马克思主义经典作家

---

① 邓小平文选：第 3 卷．北京：人民出版社，1993：111.

② 同①364.

③ 同①229.

设想的模板，不是其他国家社会主义实践的再版，也不是国外现代化发展的翻版”①。习近平的这一重要论述，为新时代树立正确的改革开放观和坚持改革开放的正确方向提供了基本遵循。

总之，新时代树立正确的改革开放观，推进改革开放继续走向深入，不仅要反对把改革开放说成是所谓“走资本主义道路”，并以改革开放过程中出现的问题、失误和缺点整体否定改革开放，进而主张回到改革开放以前的计划经济老路的极左观点，也要反对讳疾忌医，把改革开放说成是至善至美，认为继续改革风险巨大，因而可以享受享受，不需要继续改革的愚昧观点；不仅要反对既得利益集团为维护个人私利而阻挠继续改革开放的狭隘观点，更要反对那种打着全面深化改革开放的旗帜意图把中国引向西方资本主义邪路上去的西化观点。努力做到在整个改革开放进程中，不走封闭僵化的老路，不走停滞不前的死路，不走利益固化的绝路，不走改旗易帜的邪路，始终坚持改革开放的正确方向。

## 三、新时代推进全面深化改革开放需要坚持科学方法论

首先，坚持社会主义与市场经济有机结合，把市场经济更快地解放和发展生产力的效率优势与坚持社会主义共同富裕和集中力量办大事的制度优势有机结合起来。

在新时代，如何继续推动改革开放走向深入，如何促使改革开放发挥更大的发展红利，并确保改革开放始终沿着社会主义的正确方向前进，成为新时代推进改革开放必须首先回答的重大时代课题。而要回答和解决这一时代课题，除了树立正确的改革开放观以外，坚持科学的方法论也至关重要。具体来看，就是要做到坚持社会主义与发展市场经济相结合，坚持独立自主与积极学习外来相结合，牢牢把握和熟稔运用“改与不改”“开与不开”“改多改少”“开多开少”“改快改慢”“开快开慢”的辩证法，不断增强驾驭复杂改革和深化开放的执政本领。

改革开放40年来最伟大的成就之一就是找到了社会主义同市场经济相结合的道路，从而突破了过去把社会主义同市场经济对立起来的教条化地理解马克思主义的思想束缚，把市场经济更快地解放和发展生产力的效率优势与坚持社会主义共同富裕和集中力量办大事的制度优势有机结合起来，从而促成了中国经济社会的全面进步和国家面貌的焕然一新。实践证明，社会主义和市场经济对于中国改革开放的不断深入、对于社会主义现代化

① 习近平．在哲学社会科学工作座谈会上的讲话．北京：人民出版社，2016：21.

建设的不断推进、对于中华民族伟大复兴的中国梦的实现缺一不可，它们一个保证发展的正确方向，一个为发展注入强大鲜活的动力，共同助推了当代中国的迅速崛起。

在促进社会主义与市场经济相结合的过程中，需要特别注意和明确的是，改革开放以来，中国特色社会主义虽然实行市场经济，但并非西方马克思主义思潮中的市场社会主义。在改革开放的过程中，我们应防止和避免把社会主义市场经济割裂为先实行市场经济后实现社会主义的前后两个发展阶段的实践偏差。社会主义市场经济是一个整体，那种主张在生产力水平落后时期先实行市场经济而不论社会主义，等到生产力发展到一定阶段和一定程度后再谈实现社会主义的实践方案是不正确的。改革开放过程中涌现的诸如“先效率、后公平”以及退回到新民主主义等具体方案，就是其典型表现。实际上，这种实践方案是一种庸俗生产力论，它否定了1956年三大改造后建立社会主义制度的必要性和必然性，否定了社会主义建设的全部历史成就。

从一定程度上说，市场经济姓“资”姓“社”这个问题在客观上是存在的，在处理社会主义与市场经济的关系问题上，我们不仅要利用市场经济来实现社会主义，更要时时刻刻用社会主义的价值目标来引领和保证市场经济的发展方向，使社会主义的价值追求（如共同富裕）和社会主义特有的政策工具（如公有制为主体）渗透在市场经济发展全过程。这是因为，我国的国家性质决定了我国实行的市场经济作为一种本身不具有社会制度属性和意识形态属性的经济手段，是须臾不可脱离社会主义价值目标的，否则就会因失去社会主义的方向引领而走向西方式的市场经济。

实际上，社会主义同市场经济不仅可以结合，而且可以结合得更好。在新时代，推进改革开放继续深入，关键不在于社会主义与市场经济能不能结合，而在于积极探索社会主义与市场经济更好结合的实现形式和发展机制。具体而言，就是需要根据新时代实现“两个一百年”奋斗目标和中华民族伟大复兴的中国梦的战略要求，根据新的改革开放实践来创造性地运用和发展马克思主义，正确处理好改革开放进程中对内改革与对外开放的关系、经济体制改革与其他各方面体制改革的关系、政府与市场的关系、政府与社会的关系、效率与公平的关系、公有制经济与非公有制经济的关系等等。

其次，坚持独立自主与学习外来辩证统一，将尽可能地吸收外国一切先进技术、资金和先进管理经验与主要依靠本国人民自力更生建立独立完整的国民经济体系结合起来。

中国经过短短40年的改革开放，实现了国家迅速崛起的生动实践，表明了后发国家在保证本国经济安全和自主性的前提下通过对外开放，引进先发国家的雄厚资金，学习它们的先进技术和生产管理经验，能够发挥后发优势，实现迅速赶超。马克思在晚年论及俄国在不经过资本主义充分发展的“卡夫丁峡谷”而直接在农村公社的原始土地公有制基础上进入社会主义的条件时，也指出俄国公社和西方发达资本主义国家的生产同时存在，“可以不必屈从于资本主义的活动方式而占有它的各种成果”[①] 是俄国直接进入社会主义的有利条件，从而初步揭示了社会主义国家应该学习、利用资本主义先进的生产方式和技术来服务于社会主义建设的必要性。今天，推进新时代改革开放向纵深方向发展，进一步激发改革开放促进生产力发展和提高人民生活水平的巨大红利，就需要进一步扩大对外开放，加强对外经济文化的交流与合作，尽可能地学习借鉴人类文明的一切有益成果。同时，在大力“引进来”的同时，中国也需要不断地“走出去”，通过大力实施“一带一路”倡议和“自由贸易区”战略，在深度融入全球经济中充分利用国际国内两个市场、两种资源，不断提高国家的开放型经济水平。

与此同时，也应该看到，在对外开放过程中，由于国家间利益关系的博弈、意识形态的对立，贸易保护主义的壁垒还不同程度地存在，中国要通过改革开放这个轮子来驱动中国社会主义现代化事业，决不能丢掉独立自主和自力更生这个看家法宝。2018 年，在美国发起的对华贸易战中，美国利用自身在芯片技术上的绝对优势，对中国一些缺乏自主研发意识和能力的信息技术企业采取所谓的“禁芯”制裁。美国的这一举动，再次印证了这个真理：核心技术是买不来的，也是靠化缘要不来的，必须立足于自主研发。

独立自主、自力更生是我们党的优良传统，也是我们取得革命、建设和改革事业成功的重要法宝。在革命时期敌人进行经济封锁的情况下，在建设时期苏联单方面撕毁经济援助合同的情况下，党领导人民发扬独立自主、自力更生和艰苦奋斗的精神，创造了一个又一个惊天动地的人间奇迹。例如，在我国独立自主研制和成功试爆第一颗原子弹、成功发射导弹后，毛泽东指出，“我们搞原子弹、导弹有很大的成绩，这是赫鲁晓夫帮忙的结果啊，撤走专家，逼我们走自己的路”。并且还幽默地讽刺说：“应该给赫鲁晓夫发一个一吨重的大勋章。”[②]

新时代全面深化改革开放，必须坚持统筹国际国内发展，一方面在积极参与经济全球化的进程中尽可能地吸收外国一切先进技术、资金和先进管理经验，另一方面把发展的根本立足点放在国内，放在独立自主上面，这是“内因是事物发展变化的根据”这一辩证法的基本要求，也是维护国家经济和产业安全的内在必然。

---

① 马克思恩格斯选集：第 3 卷．3 版．北京：人民出版社，2012：826.

② 吴树利，朱钰华．情系太空：中国导弹、卫星、运载火箭和飞船的开拓者任新民．北京：人民出版社，2013：132.

再次，坚持以总体国家安全观指导新时代改革开放，守住改革开放的原则和底线，解决好改革开放的领域、程度和进度问题，防止产生改革开放的激进主义倾向。

全面、综合、系统是中国改革开放的特点和优点，也是中国改革开放取得成功的重要原因。中国的改革不是对以计划经济体制为主要内容的传统社会主义模式的修修补补，而是开创性地建立一种立足于中国具体国情和建设实际的社会主义新体制。但是，全面、综合与系统的改革开放并不是说一切领域都要改，一切领域都要开，而是需要把握改革开放在开放领域和范围、开放程度和规模、开放进度和火候等方面的“改与不改”“开与不开”“改多改少”“开多开少”“改快改慢”“开快开慢”的辩证法。邓小平也曾指出，改革开放应该是有收有放，总的趋势是越来越开放①。这就意味着，在改革开放过程中，有些领域是不能完全放开的，有些东西是不能根本变动的，改革开放要始终遵循坚守底线、循序渐进、管控风险的原则。例如，维护与保持国民经济体系的独立性和完整性，对国际垄断金融资本持谨慎的开放态度，对于关系国民经济命脉的行业产业设置外资准入和必要的股比限制，并不是所谓的保守主义和拒绝改革开放。事实上，西方资本主义国家在它们认为重要的经济行业的对外开放上，态度更为保守，并常常以危害本国国家安全为由拒绝和严格限制别国资本的投资。

中国特色社会主义进入新时代，全面深化改革开放，既要贯彻全面、深入、系统、综合的要求，又需要在改什么、改多少、什么时候改，开什么、开多少、什么时候开等重大问题上保持清醒的政治头脑，做到坚持原则、守住底线、渐进推进。具体而言，就是要在改革开放的进程中，坚持国家总体安全观，在维护国家利益和安全的基础上，建立与政府驾驭改革风险的处置能力相适应、与政府应对开放不确定性因素的管控本领相契合的推进改革开放的动态调整机制，根据国际国内发展的实际形势灵活调整改革开放的领域、力度和进度，坚持积极稳妥地推进改革开放，防止产生脱离当代中国国情的“左”的和右的思想认识偏差与激进主义倾向。

## 参考文献

[1] 邓小平文选：第2卷.2版.北京：人民出版社，1994.

---

① 邓小平在1987年4月16日会见香港特别行政区基本法起草委员会委员时，针对有人议论中国的改革开放政策在收的问题，明确提出：“每走一步都必定会有的收，有的放，这是很自然的事情。总的是要开放。”（邓小平文选：第3卷.北京：人民出版社，1993：219.）

[2] 邓小平文选：第3卷．北京：人民出版社，1993.

[3] 习近平．决胜全面建成小康社会　夺取新时代中国特色社会主义伟大胜利．北京：人民出版社，2017.

[4] 陶文钊．中美关系史（1949—1972）．上海：上海人民出版社，1999.

[5] 毛泽东选集：第4卷．2版．北京：人民出版社，1991.

[6] 中共中央文献研究室．习近平关于全面深化改革论述摘编．北京：中央文献出版社，2014.

[7] 习近平．在哲学社会科学工作座谈会上的讲话．北京：人民出版社，2016.

[8] 马克思恩格斯选集：第3卷．3版．北京：人民出版社，2012.

[9] 吴树利，朱钰华．情系太空：中国导弹、卫星、运载火箭和飞船的开拓者任新民．北京：人民出版社，2013.

# 改革开放是中国发展的活力之源

邹广文*

**【摘　要】** 中国40年改革开放的伟大实践已经证明，这一发展道路是中国发展的活力之源。而如果从理论自觉层面予以总结，可以归结为三个“坚持”，即坚持永不懈怠的思想解放、坚持市场经济的改革方向、坚持以人民为中心的发展方向，这既是中国改革开放的基本经验，也是未来我们实现中华民族伟大复兴的基本遵循。

**【关键词】** 改革开放；思想解放；以人民为中心

1978年，以中国共产党十一届三中全会的召开为标志，中国改革开放的大幕正式开启。改革开放说到底，就是向世界文明开放、向先进生产力开放，真正融入全球化发展大潮，在中国与世界的互动中实现跨越式发展。

历史已经证明，改革开放是中国发展的活力之源。我们用了短短三四十年的时间走完了西方百余年的发展道路，今天的中国无论是国人的精神面貌还是国际影响力，都已经发生了划时代的发展变化。中国的改革开放实现了三个划时代历史转变：其一是从计划经济向社会主义市场经济转变，其二是从封闭半封闭向社会全面开放转变，其三是从贫穷落后向富裕小康的社会主义现代化转变。40年来，我们的经济社会发展取得了辉煌的成就。1978年，中国经济总量在全球只占到1.8%，可以说是一个极其贫穷落后的发展中国家，但到2018年，中国GDP从1978年的不足0.37万亿元人民币增长到超过90万亿元人民

* 邹广文，清华大学马克思主义学院教授、博士生导师。

币。我们已经是全球第二大经济体，经济总量已经占到了全球的16%，中国的经济总量已由1978年的第10位上升到目前的第2位，代表国家总体发展水平的人类发展指数（Human Development Index，HDI）也有了实质性的提高。这些巨大变化无疑是改革开放带来的，得益于中国持续进行的市场化改革。

2018年4月10日，习近平在博鳌亚洲论坛2018年年会开幕式上的主旨演讲中指出："中国进行改革开放，顺应了中国人民要发展、要创新、要美好生活的历史要求，契合了世界各国人民要发展、要合作、要和平生活的时代潮流。中国改革开放必然成功，也一定能够成功!"这里，我们每个当代中国人，无疑都要向改革开放致敬，并进一步将改革开放的伟大事业进行到底，因为改革开放是中国赢得主动、赢得未来的真正历史选择。那么，面向中国的未来发展，我们需要有一种自觉意识，即需要在思想观念层面明确改革开放40年来取得成功的基本经验到底是什么，概括为一句话就是思想解放。正由于我们思想的不断解放，我们的社会改革才不断取得一个又一个新的突破。面向未来的中国发展，我们仍然要坚持这一"最成功的经验"，自觉肩负起思想解放的时代使命。

## 一、坚持永不懈怠的思想解放不动摇

思想是时代的先声，伟大时代的开启需要伟大的思想。40年前即1978年的5月11日，《光明日报》发表了题为《实践是检验真理的唯一标准》的特约评论员文章，以这篇文章为标志，新时期中国改革开放与思想解放的历史进程正式开启。党中央明确否定了"两个凡是"的错误观点，奋力打破了长期以来的个人崇拜和教条主义的束缚，推动了从"以阶级斗争为纲"的两极对立思维向以经济建设为中心的建设思维的根本转变，并重新确立了实事求是的马克思主义思想路线。而对于什么叫解放思想，邓小平曾经明确指出："我们讲解放思想，是指在马克思主义指导下打破习惯势力和主观偏见的束缚，研究新情况，解决新问题。"① 这也就是说，解放思想的根本着眼点是未来中国的新建设、新发展，没有思想解放就没有中国的未来，这一点已经为40年中国的跨越式发展所证明。

众所周知，思想解放的哲学根据是"实事求是"，而实事求是既是马克思主义的根本方法，也是中国共产党的思想路线，是中国共产党人夺取革命胜利并建设新中国的重要法宝。只有坚持实事求是，才从根本上坚持了马克思主义，坚持了党的领导。邓小平曾经谆

① 邓小平文选：第2卷.2版.北京：人民出版社，1994：279.

谆告诫我们："实事求是，是无产阶级世界观的基础，是马克思主义的思想基础。过去我们搞革命所取得的一切胜利，是靠实事求是；现在我们要实现四个现代化，同样要靠实事求是。"①

改革开放的实践证明，解放思想、实事求是是我们建设中国特色社会主义的哲学基础。思想解放，就需要着力研究和解决当前改革开放和经济建设的深层次问题，不能脱离这个时代主题去空谈，因为空谈误国。我们要学习邓小平实事求是的作风，以"不争论"的姿态排除阻力、推进改革。真正使改革一直向前走，不走回头路。改革没有完成时，思想解放也永远不能停步。

今天，面对中国发展未来，我们需要自觉去思考未来影响中国改革的核心阻力在哪里，如何以更坚定的信心去推动新时代的思想解放，以应对日益复杂的国际国内发展环境，真正实现创新、协调、绿色、开放、共享的新的包容性发展理念，实现中华民族的伟大复兴。

只有思想解放，我们才能有效释放社会发展活力和创新活力。增强创造活力是建设中国特色社会主义现代化的重要条件和必然要求，因为中国的现代化是全体中国人共同的事业，需要我们充分调动各个社会阶层和社会群体的积极性和创造性，激发出社会生产生活的各个行业和领域的创造活力。真正做到使一切有利于社会进步的创造愿望得到尊重，创造活动得到支持，创造才能得到发挥，创造成果得到肯定。

只有思想解放，我们才能勇于直面改革的焦点、难点，凝聚共识，破解改革发展难题。未来中国发展的难点就是改革的重点，面向未来，中国改革的环境与矛盾将会比此前任何发展时期的环境与矛盾更复杂、更尖锐。例如当前我国的社会腐败现象仍然十分严峻，社会经济发展的不平衡现象还没有得到有效遏制，环境污染、资源浪费以及生态失衡问题亟待解决。我们的社会改革越是向纵深推进，触及的利益关系就越复杂，遇到的压力阻力就越大，尤其是涉及体制机制的一些深层次问题和矛盾需要着力解决，这就需要我们对未来深化改革的艰巨性、复杂性、关联性、系统性有充分的思想准备。

只有思想解放，我们才能面对新时代，真正以实事求是的态度向教条主义宣战，向个人迷信和极左思想宣战，确保中国改革开放的航船不偏离时代的方向。这里，我们应该铭记马克思的教诲，马克思在其《资本论》第一卷第二版跋中明确指出了他的辩证法与黑格尔的辩证法的不同，这就是马克思辩证法的批判与革命性质："辩证法对每一种既成的形

---

① 邓小平文选：第2卷．2版．北京：人民出版社，1994：143.

式都是从不断的运动中，因而也是从它的暂时性方面去理解；辩证法不崇拜任何东西，按其本质来说，它是批判的和革命的。”① 只有不断破除僵化教条的框框，我们的思想才能够跟上时代的发展，并葆有新鲜活力。

## 二、坚持市场经济的改革方向不动摇

市场经济作为通过市场配置社会资源的经济形式，是已经被人类实践生活证明了的最具效率和活力的经济运行载体。一个国家要想真正步入现代化，就必须经历市场经济的洗礼。正因如此，目前全世界大多数国家都先后走上了市场经济的发展道路。中国确立市场经济的改革方向可谓来之不易，这是全体中国人经过多年的反复艰苦探索才做出的选择，也是我们40年来改革的基本经验总结，同时更是我们今后改革的方向。

党的十八届三中全会历史性地明确了“使市场在资源配置中起决定性作用”，这既是对市场经济一般规律的明确认可，也是使市场经济规律为社会主义经济建设服务的重要里程碑。2014年5月，习近平在中共中央政治局第十五次集体学习时又特别指出：“必须坚定不移地坚持社会主义市场经济改革方向。”党的十九大报告也明确强调：“经济体制改革必须以完善产权制度和要素市场化配置为重点，实现产权有效激励、要素自由流动、价格反应灵活、竞争公平有序、企业优胜劣汰。”由此表明，只有不断深化未来中国的市场经济改革，才能极大调动人民群众的积极性和创造性，并释放出巨大的经济活力，以确保中国经济的健康可持续发展。

首先，深化市场经济改革有利于真正让市场在资源配置中发挥基础性、决定性作用。中国的市场经济改革已经充分证明，市场经济是资源配置最有效率的经济形式，也是发展社会生产力的最佳途径。因为市场主体在市场上可以自由地支配自己的生产要素和商品，自由地做出符合自身利益的选择，这就极大地调动了市场主体的积极性，激发了市场活力。40年前，中国没有一家民营企业，全部都是公有制企业，也没有世界五百强。而在2017年世界五百强中，中国的企业数量已经达到了115家，其中有超过25家是我们的民营企业。民营企业在我国经济社会发展中表现出了公有制企业所不可替代的作用，民营企业的发展缩短了我国城乡之间的发展差距，促进了生产力的发展，还充分调动了生产者的积极性，吸纳了大量的城乡就业人员，减轻了社会的压力，切实带动了相关经济的发展。

① 马克思恩格斯选集：第2卷．3版．北京：人民出版社，2012：94.

未来我们需要进一步全面营造良好的市场投资环境，确保经济持续发展的活力。

其次，深化市场经济改革有利于切实实现经济增长方式的转变，深化供给侧结构性改革。实现中国经济由数量增长到品质提升，是未来我们经济实践的中心工作。但也应该清醒地看到，目前我国经济结构尚不尽合理，粗放型经济发展方式转变迟缓，发展不可持续的问题十分突出。究其根本原因，仍在于我们的体制机制中存在诸多妨碍市场主体创业创新积极性的障碍。马克思主义认为生产决定消费，我们今天的供给侧结构性改革实践，必将有利于更好地发展生产、保障供给，转变生产方式、调整产业结构。所以我们必须尊重市场主体及其选择，更好地放权给市场主体，从而有效激发市场主体的活力和创造力，这也是目前我国供给侧结构性改革亟待解决的根本问题。我们还需要进一步完善市场体系，统一市场规则，规范市场秩序，开展充分的市场竞争，切实扭转政府权力干预过多和监管不到位的问题。如果真正做到让市场在资源配置中发挥决定性作用，那么我们经济发展方式的转变就拥有了体制机制基础，如此才会让一切生产要素的活力竞相迸发，才可能真正释放出市场主体的创造热情与动力，才能让一切创造社会财富的源泉充分涌流。

诚然，市场经济不是万能的，它有自身的弱点和消极的方面，例如：在单纯市场机制调节下，市场经济难以有效实现个人利益与社会利益的统一；市场经济的运行常常带有盲目性和波动性，由此导致价值与价格、供给与需求等一系列矛盾的产生；市场经济导致人们收入差距扩大，甚至会引起阶层的两极分化；等等。人类近代社会发展实践的历史已经表明，市场经济能较好地解决经济效率问题，却不能有效解决社会的公平公正问题，这就需要我们发挥社会主义制度的优越性，加强和改善国家经济的宏观调控措施，为社会的微观经济运行提供优良的宏观发展环境，真正使市场经济得到正常运行和均衡发展。

## 三、坚持以人民为中心的发展方向不动摇

在马克思看来，历史是人民群众创造的，就其根本来说，人民群众不仅是物质财富和精神财富的创造者，而且是变革社会、推动历史发展的主体力量、决定性力量。在改革开放伊始，邓小平就告诫全党，只有紧紧地依靠群众，密切联系群众，随时听取群众的呼声，代表群众的利益，才能汇聚成强大的实践力量，顺利地完成改革重任。党的十八大以来，以习近平同志为核心的党中央又进一步提出了以人民为中心的发展思想，特别是党的十九大做出了我国社会主要矛盾已经转化为人民日益增长的美好生活需要和不平衡不充分的发展之间的矛盾的重大政治论断，明确提出“永远把人民对美好生活的向往作为奋斗目

标”，这就鲜明反映了坚持人民主体地位的内在要求，彰显了人民至上的价值取向，确立了新时代发展理念所必须始终坚持的根本原则，具有重大的理论意义和实践意义。

首先，坚持以人民为中心的发展方向，从根本上回答了我们社会发展的本质问题，也是我们党为人民服务这一根本宗旨的具体体现。坚持以人民为中心的发展，体现了中国共产党人社会改革实践的“目的性”关怀。我们只有真正解决了发展的目的问题，才能够为中国的未来发展指明方向。始终坚持一切以人民为中心，这就是共产党人永远的初心，是共产主义事业的动力之源。党的根基在人民，党的力量在人民，人民立场是中国共产党的根本政治立场，也是马克思主义政党区别于其他政党的显著标志。中国共产党波澜壮阔的发展历史已经证明，与人民风雨同舟、生死与共，始终与人民保持血肉联系，是中国共产党战胜一切困难和风险的根本保证。邓小平说：“社会主义的目的就是要全国人民共同富裕，不是两极分化。”① 习近平总书记也强调：“全面建成小康社会，一个也不能少；共同富裕路上，一个也不能掉队。”② 的确，人民是历史的创造者，是决定党和国家前途命运的根本力量。

我们要紧紧围绕我国社会主要矛盾的转换来布局谋篇。努力满足人民群众对美好生活的期待和向往，自觉坚持发展为了人民、发展依靠人民，真正对人民负责，努力倾听人民的诉求与心声。以人民满意与否作为检验我们一切工作的根本标尺。一切党员干部，都要顺应人民期待，以实现最广大人民群众的利益为目标，以保障和改善民生为重点，如果忘记这一点，就必然会背离中国共产党的初心，当然也会与为人民服务这一根本宗旨背道而驰。坚持人民立场，永葆人民情怀，只有这样才能更好推动人的全面发展和我国社会的全面进步。面对新时代，党员干部必须自觉转变工作作风，努力树立群众观点，一切为了群众，一切依靠群众，虚心向群众学习，遇事同群众商量，尊重群众意愿，切实做到一切对人民负责。只有真正做到了这一点，才是真正地对中华民族伟大复兴的时代负责。

其次，坚持以人民为中心的发展，落实到生活实践层面，就是要真正让每个中国人有安全感、获得感，过有尊严的生活。我们要切实将人民是否真正得到实惠、人民生活是否真正得到改善、人民权益是否真正得到保障等作为检验社会发展成效的根本标准。始终坚持以人民为中心，就需要在坚持和发展中国特色社会主义的伟大实践中，把以人民为中心的思想贯穿于创新发展、协调发展、绿色发展、开放发展、共享发展的全过程、全领域。

---

① 邓小平文选：第3卷．北京：人民出版社，1993：110－111.

② 习近平总书记在十九届中共中央政治局常委同中外记者见面时的讲话（新华网文字实录）.（2017－10－25）. http：//www.xinhuanet.com//politics/19cpcnc/2017－10/25/c_129726443.htm.

要在继续推动经济社会发展的基础上，着力解决好发展不平衡不充分的问题，大力提升发展社会产品的质量和效益，更好满足人民在经济、政治、文化、社会、生态等方面日益增长的需要。在发展的目标追求上，国家尤其要注意保护公民的人身权、财产权、人格权，真正让每个人的安全感、获得感和尊严感落到实处。要着力激发人民群众的积极性、主动性和创造性，为经济社会发展提供不竭新动力。要坚持共享发展、共同富裕，使人人享有、各得其所，既要把社会财富和公共产品做优做大，又要充分保证社会分配的公平正义，全方位丰富和提高人民创造美好生活的能力，使中国改革发展的成果更多更公平惠及全体人民。

最后，面对新时代，我们要自觉推进以人民为中心的改革实践，要实现更高质量、更有效率、更加公平、更可持续的发展。按照习近平总书记在中央全面深化改革领导小组第二十三次会议上所要求的，“把以人民为中心的发展思想体现在经济社会发展各个环节，做到老百姓关心什么、期盼什么，改革就要抓住什么、推进什么，通过改革给人民群众带来更多获得感”。创造美好生活，一个人都不能掉队，中国的改革不是只追求少数人的利益与幸福，而是追求最广大人民的根本利益和幸福。所以，全社会要打好扶贫攻坚战，切实补齐社会发展的短板，真正实现 2020 年我国全面建成小康社会的目标，真正让创新、协调、绿色、开放、共享的发展理念落到实处，加强社会发展的系统性与全面性。我们要真正把人民的“大责任”扛在肩上，着眼于人民的美好生活，以此来谋划发展、部署改革。切实把增进人民福祉、促进人的全面发展、朝着共同富裕方向稳步前进作为经济社会发展的出发点和落脚点。

# 改革开放以来高校思想政治教育质量评价的回顾与思考*

冯　刚**

【摘　要】质量评价是高校思想政治教育的重要环节，也是加强和改进工作的重要手段。近年来，关于高校思想政治教育质量评价的研究和实践不断涌现，形成了高校思想政治教育质量评价史、中外高校思想政治教育质量评价比较研究、高校思想政治教育质量评价理论基础研究、高校思想政治教育质量评价指标体系研究、高校思想政治教育质量评价在具体领域应用等方面的研究。高校思想政治教育质量评价的长期发展，要回答好处理好高校思想政治教育质量标准是什么与评价体系如何确定、高校思想政治教育质量评价有哪些内容与如何科学开展评价、高校思想政治教育质量评价在提升人才培养质量中应发挥什么作用与如何定位高校思想政治教育质量评价三组关系。

【关键词】思想政治教育；质量；评价

思想政治教育质量评价是思想政治教育过程中的重要内容、环节和机制，改革开放以来，质量评价问题一直伴随着中国高等教育，历次关于高等教育的重要文献都着重提出了质量的要求和质量评价的任务。2004 年，中共中央、国务院颁布的《关于进一步加强和改进大学生思想政治教育的意见》指出，“要把大学生思想政治教育工作作为对高等学校办学质量和水平评估考核的重要指标，纳入高等学校党的建设和教育教学评估体系”，明

* 本文原刊发于《教学与研究》2018 年第 3 期。

** 冯刚，北京师范大学思想政治工作研究院院长、马克思主义学院教授。

确提出了高校思想政治教育质量问题。研究和梳理高校思想政治教育质量评价的进程和发展，回顾历史，总结反思，有助于进一步提升高校思想政治教育质量。

## 一、高校思想政治教育质量评价的回顾

1985年，《中共中央关于教育体制改革的决定》提出："衡量任何学校工作的根本标准不是经济收益的多少，而是培养人才的数量和质量。紧紧掌握这一条，改革就不会迷失方向。"因此，"国家及其教育管理部门要加强对高等教育的宏观指导和管理。教育管理部门还要组织教育界、知识界和用人部门定期对高等学校的办学水平进行评估"。这也明确了以评估的方式来判断质量。1993年，中共中央、国务院颁布的《中国教育改革和发展纲要》提出，"高等教育要适应加快改革开放和现代化建设的需要"，"质量和效益明显提高"。因此，要"加强质量监督和评估制度"，"建立各级各类教育的质量标准和评估指标体系"。对高等教育，"要采取领导、专家和用人部门相结合的办法，通过多种形式进行质量评估和检查"，要"建立有教育和社会各界专家参加的咨询、审议、评估等机构，对高等教育方针政策、发展战略和规划等提出咨询建议，形成民主的、科学的决策程序"。这一文件为思想政治教育质量评价提供了政策依据。1994年，《中共中央关于进一步加强和改进学校德育工作的若干意见》明确要求，"要建立德育工作的评估制度，并把德育工作作为评价一个地区、一所学校教育教学工作的重要内容。高等学校德育工作应列入'211工程'评估标准"。1999年，《中华人民共和国高等教育法》开始施行，其中要求"提高高等教育的质量和效益"，"高等学校应当以培养人才为中心……保证教育教学质量达到国家规定的标准"，"高等学校的办学水平、教育质量，接受教育行政部门的监督和由其组织的评估"，这就以法律的形式规定了高校教育质量评价这一任务。2015年，《中华人民共和国高等教育法》修订，进一步完善了教育评价方面的要求。2000年，《教育部关于加强和改进研究生德育工作的若干意见》提出："要建立研究生德育工作评估制度，把研究生德育工作的落实情况和效果作为评价和衡量研究生德育工作的重要指标并列入研究生培养工作评估体系，使研究生德育工作逐步走向制度化、规范化和科学化。"明确思想政治教育质量评价的目标是思想政治教育的制度化、规范化和科学化。可以看出，随着高等教育的发展，质量越来越成为高等教育的生命线，质量评价不仅是工作评定和价值判断的明确任务，更是反馈和改进高等教育的重要方法，而对于高校思想政治教育质量评价的要求和需求也在不断提升。

2004年，中共中央、国务院颁布《关于进一步加强和改进大学生思想政治教育的意见》，作为新世纪大学生思想政治教育的纲领性文件，该文件提出了高校思想政治两个层面的评估：高校内部要“把思想政治教育与教学、科研、社会服务工作结合起来，同时部署，同时检查，同时评估”，而从外部“要把大学生思想政治教育工作作为对高等学校办学质量和水平评估考核的重要指标，纳入高等学校党的建设和教育教学评估体系”。同时，文件明确了加强和改进大学生思想政治教育的主要任务、思想政治理论课、日常思想政治教育和思想政治教育工作队伍等具体内容，从而为高校思想政治教育质量评价具体落实和实施提供了各方面支撑。文件的实施为高校思想政治教育质量评价研究的发展和实践的深化提供了坚实的基础。近十年来，关于高校思想政治教育整体或是部分的研究不断深化，在实践中，高校思想政治工作也不断推进，成果大量涌现，这些都丰富了高校思想政治教育质量评价体系。本文也以此为时间起点，梳理高校思想政治教育质量评价的主要研究，集中体现在：一方面，关于高校思想政治教育质量评价整体的系统的研究不断出现。这其中包括代表性著作，也包括丛书中比较系统的研究章节。有的以年度报告的形式梳理思想政治教育工作素材，形成质量评价基础材料；有的虽然没有出版，但已经有了相对完整的研究，尤其是博士学位论文；有的是各类基金资助项目，反映出国家和各部门对这一问题的持续高度关注；有的是其他学科从本学科理论出发涉及这一研究领域；有的针对高校思想政治教育质量评价在具体领域的应用，如针对不同学校、面向思想政治教育不同对象、用不同研究方法进行评价等等。另一方面，围绕思想政治教育质量评价的具体讨论不断涌现。主要表现在拓展了思想政治教育质量评价的研究内容，不仅有以往的内涵、范围、特点、标准、原则等内部要素研究，还增加了关于历史研究、中外比较、理论基础等方面的探讨。研究论文不断涌现，通过对中国知网的检索可以发现，这些研究的对象更加多元具体，研究的总结性、对策性和前瞻性明显增强，研究成果的规范性、学术性以及数量都有所提升。同时，学位论文发表的情况也从一个侧面反映出高校思想政治教育质量评价的研究不断接续。

## 二、高校思想政治教育质量评价研究的主要成果

在对高校思想政治教育质量评价研究成果进行梳理总结之前，需要对几个经常性术语做一分析。在政策文件或是具体研究中，关于高校思想政治教育质量评价这一领域，会出现诸如“思想政治教育评价”“思想政治教育评估”“思想政治教育测评”“德育评价”“德

育评估”等不同表述。这些表述各有侧重，在内涵、范围、标准、原则以及指标构建、操作流程和途径方法上有许多相似之处，都是对思想政治教育做出的评判或判断，是围绕同一个问题展开的研究。彼此之间的区别仅在于，或侧重于定性描述，或侧重于定量分析，或侧重于对结果或过程的价值判断。它们都是基于思想政治教育质量的讨论。

思想政治教育质量评价不只是对价值判断和量化测评的强调，而且是对高校思想政治教育质量的整体强调。思想政治教育质量评价涵盖以上多种表述，旨在表明高校思想政治教育质量评价反映高校落实和开展立德树人根本任务的实际情况。近年来关于思想政治教育质量评价研究领域的成果，主要可以归纳为五个部分：一是中国思想政治教育质量评价史研究，二是中外高校思想政治教育质量评价比较研究，三是高校思想政治教育质量评价理论基础研究，四是高校思想政治教育质量评价指标体系研究，五是高校思想政治教育质量评价在具体领域应用的研究。下面就这些方面成果做一简要整理。在具体引证中，仍然沿用原有表述，在具体语境下不做区分。

### （一）中国思想政治教育质量评价史研究

中国历史上虽然没有现代意义的思想政治教育质量评价的概念和理论，但因中国古代教育和选人受到“德才兼备”思想的影响，对人才的德行评判由来已久。中国古代在“德”的评价方面有着丰富的经验和素材，有学者总结了中国历代在德育评估方面的思想表达①，从官学、私学两个层面，探讨了不同朝代对品德标准的侧重，同时梳理了古代品德评估的技术路径。有学者更加强调德育评估的价值判断，总结了中国传统德育评估思想的政治价值、教化价值，进而列举了古代不同主张中德育评估的标准和评估方法②。这些思想更多聚焦于对教育对象的评价、定性，反映了中国古代官方主流价值取向。有学者将改革开放以来思想政治教育测评分为四个发展阶段，总结了每一阶段的发展历程，梳理了思想政治教育测评成果，指出思想政治教育测评存在“指标困境”和“方法困境”两方面问题，研究认为，思想政治教育测评未来发展重在新的测评理念的指导、权威指标体系的建构以及新型途径方法的探索③。

有研究从教育学学科领域入手，从教育评估的角度系统整理了中国教育评估史，研究把中国教育评估史分为三个阶段：一是中国古代教育评估思想的发生和实践，认为近代以

---

① 秦尚海．高校德育评估论．北京：中国社会科学出版社，2006：35－62.

② 赵祖地．高校德育评估研究．南京：南京师范大学，2014：43－51.

③ 沈壮海，段立国．思想政治教育测评研究的回顾与展望．思想教育研究，2014（9）.

前的官学、私学和科举制度都在品德评估方面提出了思想源流和实践依据①，尤其是西周时期，对当时学生学习的主要科目“六艺”中的“射”提出了“五射”的标准，可以说这是中国教育评估史上明确出现的一个量化指标②。二是中国近代教育评估的实践与探索，分析了西方教育思想和理论引入对中国教育中督导、考试、测量等方面产生的影响③。三是中国当代教育评估的复苏与创新，重点梳理了改革开放以来中国教育评估领域督导制度恢复和高等教育评估理论研究、实践探索与体系化建设。研究认为，新中国成立以后，中国逐渐形成了有特色的教育评估体系，1985 年召开的“高等工程教育评估问题专题研讨会”是国内学术界公认的高等教育评估正式起点④。研究还提出了教育评估领域的趋势，如质量评估成为教育评估的核心内容，多元参与的社会化评估日益兴起等⑤。

### （二）中外高校思想政治教育质量评价比较研究

随着《关于进一步加强和改进大学生思想政治教育的意见》的颁布，加上 21 世纪以来中国更加关注全球视野和国际比较，这一阶段对于中外高校思想政治教育质量评价的比较研究不断增加，有的学者梳理西方古今名人或是学术流派的相关思想，延伸至教育学、心理学等学科领域，总结出西方现代德育评估理论具有评估标准多元化、评估形式自主性、评估方法定量化、评估本质个体化等特征。研究认为，西方德育评估经历了从目标评价到专项过程评价，从效能评价到专项价值评价，从结果评价到专项素质评价等一系列过程，从而指出相比教育评估的其他领域，德育评估依然是相当薄弱的领域⑥。也有研究专注于具体国别的比较研究，重点在评价理论、指标体系、实施方法等方面进行探讨⑦。中外思想政治教育质量评价比较研究不仅扩大了思想政治教育质量评价的空间视野，将质量评价放置在国别比较框架内，而且因不同国家开展评价研究和实践的学科依托有所差别，拓展了思想政治教育质量评价的学科视野。

有研究提出，西方价值观教育评价中，定量研究、质性研究和行动研究都发挥着重要作用，科学取向的评价研究通过测量行为等外显变量，推测价值观这个潜在变量，并以统

---

① 孙崇文，伍伟民，赵慧．中国教育评估史稿．北京：高等教育出版社，2010：2.

② 同①8.

③ 同①70.

④ 同①138.

⑤ 同①160－170.

⑥ 秦尚海．高校德育评估论．北京：中国社会科学出版社，2006：63－85.

⑦ 韩迎春．中美高校德育评估标准比较及其启示．湖南师范大学教育科学学报，2011（1）；闫晓．当代中美高校德育评价比较研究．厦门：厦门大学，2007.

计计算说明各变量之间的关系，侧重以学生、教师和家长的视角看待价值观教育的过程及效果。诠释取向与行动取向的评价研究凸显价值观教育的主观性与主体性，侧重鼓励当事人参与评价过程，进行主动思考与反思①。有研究聚焦日常思想政治教育的工作，把国内不同省份对高校心理健康教育评估标准与北美高校心理咨询服务推荐标准进行对比研究，提出加强教师专业背景和再教育、加强职业伦理建设、关注社会资源的利用与单位协作等建议②。有研究借鉴国外"伯克霍夫审美程度公式"修订形成了美育质量的测评公式，提出了基于美育目标与美育课程两大支点，美育教材、教师美育教学和学生审美学习三大教学因素，五位一体的美育质量测评系统③。

有研究系统整理了20世纪80年代中后期以来，美、英、法、德、日、荷、澳等国家高等教育质量保证体系的产生背景、组织机构、质量标准和运行机制，对质量保证体系的整体构建进行了国别比较研究④。研究以20世纪80年代西方国家的以提高高等教育质量为核心的教育改革为背景，提出高等教育质量保证是为维持和提高高等教育质量而实施的有计划、有组织、有系统的质量持续促进活动。研究总结了高等教育质量保证的六条国际经验，由此提出了构建我国高等教育质量保证体系的策略。

### （三）高校思想政治教育质量评价理论基础研究

有学者认为，马克思主义哲学，包括认识论、价值论和评价论为思想政治教育评价提供了科学的世界观和方法论，思想政治教育学、心理学、管理学、教育测量学、教育统计学和系统科学等相关学科则为思想政治教育评价奠定了坚实的理论基础⑤。有学者提出，马克思主义哲学与伦理学是德育评估的根本理论基础，伦理学中关于道德原则、道德规范等学科理论为德育评估提供了丰富的内容和方法论基础⑥。理论基础的研究为高校思想政治教育质量评价提供了明确的方位，尤其是政治方位，同时也为各学科理论应用于高校思想政治教育质量评价研究和实践提供了可行性参考。

有学者还梳理了马克思主义经典作家的德育评估思想，这些研究观点包括：马克思、

① 王熙．西方价值观教育评价的研究范式与研究方法．教育学报，2017（4）．

② 林立涛．关于完善高校心理健康教育评估标准的思考．思想理论教育，2015（3）．

③ 赵伶俐．以目标与课程为支点的美育质量测评：为了有效实施《国务院办公厅关于全面加强和改进学校美育工作的意见》．华东师范大学学报（教育科学版），2017（5）．

④ 马健生，等．高等教育质量保证体系的国际比较研究．北京：北京师范大学出版社，2014．

⑤ 王茂胜．思想政治教育评价论．北京：中国社会科学出版社，2006：59．

⑥ 秦尚海．高校德育评估论．北京：中国社会科学出版社，2006：129－130．

恩格斯关于人的本质理论是德育评估的理论前提，对人的全面发展的论述为德育评估指明了目标和方向，唯物史观为德育评估的客观性、科学性和实践性奠定了基础①。马克思、恩格斯的价值理论是德育评估理论的基石，他们提出的数量分析法为德育评估提供了方法论的原则，同时也为德育评估直接提供了“方法”②。此外，学者们还总结了中国化马克思主义德育评估思想，尤其是党的领导人对德育评估理论和实践的贡献③。主要观点如：毛泽东系统提出了德育目标，全面论述了关于德育的基本内容，为德育评估提出了一系列方法论原则，提出了动机与效果相统一的原则，提出了实践是检验德育效果的评估标准；邓小平提出的“四有”新人培养目标和“三个有利于”的提法为德育评估提供了方位与标准。马克思主义经典作家和中国化马克思主义丰富了思想政治教育质量评价思想和理论，党的领导人的论述客观上推动了思想政治教育质量评价工作的整体发展。

在思想政治教育质量评价研究中，对多学科的借鉴也非常多。如有研究将社会工作中的助人自助、平等尊重、优势视角等理念和理论，需求评估、多方评估、自我反思等方法手段融入高校学生思想政治教育评价，推进理论突破和实践创新④。有研究认为，在网络信息社会，引入大数据理论、分布式认知理论和多元智能发展理论能够实现思想政治教育客观评价⑤。有研究分析了高等教育评估权的来源、属性和特点，分析了评价的法理性基础和规范化方向⑥。

在高校思想政治教育质量评价研究中，其实都包含对前人研究的整理和评价，这些过程包含着对高校思想政治教育质量评价本身的思考。2004 年以来，随着研究和实践的深入，对这一问题的总结和反思越来越多，许多论述都涉及思想政治教育质量评价的理论依托。有学者认为，高校德育评估理论准备不足、价值认识不清、对结构要素标准以及体系建构途径方法等方面把握不当，根本原因是基础研究缺失、本体研究薄弱、评估方法研究不适和应用研究缺乏⑦。有学者认为，思想政治教育评估存在范围、效益、技术三方面困境，要通过新目标的确立和研究理念、内容研究、方法研究三方面的创新，理念上实现从学理主义向实证主义转变，内容上从单一强调结果向过程与结果双向统一转变，方法上从

---

① 秦尚海. 高校德育评估论. 北京：中国社会科学出版社，2006：86－89.

② 赵祖地. 高校德育评估研究. 南京：南京师范大学，2014：58－63.

③ 秦尚海. 高校德育评估论. 北京：中国社会科学出版社，2006：92－128；赵祖地. 高校德育评估研究. 南京：南京师范大学，2014：63－70.

④ 吴立忠，王玉香. 论社会工作视角下高校学生思想政治教育评价的创新. 中国青年研究，2016（7）.

⑤ 李怀杰. 思想政治教育大数据评价及其实践路径. 思想理论教育，2017（6）.

⑥ 祁占勇，罗澜，陈鹏. 高等教育评估权的行政法透视. 高等教育研究. 2017（3）.

⑦ 同②41－42.

单一强调定性分析与定量分析向两者内在统一转变①。还有学者认为，德育评价的概念不清导致定位存在误区，评价基本理论缺失，德育评价重量化而缺少人文关怀，德育评价缺乏宏观性和实践性的研究②。有研究者认为，当前评价活动中存在的问题，可以通过借助发展性评价理念，构建价值生成的评价模式③。

### （四）高校思想政治教育质量评价指标体系研究

指标体系是思想政治教育质量评价各要素的集中体现，是理论研究能够应用于实践工作的关键。近年来，学界关于思想政治教育质量评价指标体系的研究从零星到系统，从研究框架落地为工作案例，形成了丰富的成果。

论及思想政治教育质量评价指标体系之前，要对指标体系的前提做一说明，这个前提包括高校思想政治教育质量评价的基本原则，也包括能够开展评价的共识。关于思想政治教育质量评价原则的论述一般包含两个维度，理论维度是指思想政治教育质量评价的基本遵循。近年来，理论方面阐释高校思想政治教育质量评价原则的观点有党性原则、实事求是原则、历史性原则④、导向与目标相统一原则、客观而全面原则、创新性和发展性相统一原则⑤、辩证性原则、科学性原则、人本性原则⑥、动态性原则、对比性原则、系统性原则等等⑦。理论维度把握了思想政治教育质量评价的政治方向，尊重规律，以人为本。实践维度是指开展思想政治教育质量评价的操作规范。近年来的研究对实践维度的原则集中在定性与定量评价结合原则⑧、静态与动态有机结合原则⑨、全面评价与重点评价结合原则、静态评价与动态评价结合原则、形成性评价与总结性评价相结合原则⑩、自我评价与他人评价相结合原则、正式评价与非正式评价结合原则⑪。也有研究强调依据“行为判

---

① 孙梦云，杨国辉，曹友华．思想政治教育评估的研究状况分析．湖南师范大学社会科学学报，2006（1）.

② 张忠华，张典兵．对德育评价研究的回顾与反思．高教发展与评估，2011（1）.

③ 董平，丛晓波．思想政治教育价值生成评价模式的建构理路．思想教育研究，2016（7）.

④ 王斌．思想政治教育评估研究．重庆：西南师范大学，2004.

⑤ 秦尚海．高校德育评估论．北京：中国社会科学出版社，2006：134－138.

⑥ 罗布江村，赵心愚，冯瑛，等．大学生思想政治教育测评体系的建构原则与方法研究．四川师范大学学报（社会科学版），2009（6）.

⑦ 万美容．论评价对大学生思想政治教育质量提升的作用．思想理论教育，2015（7）.

⑧ 成春，李向成．定性与定量测评相结合原则在大学生思想政治教育测评中的应用研究．思想教育研究，2013（12）.

⑨ 同④.

⑩ 王茂胜．思想政治教育评价论．北京：中国社会科学出版社，2006：175－178.

⑪ 王士永，马驰知．深度辅导评价的理论构建与解析．思想教育研究，2014（1）.

断思想”原则开展思想政治教育大数据评价①，或是提出高校德育评估有系统外适律、要素耦合律和量质统一律等基本规律②。有研究者提出，思想政治教育评价只有兼顾理论有效性和实践实效性二重维度，才能保证评估的系统性、完整性③。有研究者认为，评价标准与社会发展阶段、社会成员思想道德水平的客观状况相适应，受到时空条件与生活环境的制约，也要体现超越功利的意义志向引领原则，只有构建好评价标准通约和共享，才能弥合分歧，形成共识④。

论及指标体系构建方面，有研究从整体框架、人员组织、要素设计、评估方法等内容入手，设立案例和问卷，定性与定量相结合，尝试搭建思想政治教育质量评价指标体系⑤，有学者将高校德育评估构成要素细化为目标、内容、指标标准、途径方法、评估主体等子要素，一一讨论深化，从而形成高校德育评估体系⑥。随着研究的不断推进和实践的反馈，对于思想政治教育质量评价指标体系的研究更加具体，形成了一些可供应用的指标体系。有学者把高校院系学生思想政治教育评价作为案例，重点设计了高校院系学生思想政治教育评价指标构成、权重、具体观测点和具体操作方法，并给出了评价的时间范围以及方法步骤，形成了可供实施的方案⑦。有的研究借用顾客满意指数模型，开发了基于学生满意度的德育评价模型，并在一定范围内进行了采样分析，将研究用于日常工作⑧。有的研究以大学生政治素质评估为研究内容，面向专家、辅导员、大学生和社会群体征集指标体系中的指标、权重、等级和评语等内容，从而制定了相应的指标体系，并设计了开展实施的途径方法⑨。有的研究在搭建指标体系的基础上，进行了信效度检测，加入了结果反馈等环节，制定了针对校、院、班、生四个层次的具体实施方案⑩。有的研究面向“90后”为主体的入伍大学生群体的思想政治工作，以调研发现的问题为导向，制定了评估指标体系⑪。对指标体系的研究和探索，引入了更多科学化规范化的要求和标准，为思想政治教

① 王莎．大数据评价：把脉高校学生思想动态的现实选择．思想理论教育，2017（10）.

② 赵祖地．高校德育评估研究．南京：南京师范大学，2014：123－130.

③ 鲁杰，刘培峰．论思想政治教育评估的二重维度．思想理论教育，2017（8）.

④ 谢迪斌．评价标准通约与共享是意识形态整合的重要前提：论社会主义核心价值观凝聚功能的实现．思想政治教育研究，2017（1）.

⑤ 王斌．思想政治教育评估研究．重庆：西南师范大学，2004.

⑥ 秦尚海．高校德育评估论．北京：中国社会科学出版社，2006：151－201.

⑦ 王茂胜．思想政治教育评价论．北京：中国社会科学出版社，2006：233－272.

⑧ 杨瑞东，倪士光．基于学生满意度的德育评价模型的开发与应用．现代教育技术，2014（8）.

⑨ 李杰．大学生政治素质评估研究．武汉：中国地质大学，2013.

⑩ 同②204－250.

⑪ 范杨．新时期军队入伍大学生思想政治教育工作评估指标体系研究．思想理论教育导刊，2015（7）.

育质量评价从研究走向实践奠定了坚实基础。

与此同时，也有关于指标体系本身的总结与反思，如有学者认为，评估指标的综合性与评估对象的差异性难以平衡，应该把握社会价值与个体价值同构的培养目标，在评估中坚持形成性和发展性同构、科学性与系统性同构①。有学者认为，思想政治教育评估指标体系面临理论发展的渐进性与理论应用的迫切性、量化评估的可能性与创新研究的艰难性相互交织，以及指标参数的庞杂性与实际操作的便捷性之间的矛盾，提出应该把握以动态发展为基础的理论维度、以操作便捷为原则的实践维度和以绩效最优为依托的价值维度②。

### （五）高校思想政治教育质量评价在具体领域应用的研究

高校思想政治教育质量评价的对象是大学生思想政治教育工作，涵盖了思想政治理论课评价、日常思想政治教育评价、辅导员工作评价等多个方面，也涵盖了不同层次类型的高校。思想政治教育质量评价研究不断发展的同时，这些具体方面的质量评价研究也在同步发展。

在思想政治理论课方面，有研究以高校思想政治理论课“05 方案”的实施为评价对象，对全国 33 所高校和 9 个省市进行了调研，总结出高校思想政治理论课教育教学评价的主要做法。研究提出，教师教学评价成为重点，评价内容和方式向立体化、多方位发展，课程建设评估方案、教学评价机构和教学督导制度都在逐渐推进，学生学习效果注重全过程考核，实践能力和研究能力成为考核亮点。同时，提出了高校思想政治理论课教育教学评价的问题③。在此项研究的基础上，有研究分析了主要考察思想政治理论课评价中“投入和过程”的“以教评教”和重点关注“产出和结果”的“以学评教”两种模式，针对思想政治理论课四门课程分别制定了“以学评教”监测体系，组织了三次测试，分别面向研究者所在学校华中师范大学、武汉市 10 所高校和湖北省部分高校，开展了课前和课后测试，形成了《湖北高校思想政治理论课教育教学质量监测报告》④，形成了相对完整的高校思想政治理论课评价研究成果。此外，有学者从马克思主义理论教育的整体切入，提

---

① 鲁烨．大学生思想政治教育评估理念论析：基于社会价值与个体价值同构的论域．江苏高教，2015（2）．

② 刘倩．思想政治教育评估指标体系研究的困境与出路．思想教育研究，2013（4）．

③ 张凤华，梅萍，万美容，等．高校思想政治理论课“05 方案”实施及测评的实证研究．北京：中国社会科学出版社，2011．

④ 张耀灿，等．高校思想政治理论课教育教学质量监测体系研究．北京：经济科学出版社，2014．

出了马克思主义理论教育评价的结构功能、原则方法、模式构建等[①]。有学者系统论述了高校思想政治理论课评价的依据、功能本质、主体、客体、标准、过程、方法等，回应了“什么是高校思想政治理论课程评价”、“为什么要开展高校思想政治理论课程评价”和“怎样开展高校思想政治理论课程评价”等问题[②]。

在日常思想政治教育方面，如学生党建、主题教育、就业创业教育、心理健康教育、资助管理、网络思政等方面，因为指向明确，评价体系构建相对简便，相关质量评价研究较多。在辅导员工作评价方面，2004 年《关于进一步加强和改进大学生思想政治教育的意见》明确了辅导员的身份，客观上推动了辅导员队伍、工作和对应研究的全面发展，在有关高校辅导员工作评价的学术文章中，有不少研究引入了管理学中的绩效评估、360 度评价等理论。在不同类型高校的应用研究方面，有的研究以应用型本科院校为切入点，提出了大学生思想政治教育自我评价体系、大学生思想政治教育学校评价体系和大学生思想政治教育社会评价体系[③]。有的研究着眼于学校办学产学研合作的突出特色，从提升人才培养质量的角度，分析产学研合作人才培养质量评价问题，提出了明确的指标体系、内容权重标准以及具体评价办法[④]。

## 三、新阶段高校思想政治教育质量评价的反思

当前，中国正处在从高等教育大国向高等教育强国转变的过程中，“强”首先体现在质量上。高校思想政治教育质量评价，有着鲜明的中国特色，衡量着高校培养社会主义合格建设者和可靠接班人的整体状况，这一特色体现在高校思想政治教育质量评价体系的方方面面。构建高校思想政治教育质量评价体系，是一项长期动态的系统工程，近年来在这方面的研究和探索积累了丰富的经验。回顾高校思想政治教育质量评价的成果，思考和改进今后的研究和工作，需要处理好、回答好三组对应关系：

一是高校思想政治教育质量标准是什么与如何确定评价体系的关系。关于高校思想政治教育工作，党和国家提出了一系列的要求，文件和政策也给出了需要完成的任务，高校思想政治教育质量基于新时代对高校提出的人才培养要求，有其独特的历史方位。新中国

① 蔡晓良．马克思主义理论教育评价．北京：社会科学文献出版社，2009.
② 骆郁廷．高校思想政治理论课程评价新探．北京：中国社会科学出版社，2011.
③ 鲁宇红，郭建生．应用型本科院校大学生思想政治教育评价体系研究．南京：东南大学出版社，2008.
④ 张忠家，黄义武，等．产学研合作提升人才培养质量研究．北京：教育科学出版社，2014.

成立以来，在不同阶段对高校人才培养提出过不同要求和目标，但总体上相对笼统，高校思想政治教育质量的目标、要素、指标等尚待进一步确定。高校思想政治教育质量评价是全面性的评价，而在高校内部，同时存在多种评价指标和评价工作。这些评价与高校思想政治教育质量之间的关系是什么？其指标体系对高校思想政治教育质量标准有哪些可参考借鉴之处？其评价结果与高校思想政治教育质量评价是否同向？这些都需要仔细研究，厘清界定。高校思想政治教育质量标准的科学性，既反映指标体系是否合理，更应反映高校人才培养的质量能否与其他评价、社会反响相一致。质量评价只有标准明确，才能建立起符合要求可判断可度量的评价体系。

二是高校思想政治教育质量评价有哪些内容与如何科学开展评价的关系。高校思想政治教育质量评价以高校为整体视角，思想政治教育工作的开展和人才培养的效果是一枚硬币的两面，互为表里。在评价过程中会发现，高校思想政治教育质量评价的内容主要包含事实和效果两部分。对于事实部分的评价相对容易，学校投入、资源配置、工作开展乃至环境营造，都在一定程度上可见可查，具备良好的观测基础。对于效果部分如何反映、如何衡量，是普遍认为的难点。其一是思想政治教育的范畴不易界定，而且处于动态变化的过程中，在各地各校还存在发展不均衡的情况。其二是高校思想政治教育活动与效果之间的因果关系难以确定，大学生同时受到家庭、学校和社会的教育，其效果往往是综合体现的，高校思想政治教育因其内隐、长期等特点，对于教育对象产生的影响如何估量是个难点。其三是随着国内高等教育的不断发展，学校的层次类别差异越来越大，数千所高等院校无论是大小规模、学校硬件、师资水平还是教育活动和教育成效都有巨大差别，如何能够有针对性地准确反映该校该地思想政治教育的效果，需要分层分类，更有针对性地区分。

三是高校思想政治教育质量评价在提升人才培养质量中应发挥什么作用与如何定位高校思想政治教育质量评价的关系。在高校人才培养的过程中，思想政治教育质量评价成为必不可少的环节之一。高校思想政治教育质量评价既反映质量现状，更着眼于通过评价总结经验、反思不足、反馈建议、不断改进，形成工作的闭环。当前，高校思想政治教育质量评价还更多停留在摸清高校现状、把握学生情况的阶段，开展思想政治教育质量评价将成为一项常规制度。2012年，《全国大学生思想政治教育工作测评体系（试行）》的颁布实施，将高校思想政治教育质量评价引入一个新的发展阶段。全国高校思想政治工作会议后，中央颁布《关于加强和改进新形势下高校思想政治工作的意见》，提出“研究制定内容全面、指标合理、方法科学的评价体系，坚持定性分析和定量分析相结合、工作评价和效果评估相结合”，对思想政治教育质量评价提出了新的要求。近年来，高校思想政治教育质量评价研究的范围越来越宽广，对于高校思想政治教育工作各具体模块的评价研究也越来越多，集中反映了不同层面对于人才培养质量提升的普遍期望。思想政治教育质量评价研究开展的同时，也形成了一定的学术共同体。随着研究的深入和多学科的引入，高校思想政治教育质量评价将形成一个新的学科发展方向，也将推动这一领域走向专业化。

## 参考文献

[1] 秦尚海．高校德育评估论．北京：中国社会科学出版社，2006.

[2] 赵祖地．高校德育评估研究．南京：南京师范大学，2014.

[3] 沈壮海，段立国．思想政治教育测评研究的回顾与展望．思想教育研究，2014 (9).

[4] 孙崇文，伍伟民，赵慧．中国教育评估史稿．北京：高等教育出版社，2010.

[5] 韩迎春．中美高校德育评估标准比较及其启示．湖南师范大学教育科学学报，2011 (1).

[6] 闫晓．当代中美高校德育评价比较研究．厦门：厦门大学，2007.

[7] 王熙．西方价值观教育评价的研究范式与研究方法．教育学报，2017 (4).

[8] 林立涛．关于完善高校心理健康教育评估标准的思考．思想理论教育，2015 (3).

[9] 赵伶俐．以目标与课程为支点的美育质量测评：为了有效实施《国务院办公厅关于全面加强和改进学校美育工作的意见》．华东师范大学学报（教育科学版），2017 (5).

[10] 马健生，等．高等教育质量保证体系的国际比较研究．北京：北京师范大学出版社，2014.

[11] 王茂胜．思想政治教育评价论．北京：中国社会科学出版社，2006.

[12] 吴立忠，王玉香．论社会工作视角下高校学生思想政治教育评价的创新．中国青年研究，2016 (7).

[13] 李怀杰．思想政治教育大数据评价及其实践路径．思想理论教育，2017 (6).

[14] 祁占勇，罗澜，陈鹏．高等教育评估权的行政法透视．高等教育研究，2017 (3).

[15] 孙梦云，杨国辉，曹友华．思想政治教育评估的研究状况分析．湖南师范大学社会科学学报，2006 (1).

[16] 张忠华，张典兵．对德育评价研究的回顾与反思．高教发展与评估，2011 (1).

[17] 董平，丛晓波．思想政治教育价值生成评价模式的建构理路．思想教育研究，2016 (7).

[18] 王斌．思想政治教育评估研究．重庆：西南师范大学，2004.
[19] 罗布江村，赵心愚，冯瑛，等．大学生思想政治教育测评体系的建构原则与方法研究．四川师范大学学报（社会科学版），2009（6）.
[20] 万美容．论评价对大学生思想政治教育质量提升的作用．思想理论教育，2015（7）.
[21] 成春，李向成．定性与定量测评相结合原则在大学生思想政治教育测评中的应用研究．思想教育研究，2013（12）.
[22] 王士永，马驰知．深度辅导评价的理论构建与解析．思想教育研究，2014（1）.
[23] 王莎．大数据评价：把脉高校学生思想动态的现实选择．思想理论教育，2017（10）.
[24] 鲁杰，刘培峰．论思想政治教育评估的二重维度．思想教育研究，2017（8）.
[25] 谢迪斌．评价标准通约与共享是意识形态整合的重要前提：论社会主义核心价值观凝聚功能的实现．思想政治教育研究，2017（1）.
[26] 杨瑞东，倪士光．基于学生满意度的德育评价模型的开发与应用．现代教育技术，2014（8）.
[27] 李杰．大学生政治素质评估研究．武汉：中国地质大学，2013.
[28] 范杨．新时期军队入伍大学生思想政治教育工作评估指标体系研究．思想理论教育导刊，2015（7）.
[29] 鲁烨．大学生思想政治教育评估理念论析：基于社会价值与个体价值同构的论域．江苏高教，2015（2）.
[30] 刘倩．思想政治教育评估指标体系研究的困境与出路．思想教育研究，2013（4）.
[31] 张凤华，梅萍，万美容，等．高校思想政治理论课“05方案”实施及测评的实证研究．北京：中国社会科学出版社，2011.
[32] 张耀灿，等．高校思想政治理论课教育教学质量监测体系研究．北京：经济科学出版社，2014.
[33] 蔡晓良．马克思主义理论教育评价．北京：社会科学文献出版社，2009.
[34] 骆郁廷．高校思想政治理论课程评价新探．北京：中国社会科学出版社，2011.
[35] 鲁宇红，郭建生．应用型本科院校大学生思想政治教育评价体系研究．南京：东南大学出版社，2008.
[36] 张忠家，黄义武，等．产学研合作提升人才培养质量研究．北京：教育科学出版社，2014.

# 中国马克思主义研究 40 年：1978—2018*

陈曙光**

【摘　要】改革开放 40 年来，中国马克思主义研究最深刻的变化是实现了以革命为主题到以发展为主题的转换，最重大的理论成果是创立了中国特色社会主义理论体系，最重要的实践成果是引领中国特色社会主义进入了新时代。回顾总结 40 年来中国马克思主义研究的基本线索，总结中国马克思主义研究的突出特色，分析中国马克思主义研究中存在的主要问题，展望中国马克思主义研究的未来走向，意义重大而深远。

【关键词】改革开放；40 年；中国马克思主义研究

改革开放 40 年来，中国马克思主义研究最深刻的变化是实现了以革命为主题到以发展为主题的转换，最重大的理论成果是创立了中国特色社会主义理论体系，最重要的实践成果是引领中国特色社会主义进入了新时代。回顾总结 40 年来中国马克思主义研究的基本经验，意义重大深远。

## 一、当代中国马克思主义研究的基本线索

### （一）文本·史论·体系

这一线索可以被理解为在思想史中进行文本解读，在返回经典的基础上建构思想体系。

---

* 本文原刊发于《教学与研究》2018 年第 10 期。

** 陈曙光，教育部首届青年长江学者，中共中央党校马克思主义学院教授。

这绝不是一个可有可无的步骤，而是一切真正的学术研究必须采取的实质性步骤。

文本研究方面，注重版本、文献的考证、译介和编辑出版，注重概念、范畴、理论、思想史的勘正、梳理和研究。文本研究包括两方面的工作，第一方面是文本编译和出版。改革开放40年来，我们做了大量基础工作，编译出版了《马克思恩格斯选集》第二版、第三版，《马克思恩格斯全集》第二版，《马克思恩格斯文集》2009年版，《列宁选集》第二版、第三版、第三版修订版，《列宁专题文集》2009年版，以及大量的党内文献和领袖著作。第二方面是文本考证和研究。针对"以苏解马""以西解马""以儒解马"等倾向，文本学派高举"回到马克思""走进马克思""走近马克思""重读马克思"等旗帜，坚守"以马解马"的研究方法，努力探寻马克思主义的"本真"意义及其内在逻辑结构，并在"本真"基础上进行时代性的解读。MEGA2所做的文献甄别和考证工作及其附卷所提供的极为丰富的学术资料，为国内文本学派的兴起注入了活力。张一兵的《回到马克思——经济学语境中的哲学话语》(1999年)一书是一个历史性标志。该书率先引入文本学方法解读马克思经济学手稿及其所取得的成就，示范效应明显。聂锦芳的《批判与建构：〈德意志意识形态〉文本学研究》(2012年)、韩立新主编的《新版〈德意志意识形态〉研究》(2008年)，都具有填补空白的意义。此外，北京大学王东教授倡导一种与"以苏解马""以西解马"不同的"以马解马"的解读方法，出版了《马克思学新奠基：马克思哲学新解读的方法论导言》(2006年)一书，对文本研究也具有推动意义。近年来，随着MEGA2编辑出版工程的有序推进，国内文本研究热潮持续升温，《德意志意识形态》《1844年经济学哲学手稿》《资本论》等成为新的研究热点。在文本研究方面，我们的视野往往聚焦于经典作家，其实这是偏狭的。须知，经典马克思主义有经典，中国化马克思主义也有经典。中国特色社会主义理论体系就存在于经典之中。改革开放40年来，我们形成了自己的理论体系，但忽略了中国理论从何而来、藏身何处，因而理论界对当代中国马克思主义的经典文本研究不多，杨春贵主编的《中国特色社会主义理论体系原著十讲》(2013年)大概是其中少见的代表性著作。

在史论方面，注重研究马克思主义产生发展的历史进程和脉络、基本线索和规律、阶段性特征和贡献等。改革开放以来，学界出版了一批有分量的马克思主义史等著作。我国第一本新编教材《马克思主义哲学史稿》1981年问世，中国人民大学马列主义发展史研究所编的《马克思恩格斯思想史》1982年出版，黄楠森等主编的《马克思主义哲学史》八卷本1996年出齐，庄福龄主编的《马克思主义史》四卷本1996年出版，庄福龄主编的《简明马克思主义史》1999年出版，马克思主义理论研究和建设工程重点教材《马克思主义哲学史》2012年出版，顾海良任总编纂的《马藏》工程2015年正式启动，徐光春主编的《马克思主义大辞典》2017年出版。在文本梳理的基础上，马克思的世界历史理论、社会有机体理论、“三形态”和“五形态”理论、生产理论、交往理论、人的全面发展理论、跨越“卡夫丁峡谷”思想和东方社会理论等，成为理论界聚焦的热点话题。

在体系建构方面，注重研究教科书体系改革、马克思主义整体性问题以及马克思主义中国化最新成果的体系化构建。我国原有的哲学教科书打着明显的苏联烙印。苏联教科书体系在其逻辑框架、板块设计、内容安排以及思想观点等方面都有瑕疵，改革苏联版教科书体系至20世纪80年代已成为学界的共识，争议主要集中在如何改的问题上。教科书体系改革是与关于马克思主义哲学变革实质的讨论联系在一起的。“实践唯物主义”的讨论彻底使传统教科书体系“一统天下”的独尊地位不复存在，高清海主编的《马克思主义哲学基础》(1985年）是这场讨论的第一个重要成果，享有体系全新之美誉。此后其他代表性作品层出不穷，比如，陈晏清等著的《现代唯物主义导引》（1996年）和《马克思主义哲学高级教程》（2001年)、肖前等主编的《实践唯物主义研究》（1996年)、陆剑杰的《实践唯物主义理论体系的历史逻辑分析》（1994年）等。但直至目前，完全超脱于苏联体系又得到学界普遍认可的新教科书版本仍然没有出来，这依然是摆在我们面前的一个重要课题。此外，体系研究的另一个重点是对马克思主义中国化最新理论成果的体系化建构，这方面的成果汗牛充栋，不再一一赘述。

这条线索也存在一种倾向，即强调“学术性”而疏离了现实，极端表现就是“政治淡出，学术凸显”的研究取向。这一研究取向背后隐藏着一股“反问题化”的学术思潮。这种“反问题化”的学术研究，不仅背离了马克思主义的理论本性，也使马克思主义中国化偏离了正常的轨迹，削弱了马克思主义的生命力、影响力，制约了马克思主义的未来发展。这在马克思主义哲学领域表现得尤为突出。

### （二）问题·现实·政治

问题来自现实，来自现实中的社会矛盾。准确捕捉和回答时代性问题是马克思主义创立、发展、繁荣的根本途径，中国马克思主义研究也应直奔问题而去。当然，马克思主义对现实问题的关注必须上升到形而上的层面，正如贺来所说，马克思主义“不是为解决某个具体问题提供某种现成的技术性的策略和方法，而是要通过对现存世界的反思，为理解人的生存状态提供一种思维方式、价值理想和人生境界”①。

---

① 木铎．当前马克思主义哲学研究的重大问题．光明日报，2007-06-12.

问题研究，既要善于运用马克思主义立场观点方法来分析学理层面的重大问题，又要善于分析现实中出现的重大问题，在分析解决重大问题的过程中发展马克思主义，其中重点是中国问题。所谓中国问题，是指“中国特有”、“历史形成”、“普遍存在”、“根深蒂固”和“长期影响中国发展”的根本问题①。问题学派，其要旨在直面中国问题，建构中国理论，发展中国道路。陈先达、韩庆祥等大致属于问题学派的标杆人物，代表性文章如陈先达的《哲学中的问题与问题中的哲学》（2006年）、韩庆祥的《破解“中国问题”需要“中国理论”》（2009年）等等。

当代中国，身处发展最好的时代，也是“问题丛生”的时代。这些问题广泛存在于经济、政治、文化、社会、生态等各个领域，比如社会转型问题、现代化模式和道路、市场经济及其负面效应、现代性弊端及其重建、全球化走向及其风险、可持续发展及其代价、生态问题及其应对、利益问题、公平与效率的关系问题、资本与权力的问题、理性精神与主体精神建设的问题、深化改革的问题、价值冲突问题等等，所有这些带有明显时代特征的“问题”，都成为中国马克思主义的研究对象和理论探索的兴奋点。

改革开放40年来，中国马克思主义研究较好地体现了“问题意识”和“问题导向”，突出表现就是问题学派和部门哲学的兴起。比如：1978年之初，为破除“两个凡是”的思想桎梏，确立解放思想、实事求是的思想路线，实现党的工作重点转移，实践哲学高调出场；20世纪80年代至90年代初，为破除姓“社”姓“资”的抽象思维定式，主体性哲学和价值哲学应运而生；针对改革开放后出现的物化生存、精神懈怠、人性扭曲等问题，人学、发展哲学、文化哲学蓬勃发展；进入21世纪，随着生态危机问题、政治体制改革问题日趋突出，生态哲学、政治哲学成为显学。部门哲学的勃兴，折射的都是中国的现实问题。

现实与政治高度关联，很难想象存在某种与政治毫无瓜葛的现实。“哲学离不开政治。它要为社会发展服务就不能脱离政治。这是无产阶级哲学的本性。”② 所以，中国马克思主义研究如果还想为现实服务，就无法绕开政治。那种“政治淡出，学术凸显”的研究进路其实是一条学术不归路。正是基于这样的判断，40年来，中国马克思主义研究总体上没有走上绕开政治、规避意识形态的路，而是体现了强烈的现实感、明确的政治性和鲜明的意识形态性。这主要表现为，理论研究的部分主题由政治给定，理论研究的某些内容直接

① 韩庆祥，张艳涛．破解“中国问题”需要“中国理论”．哲学动态，2009（9）．

② 王锐生．马克思主义哲学50年来的几点经验教训．首都师范大学学报（社会科学版），2000（1）．

为政治服务，理论话语与政治话语本质相通。马克思主义理论界围绕各个时期党的创新理论、党的领导人的系列讲话精神、党的重要会议展开研究，这成为当代中国马克思主义研究的一条基本线索。当然，中国马克思主义研究与政治的高度相关，既要避免“泛政治化”，也要避免“去政治化”，同时还要排除“不是学术”的干扰。

### （三）人物·流派·谱系

哲学就是哲学史，马克思主义在一定意义上即马克思主义史。如果以《关于费尔巴哈的提纲》《德意志意识形态》为起点，马克思主义产生至今已达170多年。170多年来，马克思主义俨然是一个大家族，其中拥有各式各样的人物，这些人物组成了不同的学术流派，不同的流派构成了完整的思想谱系。中国马克思主义研究离不开对人物、流派和谱系的研究。

改革开放40年来，“人物”始终是中国马克思主义研究的重要聚焦点。人物当中既包括马克思、恩格斯、列宁、斯大林等经典作家，也包括毛泽东、刘少奇、周恩来、邓小平、陈云、江泽民、胡锦涛、习近平等马克思主义中国化的代表性人物。通过人物研究，基本上理清了马克思主义的家族和谱系，分清了“马”与“非马”、主流与支流。毋庸置疑，这一阶段，中国马克思主义研究的重点人物依次是邓小平、江泽民、胡锦涛、习近平，研究的重点内容依次是邓小平理论、“三个代表”重要思想、科学发展观、习近平新时代中国特色社会主义思想。

西方马克思主义流派和人物研究也是这一阶段的突出亮点。20世纪80年代，国内关于西方马克思主义的研究主要集中于早期代表性人物，如卢卡奇、柯尔施、葛兰西以及阿尔都塞、马尔库塞等，研究问题聚焦于早期西方马克思主义者对马克思主义哲学的理解以及他们对当代资本主义的批判这两个焦点问题上；20世纪90年代，我国关于西方马克思主义流派、人物及其思想的研究不断深化，从简单评介走向专题性研究。这一时期，以彼得洛维奇等为代表的南斯拉夫实践派、以赫勒等为代表的匈牙利布达佩斯学派、以科拉科夫斯基等为代表的波兰哲学人类学派、以科西克为代表的捷克人本主义流派等东欧新马克思主义思潮也逐渐引起国内学者的关注。进入21世纪，国内西方马克思主义研究进一步扩展为国外马克思主义（马克思学）研究，研究热点转向追踪20世纪70年代之后国外马克思主义的新思潮、新流派，其中重点包括生态学马克思主义、女权主义的马克思主义、后马克思主义、西方马克思学以及拉美兴起的“21世纪社会主义”，研究的视野聚焦于西方学者关注的现代性批判、全球化问题、当代资本主义批判、意识形态理论、文化哲学理论、辩证法理论、社会主义道路等问题。

### （四）对话·交锋·论战

比较对话、交锋论战是马克思主义中国化过程中不可回避的现实境遇，马克思主义中国化的历史同时也是一部比较对话的历史、一部思想交锋的历史、一部与错误思潮斗争的历史。改革开放以来，中国马克思主义研究也是在对话、交锋和论战中稳步发展的。思想交锋、论战为中国马克思主义研究扫清了思想障碍，积累了经验，思想交锋、论战本身也是中国马克思主义发展创新的有效途径。

比较对话方面，既包括中国马克思主义与西方马克思主义、西方各种思想流派之间的比较研究，也包括马克思主义理论学科与其他相关学科之间的比较研究，还包括马、中、西之间的比较研究。

交锋方面，包括真理标准问题大讨论（1977—1978年），人性、人道主义与异化问题大讨论（1979—1984年），姓“社”姓“资”的交锋（1990—1992年），姓“公”姓“私”的交锋（1995—1997年），实践唯物主义与辩证唯物主义的大讨论（20世纪80—90年代），物质本体论与实践本体论的交锋（20世纪80年代—21世纪头10年），改革开放是成是败的交锋（2004年前后—2008年），“普世价值”大讨论（21世纪头20年），等等。

论战方面，这一时期，马克思主义理论界也旗帜鲜明地与各种错误思潮展开了论战，包括与资产阶级自由化思潮、新自由主义思潮、文化保守主义思潮、民主社会主义思潮、历史虚无主义思潮、西方宪政民主思潮、西方新闻观、“普世价值”思潮等等的论战。

这些交锋和论战，延续的时间长短不一：有的长达几十年，比如与历史虚无主义、新自由主义的交锋；有的持续时间相对较短，比如改革开放是成是败的交锋、姓“公”姓“私”的交锋。参与范围也不一样：有的扩展至全国各条战线，比如真理标准问题大讨论；有的则仅限于学术圈子内部，比如教科书体系改革的大讨论等。影响深度也不一样：有的具有全局性的深远影响，比如实践标准的讨论、姓“社”姓“资”和姓“公”姓“私”的交锋；有的仅仅具有学术影响，比如实践唯物主义与辩证唯物主义的大讨论、物质本体论与实践本体论的交锋等。

## 二、当代中国马克思主义研究的突出特色

### （一）研究主体：“集团军”与“小分队”交相呼应

中国马克思主义研究主体的最大特色在于，组建了其他国家无法企及的、成建制的研

究机构。包括国家科研机构、高校相关学院、社会民间学术团体、各级党政机关在内的研究群体，都是被组织化了的研究者的大集合，都是以国家力量为坚强后盾的“学科共同体”。一个研究群体就是一个研究平台，这些研究群体作为整个研究系统的子系统相互并列，“各自为政”独立研究，又在自身内部形成多层格局、上下序列，“听从号令”依令研究，通过讲坛、论坛、学坛、会议、调研、访学等研究平台，实现了多线连接、多方合作。在战术上，研究群体凝聚众力往往选择“集团攻坚”，打造系列化的研究品牌；而游离于群体的马克思主义个体研究者，则以个人兴趣和特长为导向，更倾向于“单兵突进”，逐渐成为掌握某一领域学术话语权的权威。这样既拓宽了马克思主义研究的外延，又从多个角度切入到马克思主义的思想内核。他们不仅在各自的研究领域取得了相当丰硕的研究成果，而且通过合力攻关，出版了一大批译丛、论丛、发展报告、专题研究等科研成果①。

### （二）研究范式：宏大叙事与微观叙事相互支撑

从叙事的角度来看，当代中国马克思主义研究范式既有宏大叙事，也有微观叙事。20 世纪 90 年代以前宏大叙事占据绝对主导地位，21 世纪以来微观叙事的研究风格逐渐流行。当前，中国马克思主义研究呈现出宏大叙事与微观叙事相互支撑的良好局面。

过去，中国马克思主义研究集中于宏大领域的问题，比如教科书体系、哲学新形态、哲学变革、社会主义革命、社会主义初级阶段、社会主义市场经济、改革开放等宏大话题。进入 21 世纪，受西方马克思主义研究范式的启发，中国马克思主义研究开始切入微观领域，从“高大上”的领域向生活世界贴近，关注日常生活中的现实问题，比如考察“公平”“正义”“分配”“启蒙”“日常生活”“消费社会”“休闲和娱乐”“阶级和阶层”“美好生活”这些哲学范畴，考察“异化问题”“话语权问题”“社会冲突问题”“女性解放问题”“生态问题”“社会治理问题”“民主问题”等专题。对这些微观领域的研究越是深入，越有利于形成大视野的哲学思考。

### （三）研究进路：文本研究、问题研究、体系研究多管齐下

40 年来，中国马克思主义研究已经有了一支庞大的研究队伍，依托不同的学术群体，确实形成了不同的研究取向和研究风格，其研究进路大致有三条：

---

① 具有代表性的集体成果包括：复旦大学当代国外马克思主义研究中心编的《当代国外马克思主义评论》系列、《国外马克思主义研究报告》系列、《国外马克思主义研究论丛》，复旦大学马克思主义研究院编写的《当代中国马克思主义研究报告》系列等。

第一，“文本”进路。主张“语境回归”，强调“回到文本”和“忠于文本”。实现文本的保值增值，在原初语境中把握文本的本真意义，是文本研究的核心诉求。沿着“返本”这一方向，学者们试图剔除附加在马克思身上的诸多误读，找回马克思的本来形象。但“返本”不能走向“迷本”，“返本”的要义在于还原经典文本的本真意义，据此开启马克思主义的当代性维度，凸显经典文本的时代价值和在场地位。但是，目前这一进路中存在这样一种极端的动向：执学术之名而疏远现实，彰文本而鄙世俗，走上了学术与现实“相敬如宾”的反问题化道路。这一动向直接导致了马克思主义被放逐到时代之外，在引领当代中国实践中往往不在场，自我边缘化。

第二，“问题”进路。主张“直面问题”，强调“问题导向”和“问题意识”。问题既包括理论问题，也包括现实问题。理论问题有的是内部问题，有的则是外部问题，比如在学术对话、思想交锋和错误思潮传播中引发的问题。现实问题有的是中国的问题，有的则是全球性问题、人类性问题。这些问题都构成中国马克思主义的研究对象，也是中国马克思主义发展的动力之源。当前，这一进路也要避免执现实之名鄙夷学术的倾向。

第三，“体系”进路。主张“建构体系”，强调“体系意识”和“体系情结”。这一进路以指导中国特色社会主义伟大实践为出发点，以开辟马克思主义中国化的新境界为目标，着力建构邓小平理论、“三个代表”重要思想、科学发展观的理论体系，探索习近平新时代中国特色社会主义思想的逻辑体系，形成中国马克思主义理论新形态。

当然，以上几种研究进路之间并不存在不可逾越的界线，彼此的区分仅仅是相对的。在实际的研究活动中，任何一种研究进路必定独木难支，成熟且可行的研究进路应该相互融通，打“组合拳”。

### （四）研究领域：整体研究与专题研究互为补充

马克思主义的整体性研究与中国化马克思主义的整体性研究都属于整体性研究的范畴，在不同的阶段侧重点有所不同。

传统的马克思主义三分法，不能全面、真实地反映马克思主义的理论内容，也无法揭示马克思主义理论的内在逻辑。有学者认为，把马克思主义划分为哲学、政治经济学和科学社会主义三个组成部分，分家而治，分田而耕，破坏了马克思主义的完整性和科学性，从而离开了马克思主义的原生形态。其实，在马克思那里没有独立的哲学、政治经济学和科学社会主义，三者是融合在一起的，是“一整块钢”。“唯物史观、剩余价值学说和科学社会主义只有作为一个整体，马克思主义才能诞生。没有唯物史观的发现，马克思就难以创立剩余价值学说；而没有唯物史观和剩余价值学说两大发现，社会主义就难以从空想上升为科学，因而也就不可能有马克思主义的创立。”① 2005年，马克思主义理论一级学科的建立，激发了马克思主义整体性研究的新高潮，推动了学术界“关于马克思主义的认识由‘观念整体’到‘现实整体’的转变”②，由“外在整体”到“内在整体”的转变，由“形式整体”到“实在整体”的转变。其中，代表性成果是韩庆祥等在《哲学研究》2012年第8、9期上连载发表的一篇论文《论马克思主义的整体性》。此外，学术界对于邓小平理论、“三个代表”重要思想、科学发展观、习近平新时代中国特色社会主义思想的研究也属于整体性研究。

整体性研究不能代替专题性研究。专题性研究是指以特定的主题、专题、问题作为研究对象而展开的分门别类的研究。专题性研究构成了改革开放以来中国马克思主义研究的主流和主线，比如本体论、价值论、人论、马克思主义中国化时代化大众化、社会主义初级阶段、社会主义市场经济、社会主义和谐社会、以人为本、中国梦、“四个全面”战略布局、社会主要矛盾、中国特色社会主义新时代、社会主义核心价值体系（观）、新发展理念、人类命运共同体、供给侧结构性改革、“一带一路”、现代化经济体系、社会主义生态文明观、中国道路、中国模式、中国话语体系建构等问题的研究，大致属于这一类。

### （五）研究视野：中马研究与西马研究和谐共处

西方马克思主义自20世纪20年代一出场，就被共产国际扣上了“非马克思主义”“异端”的帽子，这种定性也直接影响了我国老一辈学者对西方马克思主义的基本判断，这种标签直到20世纪80年代初依然占据主导地位。

西方马克思主义于20世纪70年代末由徐崇温引介到我国来，天津人民出版社1982年出版的《“西方马克思主义”》是国内第一部系统介绍西方马克思主义的专著。20世纪90年代以后特别是进入21世纪，我国学者对西方马克思主义的性质判断出现了根本性转向，从“西马非马”转向“西马姓马”，将西方马克思主义纳入马克思主义的族谱之中，赋予其家族成员的身份，将其定位为马克思主义主干之外的一条支流，承认西方马克思主义的合理性、合法性，其研究成果也得到了国内学术界的推介和借鉴。

总体来说，40年来，国外马克思主义聚焦的重大理论问题有：历史规律与革命实践

---

① 韩庆祥，邱耕田，王虎学．论马克思主义的整体性：上．哲学研究，2012（8）.

② 梁树发．马克思主义理论学科建设要贯彻整体性原则．思想理论教育导刊，2006（7）.

的关系，马克思与黑格尔的关系，科学技术与意识形态的关系，现代性与后现代性的关系，新的社会运动（全球化运动、女权运动、绿色运动、反种族歧视运动、后殖民主义批判运动、民主社会主义运动）与马克思主义的关系。

改革开放以来，我国西方马克思主义研究经历了研究立场、研究主题等方面的重大转型。研究立场方面从批判转向认同，从否定转向借鉴；研究主题方面从人物流派评介转向专题研究，从文本解读转向问题研究；角色定位方面从旁观转向参与，从独白转向对话；研究视野方面从以我为主转向全球视野，从中国维度转向世界维度；研究阶段方面从平面介绍转向核心地带开发，从注重其理论逻辑转向凸显现实诉求。隐藏其中的，则是中国学者学术心态的成熟、理论信心的提升和思维方式的转换。

今天，中国与西方面临着相同或相似的问题，“问题的相似性”决定了西方马克思主义的“可资借鉴性”。西方马克思主义对问题的分析尽管是很深刻的，但也是片面的，“片面的深刻性”决定了西方马克思主义的局限性。西方马克思主义勾勒了美好的蓝图，但也充斥着典型的乌托邦色彩，“乌托邦色彩”决定了西方马克思主义价值的有限性。“西马非马”与“唯西马是马”都是片面的。

## 三、当前中国马克思主义研究中存在的主要问题

### （一）研究成果多，话语空间少

40年来，中国马克思主义研究成果汗牛充栋，但话语空间却相对狭小。主要表现在两个方面：

一方面，在国内话语场，政治话语、学术话语、大众话语分离，各说各话。从政治话语来说，以中国特色社会主义理论体系为基本内容的政治话语，尚未能成为社会各阶层的共识性话语。从学术话语来说，其内部也缺乏共识，存在三套话语体系，即：以自由主义为底色的西方学术话语体系，“背后的诉求是使中国的问题西方化，以西方的成功经验促使中国走向西方的发展道路”；以儒学为核心的中国古典话语体系，其理论动机是“试图弥补当今中国传统文化的缺位，希望能够重新唤起被历史车轮所碾碎的与现代化不相适应的传统思想中的精华”①；以马克思主义为立足点的中国特色学术话语体系，这套话语由于内在的不成熟性而处于发展的过程中，话语空间还具有明显的局限性。从大众话语来看，

① 李潇潇．当今马克思主义哲学研究方式的自我批判．哲学研究，2013（11）．

则是一分为三：极左的话语与极右的话语各执一端，剩下的是“沉默的大多数”。话语分裂潜藏着社会撕裂、群体隔阂的风险。

另一方面，在国际话语场，中国话语处于“西强我弱、贫困失语”的话语地位。中国马克思主义研究国内有市场、国外无舞台，国内很热闹、国外静悄悄。中国的发展优势未能转化为话语优势，中国的话语地位与其大国身份完全不相匹配。今天，国际话语舞台由西方把持，话语议题由西方提出，话语议程由西方主导，话语标准由西方制定，话语内容由西方提供，话语是非由西方裁判。“普世价值”论、文明冲突论、历史终结论、民主和平论、大国责任论、南海航行自由论、国强必霸论、“中国威胁论”、“中国崩溃论”、新帝国主义列强论等等，都是西方话语霸权地位的体现。未来的中国不能成为行动的巨人、语言的矮子，中国不能满足于出口产品，也要能输出思想。中国话语体系建构能否成功，关键是看地方性知识能否上升为世界性知识，区域性话语能否上升为世界性话语，中国的发展优势能否转化为话语优势，中国能否成功改变“西话主导、西强我弱”的国际话语格局，开启国际话语的多样化时代。

### （二）单向度研究多，反思性研究少

当代中国马克思主义研究割裂了“批判向度”与“建设向度”之间的统一关系，将其单向化为注解、论证和辩护，批判性研究、反思性研究少见。“反思”包括两个方面：一是对思想的反思，即“使思想自觉其为思想”；二是对现实（事实）的反思，即“跟在事实后面反复思考”。笔者以为，当代中国马克思主义研究在这两个方面都存在欠缺。当然，社会上批判的声音并不少见，但大都止步于道德批判，有的仅仅是为批判而批判、为反对而反对，缺乏建设性，其实这是徒劳无功的。

中国马克思主义研究的学术生态应该以“改变世界”为指归，实现“批判向度”与“建设向度”的统一。马克思主义既要扮演好“高卢雄鸡”的角色，发挥其引导现实生活的功能；也要扮演好“密纳发的猫头鹰”的角色，发挥其反思现实生活的功能。改革开放40年来，中国马克思主义研究成绩巨大，但问题也不少。中国马克思主义研究的触角应当深入到当代中国的重大理论和现实问题中，发挥理论引领时代、塑造时代的功能。

### （三）注经式研究多，原创性研究少

注释和解读是当代中国马克思主义研究的基本特色，理论创造的功能基本让渡给了领袖和智囊，学术界未能有效承担起为生民立命、为时代立言、为社会立法、为未来立向的

职责使命。

40年来，中国马克思主义研究展示了从诠释走向创新的发展方向，但所取得的成绩是非常有限的，中国马克思主义研究有高度，但思想无高峰。我们提供了很多的研究成果，但未必提供了很多思想；我们拥有世界上最庞大的马克思主义理论专家队伍，但未能贡献出世界级的学术大师。如今，尽管中国马克思主义研究者学术创新意识日益强烈，“宁可少些，但要好些”的评价原则也渐成共识，但是真正具有世界级影响的原创性成果仍然少见。这也是当今国人无法释怀的一大心结。“钱学森之问”不仅适用于自然科学领域，人文社会科学领域同样适用。

中国马克思主义研究原创性不足，突出表现为理论创造滞后于实践发展，当代中国马克思主义遭遇“解释危机”①。比如，当前中国的思想、社会问题，都与理论认识滞后有关。再比如，中国经济奇迹已经是一个无法抹杀的事实，但至今缺乏完整的理论解释，讲好“中国故事”有心无力。西方主流经济学不能解释中国现象，马克思主义政治经济学也无法解释发生在中国的故事，中国特色社会主义政治经济学尚未完成体系化、学理化建构。如何解释中国奇迹？如何讲述中国故事？中国理论界没能回答这一问题。大概两三年前，建构“中国经济学”被实质性地提了出来，但也仅仅停留在概念层面。正如没有《资本论》，马克思主义能否立起来就成了问题，没有“中国经济学”，“中国理论”能否实质性出场也成了问题。

## （四）碎片式回应多，系统化研究少

理论研究碎片化是当代中国马克思主义研究存在的一个较为普遍的问题，突出表现为研究主题漂浮不定，研究结论前后矛盾，缺乏大视野、大格局。比如，针对不同的现实问题、社会热点和社会思潮，我们的理论回应往往“东一榔头，西一棒子”，“头痛医头，脚痛医脚”，按住葫芦起来瓢，缺乏总体性的反思，缺乏顶层设计，缺乏整体照应，手法显得稚嫩、粗糙，逻辑难以自洽。当前意识形态乱象就是一个折射，国内极左与极右两股思潮赤膊上阵，肆无忌惮，肆意妄为。而理论界要么选择回避，要么回应苍白无力，甚至简单粗暴，要么只批判一方而放纵另一方：这都是不妥的。一些人到处纵火，而我们却手忙脚乱。在这一点上，我们应该向恩格斯学习。当年，恩格斯批判杜林，杜林在哪里放火，他就到哪里灭火。不同的是，恩格斯在灭火的过程中建构了马克思主义哲学体系的最初形

① 韩庆祥，杨安民．历史新起点与马克思主义哲学新生点．教学与研究．2010（12）．

态，这也构成了哲学教科书体系的最初来源——《反杜林论》。

### （五）“请进来”多，“走出去”少

长期以来，中国马克思主义研究基本上处于“单向”输入状态，陷入一种“外面进得来，自己出不去”的尴尬境地，思想入超严重。究其原因在于，我们有少数学者迷信西学，对西方学术话语亦步亦趋，对中国共产党人的话语创造态度冷漠，甚至嗤之以鼻，缺乏基本的理论自信、思想定力和“学术主见”。正如田心铭所指出的那样：“西方某些二流三流的学者和他们的著作，也被我们一些学者拿来当成选题、立项和研究的对象，把解读他们的书本当成高深的学问，标榜为理论创新，借此抬高自己在学界的地位，忽悠公众，充当专家。”[①]“我们的许多学科，已经成了西方理论话语的‘殖民地’和‘跑马场’。”[②]如果没有理论自信，我们凭什么立足于世界学术之林?

与西方学者、西方理论、西方话语竞相涌入中国形成鲜明反差的是，中国马克思主义世界化的维度基本上尚未开启，中国理论、中国话语尚未真正走出国门在国际学术舞台上一较高低，中国共产党人的理论创造是否具有世界历史意义仍然是一个悬而未决的问题。套用费孝通的话来说，中国马克思主义研究“美人之美”有余，“自美其美”不足，“各美其美”欠缺，更遑论走向“美美与共”的理想境界。中国马克思主义的未来发展必须实现“引进来”和“走出去”的双向交流和平衡发展，努力提升中国马克思主义研究的国际视野，扩大全球马克思主义理论宝库中的“中国份额”和“中国分量”。

### （六）学科壁垒多，跨学科攻关少

在当下的中国学界，各学科的合理分工变成了学科壁垒，学科间在研究对象、研究视域、研究话语等方面难以达至融合统一。

中国学界的学科壁垒森严由来已久，有的甚至发展为老死不相往来的状况，至今未见有根本性扭转。比如，马、中、西之间，中国马克思主义与国外马克思主义之间，马克思主义理论学科与哲学、历史学、新闻传播学、经济学、政治学等学科之间，均缺乏有效沟通的渠道，未能形成良好的合作传统。

当前，“门户之见”已成为中国学术发展的头号大敌。跨学科研究蕴含着理论创新的

---

① 田心铭．论马克思主义的理论自觉和理论自信．马克思主义研究，2012（10）.

② 张志洲．提升学术话语权与中国的话语体系构建．红旗文稿，2012（13）.

重要契机，生态学马克思主义、弗洛伊德主义的马克思主义等等就是多学科交叉、融合的研究成果，而在中国尚未出现类似的研究动向。

马克思主义的创生不是概念演绎的结果，而是借助哲学、经济学、史学、政治学等多种分析工具才得以实现的。今天，中国马克思主义研究也不可能不借助现代社会科学的成果而独立穿透社会问题。马克思主义只有与社会科学“联盟”，才能解决“中国问题”；只有经过多学科的中介，才能完整、准确地把握到时代精神；只有形成跨学科的学术视野，才能实现有深度的思想创造。

## 四、中国马克思主义研究的前景与展望

### （一）马克思主义理论学科将迎来发展的黄金期

改革开放以来，党中央一直非常重视马克思主义相关学科的建设，但直至2004年前后，该学科一直处于依附地位：学科归属不明，寄居于哲学、经济学、政治学等相关一级学科门下；学术地位不高，高校从事马克思主义理论教学研究的人员基本处于边缘化的境地。因此，这一时期，马克思主义相关学科基本上处于依附型发展阶段——通过依附于国家政策支持、高校政策倾斜获得自身的发展动力，缺乏学术自主性和学科独立性。

2004年，马克思主义理论研究和建设工程正式启动，中国马克思主义研究迎来了一个“黄金时期”。依托“马工程”的推动，我们整合了马克思主义研究机构，重新编译出版了一批经典文献，组织编写了一批重点教材，推出了一大批研究成果。2005年，马克思主义理论一级学科成立，这是中国马克思主义研究的又一个春天。

党的十八大以来，党中央高度重视马克思主义学科建设，高度重视思想理论建设，着力提升马克思主义理论学科在哲学社会科学研究、人才培养、教育教学、师资队伍建设中的领航作用。可以预见，在未来10至20年之内，马克思主义理论这一年轻学科将快速成长为一个成熟、自信的学科，实现自主发展、独立发展、健康发展，通过自强本领提升学术地位，依靠学术贡献获得学术尊严，凭借引领现实赢得社会认可。

### （二）深化习近平新时代中国特色社会主义思想的专题研究与体系研究

党的十九大以来，学术界围绕习近平新时代中国特色社会主义思想的时代背景、哲学基础、历史地位、科学体系、理论特色、实践要求、理论价值、世界意义等方面展开了充

分的研究，发表了一系列研究成果，其中不乏有深度、有见地的研究成果。目前，学术界研究也存在一些有待加强的地方：一是对习近平新时代中国特色社会主义思想科学体系的研究还没有破题；二是研究范式陈旧，目前，贴标签式研究、比附式研究比较多，研究范式缺乏新意；三是碎片化现象比较突出，比如，学术界对“四个全面”战略布局、新发展理念、供给侧结构性改革、以人民为中心的发展思想等研究比较充分，但对于这些新思想新理念在整个思想体系中的地位、作用缺乏整体性把握。

习近平新时代中国特色社会主义思想研究将成为未来较长时间段的研究重点，理论成长空间很大，比如：一是如何理解习近平新时代中国特色社会主义思想的哲学基础、逻辑起点、思想精髓与核心要义等基本问题？二是“八个明确”“十四个坚持”是什么关系？它们在习近平新时代中国特色社会主义思想中居于什么地位？是否构成这一思想的全部内容？三是习近平新时代中国特色社会主义思想的框架体系包括哪些板块和内容？其中内在逻辑究竟是什么？四是习近平新时代中国特色社会主义思想与中国特色社会主义理论体系究竟是什么关系？习近平新时代中国特色社会主义思想能否构成马克思主义中国化的第三次历史性飞跃？五是习近平新时代中国特色社会主义思想包含哪些原创性的思想观点？对马克思主义哲学原理、马克思主义经济学原理以及科学社会主义学说做出了哪些原创性贡献？六是如何理解习近平新时代中国特色社会主义思想的世界意义？习近平新时代中国特色社会主义思想为解决人类面临的共同难题提供了哪些中国方案？为解决全球治理赤字、信任赤字、和平赤字、发展赤字贡献了哪些中国智慧？七是如何解读习近平经济思想、外交思想、生态文明思想、强军思想等？这些内容都是未来的研究重点。

### （三）开启中国马克思主义世界化的研究新向度

我们知道，20世纪中国马克思主义（包括毛泽东思想和中国特色社会主义理论体系）主要还是“单向度”的理论，我们的理论角色主要停留在“马克思主义中国化”，即侧重于“中国向度”，研究对象为“中国一域”，重点发掘“中国特色”，主要目的是解决“中国问题”，注重以马克思主义来改造中国。

到了21世纪，鉴于中国崛起的历史事实和中国样本的传奇性，21世纪中国马克思主义的理论目光理应首先聚焦中国，体现“中国向度”，解码中国样本，引领中国完成强起来的历史使命。同时，鉴于中国的国际方位、大国责任和历史使命，21世纪中国马克思主义研究又必须同时开启“世界向度”，提升中国马克思主义的世界意义。所谓“世界向度”，即强调中国马克思主义研究的世界价值，强调推进中国马克思主义的世界化，强调以中国智慧、中国方案解决人类性的问题。中国马克思主义研究“世界向度”的开启是与中国走向世界舞台中央的发展趋势相一致的。伴随着中国从世界体系边缘走向世界舞台中央，中国马克思主义研究也应当走向世界学术话语舞台的中央，有意识地关注全球问题，为解决人类面临的共同难题给出中国的方案。比如：针对全球面临的发展赤字，中国如何谋划发展的中国方案；针对全球面临的治理赤字，中国如何谋划治理的中国方案；针对全球面临的文化和价值观赤字，中国如何谋划文明的中国方案；针对全球面临的和平赤字，中国如何谋划和平的中国方案——这些都将上升为21世纪中国马克思主义研究的重大议题。

具体来说，21世纪中国马克思主义研究，既要着眼于中国问题，也要关照人类面临的共同难题；既要指引中国的现代化进程，也要引领世界的发展方向；既要坚守中国立场，也要树立“人类命运共同体”立场；既要代表中国最广大人民的根本利益，也要为增进世界人民的共同福祉贡献中国力量；既要推进国家治理体系和治理能力现代化，也要为完善全球治理提供中国主张；既要为中国的制度成熟和制度定型搞好顶层设计，也要为人类探索更美好的社会制度提供中国方案；既要创造中国文明的新形态，也要为建构人类新文明提供中国价值。概言之，21世纪中国马克思主义应当对人类有更大的贡献。

### （四）建构中国理论特别是中国经济学将会上升为中心任务

改革开放以来，中国的历史性实践是在非常独特的历史文化传统、现实国情和社会状况中展开的，中国走上了一条与西方完全异质的现代化道路，中国重写了有别于西方的现代性，“中国道路”“中国模式”带有鲜明的中国特色和中国元素。如何解码中国道路，如何从理论高度来界划现代性的中国内涵，则是当代中国马克思主义研究的中心任务。

长远来说，理论界应聚焦于中国理论的体系化建构。中国理论建构的重点应是理清基本问题，凝练基本范畴，突出中国元素，确立研究范式，形成理论体系。系统总结中国特色社会主义的实践经验，推动马克思主义与中国文化的深度融合，这是两个基本的着力点。

中国理论本质上说就是产生于中国、能够回答“中国问题”、能够解释“中国奇迹”的科学理论体系。是否能讲好“中国故事”，是否能解释“中国现象”，是否能破译“中国密码”，是否能升华“中国经验”，关键取决于“中国经济学”的实质性出场。有没有自己的“经济学”将是中国理论是否成熟的重要标志。然而，当代中国马克思主义研究一直存在“去经济学”的趋势，这成为制约中国理论走向成熟的一大“瓶颈”。正如艾思奇所说：“尽管有人读过《资本论》，或者熟读了经济学的一般理论，然而对于中国的经济发展规律却茫然无知。”[①] 众所周知，西方崛起的奇迹，主流经济学可以解释。然而，中国奇迹，已有的经济学理论都无法完整解释，这就陷入了前所未有的“解释危机”之中。缺少了“中国经济学”，中国理论充其量是跛脚的理论、残缺的理论。“中国经济学”本质上属于马克思主义经济学，但不等于原生形态的马克思主义经济学，而是马克思主义经济学的当代形态、中国形态和次生形态，是“中国奇迹”的经济学解释形态，是“中国经验”的经济学提升形态。理论界有责任为马克思主义经济学注入鲜活的“中国元素”，构建经济学理论的中国形态，使在中国实践语境中诞生的重大理论成就不仅对中国具有重要指导作用，而且能够上升到基本原理层面，对马克思主义基础理论的发展起到重要的推动作用。

### （五）中国话语体系建设是恒久的研究课题

话语，乃国之重器。中华民族伟大复兴，话语不能缺席。“没有话语的崛起，中华民族崛起的伟大梦想也可能因为西方话语忽悠，而前功尽弃。”[②] 话语是包含价值的文化符号系统，是一个民族国家的身份标签。话语的自立自强是民族精神独立、文化主权完整的重要标志之一。没有自己的学术话语，等于失去了精神家园，等于撤出了道德高地，等于放弃了文化主权。正是在此意义上，中国话语之建构，乃精神家园之建构，乃文化主权之收复。

中国话语体系建设的首要任务是讲好中国故事。在国际话语舞台上，“中国道路”的话语内容、话语标准、话语规则应该由中国提供，“中国道路”的话语生态应该由中国塑造，涉及“中国道路”的话语议题应该由中国设定，国际话语场应该有中国声音。在这方面，一定要立场坚定、态度鲜明，切不可玩暧昧。

中国话语体系建设的核心诉求是改变“西强我弱”的国际话语格局，提升中国的国际话语权。国际话语权建设应当把握以下着力点：一是掌握“基本概念”的定义权；二是掌握“核心内容”的提供权；三是掌握“主旨话语”的解释权；四是掌握“话语标准”的制定权；五是掌握“话语议题”的设置权；六是掌握“话语议程”的主导权；七是掌握“话

① 艾思奇文集：第1卷．北京：人民出版社，1981：587.
② 张维为．中国超越：一个“文明型国家”的光荣与梦想．上海：上海人民出版社，2014：133.

语争议”的裁判权。判断中国是否掌握了“中国道路”的国际话语权，应该看“讲什么”是否由中国决定，“怎么讲”是否取决于中国，“讲得对不对”是否由中国判定。一句话，中国人说了算，这就是话语权，这就是软实力。如果反过来，“中国故事”的国际话语由西方主导，西方人反客为主、到处点火、说三道四，中国只能疲于应付、到处灭火，那就失去了话语权。随着中国的崛起，我们不仅应该主导关乎自身的话语议题，而且应该有意识地创设一些世界性议题，开启国际话语的中国时代。

中国话语体系建设应高度重视挖掘中国共产党的原创性话语资源。比如实事求是、独立自主、和平共处、中国特色社会主义、社会主义市场经济、社会主义初级阶段、社会主义协商民主、科学发展、和谐世界、以人为本、以人民为中心、中国梦、人类命运共同体、“一带一路”、新型国际关系、新型大国关系、全球治理观、正确义利观、共同价值观、新安全观、新文明观、新合作观，这些都是原创性的中国话语。

展望未来，中国学术若能够对发生在中国的“故事”给出科学的解释和说明，若能够将“中国经验”与“中国道路”上升为普遍性的概念体系和知识范式，若能够为人类面对的共同问题给出中国的方案，那么，中国学术话语的世界意义必将彰显，国际学术话语的中国时代必将来临，中国的发展优势也终将转化为话语优势。

总之，中国马克思主义研究40年，成果丰硕，人才辈出。尽管目前中国马克思主义研究中尚存在这样那样的问题，但前景一定可期。中国马克思主义学者只要敢于直面中国问题，善于汇集实践智慧，反映时代精神的精华，就一定能占领21世纪马克思主义的学术高地，引领世界马克思主义的未来发展。

## 参考文献

[1] 木铎．当前马克思主义哲学研究的重大问题．光明日报，2007-06-12.

[2] 韩庆祥，张艳涛．破解“中国问题”需要“中国理论”．哲学动态，2009 (9).

[3] 王锐生．马克思主义哲学50年来的几点经验教训．首都师范大学学报（社会科学版），2000 (1).

[4] 韩庆祥，邱耕田，王虎学．论马克思主义的整体性：上．哲学研究，2012 (8).

[5] 梁树发．马克思主义理论学科建设要贯彻整体性原则．思想理论教育导刊，2006 (7).

[6] 李潇潇．当今马克思主义哲学研究方式的自我批判．哲学研究，2013 (11).

[7] 韩庆祥，杨安民．历史新起点与马克思主义哲学新生点．教学与研究，2010（12）.
[8] 田心铭．论马克思主义的理论自觉和理论自信．马克思主义研究，2012（10）.
[9] 张志洲．提升学术话语权与中国的话语体系构建．红旗文稿，2012（13）.
[10] 艾思奇文集：第1卷．北京：人民出版社，1981.
[11] 张维为．中国超越：一个“文明型国家”的光荣与梦想．上海：上海人民出版社，2014.

# 改革开放40年实践创新和理论创新的良性互动及其规律

郝立新*

**【摘　要】**中国改革开放的实践创新和理论创新是围绕坚持和发展中国特色社会主义这一主题或主线展开的。实践创新与理论创新交互作用、交相辉映，在中国大地上谱写了壮丽的历史篇章。实践创新和理论创新的良性互动，决定于以下三个因素：一是改革开放实践的内在品质，二是马克思主义理论的实践性和与时俱进品格，三是创新主体的科学态度、创新思维和实践精神。这三个方面的内在联系构成了当代中国马克思主义理论创新的一条重要规律。中国特色社会主义实践创新是理论创新的基础。创新的实践锻就了创新的思维，改革开放实践催生了思想解放运动，从而为马克思主义理论创新提供了实践基础和精神准备；改革开放实践提出了许多重大的现实课题，创造了许多富有探索性的经验，提出了许多富有挑战性的迫切要求，从而成为推动理论创新的直接动力。科学理论的实践性和与时俱进品格构成马克思主义理论能够不断创新的内在根据。创新主体的科学态度、实践精神和创新思维是实现理论创新的主观条件。

**【关键词】**改革开放；实践创新；理论创新；规律

中国改革开放的40年，是当代中国马克思主义理论不断发展、屡屡创新的40年。改革开放的实践需要马克思主义理论的指导，并呼唤马克思主义理论的创新；发展着的马克

* 郝立新，中国人民大学哲学院院长，北京市习近平新时代中国特色社会主义思想研究中心研究员。

思主义理论既为中国的改革开放事业提供了正确的理论指导，又通过植根于实践的土壤、汲取鲜活的实践经验实现了自身的创新发展。改革开放以来，我们党的全部实践和理论的主题都是坚持和发展中国特色社会主义。同样，实践创新和理论创新也是围绕坚持和发展中国特色社会主义这个主题或这条主线展开的。实践创新与理论创新交互作用、交相辉映，在中国大地上谱写了壮丽的历史篇章。改革开放的过程同时是中国特色社会主义实践展开的过程，马克思主义理论在中国创新的最大成果是中国特色社会主义理论体系的诞生。实践创新和理论创新的良性互动，决定于以下三个因素：一是改革开放实践的内在品质，二是马克思主义理论的实践性和与时俱进品格，三是创新主体的科学态度、创新思维和实践精神。这三个方面紧密相连，缺一不可，其内在联系构成了当代中国马克思主义理论创新的一条重要规律。

## 一、中国特色社会主义实践创新是理论创新的基础

改革开放的伟大实践过程就是创新的过程。实践的创新必然导致理论的创新，这是理论发展的规律。一般而言，实践的本质特点是它具有直接现实性，是“常青”的生活之树。它具有一切理论都不具备的现实权威性，一切理论最终都要接受它的检验。实践的发展促进或带动理论的发展。实践具有创新性和开放性的显著特点，对马克思主义理论在新的历史条件下的发展乃至飞跃产生了巨大的作用。这种作用集中体现在：创新的实践锻就了创新的思维，改革开放实践催生了思想解放运动，从而为马克思主义理论创新提供了实践基础和精神准备；改革开放实践提出了许多重大的现实课题，创造了许多富有探索性的经验，提出了许多富有挑战性的迫切要求，从而成为推动理论创新的直接动力。

改革开放实践得益于理论上的拨乱反正，而改革开放的浪潮又为思想解放和理论创新扫清了现实障碍和思想藩篱。经济体制改革和政治体制改革等社会实践不仅提出了理论创新的客观需要，而且直接为理论创新积累了丰富鲜活的经验材料。对外开放扩大了人们的世界交往范围，拓展了人们的全球视野，突破了传统的封闭的、狭隘的视界，有助于人们从前所未有的广度和高度理解人类实践和人类社会的一般规律、比较不同的社会制度和体制的优劣长短。没有改革开放的鲜活的实践经验，就不可能有今天包含了丰富而深刻的创新内容的当代中国马克思主义理论。当然，理论创新成果反过来又指导改革开放实践，其主要路径体现在：一是作为指导思想提供宏观工作上的指导；二是通过指导或影响各门具体科学的研究，产生具体社会科学创新性成果来影响决策，进而影响实践；三是以创新理

论为指导进行调查研究，形成具体实践的方案，并付诸实施。发展创新的马克思主义理论在改革开放的进程中发挥了巨大的作用。改革开放实践在开创了“中国模式”的同时，也验证了中国特色社会主义理论的真理性。

## 二、科学理论的实践性和与时俱进品格构成马克思主义理论能够不断创新的内在根据

从总体看，马克思主义理论创新的伟大成果集中体现在形成了中国特色社会主义理论体系，即邓小平理论、“三个代表”重要思想、科学发展观，以及习近平新时代中国特色社会主义思想。其总的特征是：它是马克思主义中国化的当代形态，具有鲜明的时代特色、民族特色和实践特色。习近平新时代中国特色社会主义思想是中国特色社会主义理论的最新成果，它开辟了当代中国马克思主义发展的新境界。

在当代中国，马克思主义理论的创新过程，实质上是马克思主义理论与中国实际紧密结合的创新过程，是马克思主义中国化的创新过程。马克思主义理论之所以能够“中国化”，之所以能够取得以当代中国马克思主义或中国特色社会主义理论体系为代表的重大理论创新成果，不仅因为有改革开放的伟大实践，还因为有马克思主义理论自身的实践性特点和与时俱进的品格。

从马克思主义发展史看，马克思主义在不同的历史阶段有不同的特点和形态，但有一点是共同的，这就是：它始终具有鲜明的实践性、现实性、开放性，体现了理论性与实践性的统一、科学性与革命性的统一、建设性与批判性的统一。它的这些内在特性要求理论自身要反映历史潮流、顺应发展趋势、不断与时俱进。马克思主义理论在当代中国显示出强大的生命力和科学魅力，这源于它与实践的内在关联，源于它为人们提供了正确认识世界和改造世界的根本方法，源于它揭示了人类社会历史发展的普遍规律，源于它充分吸收并融合了人类优秀思想文化成果，源于它关注人的全面发展与社会全面进步及其途径的价值取向和科学向度，源于它占据了真理与道义的制高点。

## 三、创新主体的科学态度、实践精神和创新思维是实现理论创新的主观条件

在实践条件具备的前提下，实现马克思主义理论创新的关键在于人。推动马克思主义

理论创新的社会主体主要有三个方面：一是作为改革开放实践主体的广大人民群众，他们在推动社会实践发展、提供智慧和创造经验的意义上对马克思主义理论创新做出了基础性的贡献；二是广大理论工作者对改革开放实践的规律和哲学社会科学理论进行了大量的研究和探索，直接或间接地对马克思主义理论创新做出了特殊的贡献；三是以邓小平、江泽民、胡锦涛、习近平等为代表的当代中国共产党人，总结和概括了广大人民群众的智慧和实践经验，充分吸收了科学理论研究的成果，对马克思主义理论创新做出了重要的巨大的贡献。从创新主体看，实现马克思主义理论创新的关键是坚持科学态度、实践精神和创新思维。

坚持对待马克思主义理论的科学态度。中国共产党人在长期的实践和理论的探索中逐步形成了科学的马克思主义观。其核心观点是：马克思主义理论是科学的、实践的、开放的、发展的理论体系，是中国革命和建设、改革和发展的根本指导思想；要在实践中坚持和发展马克思主义，在坚持中发展，在发展中坚持；要用发展着的马克思主义指导中国的实践。中国共产党作为执政党，一贯坚持和大力发展马克思主义，把实事求是、解放思想、与时俱进确定为党的思想路线，并以此为指导推动理论创新。

坚持在创新马克思主义过程中的实践精神。建设中国特色社会主义，是前所未有的伟大壮举。中国共产党及其领导下的中国人民尊重实践、敢于实践、善于实践，把实践放在第一位，用实践来说话，通过实践来纠正错误的观念、清除教条主义，在实践中发展真理和检验真理。

坚持马克思主义理论建设中的创新思维。中国共产党人的创新思维是以适应时代发展趋势、遵循科学发展规律为基础的，它具体表现在几个方面：

一是以时代问题为中心，紧扣时代课题，破解当代难题。科学始于问题，科学理论的创新也同样始于问题。我们在不同历史阶段面临不同的时代课题，比如：什么是社会主义及如何建设社会主义，建设什么样的党和如何建设党，建设什么样的社会和如何全面建设小康社会，实现什么样的发展和如何实现科学发展，等等。邓小平理论、“三个代表”重要思想、科学发展观，特别是习近平新时代中国特色社会主义思想，对这些时代课题都做了系统而科学的回答，从而推动了马克思主义理论的发展。

二是在坚持和继承的基础上进行创新。首先必须坚持马克思主义理论的基本立场、观点和方法，坚持马克思主义基本原理，坚持以马克思主义为指导认识和分析实践和认识中的问题，根据中国与世界现实发展，充分吸收国内外科学理论新成果，敢于根据时代的变化而突破旧说，提出新的理论，例如社会主义初级阶段理论、“一国两制”的思想、社会主义市场经济理论、“五位一体”总体布局、“四个全面”战略布局、“四个自信”、新发展观、构建人类命运共同体等等。

三是在“结合”上下功夫，在“结合”中实现创新。首先，注重把马克思主义理论与中国实际相结合，立足中国国情，力显中国特色，创立了中国特色、民族风格、大众话语的当代中国的马克思主义理论；其次，注重把国情与“世情”结合起来，不局限于一国一域，在立足国情、本土的同时，洞察全球风云，把握世界潮流，兼顾中国特色社会主义理论的民族意义和世界意义；再次，注重把科学认识与价值目标结合起来，坚持在理论创新中做到科学与价值的统一。当代中国马克思主义理论既反映了中国特色社会主义发展的客观规律，又体现了促进人的全面进步与社会的全面发展这一价值目标。坚持科学与价值的统一是马克思主义哲学理论的重要特点。一方面，马克思主义理论不是停留在单纯的道德判断、道义批判和理想诉求上，而是力图通过揭示社会发展规律、人的本质及发展规律来阐释人的社会发展和社会发展的现实路径。另一方面，马克思主义理论始终关注人类的命运和人的全面发展，关注社会的全面进步。以人为本，促进社会的全面协调可持续发展，是包括科学发展观在内的当代中国马克思主义理论的核心价值理念。

改革开放在继续，中国特色社会主义伟大事业在继续。我们相信，中国特色社会主义实践创新和理论创新的良性互动必将继续有力推动 21 世纪中国马克思主义的发展。

## 参考文献

[1] 习近平在中共中央政治局第二十次集体学习时强调　坚持运用辩证唯物主义世界观方法论　提高解决我国改革发展基本问题本领．人民日报，2015-01-25.

[2] 习近平在新进中央委员会的委员、候补委员学习贯彻党的十八大精神研讨班开班式上发表重要讲话强调　毫不动摇坚持和发展中国特色社会主义　在实践中不断有所发现有所创造有所前进．人民日报，2013-01-06.

# 中国传统和合文化与人类命运共同体*

张立文**

**【摘　要】**和合学的生命在于它是化解21世纪人类命运共同体所面临的各种冲突和危机的理念，是中华传统文化的核心价值之一，是当代追求真善美精神家园的良方。中华优秀传统文化是中华文明的标识，因为它要指明人类向何处去，以化解人类未来迷失。中华传统文化创造性转化和创新性发展，是信息智能革命和全球化的需要，是构建中国话语权的诉求，是推动全球治理体系变革的大势所趋。中国传统和合文化与人类命运共同体的天下观、伙伴观、仁爱观、和合观、发展观交感联通、智能相应。

**【关键词】**和合文化；大同世界；保合太和；合作共赢

中国传统和合文化的“和合”一词，首见于《国语·郑语》：“商契能和合五教，以保于百姓者也。”“和合”作为一种理论思维新形态，是指“自然、社会、人际、心灵、文明中诸多形相和无形相的相互冲突、融合，与在冲突、融合的动态变易过程中诸多形相和无形相和合为新结构方式、新事物、新生命的总和”①。和合学的生命就在于它是化解21世纪人类所共同面临的人与自然、社会、人际、心灵、文明冲突带来的生态、人文、道德、精神、价值危机的理念、学说、原则；它是诊断、治疗人类痛苦、忧愁、焦虑的药方，是使人摆脱精神痛苦、心灵灾祸，谋求人生美好生活的最佳选择；它是谋求天地万物、人类

---

* 本文原刊发于《中国人民大学学报》2019年第3期。

** 张立文，中国人民大学一级教授、哲学院教授、博士生导师。

① 张立文．和合学：21世纪文化战略的构想．北京：中国人民大学出版社，2006：58.

万事协调、和谐、平衡发展，使各国、各民族、各宗教都能“以他平他谓之和”相处，达到“万物并育而不相害，道并行而不相悖”的最高原则；它是人类爱智求真、智能求善、摒弃假恶丑、追求真善美的精神家园的普适良方。

## 一、为什么要讲中国传统和合文化?

中华优秀传统文化是中华文明的标识、记忆和载体。一个民族的文明是这个民族的智慧创造，中华民族是善于创造、富于智慧的民族，表现为七个世界之首：第一，中华民族数千年的文明史有世界上最丰富的文字记载，它们是认识、理解中华文明的记忆，我们有殷周时甲骨文15万片，有众多金文，其数量之大、内容之丰富是世界上其他民族所没有的。第二，中华民族有修史的优良传统，后来朝代必为前朝修史，故有二十四史，加《清史稿》为二十五史，还有多种“志”即多种制度，人物列传、历史事件、治国理政的状态、经验教训，为世界所少有。印度就没有修史的习惯，印度一些历史、地理是由于玄奘《大唐西域记》而确定的。第三，有治国理政的经验教训的总结。《春秋》是鲁国的编年史，详细记载了鲁国的重大历史事件。《春秋》使乱臣贼子惧。后有《群书治要》、司马光的《资治通鉴》、毕沅的《续资治通鉴》、朱熹的《资治通鉴纲目》等，都详细记载了各个朝代的兴衰成败，也为世界所少有。第四，中国的四大发明——火药、指南针、造纸、印刷术，后来传遍世界各地，极大提升了人类文明。第五，中华民族首创笔墨纸砚、琴棋书画，不仅独具特色，而且与整个中国传统文化融为一体，使中国文化具有厚重感和丰富性。第六，首先实行文官制度和以科举考试为主的官吏选拔制度，并且一直持续不断，这在世界古代史上不仅是绝无仅有的，也是最为先进的。第七，首先使用纸币，南宋商业繁荣，开始以纸币代替铜钱。两淮的交子、东南会子、四川的川引等，可以实行兑换。如上七个方面，是中华文明不可磨灭的标识、记忆和载体。认清自己文化的独特创造、价值理念、鲜明特色，有助于增强我们民族的文化自信与价值自信。

中华优秀传统文化是中华民族的根与魂、本与体。中华魂、民族根，蕴含在中华传统文化之中。民族精神、精神命脉永流不息。民族精神、精神命脉是一个民族之所以生存、发展、繁荣的根本，是中华文化之所以五千年不曾间断的源泉，是克服千难万险、风吹浪打而能奋勇前进的动力，是多民族、多宗教互相学习借鉴、和睦团结相处、统一而不分裂的凝聚力，是全世界华人认祖归宗、落叶归根的生命力、向心力、亲和力的源泉，是激励中华儿女维护民族独立、反抗外来侵略的原动力，也是中华民族的精神家园和精神命脉。

中华优秀传统文化的根本精神是什么？中华优秀传统文化“尚和合”，倡导和合，推崇和谐，强调合作，追求和平。帝尧“克明俊德，以亲九族。九族既睦，平章百姓。百姓昭明，协和万邦。黎民于变时雍”（《尚书·尧典》）。朱熹弟子蔡沈注曰：“雍，和也。此言尧推其德，自身而家，而国，而天下。”尧治理天下，强调和谐、和睦。他选拔任用德才兼备的人才，使人民群众能够亲密团结起来，表彰善于治国理政的官员，协调和顺各诸侯国之间的关系，从而实现了天下和平。尧是中国历史上最受推崇的君主之一。尧之所以受到推崇，根本原因就在于他倡导和谐，并实现了和平。中华民族自古以来推崇并追求和谐、和睦与和平。“大道之行也，天下为公，选贤与能，讲信修睦。故人不独亲其亲，不独子其子，使老有所终，壮有所用，幼有所长，矜寡孤独废疾者皆有所养，男有分，女有归。货恶其弃于地也，不必藏于己；力恶其不出于身也，不必为己。是故谋闭而不兴，盗窃乱贼而不作，故外户而不闭。是谓大同。”（《礼记·礼运》）这是中国古代至圣先贤的价值理想和价值目标。“天下为公”，天下是天下人的天下，非一人之所能为私也。因为天下为公，所以，货“不必藏于己”，社会财货为全体社会成员所公有。“人不独亲其亲，不独子其子”，就是说，人人不单独亲爱自己的亲人和子女，对他人也像对自己的亲人、子女一样。从而使“老有所终，壮有所用，幼有所长”，使“矜寡孤独废疾者”，也就是所有社会弱势群体，皆有所养。《大学》讲修身、齐家、治国、平天下。“身修而后家齐，家齐而后国治，国治而后天下平。”中国人追求的社会理想是“大同”，是“天下平”，是和谐、和睦与和平。“大同”社会的根本不是“同”，而是“和”，是天下和谐与和平。所以，“大同”社会也就是“大和”社会，也就是“太和”。《周易·乾》彖辞曰：“乾道变化，各正性命。保合太和，乃利贞。”“太和”之“太”，既是极致的意思，也是“大”的意思。“太和”，也是“大和”。不仅是人与人，而且是人与物、人与整个世界的和谐与和睦。张载《西铭》说：“民，吾同胞；物，吾与也。”普天下所有的人民，都是我的兄弟姐妹；天地间一切物类、一切生灵，都是人类亲密的伙伴。王阳明说：“大人者，以天地万物为一体者也，其视天下犹一家，中国犹一人焉。”[①] 万物一体，天下一家，这是中国传统文化对待人、物的基本态度。

中国传统文化强调和追求“和”，也强调和推崇“合”。“和”是和谐、和睦、和平，“合”是结合、合作、和解。和谐、和睦、和平是以结合、合作、和解为基础的。没有合作，就没有和谐；没有和解，就不可能有和平。孔子讲：“己欲立而立人，己欲达而达

① 王守仁．王阳明全集：中．上海：上海古籍出版社，2011：1066.

人。”（《论语·雍也》）又讲：“己所不欲，勿施于人。”（《论语·卫灵公》）要把他者真正当成人，而不能把他者当成自己的敌人；要设身处地替别人想，而不是把别人当成利用的工具。如此，才有合作，才有和解。《周易》特别强调“交”。“交”是交往、交流、沟通的意思。因为交往、交流，事物之间的矛盾、隔阂才得以消除，事物之间才得以建立合作的关系。“天地交而万物通也，上下交而其志同也。”（《周易·泰·彖》）泰卦之所以“泰”，正是因为“交”。“天地交而万物通”，因交而通，因交而顺，因交而达。“上下交而其志同”，上级与下级真诚相待，无往而不通。程颐解释泰卦曰：“阳气下降，阴气上交也。阴阳和畅，则万物生遂，天地之泰也。以人事言之：大则君上，小则臣下，君推诚以任下，臣尽诚以事君，上下之志通，朝廷之泰也”①。有交才有泰，无交则不泰。否卦之所以为“否”，正是因为不交。“天地不交而万物不通也，上下不交而天下无邦也。”（《周易·否·彖》）天地不交，故万物不通；不通，则事物无以生存，无以发展。

中国人强调“和”，中国人也强调“合”。“和合”是中国传统文化的真精神，是中国传统文化的核心价值。

## 二、为什么要讲人类命运共同体?

人类向何处去？是有关人类命运的大问题。当今世界正处在大发展大变革大调整的关头，更有一些地方处在动乱、战争的灾难之中。世界不稳定、不确定因素在增加，人们对未来既充满期待，又深感困惑。人类的“挪亚方舟”将驶向哪里？是继续战争、动乱、零和博弈，奉行丛林冷战思维、霸权主义、单边主义、对抗、非此即彼、二元对立、你死我活，抑或霸凌主义、唯我独尊，还是主张和平、发展、合作、对话、共赢，不对抗，不冲突；是“道不同不相为谋”，还是“道并行而不相悖”“仇必和而解”；是通过制裁而压迫对方，还是谋求共同发达？

人类要获得安全、发展与稳定，要在五个方面着力建设：第一，要建设一个对话协商、持久和平的世界。世界是多元的，不同国家政治理念、经济状况、文化艺术、国家制度和价值观念、伦理道德、宗教信仰、风俗习惯各不相同，由此而带来冲突甚至危机，要消除冲突与危机，必须通过对话协商，相互信任，相互尊重，相互包容，才能化解冲突，消除危机。第二，要共建共享普遍安全的世界。当今世界并不和平安全，要消除各种不安

① 程颢，程颐．二程集：下册．北京：中华书局，2004：753.

全因素，依靠世界各国人民、各国政府的共同努力，共建和平与安全，才能共享和平与安全。第三，要建设合作共赢、共同繁荣的世界。共建应该以立己立人、达己达人为基础。每个国家有各自不同的国情，有各自不同的经历，因此有不同的发展道路、不同的发展模式。各国之间要真诚互助、平等相待，谋求共同发展，而不是我赢你输，也不是你赢我输。第四，要建设一个交流互鉴、开放包容的世界。共商、共建，离不开合作互鉴，真诚合作是前提。老子说："既以为人己愈有，既以与人己愈多。"（《老子》第八十一章）全力帮助他人，自己反而更充足；给予他人愈多，自己反而更丰富：这是真诚合作互鉴的精神。第五，要建设一个绿色低碳、清洁美丽的世界。天地万物是人类赖以生存的自然环境，戕害自然就是戕害人类自己，毁坏自然就是毁坏人类自己。儒家讲"仁民爱物"，热爱自然界的一切，与天地万物为一体，还自然界以青山绿水。这五个方面建设好，人类才会有美好的未来；这些方面的问题处理不好，人类就会处于动乱、混乱以至于战争之中。一切零和博弈、冷战思维、霸权主义、单边主义、对抗、战争、动乱，都是残杀人类宝贵生命、使世界走向覆灭的罪恶活动。

为什么要讲人类命运共同体？这是信息智能革命和全球化发展的必然趋势。在互联网、物联网、大数据、云计算、神经技术、基因技术飞速发展的今天，万物联通、交感相应，世界是一个命运共同体。在世界的大网络中，一个人、一个国家、一个民族，只是这个大网络上的一个纽结、一个交叉点。这个纽结、交叉点是与其他的纽结、交叉点连接在一起的，一个纽结、交叉点坏了，就会使整个网络失效，犹如渔网破了，鱼就从破网的纽结处跑了。这也犹如地球村、太空船，船若漏水了、翻了，整个船上的人就会落水，就有生命危险。这就是你中有我、我中有你，一荣俱荣、一损俱损。中国是在近百年来帝国主义不断欺辱、压迫下奋斗出来的，抗战 14 年中国人民也挺过来了，美国想利用贸易战再压中国，中国能屈服吗？现实也告诉我们，中国人要靠自己，核心技术不能靠别人，别人是靠不住的。要把自己国家建设好，要真正成为世界强国，我们还有很长的路要走。

为什么要讲人类命运共同体？这是构建中国话语权的需要，在国际舞台上要有中国声音，反映我们的诉求。在古代，中华民族有强大的、强有力的话语权，在东亚形成儒家文化圈，或曰汉字文化圈，朝鲜、日本、越南都用汉字，朱子学成为其主要的意识形态。近代我们落后了，在坚船利炮面前，丧失了话语权。1939 年，英国现实主义者卡尔认为，世界权力格局可分为三类：军事权的胁迫力、经济权的收买力、话语权的舆论控制力。约瑟夫·奈把前两者称为硬实力，把话语权称为软实力。其实，有无话语权是与军事、经济、制度相联系的。在旧中国，中国人被称为"东亚病夫"，在此情境下，哪有话语权？

只有强大的国力，才是话语权的后盾支撑力。经济是基础，制度是保障，要提升综合国力，这样中国的话才有人听、有人信，中国的“一带一路”倡议才有人积极响应，中国倡导的亚洲开发投资银行才有人积极参与，这是中国话语得到世界各国、各民族认同的关键。联合国社会发展委员会第55届会议主席菲利普·查沃斯说：“当前世界各国之间相互依存程度日益提高，人类面临各种各样的严峻挑战。在这样的形势下，构建人类命运共同体理念体现了中国人着眼于维护人类长远利益的远见卓识。”“中国向联合国提供了可以惠及全人类的公共产品，这是中国在联合国这个世界最重要的多边外交舞台上有效争得话语权的成功例证。”① 联合国决议首次写入了构建人类命运共同体的理念。

为什么要讲人类命运共同体？这是推动全球治理体系变革的需要和大势所趋。第二次世界大战以后，世界治理的各种规则是美英等强国制定的，标准是他们确定的，是代表资本主义利益的，对发展中、不发达国家是罔顾的。但第二次世界大战以后，特别是20世纪各殖民地解放运动的蓬勃发展，以及发展中国家、新兴国家的崛起，越来越显示现行全球治理体系已不适应时代发展的要求，国际社会对变革全球治理体系的呼声越来越高。国际治理体系应坚持共商共建共享原则，要加大对网络、极地、深海、外空等新兴领域规则的制定，要加大对教育交流、文明对话、生态建设等领域合作机制和项目的支持力度。坚持要合作不要对抗，要双赢、多赢、共赢而不可单赢，不断寻求最大公约数，扩大合作面，引导各方形成共识，加强协调合作，共同推动全球治理体系变革。要推动践行正确的义利观，推进构建以合作共赢为核心的新型国际关系，打造人类命运共同体，打造遍布全球的伙伴关系网络。要提倡共同、综合、合作、可持续的安全观。要提高我国参与全球治理的能力，着力增强规则制定能力、议程设置能力、舆论宣传能力、统筹协调能力等等。打破美国的垄断霸权，美国将符合其自身利益的规则强加于人，制裁、扼制不发达国家，甚至将美国的国内法凌驾于联合国及WTO之上，这种不合理、不公正、不平等的霸道做法必须打破，否则发展中国家永无抬头之日，永远不能有效维护自己国家和世界人民的利益。应在人类命运共同体的倡导下，变革全球治理体系，使其符合世界人民利益和需要。

## 三、中国传统文化与人类命运共同体的和合

构建人类命运共同体，中国传统文化的许多思想观念具有重要的指导意义。构建人类

---

① 顾震球．未经表决就获通过！在这个联合国决议草案中，一句中国理念亮了——．国际先驱导报，2017-02-20.

命运共同体，要树立五种基本观念。

### （一）人类命运共同体的天下观

“大道之行也，天下为公”。“天下为公”，是人类命运共同体的思想基础。天下是天下人的天下，非一人、一国所得而私也。天下最大的事情是什么？是平安、是天下太平。中国儒家的最大追求就是“齐家、治国、平天下”，就是“家齐而后国治，国治而后天下平”。张载曰：“为天地立心，为生民立命，为往圣继绝学，为万世开太平。”“为万世开太平”，是“立心”“立命”“继绝学”之归宿。《周易》讲：“乾道变化，各正性命。保合太和，乃利贞。首出庶物，万国咸宁。”“乾道”即天道，天道变化，生育万物。万物各正其性命，故而利，故而贞，故而万国皆得安宁，故而“保合太和”，维持延续太和、至和之美景。故宫最大的宫殿是太和殿，此外还有中和殿、保和殿，还有乾清宫、交泰殿、坤宁宫。乾清、坤宁，而交泰，如此才太和，如此才天下太平。如何实现“太和”？如何实现天下太平？《周易》强调“交”，“天地交，泰”。因为交，才会泰，才会安泰，才会和平；《尚书》强调“协和万邦”，所谓“协和万邦”，就是协调亲和各个邦国，就是要以平等、协商、友好、合作、共赢、互利的姿态妥善处理各国间的关系，就是以平等的姿态谋求各国的共同发展、共同繁荣。只有各国人民共同发展，才是真发展；只有世界共同繁荣，才是真繁荣。“天下为公”“天下一家”，每个人都应该胸怀天下，每个国家都应该胸中有天下。

### （二）人类命运共同体的伙伴观

《论语》载孔子学生子夏之言曰：“四海之内，皆兄弟也。”（《论语·颜渊》）荀子说：“四海之内若一家”（《荀子·议兵》）。在古代，人与人之间、国与国之间，其交往毕竟有限，中国人尚有如此之认识；在当今互联网时代，人与人、国与国的交往日益密切，我们更应当申明并坚守这一观念。不仅人与人之间、国与国之间应当建立不可分离、无法分离的伙伴关系，人与物之间也应当建立这样一种伙伴关系。庄子说：“以道观之，物无贵贱；以物观之，自贵而相贱；以俗观之，贵贱不在己。”（《庄子·秋水》）物是物，人也是物，人也只是天地万物中的一物。作为天地之一物，人并不比其他任何物更为高贵。天地间大多数事物，都比人更早来到这个世界。人类不能以拥有、占有他物的态度来对待其他事物，更不能以征服、毁坏的方式对待他物。老子说：“天之道，利而不害。”（《老子》第八十一章）所谓“天之道”，是天地间最根本的准则、法则，是人类必须奉行与遵守的根本法则，而这一最根本的法则，在老子看来就是“利而不害”，就是利万物而不是害万物。张载说：“民，吾同胞；物，吾与也。”自然界的一切本来是现成的，是内在和谐的，人类为了自身的利益而破坏了自然界的秩序，破坏了自然界固有的生态平衡与生态和谐，人类应当对自己过去的所作所为做彻底的反省。人类对待自然物的态度应当从“自私其生”转化为“利而不害”。人类面对自然界，应当真正把自然界的一山一水、一草一木当成自己的伙伴，当成人类的朋友。国与国之间、民族与民族之间，没有贵贱、高低、大小、优劣之别，中国倡导为人类命运共同体提供平等、公正、正义的平台。中国积极努力构建总体稳定、均衡发展的大国关系，积极同美国发展新型大国关系，同俄罗斯发展全面战略协作伙伴关系，同欧洲发展和平、增长、改革、文明伙伴关系，同金砖国家发展团结合作的关系。中国将继续以正确的义利观，深化同发展中国家的务实合作，实现同呼吸、共命运、齐发展。

### （三）人类命运共同体的仁爱观

中国儒家的核心思想观念是“仁”，仁的根本是“爱人”，是把他者真正当人看，设身处地关心他人、爱护他人。孟子说：“仁，人之安宅也；义，人之正路也。旷安宅而弗居，舍正路而不由，哀哉！”（《孟子·离娄上》）仁是人类最安全的居所，义是人类最正大的道路。放着安全的住宅而不住，舍弃正大的道路而不走，实在是悲哀啊！孟子还讲：“老吾老，以及人之老；幼吾幼，以及人之幼。”（《孟子·梁惠王上》）每个人都懂得亲爱自己的老人，应当把这种对老人的亲爱扩大到一切老人；每个人都懂得爱护自己的小孩，应当把这种爱护扩大到一切小孩。墨家代表人物墨子提倡“兼相爱”，认为“今诸侯独知爱其国，不爱人之国，是以不惮举其国以攻人之国。今家主独知爱其家，而不爱人之家，是以不惮举其家以篡人之家。今人独知爱其身，不爱人之身，是以不惮举其身以贼人之身”（《墨子·兼爱中》）。因为人只知道爱自己而不爱他人，所以有了人与人之间的相贼相残；因为人只爱自己的国而不爱他国，所以有了人与人、国与国之间的冲突与战争。要消除人与人、国与国之间的冲突与战争，就要提倡“兼相爱”，亦即“视人之国若视其国，视人之家若视其家，视人之身若视其身”（《墨子·兼爱中》）。要建立人类命运共同体，就要破除本国优先、本国利益至上、唯我独尊的思想观念，树立普遍的仁爱观念。中国传统仁爱观是人类命运共同体的精神灵魂。

### （四）人类命运共同体的和合观

中华文明历来崇尚以和为贵，坚持“和而不同”。和合、和谐、和平，早已融入了中华民族的血液中，刻进了中国人民的基因里。和合学倡导和生、和处、和立、和达、和爱五大原理。一是和生原理。“和生”是“天地之大德曰生”精神的体现，其遵循的原则是“万物并育而不相害”。自然、社会、他人、他心灵、他文明都是有生命、有情感的存在，也都有生存的权利，人要尊重、容纳他者的生存或存在。即使是竞争、冲突的双方，也不应以“你死我活”、消灭对方为价值目标，而应以和谐、协调、融突而和合为价值导向，即互相之间共生。和合共生即是和生。二是和处原理。“和处”是“君子和而不同”精神的体现，其遵循的原则是“道并行而不相悖”。虽然自然、社会、人际、心灵、各文明的情态各有不同，不同国家、民族、种族的人的价值观念、思维方式、风俗习惯、宗教信仰各有不同，总括之，可谓“道”不同，但为了人类社会的共同福祉，为了人类社会的共同发展，可以“和而不同”，可以“并行而不相悖”，即和平共处，共富共荣。三是和立原理。“和立”是“己欲立而立人”精神的体现。人类曾陷溺于非此即彼、“不是东风压倒西风，就是西风压倒东风”的二元对立思维之中，蔽于以征服对方以至消灭对方为“立己”的表征，导致战争不断，以致使自然、社会、人际、心灵、文明遭受毁灭性破坏，使社会动乱失序、人际紧张、道德沦丧、精神崩溃、文明冲突。“和立”是以多元开放的“自作主宰”的精神、宽容的胸怀，承认、接纳自然、社会、人生、心灵、文明按其适合于自己特性的生存方式、模式而自立于天地、世界之林，以及以适合于自己的实际的发展道路来建立自己的制度、模式。舍弃二元对立，不搞一律，而要多元共存，多样和立。四是和达原理。“和达”是“己欲达而达人”精神的体现。达己、达人是指人与自然、社会、人际、心灵、文明的通达和发达。人类曾蔽于人之不达才使己达的错误，而大搞殖民活动，直至当今世界，仍有发达与不发达、发展与不发展国家的分别，有贫与富、先进与落后国家的分别，这是造成国家或国际社会动乱的根源之一。因此，国际社会要共同发展、发达，要共同富裕、繁荣，人类与自然也要共同发达、共同繁荣。五是和爱原理。“和爱”是“泛爱众”“兼相爱”精神的体现。和生、和处、和立、和达的基础是和爱，由和爱而生发为和生、和处、和立、和达。人不仅要爱己，而且要推而广之，爱人、爱物、爱自然。人不能与自然、社会、他人、心灵、他文明仇恨到底。仇恨使人失去理智，仇恨造成奸淫烧杀、恐怖与战争；仇恨湮灭了人性，湮没了良知。当今社会要重新呼唤和爱，和爱是人类和平、安全、发展、文明的源泉，是和生、和处、和立、和达的活水。

### （五）人类命运共同体的发展观

我们提倡创新、协调、绿色、开放、共享的发展理念，主张并坚持各国经济社会的协同进步，通过发展解决发展不平衡等问题，缩小发展差距，促进共同繁荣。孔子讲："夫仁者，己欲立而立人，己欲达而达人。"决不以己之立而阻碍别人、别国之立；决不以己之达而扼制别人、别国之发达、发展。中国将始终坚持走和平发展道路，无论中国发展到哪一步，无论中国发展到何种程度，中国永远不称霸，永远不扩张，永远不谋求霸权，永远不谋求势力范围。中国永远秉持开放、融通、互利、共赢的合作观，永远秉持和平发展观。我们相信：只有和平安宁才能繁荣发展，坚持践行共同、综合、合作、可持续的安全观，摒弃冷战思维，实现普遍安全；坚持平等、互鉴、对话、包容的文明观，以文明交流超越文明隔阂，以文明互鉴超越文明冲突，以文明共存超越文明优越；坚持共商、共建、共享的安全治理观，不断完善全球治理体系，推动各国携手建设人类命运共同体。中国传统的发展观是人类命运共同体生生不息的生命动力。

旧学新知，智能创新，中华优秀传统文化的天下观、伙伴观、仁爱观、和合观、发展观，在新时代发出新的光辉，在与人类命运共同体的和合中而更加鲜活、灿烂，在全球发展的道路上成为一盏璀璨的指路明灯。

# 中国40年大规模减贫：推动力量与制度基础*

汪三贵**

【摘　要】改革开放40年来，中国取得了举世瞩目的减贫成就，按照2010年的贫困标准，中国的农村贫困人口从1978年的7.7亿人减少到2017年底的3 046万人，累计减贫约7.4亿人，贫困发生率从1978年的97.5%下降为2017年底的3.1%。中国取得如此大规模减贫成就是高速经济增长和扶贫开发共同作用的结果，而中国在多个方面的制度优势是大规模减贫的坚实基础和根本保障。未来3年，中国仍然需要采取更有针对性的措施，解决深度贫困地区和特殊贫困人群的贫困问题，从而实现到2020年消除现有标准下绝对贫困的目标，打赢脱贫攻坚战。

【关键词】经济增长；扶贫开发；精准扶贫；制度基础

中国40年来的大规模减贫从根本上改变了农村贫穷落后的面貌，显著提高了人们的生活水平，更是得到了国际社会的高度认可。本文在总结中国改革开放以来减贫成就的基础上，分析大规模减贫的主要推动力量，重点分析中国取得举世瞩目减贫成就的政治和制度基础，并对未来3年打赢脱贫攻坚战的难点和政策进行展望。

## 一、改革开放40年中国的大规模减贫成就

### （一）中国减贫的总体成就

改革开放40年来，伴随着经济社会的快速发展和扶贫开发的深入推进，中国的减贫

---

* 本文原刊发于《中国人民大学学报》2018年第6期。

** 汪三贵，中国人民大学中国扶贫研究院、中国人民大学农业与农村发展学院教授。

事业取得了举世瞩目的成就。在人均年收入 2 300 元（2010 年不变价）的现行贫困标准下①，中国的农村贫困人口从 1978 年的 7.7 亿人减少到 2017 年底的 3 046 万人，累计减贫约 7.4 亿人，贫困发生率从 1978 年的 97.5%下降为 2017 年底的 3.1%②，绝大多数农村人口在 40 年间摆脱了绝对贫困，生活状况得到大幅度改善。

农村居民生活状况的改善体现在两个方面。一是收入水平大幅度提高，收入结构不断优化。按 1978 年可比价格计算，2017 年中国农村居民人均可支配收入达到 2 106.9 元，而 1978 年中国农村居民家庭人均纯收入仅为 133.6 元③，收入增长了约 15 倍。在收入水平不断提高的同时，农村居民的收入结构也在不断优化。不考虑物价影响，2017 年农村居民人均财产性收入与转移性收入是 1978 年的 306 倍，增幅也远高于同期人均纯收入增幅，两类收入占纯收入比重从 1978 年的 7.1%提高到 2017 年的 21.6%，收入来源更加多元化。二是家庭消费能力显著增强。按 1978 年可比价格计算，2017 年农村居民人均消费支出达到 1 718.3 元，而 1978 年中国农村居民家庭人均生活消费支出仅为 116.1 元，增长了约 14 倍。农村居民家庭食品类支出占总支出的比重（恩格尔系数）从 1978 年的 67.7%下降到 2017 年的 31.2%，恩格尔系数降幅达到 36.5 个百分点，按照国际通行标准，中国农村居民家庭恩格尔系数已处于相对富裕阶段，并接近富足区间。

### （二）分阶段的减贫成效

改革开放 40 年来，中国的扶贫开发工作呈现出阶段性特征，具体可分为体制改革主导的扶贫开发（1978—1985 年）、解决温饱的扶贫开发（1986—2000 年）、巩固温饱的扶贫开发（2001—2010 年）和全面小康的扶贫开发（2011 年至今）四个阶段④。

在体制改革主导的扶贫开发阶段（1978—1985 年），改革开放刚刚开始，农村居民普遍贫困，中国的减贫动力主要来自农村制度改革。通过实行家庭联产承包责任制、提高农

---

① 中国的贫困标准分为 1978 年标准、2008 年标准和 2010 年标准，为保证改革开放 40 年来各个阶段的减贫成效可比，本文统一采用 2010 年贫困标准下的减贫数据。

② 本文减贫数据均来自历年《中国农村贫困监测报告》和国家统计局发布的《2017 年全国农村贫困人口明显减少 贫困地区农村居民收入加快增长》报告（http：//www.stats.gov.cn/tjsj/zxfb/201802/t20180201_1579703.html）。

③ 本文收入消费数据来自历年《中国统计年鉴》和《中华人民共和国 2017 年国民经济和社会发展统计公报》。2012 年国家统计局开始实施城乡一体化住户调查改革，2012 年及之前农村居民收入指标为农村居民家庭人均纯收入，2012 年后统一采用农村居民人均可支配收入，参见 http：//www.stats.gov.cn/tjsj/zxfb/201802/t20180228_1585631.html。

④ 汪三贵，殷浩栋，王瑜．中国扶贫开发的实践、挑战与政策展望．华南师范大学学报（社会科学版），2017（4）．

产品收购价格、改革农产品流通体制等手段，理顺了农业生产机制，推动了农业快速发展，帮助大批贫困人口顺利摆脱贫困。同时，中国政府自1980年开始实施“支援经济不发达地区发展资金”等措施帮助贫困地区发展，助力贫困人口摆脱贫困。按照现行贫困标准衡量，贫困人口从1978年的7.7亿人减少到1985年的6.6亿人，贫困发生率从97.5%下降为78.3%，这一阶段减贫人口占40年来累计减贫人口的14.8%①。同期，农村居民可比人均纯收入从133.6元提高到359.3元，年均增长率为15.2%，高于同期城镇居民人均可支配收入增幅②。

在解决温饱的扶贫开发阶段（1986—2000年），中国开始有组织、有计划地进行农村扶贫开发。一个标志性事件是国务院贫困地区经济开发领导小组（1993年改称国务院扶贫开发领导小组）组建成立，各级政府也成立了相应的组织机构，专门负责开展扶贫开发相关工作。《国家八七扶贫攻坚计划》的出台，明确了当时的扶贫开发目标为解决贫困人口的温饱问题，确定了开发式扶贫战略和贫困县为主的区域瞄准机制，建立了东西部扶贫协作、定点扶贫等广泛参与的社会扶贫机制，进一步推动了中国减贫工作的制度化、体系化建设。到2000年，贫困人口进一步下降到4.6亿人，贫困发生率下降为49.8%，这一时期减贫人口占40年间累计减贫人口的26.8%。农村居民可比人均纯收入从1985年的359.3元提高到2000年的646.0元，年均增长率为4.0%，低于同期城镇居民人均可支配收入增幅。

在巩固温饱的扶贫开发阶段（2001—2010年），中国出台的《中国农村扶贫开发纲要（2001—2010年）》明确指出，继续实施开发式扶贫战略，将贫困县为主的瞄准机制转换为贫困村为主的瞄准机制，瞄准对象进一步下移，扶贫的精准度不断提高。村级综合开发、产业扶贫、劳动力培训转移成为重点工作，易地扶贫搬迁持续推进，减贫工作取得明显成效，巩固温饱的扶贫开发工作目标基本实现。到2010年，农村贫困人口下降到不足1.7亿人，贫困发生率降为17.2%，这一时期减贫人口占40年累计减贫人口的40.1%。农村居民可比人均纯收入从2000年的646.0元增加到2010年的1 275.1元，年均增长率为7.0%，但增幅仍低于同期城镇居民人均可支配收入增幅。

在全面小康的扶贫开发阶段（2011年至今），虽然贫困人口整体不断减少，但是剩余贫困人口的减贫难度在不断加大，需要采取更有力的扶贫举措开展脱贫攻坚。为顺利实现

---

① 国家统计局农村社会经济调查总队．中国农村贫困监测报告（2017）．北京：中国统计出版社，2017：346.

② 中华人民共和国国家统计局：中国统计年鉴（2017）．北京：中国统计出版社，2017：171.

2020年全面建成小康社会的战略目标，帮助农村贫困人口早日实现不愁吃、不愁穿，义务教育、基本医疗和住房安全有保障的脱贫目标①，党的十八大以来，以习近平同志为核心的党中央将脱贫攻坚工作放在更高的战略位置，不断完善脱贫攻坚制度和政策设计。党的十九大将脱贫攻坚作为全面建成小康社会必须打赢的三大攻坚战之一，举全党全国之力持续推进减贫事业。到2017年底，全国农村贫困人口减少为3 046万人，贫困发生率降为3.1%。7年间累计减贫1.3亿人，减贫人数占40年间累计减贫人数的18.3%。农村居民实际人均可支配收入从2010年的1 275.1元提高到2017年的2 106.9元，年均增长率为7.4%，明显高于同期城镇人均可支配收入增幅，城乡差距扩大趋势得到扭转。这一时期是减贫工作难度最大的阶段，取得这样的脱贫成绩实为不易。

### （三）40年来减贫速度不断加快

得益于近年来扶贫开发工作力度的不断加强，脱贫攻坚虽然难度越来越大，但是减贫速度却在不断加快。从体制改革主导的扶贫开发、解决温饱的扶贫开发、巩固温饱的扶贫开发和全面小康的扶贫开发四个阶段来看，体制改革主导的扶贫开发阶段的7年间累计减贫10 938万人，年均减贫人口1 563万人，年均减贫率②为2.0%；解决温饱的扶贫开发阶段的15年间，累计减贫19 877万人，年均减贫人口1 325万人，年均减贫率也为2.0%；巩固温饱的扶贫开发阶段的10年间，累计减贫29 657万人，年均减贫人口2 966万人，年均减贫率达到6.4%；在全面小康的扶贫开发阶段，7年间累计减贫人口13 521万人，年均减贫1 932万人，年均减贫率达到11.7%。

在剩余贫困人口贫困程度越来越深、脱贫难度越来越大的情况下，中国近5年来每年的减贫人口始终保持在1 200万人以上，在贫困人口存量逐渐减少的情况下，中国的减贫率不断提高，减贫速度不断加快，贫困人口的下降速度从2013年的16.7%提高到2017年的29.7%。

### （四）福利状况不断改善

改革开放40年来，农村居民的福利状况也在持续改善③。农村居民2017年人均住房

---

① 2011年出台的《中国农村扶贫开发纲要（2011—2020年）》和2015年出台的《中共中央、国务院关于打赢脱贫攻坚战的决定》中均对农村贫困人口稳定实现不愁吃、不愁穿，义务教育、基本医疗和住房安全有保障做了明确规定。

② 年均减贫率计算方法为该阶段年均减贫人口除以该阶段初期贫困人口。

③ 国家统计局综合司．波澜壮阔四十载　民族复兴展新篇：改革开放40年经济社会发展成就系列报告之一．(2018-08-27)．http://www.stats.gov.cn/ztjc/ztfx/ggkf40n/201808/t20180827_1619235.html.

建筑面积比1978年增加了38.6平方米，高于同期城镇居民住房面积改善幅度。以汽车为代表的耐用消费品也开始走进农村家庭，2017年农村居民平均每百户拥有的家用汽车数量达到19.3辆，百姓出行更加便利。基本养老保险覆盖超过9亿人，医疗保险覆盖超过13亿人，基本实现全民医保。城乡居民预期寿命从1981年的67.8岁提高到2017年的76.7岁，生活质量明显改善。

## 二、中国大规模减贫的双重推力

中国取得如此大规模的减贫成就，推动因素是多方面的，但最重要的是高速经济增长和扶贫开发双重推力共同作用的结果。

### （一）高速经济增长的减贫作用

长期高速的经济增长是减少贫困最根本和最重要的力量源泉①。经济增长对减贫的作用主要表现为两方面：一是直接影响，经济发展为贫困人口提供了更多的就业和增收机会；二是间接影响，经济发展、国力增强，使政府更有能力帮助贫困人口摆脱贫困②。研究表明，若将贫困变化分解为经济增长和收入分配，那么经济增长解释了短期贫困变化的70%和长期贫困变化的95%③。

中国改革开放40年取得的惊人减贫成就与中国高速的经济增长密不可分。按照1978年的可比价格计算，中国的GDP从1978年的3 678.7亿元增加到2016年的118 499.7亿元，增加了约31倍，年均增长9.6%。与此同时，随着GDP的增长，贫困发生率明显降低，且二者变化速度接近。图1显示了1978—2016年中国人均GDP与贫困发生率之间的关系，可以大致反映经济增长对贫困状况的影响。从图1可以看出，经济增长与贫困发生率有显著的负相关关系，即随着人均GDP的增长，贫困发生率下降，人均GDP增长越高，贫困发生率下降就越快。笔者以1978年贫困标准估计的经济增长减贫弹性为−0.52④。Ravallion和Chen使用了更高的贫困标准，发现中国的经济增长对减贫有显著

① Chambers, D., Wu, Y., Yao, H. The impact of past growth on poverty in chinese provinces. Journal of Asian economics, 2008, 19 (4): 348-357.

② 汪三贵. 在发展中战胜贫困：对中国30年大规模减贫经验的总结与评价. 管理世界，2008 (11).

③ 张伟宾. 中国新时期农村减贫战略的调整. 新疆农垦经济，2009 (11).

④ 同②.

影响，经济增长的减贫弹性为－2.7，即居民收入增长 1%，全国的贫困发生率下降 2.7%[①]。谢金鹏的研究得到了与 Ravallion 和 Chen 接近的结论，他估计的经济增长的减贫弹性为－2.03，即中国经济每增长 1%，贫困发生率下降 2.03%[②]。

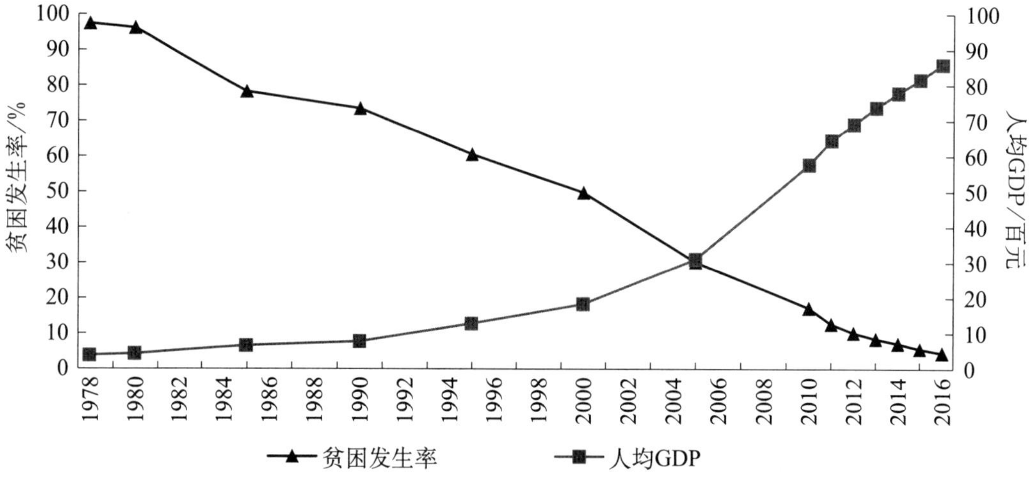


**图 1 经济增长与贫困发生率的关系**

注：贫困发生率是按照 2010 年贫困标准统计的结果；人均 GDP 是按照 1978 年不变价格计算的结果。

资料来源：贫困发生率数据来自国家统计局住户调查办公室．中国农村贫困监测报告（2017）．北京：中国统计出版社，2017；人均 GDP 数据来自国家统计局网站，http：//data. stats. gov. cn/easyquery. htm？cn=C01。

## （二）农业发展对减贫的重要性

中国长期高速的经济增长总体上对减贫有显著作用，但不同产业发展所产生的减贫效果不尽相同。文秋良利用 1993—2004 年分省数据研究发现，农业部门的经济增长具有更高的减贫弹性（－1.09），明显高于第二产业（－0.51）和第三产业（－0.87）[③]。Ravallion 和 Chen 研究发现，1981—2001 年中国第一产业增加值的减贫弹性高达－8，减贫作用明显高于其他部门[④]。笔者研究发现，第一产业增长具有显著的减贫影响，以农业为主的第一产业增长 1%，贫困发生率下降 1.13%[⑤]。可见，与第二、三产业相比，农业和农村经济发展具有更突出的减贫效果。

---

① Ravallion，M.，S. Chen. China's（uneven）progress against poverty. Journal of development economics，2007，82（1）：1－42.

② 谢金鹏．经济增长、收入分配与中国农村贫困问题研究．西安：西北大学，2008.

③ 文秋良．经济增长与缓解贫困：趋势、差异与作用．农业技术经济，2006（3）.

④ 同①.

⑤ 汪三贵．在发展中战胜贫困：对中国 30 年大规模减贫经验的总结与评价．管理世界，2008（11）.

农业和农村经济发展之所以有如此显著的减贫成效，主要有三个方面的原因：一是中国的贫困人口主要在农村，农村发展越好，贫困人口受益越大。按照2010年的贫困标准，1978年总人口的80%为农村贫困人口[①]，农业和农村经济发展有利于农村人口增收，对减少贫困作用显著。二是中国的贫困家庭主要以农业为生，且越贫困农业收入占比越高。1978年农村家庭第一产业收入占家庭总收入比例高达94.1%，2009年第一产业收入占比虽有下降，但仍高于80%（82.3%）[②]。以2006年为例，农村最高20%收入组第一产业收入占人均纯收入比重仅为32.8%，而贫困家庭第一产业收入占比则超过50%（54.5%），比最高收入组高约22个百分点[③]。三是中国与农业发展相关的投入要素（如土地）分配较为公平，以农业为生的农村贫困人口能够从农业发展中获利。田龙鹏认为农民是最大的贫困受体，而与农民生存相关的主要生产投入要素就是土地，土地相关权利直接关系到农民收入水平的高低[④]。中国的土地制度确保农村贫困人口能够较公平地获得用于农业生产的土地，在一定程度上避免了农民因生产权利被剥夺而导致的贫困。

### （三）区域扶贫开发促进贫困地区快速发展

中国大规模减贫得益于长期高速的经济增长，但不断扩大的收入差距阻碍了经济增长的成果惠及穷人[⑤]。随着经济增长益贫效应的下降，区域贫困问题逐渐显露，为此，中央制定和采取一系列政策和措施对贫困区域实施大规模扶贫开发。

区域扶贫开发能够有力地推动贫困地区以更快的速度发展，从而带动贫困地区更大规模的减贫。以《国家八七扶贫攻坚计划》执行期间（1994—2000年）为例，国家重点扶持的贫困县农业增加值增长了54%，年均增长7.5%，比全国农村高0.5个百分点；粮食产量增长12.3%，年均增长1.9%，是全国平均增长速度（0.6%）的3.2倍；农民人均纯收入从648元增加到1 337元，年均增长12.8%，比全国农民人均收入的增速高2个百分点[⑥]。2001—2010年国家将扶贫开发的重点转向15万个贫困村，这使得贫困村农民人均纯收入的年均增长速度比全国农村高3个百分点[⑦]。持续的区域扶贫开发使贫困地区与全

---

① 国家统计局住户调查办公室．中国农村贫困监测报告（2017）．北京：中国统计出版社，2017：346.

② 国家统计局农村社会经济调查司．中国农村住户调查年鉴（2010）．北京：中国统计出版社，2010：29.

③ 汪三贵．在发展中战胜贫困：对中国30年大规模减贫经验的总结与评价．管理世界，2008（11）.

④ 田龙鹏．1978年以来中国农村改革的减贫效应研究：基于权利配置视角．湘潭：湘潭大学，2016.

⑤ 师春苗．从“区域瞄准扶贫”到“精准扶贫”：以广东扶贫开发为例．红广角，2017（Z6）.

⑥ 中华人民共和国国务院新闻办公室．中国的农村扶贫开发．北京：新星出版社，2001：2.

⑦ 张伟宾，汪三贵．扶贫政策、收入分配与中国农村减贫．农业经济问题，2013（2）.

国农村的收入差距不断缩小，贫困县与全国农村的人均收入之比从 1985 年的 51.8%提高到 2016 年的 68.4%①。

贫困地区农民收入增长更快的原因是综合性的扶贫投资大幅度改善了基础设施和农户的生产生活条件，农业和非农产业的生产效率大幅度提高，贫困地区农户的家庭收入与就业机会不断提升。改革开放 40 年来，中央财政专项扶贫资金累计投入 6 000 余亿元，仅 2013—2017 年间，中央财政专项扶贫资金就累计投入 2 822 亿元，省级及以下财政扶贫资金投入也大幅度增长。除了中央和地方的财政专项扶贫资金，用于扶贫投资的资金还包括扶贫贴息贷款，低保资金，专项退耕、还林还草工程补助，国际扶贫资金及其他资金。以 2016 年为例，贫困地区的专项扶贫投资总额达 2 958.6 亿元②。

大规模的资源动员和资金投入为贫困地区的发展和贫困人口的脱贫打下了坚实的基础。张伟宾和笔者研究发现，大量的扶贫资金投入使得贫困县、贫困村的农户收入增速超过全国平均水平③。实证研究结果表明，1986—1995 年间，扶贫投资使贫困县农民人均收入增长比同一个地区的非贫困县快 0.9%～2.2%，投资回报率达到11.6%～15.5%④。

### （四）精准扶贫直接帮助贫困人口

经过 30 年的区域扶贫开发，贫困人口逐渐从区域贫困转向点状分布，剩余的贫困人口贫困程度更深、脱贫难度更大，依靠区域经济增长的“涓滴效应”能带动的贫困人口越来越少，对剩下的贫困人口只有采取更有针对性的帮扶措施才能帮助他们摆脱贫困。2013 年 11 月，习近平总书记根据贫困现状和脱贫攻坚的需要首次提出要精准扶贫，中共中央办公厅、国务院办公厅随后印发《关于创新机制扎实推进农村扶贫开发工作的意见》，明确以建立精准扶贫工作机制为核心，在全国农村实施精准扶贫。

精准扶贫就是直接针对贫困家庭和人口，扶贫措施直接到户到人。主要措施包括：对贫困人口进行精准识别和建档立卡，分析贫困户的致贫原因，因人因户采取综合性的帮扶措施，同时对帮扶对象进行动态管理，有进有出。目标是让所有建档立卡贫困户收入稳定

---

① 国家统计局住户调查办公室．中国农村贫困监测报告（2017）．北京：中国统计出版社，2017：351，358；国家统计局农村社会经济调查总队．中国农村贫困监测报告（2000）．北京：中国统计出版社，2000：58.

② 国家统计局住户调查办公室．中国农村贫困监测报告（2017）．北京：中国统计出版社，2017：49.

③ 张伟宾，汪三贵．扶贫政策、收入分配与中国农村减贫．农业经济问题，2013（2）.

④ Park，A.，Wang，S.，G. Wu. Regional poverty targeting in China. Journal of public economics，2002，86（1）：123－153.

超过贫困线，同时稳定解决“两不愁三保障”① 问题。针对不同的致贫原因，制定了不同的扶贫方案：针对贫困户的收入问题，制定了特色产业扶贫、就业扶贫和金融扶贫等政策措施；针对地理位置偏远、地质灾害频发和生态脆弱地区的贫困人口制定了易地扶贫搬迁政策，在“十三五”期间累计搬迁1 000万贫困人口；针对教育负担过重和因贫辍学问题，制定了教育扶贫政策，贫困家庭的孩子在各个教育阶段都能享受到减免学杂费和获得生活补贴的好处；针对有大病和慢性病的贫困家庭，制定了健康扶贫政策，降低基本医疗服务的门槛，提高报销比例，享受大病补充保险和大病救助，慢性病病人享受签约医生服务；针对无房和危房贫困户，制定了危房改造政策；针对完全丧失劳动能力的贫困家庭，制定了综合性社会保障兜底政策。

从2014年实施精准扶贫以来，脱贫成效显著，减贫速度加快。2014—2017年，农村贫困人口从8 249万人减少到3 046万人，平均每年减贫1 300万人，年均贫困人口下降率高达15.8%②。年度减贫速度不断加快的趋势，表明精准扶贫对于减少深度贫困人口具有不可替代的作用。

## 三、中国大规模减贫的制度基础

中国大规模减贫的推动力量主要是高速经济增长（特别是农业和农村经济的快速发展）和长期扶贫开发。拉美、东南亚、东欧地区的很多发展中国家也曾经历过经济高速发展，同时开展减贫行动，但是从未有哪个国家达到中国如此巨大的减贫成就，究其原因最主要的就是制度差异，中国的制度优势奠定了减贫事业硕果累累的基础。

### （一）中国共产党领导减贫的坚强政治意愿

中国共产党建党以来一直致力于领导全国人民改变贫穷落后的面貌，最终实现共同富裕。帮助贫困地区和贫困人口脱贫始终是党和各级政府的重要政治任务，也是在不断总结经验的基础上制定扶贫战略并持续进行扶贫开发的原生动力。中国共产党的宗旨决定了中国共产党必须把人民群众的利益放在首位，想人民之所想，深入调查研究并制定摆脱贫困、改善民生的政策措施。“全心全意为人民服务”是马克思主义和中国优秀传统文化相

① “两不愁”是指不愁吃、不愁穿，“三保障”是指保障义务教育、基本医疗和安全住房。

② 国家统计局住户调查办公室．中国农村贫困监测报告（2017）．北京：中国统计出版社，2017：346.

结合的成果。马克思主义经典作家指出，社会发展的目的是保障每个人的生活，追求和实现人的自由且全面的发展是社会发展的终极目标和本质要求。中国传统文化则始终强调以人为本："政之所兴，在顺民心；政之所废，在逆民心"（《管子·牧民》）；"治理之道，莫要于安民。安民之道，在于察其疾苦"（张居正《答福建巡抚耿楚侗》）；"大道之行也，天下为公，选贤与能，讲信修睦。故人不独亲其亲，不独子其子，使老有所终，壮有所用，幼有所长，矜寡孤独废疾者皆有所养"（《礼记·礼运》）。

中国共产党秉承"全心全意为人民服务"的宗旨，带领中国人民进行艰苦卓绝的革命斗争和勤奋辛劳的经济建设，最终的目标是"为中国人民谋幸福，为中华民族谋复兴"，这决定了中国共产党必须使贫困群众摆脱贫困，补齐实现共同富裕的短板。建党97年来，为了人民的幸福和民族的复兴，中国共产党人初心不改、矢志不渝。新中国成立初期，以毛泽东同志为主要代表的中国共产党人带领中国人民摆脱贫穷，提出"把我国建设成为拥有现代农业、现代工业、现代国防和现代科学技术的社会主义强国"[①]。改革开放时期，以邓小平同志为主要代表的中国共产党人实事求是地总结了中华人民共和国成立初期社会主义经济建设的经验教训，提出"贫穷不是社会主义"[②]，并且因地制宜地制定了"三步走"战略规划，明确要实现贫困群众温饱，然后达到小康，逐步达到中等发达国家水平[③]。此后，以江泽民同志为主要代表的中国共产党人提出"两个一百年"[④]奋斗目标，以胡锦涛同志为主要代表的中国共产党人提出了全面建设小康社会的详细目标，要求加快以民生为重点的社会建设[⑤]。党的十八大以来，以习近平同志为主要代表的中国共产党人打响脱贫攻坚决战，提出全面建成小康社会，不能落下任何一个贫困群众，并通过"两个阶段"把我国建成社会主义现代化强国，实现共同富裕[⑥]。中国共产党人始终不忘初心，不断带领中国人民摆脱贫困，朝着美好生活前进。

### （二）中国共产党领导减贫的强大组织动员能力

集中力量办大事是社会主义制度优势的重要体现。习近平指出："我们最大的优势是我国社会主义制度能够集中力量办大事。这是我们成就事业的重要法宝。"[⑦] 中国大规模的

---

① 中共中央文献研究室．建国以来重要文献选编：第17册．北京：中央文献出版社，1997：142.
② 邓小平文选：第3卷．北京：人民出版社，1993：116.
③ 中共中央文献研究室．十三大以来重要文献选编：上．北京：人民出版社，1991：16.
④ 江泽民文选：第2卷．北京：人民出版社，2006：4.
⑤ 胡锦涛文选：第2卷．北京：人民出版社，2016：642.
⑥ 习近平．决胜全面建成小康社会　夺取新时代中国特色社会主义伟大胜利．北京：人民出版社，2017：28-29.
⑦ 习近平谈治国理政：第2卷．北京：外文出版社，2017：273.

减贫成就与中国共产党的领导力密切相关，从中央出台减贫政策到各部门落实减贫措施，从省市县乡村五级书记抓扶贫到层层签订责任书，从扶贫考核到乡村扶贫治理，中国政府的组织动员体系严密高效。

1. 中国的五级行政体系及其责任分工

中国的行政体系分为五级，分别是中央、省（自治区、直辖市）、市（地区、自治州、盟）、县（区、旗、县级市、行委等）、乡（镇、街道），村民自治委员会虽然不属于行政单位，但是村民自治委员会和村党支部对于中国行政体系发挥至关重要的作用。中国的扶贫开发按照行政体系实行分级负责。中国大规模有组织、有计划减贫行动从1982年三西地区扶贫开始，到1986年成立国务院贫困地区经济开发领导小组（1993年更名为国务院扶贫开发领导小组），以及实施《国家八七扶贫攻坚计划》、《中国农村扶贫开发纲要（2001—2010年）》、《中国农村扶贫开发纲要（2011—2020年）》、脱贫攻坚和精准扶贫等重大扶贫决策，中央政府始终关注扶贫事业，将扶贫开发纳入国家整体经济和社会发展规划。自1997年开始，中国确立了扶贫开发省（自治区、直辖市）负责制，党政一把手负总责，明确了“责任到省、任务到省、资金到省、权力到省”的“四到省”原则[①]，所有到省的扶贫资金一律由省级人民政府统一安排使用，扶贫项目审批权原则上下放到县，省、市履行监管责任。

同时，中国政府依托行政体系建立了自上而下完整的扶贫开发机构，以政府为主导高效开展减贫行动。在中央政府成立由相关行政职能部门组成的国务院扶贫开发领导小组，负责统筹国家扶贫开发工作。国务院扶贫开发领导小组下设办公室，即国务院扶贫开发领导小组办公室，负责承担领导小组的日常工作。各级政府也成立了相应的扶贫开发机构，统一领导和协调本地区的扶贫开发工作。自脱贫攻坚以来，针对农村基层扶贫治理相对薄弱的现象，中国政府又向贫困村派驻第一书记和驻村工作队，专责脱贫攻坚。

2. 脱贫攻坚责任体系：中央统筹、省负总责、市县抓落实

中国政府全面落实脱贫攻坚责任制，按照“中央统筹、省负总责、市县抓落实”的工作机制，制定了驻村工作队、第一书记、帮扶责任人等因村因户帮扶措施，构建了责任清晰、各负其责、合力攻坚的责任体系，实现了省市县乡村五级书记一起抓扶贫、层层落实责任制的治理格局。同时层层签订脱贫攻坚责任书、立下军令状，确保坚决打赢脱贫攻

① 财政部农业司扶贫处．从“四到省”到“四到县”：扶贫开发工作责任制的探索及完善．农村财政与财务，2008（7）．

坚战。

党中央、国务院主要负责统筹制定脱贫攻坚大政方针，出台重大政策举措，完善体制机制，规划重大工程项目，协调全局性重大问题、全国性共性问题，组织实施对省级党委和政府扶贫开发工作成效考核。省级党委和政府对辖区内脱贫攻坚工作负总责，并确保责任制层层落实，建立扶贫资金增长机制，加强对贫困县的管理。市级党委和政府负责协调跨县扶贫项目，对项目实施、资金使用和管理、脱贫目标任务完成等工作进行督促、检查和监督。县级党委和政府承担主体责任，县级党委和政府主要负责人是第一责任人，负责精准识别、精准帮扶、精准脱贫等工作。村两委、驻村工作队、第一书记是脱贫攻坚战一线工作人员，向贫困群众宣传扶贫政策，落实扶贫政策，组织扶贫工作。

3. 县级干部的考核、任免和脱贫攻坚责任

中国在脱贫攻坚期内保持贫困县党政正职稳定，实行不脱贫不调整、不摘帽不调离的干部管理制度，保证贫困县扶贫开发的延续性，引导贫困县党政领导班子树立正确的政绩观，促进贫困县转变发展方式。根据《关于改进贫困县党政领导班子和领导干部经济社会发展实绩考核工作的意见》，对县级干部的考核从贫困县经济社会发展滞后的实际出发，不简单考核经济增长速度，注重对与减贫脱贫紧密关联的民生改善、社会事业发展的考核。把脱贫攻坚的成效作为选拔使用干部的试金石，引领各级领导干部积极投入脱贫攻坚的事业当中。

4. 驻村帮扶和村级扶贫治理

作为扶贫政策的基层实施单位，贫困村经济社会发展相对滞后，部分村两委干部缺乏高效扶贫治理能力，出现了一批基层组织软弱涣散的贫困村。为了打通脱贫攻坚“最后一公里”，驻村帮扶制度应运而生。根据《关于加强贫困村驻村工作队选派管理工作的指导意见》，县级党委和政府根据贫困村的实际情况选派驻村工作队和第一书记，把精准扶贫、精准脱贫成效作为驻村工作队和第一书记的考核依据。同时严格管理，要求每个驻村工作队一般不少于3人，每期驻村时间不少于2年。干部驻村期间不承担原单位工作，党员组织关系转接到所驻贫困村，确保其全身心专职驻村帮扶。脱贫攻坚期内，即便贫困村已退出，驻村工作队也不得撤离，脱贫不脱政策，坚决防范返贫，确保脱贫攻坚质量。

5. 构建“三位一体”大扶贫格局

扶贫开发事业是一项综合性的工作，中国政府构建了“专项扶贫、行业扶贫、社会扶贫”的“三位一体”扶贫开发工作格局。除了政府主导，中国大规模的减贫成效离不开社

会力量的贡献。政府主导主要分为专项扶贫和行业扶贫两块，专项扶贫主要是国家安排财政专项扶贫资金，由扶贫部门负责组织实施的扶贫项目，直接帮助贫困地区和贫困群众，例如整村推进、以工代赈、易地扶贫搬迁等一批专项扶贫政策。行业扶贫主要是农业、水利、交通、住建、教育、卫生等行政部门按照职能分工，承担相应的扶贫任务。改革开放以来，行业部门实施的诸如危房改造、道路建设、农村饮水安全工程、学生营养改善计划、教育扶贫、健康扶贫、生态修复工程等行业扶贫措施极大地改善了贫困地区和贫困群众的生产生活条件。同时，政府积极动员、倡导和部署社会力量参与扶贫事业，1979年便开始组织六省（市）对口支援边疆地区和少数民族地区，1986年启动了中央和国家机关定点扶贫工作，更有社会各界爱心人士、企事业单位、社会团体始终为中国扶贫开发事业默默贡献力量。改革开放以来，世界银行、亚洲开发银行、联合国等国际机构也一直参与中国的减贫进程。值得一提的是，中国政府一直和国际机构保持良好的合作，积极学习先进的经验，而不是简单接受援助，从而避免了落入“援助陷阱”。

### （三）农村土地制度有利于减贫

作为最基本的农业生产资料之一，土地是农民安身立命的根本，土地制度关乎农民的切身利益，尤其是极度依赖农业生产的农村贫困人口的利益。在旧中国，封建土地所有制使得“富者田连阡陌，贫者无立锥之地”，贫下中农被封建政权剥削，佃农被地主剥削，广大农民陷入长期的贫困。中国共产党领导中国人民进行新民主主义革命，始终将土地革命摆在重要的位置，赢得了广大人民群众的拥护。新中国成立之初，《中华人民共和国土地改革法》颁布，明确“废除地主阶级封建剥削的土地所有制，实行农民的土地所有制，借以解放农村生产力，发展农业生产”①。社会主义公有制土地制度的建立，实现了农村土地的平均分配，解决了土地私有制导致的土地集中问题，中国农民历史性地平等拥有土地，为摆脱贫困奠定了坚实的基础。土地改革改变了农村各阶层的耕地占有结构，具体情况见表1。

改革开放后家庭联产承包责任制的实施，使所有农户都获得了土地的长期使用权，农户可以自主经营并获得土地产出的绝大部分收益。这是农业增长惠及贫困家庭并带来较高的减贫效果的重要原因。

---

① 胡绳．中国共产党的七十年．北京：中共党史出版社，1999：305.

表1　土地改革前后农村各阶层的耕地占有情况

| | 土地改革前 | | 土地改革后 | |
|---|---|---|---|---|
| | 人口比重（%） | 占有耕地比重（%） | 人口比重（%） | 占有耕地比重（%） |
| 贫雇农 | 52.37 | 14.28 | 52.20 | 47.10 |
| 中农 | 33.13 | 30.94 | 39.90 | 44.30 |
| 富农 | 4.66 | 13.66 | 5.30 | 6.40 |
| 地主 | 4.75 | 38.26 | 2.60 | 2.20 |
| 其他 | 5.09 | 2.86 | — | — |

资料来源：国家统计局农村社会经济统计司．中国农村统计年鉴（1989）．北京：中国统计出版社，1989：31.

## （四）初始收入分配有利于减贫

新中国成立之初，国家百废待兴，收入分配差距相对较大。为了彻底解放生产力和发展生产力，中国共产党领导人民群众进行了社会主义改造，建立了社会主义基本制度。作为社会主义改造的重要内容，农业和农村也迎来了一系列改造政策，包括农业合作化运动、人民公社运动等，平均主义盛行，收入分配差距随之大幅度缩小。1953年社会主义改造时，全国的基尼系数为0.558，1964年人民公社时期下降到0.305，1970年进一步降至0.279，到1978年为0.317[①]，同期全国农村的基尼系数为0.212[②]。改革开放伊始，中国的收入分配差距很小，基尼系数在世界范围内处于较低的水平，因此中国经济增长（特别是农业增长）的减贫效应十分显著。1978—1984年，第一产业增长率为7.3%，农民人均纯收入增长率达到16.5%，按照1978年的贫困线标准，同期贫困人口下降率达到10.6%[③]。

## （五）前30年的社会政策与人力资本积累

新中国成立之初的30年，人民公社是农村基本的组织形式，承担了政治、经济、文化、军事等综合职能，“它的好处是，可以把工、农、商、学、兵结合在一起，便于领导”[④]。尽管人民公社制度忽视了经济规律，阻碍了生产力的发展，但是在人人劳动、平均分配的相对公平状态下，人民公社综合性职能的发挥具有普惠性的效果，极大地改善了中

① 联合国开发计划署驻华代表处，国务院发展研究中心．中国人类发展报告2016：通过社会创新促进包容性的人类发展．北京：中译出版社，2016：27.

② 汪三贵，郭子豪．论中国的精准扶贫．贵州社会科学，2015（5）.

③ 汪三贵．在发展中战胜贫困：对中国30年大规模减贫经验的总结与评价．管理世界，2008（11）.

④ 薄一波．若干重大决策与事件的回顾：下卷．北京：中共中央党校出版社，1993：740.

国农村的健康状况和教育水平，为改革开放后农业和农村发展积累了人力资本。农村医疗服务的普及，使得农村婴儿死亡率、产妇死亡率大幅度下降，到 20 世纪 80 年代，人口平均预期寿命达到 68 岁，超过同期全球平均水平 60 岁[①]。农村教育事业遍地开花，托儿所、农民夜校及正规教育空前发展，文化活动如火如荼。1949 年新中国成立时，学龄儿童入学率只有 20%，到 1978 年达到 95.5%，同时农村小学毕业生初中升学率达到 86.4%[②]。改革开放后商品经济和市场经济的逐步建立，使得蕴藏在农村的人力资本得到充分利用，生产力得到了历史性的释放，这对农村大规模减贫起到重要作用。

## 四、总结与展望

改革开放 40 年来，中国取得了巨大的减贫成就，贡献了全球 70%以上的减贫人口[③]。没有中国的大规模减贫，联合国千年发展目标中将生活在 1 天 1 美元以下的贫困人口比例减半的目标就不可能实现。中国的大规模减贫不仅使绝大多数中国人摆脱了绝对贫困并逐步走上小康之路，也为其他发展中国家的减贫事业提供了宝贵的经验。

中国的大规模减贫首先得益于中国经济，特别是农村经济的持续高速增长，也得益于 30 多年的区域性扶贫开发和精准扶贫方略的实施。更重要的是，中国的制度优势在大规模减贫中起到了决定性的作用。这些重要的制度基础包括：中国共产党对减贫的坚定政治承诺和制定持续不断的减贫战略，中央和各级政府强有力的组织动员和资源投入，公平的土地分配制度和改革开放初期较为平等的收入分配，以及新中国成立后头 30 年的人力资本积累等。

中国的减贫目标是到 2020 年完全消除现有标准下的绝对贫困问题，稳定实现贫困人口的“两不愁三保障”，让贫困家庭与全国人民一道进入小康社会。中共中央、国务院 2018 年 8 月颁布了《关于打赢脱贫攻坚战三年行动的指导意见》，进一步明确用 3 年的时间使剩余的 3 000 万左右农村贫困人口顺利脱贫。当前剩余的贫困人口主要是分布在以“三区三州”[④] 为代表的深度贫困地区的贫困人口和一般农村的特殊贫困人口。深度贫困地区面临的主要问题是生态环境脆弱、资源条件有限、自然灾害频发，难以形成支持稳定脱

① 中华人民共和国农业部计划司．中国农村经济统计大全（1949—1986）．北京：农业出版社，1989：685.

② 张磊．中国扶贫开发历程（1949—2005 年）．北京：中国财政经济出版社，2007：25－26.

③ 常红，张志达．对全球减贫贡献超过 70% “中国奇迹”普惠世界．（2015－10－16）．http://world.people.com.cn/n/2015/1016/c1002－27703507.html.

④ “三区”是指西藏自治区、四省藏区和南疆四地州，“三州”是指云南的怒江州、四川的凉山州和甘肃的临夏州。

贫的产业基础，农业收入极不稳定。这些地区都是少数民族地区，教育水平低下，人力资源严重不足，一些地区的劳动力多数不会讲汉语，因而很难通过外出就业获得稳定的收入。此外，一些深度贫困地区危房比例依然较高，解决安全住房的任务繁重①。一般农村地区剩余的特殊贫困人口主要是因病、因残、因懒致贫。前两类贫困人口一是家庭缺乏劳动力，收入水平低，二是医疗支出负担重，家庭很容易陷入严重的债务危机。后一类贫困人口主要是因为内生动力不足，不愿意努力改变自己的生活状况，“等靠要”思想严重。

要打赢脱贫攻坚战，后3年的工作重点是要针对深度贫困地区和特殊贫困人群采取更加有针对性的帮扶措施，长短结合，综合施策。对于深度贫困地区，短期的重点是通过易地移民搬迁和危房改造解决安全住房问题。在增收方面，一是更多地利用保险扶贫政策稳定基本农业收入；二是设置更多的公益岗位，利用转移支付与公益岗位的结合增加有劳动能力贫困家庭的收入；三是加强职业技能培训，输送更多的劳动力外出就业。从长期来看，重点是通过多层级的教育来提升人力资本和改变落后的观念，国家可以实施有条件现金转移支付政策来激励贫困家庭接受教育和健康方面的公共服务。人力资本的提升是阻断贫困代际传递最有效的途径。对于一般农村地区因病、因残致贫的人群，主要通过综合性社会保障政策兜底，使这些家庭的贫困人口看得起病，不会因大病影响基本生活，同时重点扶持这些家庭的孩子尽可能获得更好的教育。对于因懒致贫的家庭，重点是通过道德的压力、榜样的力量和精神与物质相结合的措施来扶志，并且通过“干中学”的方式提高其自我发展的信心和能力。

总之，40年的扶贫实践证明，只要有党中央的坚强领导以及各级政府和社会各界的共同努力，中国就一定能够打赢脱贫攻坚战，为全面小康社会的建设和乡村振兴打下坚实的基础。

---

① 中国人民大学中国扶贫研究院．四川凉山州、云南怒江州和甘肃临夏州典型贫困村调研报告，2018.

# 中国政府预算改革40年回顾与前瞻

## ——从“国家预算”到“预算国家”的探索*

马蔡琛** 苗 珊***

**【摘　要】** 改革开放以来，我国预算管理制度经过40年的变迁，适应了市场经济体制的需求，并逐渐向匹配国家治理体系和治理能力现代化要求的方向转变。总体来看，我国的预算改革经历了萌芽、兴起和再出发三个阶段。萌芽阶段的改革主要集中于收入一翼，建立了相对稳定的政府间财政关系，为之后的支出翼改革奠定了基础。预算改革的兴起阶段则主要聚焦于支出翼的改革，先后经历了以部门预算为核心的革新型改革和零敲碎打的渐进型改革两个阶段，总体呈现出控制导向的特点。再出发阶段的改革主要集中于全面推行绩效管理、由年度性向中期性转变、阳光财政的建设三个方面。从制度变迁的角度来看，我国的预算改革由内在需求和外在要求共同推动，预算管理制度呈现“中间扩散型”和“供给主导型”并存的特点，既有渐进式也有激进式的预算改革，并呈现不断形成又不断突破路径依赖的趋势。目前来看，我国已初步搭建起现代预算制度的基本框架。未来的预算改革不仅要完善现有的制度，还要满足现代财政制度建设的动态需求。因此，作为国家治理现代化基础支撑的预算改革，将伴随全面深化改革的整个过程，成为国家治理体系和治理能力现代化的关键环节。

**【关键词】** 改革开放40年；现代财政制度；预算改革；制度创新

---

* 本文原刊发于《经济纵横》2018年第6期。

** 马蔡琛，南开大学经济学院教授。

*** 苗珊，南开大学经济学院博士研究生。

财政为庶政之母，预算乃邦国之基。正如南开大学的何廉与李锐两位先生在80多年前所指出的，“现代国家，必有预算，此为财政共通之原则”①。预算对于现代国家治理的重要性可见一斑。预算改革被视为重塑公共治理结构的重要基石，往往是历史上重大经济与社会变革的切入点和突破口。1978年至今的40年来，中国预算改革与改革开放共同成长。预算日益成为各级政府的重要政策工具，在施政过程中起到支撑性作用。同时，为满足政府职能转变的需要，围绕建立现代财政预算制度，我国进行了一系列持之以恒的改革探索。特别是党的十八届三中全会以来，我国进入全面深化改革阶段，预算改革成为启动最早、力度最大、成效最为显著的领域之一。总体看，我国预算制度逐渐摆脱计划经济的影子，适应了社会主义市场经济的要求，并向匹配国家治理现代化的方向转变，推动了我国由“国家预算”迈向“预算国家”。在改革开放40年的时间节点上，本文梳理我国预算改革的演化历程，以期为政府预算制度的进一步深化改革提供参考。

## 一、预算改革的萌芽：基于收入一翼的改革

改革开放前，我国资源配置主要经由计划来完成，预算仅是计划的表现与反映，主要采取高度集中、统收统支的预算管理模式。改革开放伊始，我国的预算改革也随之启动。这一时期的预算改革可细分为两个阶段：预算制度的恢复（20世纪80年代）和预算改革的起步（20世纪90年代）。

### （一）预算制度的恢复（20世纪80年代）

改革开放之初，我国正式恢复编制国家预算并向全国人民代表大会提交国家预算报告，国家预算经全国人大审议批准后执行，预算管理制度由此开始恢复重建并逐渐制度化。20世纪80年代我国处于计划经济向市场经济过渡的阶段，中央与地方间的分配关系并不明确。财政收入如何分配尚不可知，如何统筹安排财政支出也就无从谈起（尤其是对地方政府而言）。因此，这一时期的预算改革主要集中于财政收入一翼，以“放权让利”为主要特征，具有显著的承上启下特点，既在计划经济体制上有所突破，又为之后的以部门预算为核心的公共支出管理改革打下基础。在放权方面，我国先后对财政体制进行了三

① 何廉，李锐．财政学．北京：商务印书馆，2011：448.

次改革：1980 年的“划分收支、分级包干”，1985 年的“划分税种、核定收支、分级包干”，1988 年起的多种形式的包干体制。由强调中央、地方政府的分成转向强调财政收入增量的变化，在形式上逐步向分税制靠拢[①]。在让利方面，我国先后推行企业基金和利润留成制度。但随着经济体制改革的深入，利润留成制度的弊端逐渐显现。受外资企业实行所得税制度的启示，我国于 1983 年、1984 年分两步进行“利改税”改革，税收收入成为财政收入的主要来源，1986 年税收收入占财政收入的比重达 98.53%（见图 1），税收收入成为一种更为稳定且规范的收入来源。20 世纪 80 年代的改革注重放权让利，逐步摆脱计划经济的枷锁。但这种放权让利的改革也带来一些负面影响，甚至有些至今仍未解决。如预算外资金问题。

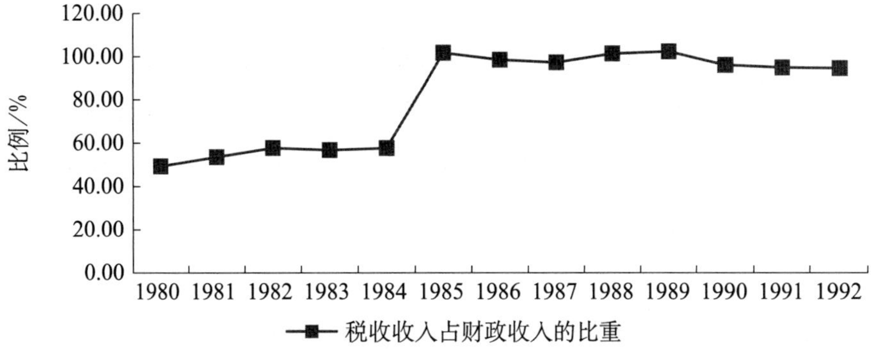


**图 1　1980—1992 年我国税收收入占财政收入比重**

注：由于存在大额的企业亏损补贴，1985 年、1988 年和 1989 年的税收收入高于财政收入。

资料来源：中国财政年鉴（2007）. 北京：中国财政杂志社，2007；谢旭人．中国财政 60 年．北京：经济科学出版社，2009：253.

## （二）预算改革的起步（20 世纪 90 年代）

1992 年，党的十四大报告正式确定改革的目标是建立社会主义市场经济体制，建立与市场经济相适应的预算管理制度迫在眉睫。受 20 世纪 80 年代一系列放权让利改革（特别是“分灶吃饭”的财政包干体制）和价格闯关失误的影响，这一时期的中央财政比较困难，甚至不得不向地方财政借款以解燃眉之急。为此，我国在 1994 年进行分税制改革，按税种划分各级政府的预算收入，一级政府对应一级预算主体，各级政府预算独立，自求预算平衡。可以说，预算改革是由分税制改革的新需求推动的，同时，预算改革也为分税

① 项怀诚．中国财政 50 年．北京：中国财政经济出版社，1999：344，528－529.

制的有效推行提供了坚实的制度基础。当然，此后中国预算管理改革的变迁路径，同样也受到分税制向“分钱制”演化的影响。

1. 新型预算形式的探索

为满足市场经济条件下不同资金管理的需求，我国在20世纪90年代开始进行复式预算探索，将国家预算分为经常性预算和建设性预算，并在中央和省两级试编复式预算，但此时的复式预算受制于预算收支科目、预算编制程序及方法等因素，仅对原来的单式预算进行简单的技术处理，并不是真正意义上的复式预算①。随后，《中共中央关于建立社会主义市场经济体制若干问题的决定》和《中华人民共和国预算法》（以下简称《预算法》）明确规定各级政府编制复式预算，《预算法实施条例》将其细化为政府公共预算、国有资产经营预算、社会保障预算和其他预算。1994年的分税制改革规范了央地关系，各级政府的预算盘子变得确定。地方政府结合本地区实际情况，在细化预算编制、加强预算管理方面做出诸多贡献。如天津市实行了标准周期预算制度，安徽省实行了综合财政预算等，河南省、湖北省、云南省等地打破“基数法”的预算编制方式，试行零基预算②。但这些地方预算改革大多昙花一现。

2. 预算法制化建设

1991年《国家预算管理条例》颁布，随后的1994年和1995年《预算法》及其实施条例先后颁布，首次在法律上明确了分税制财政体制，并对预算编制、执行、监督等问题做出详细规定，表明预算立法已由行政法规上升至法律层面。此外，1998年全国人大常委会预算工作委员会正式成立，主要负责协助全国人大财政经济委员会承担全国人大及其常委会审查预决算、审查预算调整方案及监督预算执行方面的具体工作。法律法规的出台和预算审查及监督的强化，推动了中国预算管理在法制化轨道上加速前行。

总体看，这一时期的预算改革主要集中于收入一翼，建立了相对稳定的政府间财政关系，为此后的支出翼改革奠定了基础。但随着市场经济的建设和政府职能的转变，原有的预算管理格局已难以适应现实的需要，分散的预算编报主体、粗放的编制方式（主要采用基数法）、频繁的预算调整、过短的编制时间等问题，甚至一度成为财政管理的顽疾，支出翼的预算管理改革迫在眉睫。

---

① 项怀诚．中国财政50年．北京：中国财政经济出版社，1999：528－529.

② 地方部门预算改革的简要历程．［2018－01－16］．http：//yss. mof. gov. cn/zhuantilanmu/yusuanguanligaige/dfbmysgg/200806/t20080630 _ 55290. html.

## 二、预算改革的兴起：基于支出一翼的改革

随着经济市场化的理念、规则、制度的不断叠加和财税运行格局的变化，建立与社会主义市场经济相适应的公共财政体制，成为财政体制改革的方向。1998年底召开的全国财政工作会议，明确提出构建公共财政体制基本框架的目标。政府预算是公共财政的基本制度载体，因而公共财政的建设必然推动预算制度的公共化①。进入21世纪，支出翼的预算改革全面兴起。在之后的十余年间，我国预算改革先后经历了以部门预算为核心的革新型改革（2000—2003年）和零敲碎打的渐进型改革（2004—2013年）② 两个阶段，总体呈现出控制导向的特点。

### （一）革新型改革（2000—2003年）

2000年，中央部门开始编制部门预算，部门预算改革正式启动。部门预算将传统的“基数法”改为依据基本支出和项目支出的分类，采取定员定额和项目库管理的方式推进预算决策，将传统的“自上而下”编制方式改为“两上两下”的决策流程，同时将预算编制时间延长，由1999年之前的4个月逐渐延长至2004的10个月。值得注意的是，预算编制时间的延长并没有持续很久，目前我国的预算编制时间仍仅有大约5个月（基层预算的编制时间可能更短）。2001年，我国启动了国库集中收付制度改革，旨在建立以国库单一账户体系为基础、资金缴拨以国库集中支付为主要形式的现代国库管理制度。部门预算将分散的资金分配权归集于财政部门，国库集中收付制度将分散的账户和资金也集中于财政部门，从而使财政部门成为核心预算管理机构，能够以统一的程序和规则进行资金分配，并对资金的流动进行动态监控，确保资金运作的效率性和使用的合规性。

此外，政府采购在提高资金使用效益的同时，强化了财政监督，推动了廉政建设。“收支两条线”改革，规范了政府性基金和收费项目，逐步将预算外收支纳入预算管理，提高了预算的全面性。随后推进的政府收支分类改革，初步建立了一套既符合现实国情又顺应国际通行做法的收支分类体系，为预算改革的深化和预算透明度的提升创造了条件。

---

① 高志立，等．政府预算公共化研究：理论、实践与路径选择．北京：中国财政经济出版社，2012：4.

② 根据世界银行专家的观点，我国预算改革采用的是“零敲碎打”的办法，与中东欧地区转型国家的改革相比略显逊色。（黄佩华，迪帕克，等．中国：国家发展与地方财政．吴素萍，王桂娟，等译．北京：中信出版社，2003：133－153.）

## （二）渐进型改革（2004—2013年）

这一时期，由于所得税共享改革、出口退税分担机制等财政体制的变化，地方政府感觉自己的“奶酪”又会被动，这影响了地方政府对财政体制演变的预期，因而增加了预算改革纵深推进和后续展开的难度①。总体而言，这一时期的预算改革“零敲碎打”的特征更为明显，主要是对预算管理制度进行改良和补充。

1. 设立中央预算稳定调节基金

在21世纪最初的几年中，中央财政连续多年超收，年均超收2 040亿元，暴露了收入预算编制的缺陷及超收收入使用的问题②。针对这一问题，我国于2007年开始设立中央预算稳定调节基金，试图建立“以丰补歉”的机制，旨在规范财政管理，特别是对超收收入的管理和使用。之后部分地方开始设立预算稳定调节基金。例如，截至2013年底，浙江省省级及83个市、县（区）设立了预算稳定调节基金413亿元，占2013年全省一般公共支出决算的8.7%，提高了财政的跨年度调控能力③。2014年修改通过的《中华人民共和国预算法》（以下简称新《预算法》）规定，各级财政的一般公共预算可设置预算稳定调节基金，以弥补以后年度预算资金的不足，从而最终将预算稳定调节基金通过法律确定下来。

2. 编制国有资本经营预算

2007年，国务院颁布《国务院关于试行国有资本经营预算的意见》，决定从2007年起在中央本级实行国有资本经营预算，并选取117家中央企业作为试点，2010年中央国有资本经营预算首次提交全国人大审议。至2012年底，纳入中央国有资本经营预算实施范围的一级企业共813户，地方国有资本经营预算的实施范围已覆盖全国34个省、自治区、直辖市和计划单列市。此外，山东、湖北等16个省（自治区、直辖市）的124个地市（含地市级以下）也实施了国有资本经营预算制度④。

3. 创新预算审查监督形式

这一时期的预算改革重点关注合规性控制，不仅强调内部控制，更强调人大和审计的外部监督。同时，在地方预算审查监督中涌现出诸多创新形式。例如，河北省人大尝试将

---

① 马蔡琛．中国公共预算管理改革的制度演化与路径选择．中央财经大学学报，2007（7）．

② 卢凌波．预算稳定调节基金：财政储备还是预算调节．财贸经济，2012（12）．

③ 浙江省财政厅总预算局课题组．创新财政中期规划编制　完善跨年度预算平衡机制．预算管理与会计，2016（9）．

④ 贾康，刘薇．构建现代治理基础：中国财税体制改革40年．广州：广东经济出版社，2017：244．

公民听证引入预算初审，武汉市和深圳市在预算审查中试行了“单项表决”模式，特别是深圳市人大曾单项否决了五洲宾馆扩建项目、市委组织部疗养院和经济培训中心3个项目①。之后，这种模式得到了延续和发展，如2013年浙江省温州市首次对6个试点部门的预算草案进行分项审议表决②。随着2006年《中华人民共和国各级人民代表大会常务委员会监督法》的通过，人大在预算事务中的审查监督职能被明确细化。

将我国的预算改革置于国际比较视野之下，不难发现，这一阶段的中国预算改革与同期经合组织（OECD）各国的做法颇为不同。OECD各国强调放松控制和加强绩效管理，而我国当时仍致力于加强预算控制的合规性改革，这也是时代条件使然。经历这一阶段后，我国基本建立了控制导向的预算管理制度，但这一时期的预算制度仍存在诸多问题。例如：支出结构不合理，社会福利支出比重较低③；预算执行进度不均衡，年末结余结转资金过多④；等等。如何破解这些时代难题，也成为下一阶段财政制度建设的重要核心议题。

## 三、预算改革再出发：建立现代预算制度

党的十八届三中全会将财政定位为国家治理的基础和重要支柱，并提出要建立现代财政制度的改革目标，特别提出要改进预算管理制度，实施全面规范、公开透明的预算制度。为适应国家治理现代化的需要，我国开始新一轮更加深入的预算制度改革。

### （一）提高配置效率：全面推行绩效管理

预算领域中“绩效”概念的提出距今已有十余年时间，其热度并未随着时间推移而消退，而是形成了绩效预算改革的时代潮流。2014年，新《预算法》填补了绩效预算领域的法律空白，并从多方面对预算绩效管理提出了要求。为落实新《预算法》的要求，2015

---

① 傅新．预算“单项表决”值得借鉴．经济研究参考，2007（48）.

② 温州在全国首创对部门预算进行分项审议表决．（2013－01－06）［2018－03－22］．http：//news.ifeng.com/gundong/detail_2013_01/06/20865039_0.shtml.

③ 2012年，我国全口径财政支出中经济建设支出的比重为38.67%，远高于OECD成员国中发达国家10%左右的水平，而医疗卫生、社会保障就业、教育等社会福利支出的比重为40.51%，较OECD成员国60%～70%的比例低了20～30个百分点。（高培勇，汪德华．“十三五”时期的财税改革与发展．金融论坛，2016（1）.）

④ 以2012年为例，91个中央部门公布的2012年度决算信息显示，当年的结转结余资金超过了2 027亿元，平均每家的结转结余资金都在22.27亿元以上。（91家部门公布上年度决算信息　结转结余款超两千亿．（2013－07－23）［2018－03－22］．http：//www.china.com.cn/news/2013－07/23/content_29497928.htm.）

年以来中央及地方各级政府出台了各类改革办法，积极探索创新模式。财政部先后出台《中央部门预算绩效目标管理办法》《中央对地方专项转移支付绩效目标管理暂行办法》，进一步规范了预算绩效目标管理。2016 年，中央预算部门 10.3 万个支出项目全部设定了绩效目标，涉及金额 7 598 亿元，比上年增长 255%，并依据绩效目标，细化形成了包括产出、效益、满意度在内的多维度绩效指标[①]；同时，选取教育部等 15 个中央部门作为绩效监控试点，以期及时纠正预算执行过程中的偏差，并在 2017 年扩展到所有中央部门[②]。相对而言，地方预算绩效管理改革在操作层面上更具灵活性和创新性，逐渐形成了上海“闵行模式”[③]、广东“南海模式”[④]、河北“部门职责—工作活动—预算项目”发展路径等极具代表性的绩效管理模式，为绩效预算的全面推行积累了经验。

尽管我国绩效预算改革起步较晚，但成果颇丰，得到一些国际组织的高度肯定。如财政部预算评审中心的研究成果《财政支出政策绩效评价研究报告》和《财政支出政策绩效评价指南》就得到世界银行的认可[⑤]。更为重要的是，评审结果逐渐成为预算安排的重要依据。2012 年和 2013 年，上海市嘉定区财政部门分别对 36 个和 38 个预算项目实施绩效前评价，评审后的资金节约率为 15%和 17%。2016 年，财政部组织 360 名行业专家和 8 家第三方机构 160 人参与中央预算的初评，在已完成的 109 个中央部门中，审减额达 344 亿元，平均审减率为 38%[⑥]。这预示着绩效与预算资金相连接的机制已逐渐建立，“绩效”和“预算”两张皮的状况有望发生根本性转变。

## （二）改善管理效果：由年度性向中期性转变

预算在传统上具有年度性的特点，但年度预算存在固有的局限性。实践表明，除了合规性，年度预算在满足公共支出管理的其他目标，如财政纪律、优先性资源配置、营运绩效及财政风险和财政可持续方面的表现均不令人满意[⑦]。基于此，自 20 世纪 90 年代以来，世界各国纷纷开展了中期预算改革，致力于建立中期预算框架，从跨年度视角重新审视公

---

① 财政部预算司 . 2016 年中央预算部门绩效目标实现全覆盖 . 预算管理与会计，2016（7）.

② 齐小乎 . 预算绩效管理“中国经验”呼之欲出 . 中国财经报，2017－09－26.

③ 上海“闵行模式”，即包含预算项目前期评审（前评价）、中期过程评估（中评价）、后期结果评价及结果运用（后评价）的全过程绩效管理模式。

④ 广东“南海模式”，即将 50 万元以上专项资金纳入预算绩效评价范围，进行“竞争分配、制度分钱”的绩效管理模式。

⑤ 齐小乎 . 财政部预算评审中心精于实践善于总结，深入开展预算评审业务　为财政预算绩效管理提供有力支撑. 中国财经报，2017－08－10.

⑥ 上海市青浦区财政局课题组 . 加强预算绩效管理结果应用的实践与思考 . 预算管理与会计，2016（6）.

⑦ 王雍君 . 中国公共预算改革：从年度到中期基础 . 北京：经济科学出版社，2011：1－8.

共预算。随着改革的深入，我国的预算制度开始强调建立跨年度预算平衡机制，实行中期财政规划管理，在由年度性向中期性的转变过程中迈出一大步。

这一转变过程呈现“由易到难、由点到面”的特点，早在 2008 年，财政部便选取河北省、河南省焦作市、安徽省芜湖县作为中期滚动预算的省级、市级和县级试点单位。世界银行（2013）将中期支出框架（MTEF）划分为三个发展阶段，即中期财政框架（MTFF）、中期预算框架（MTBF）、中期绩效框架（MTPF），而中期财政框架是中期支出框架的初级发展阶段[①]。目前，我国采用 3 年滚动方式编制中期财政规划。正如 2015 年《国务院关于实行中期财政规划管理的意见》中指出的“中期财政规划是中期预算的过渡形态”，目前仍属于中期支出框架的初级阶段。这是在综合考虑财政管理水平、信息化手段等因素的约束下，做出的由易到难、循序渐进的正确选择。2015 年，中央各部门和各地方政府开始编制 2016—2018 年度滚动财政规划，中期财政规划呈现出“由点到面”的发展路径。

### （三）强化受托责任：阳光财政方兴未艾

在早期预算公开探索（如“三公”经费的公开等）的基础之上，党的十八届三中全会以来，预算公开不断深化，并进一步纳入法制化轨道。2015 年，新《预算法》正式实施，其中第十四条规定“经本级人民代表大会或者本级人民代表大会常务委员会批准的预算、预算调整、决算、预算执行情况的报告及报表，应当在批准后二十日内由本级政府财政部门向社会公开”。2016 年，《关于进一步推进预算公开工作的意见》对预算公开做了进一步部署，要求扩大预算公开范围，公开预决算信息，细化公开内容，加快公开进度，规范公开方式。2017 年，公开部门预算的中央部门已由 2010 年的 75 个增加至 105 个，并搭建了“中央预决算公开平台”，2017 年中央预算及各部门预算在通过原渠道公开的同时，首次在该平台上集中亮相，大大提高了信息获取的便利性。此外，公开的内容由最初的财政拨款支出预算表和部门预算收支总表增加为包括收支总表、“三公”经费支出表等在内的 8 张报表。科技部、教育部、环保部等 10 个部门首次公开了 10 个重点项目的预算，并同步公开了项目支出绩效目标[②]。预算公开的内容更加细化，实现了由“大账”到“细账”的转变。特别值得一提的是，这一时期地方政府的预算公开进程不断提速。据统计，在地方

---

① World Bank. Beyond the annual budget: global experience with medium-term expenditure frameworks. World Bank Publications, 2013.

② 10 部门首次公开 10 个重点项目预算 同步公开绩效目标.（2017-04-08）[2018-03-22]. http://www.xinhuanet.com/fortune/2017-04/08/c_1120771750.htm.

26.1万个预算单位中，未公开部门预算和部门决算的单位大幅减少，由2015年的3.7万个和5.6万个降至2016年的737个和778个，平均降幅为98.3%，且地方预决算信息公开的完整性、规范性和及时性等指标的达标率均超过90%①。近年来，我国财政透明度一直呈小幅稳步攀升的趋势（见表1），为提升资金使用效率和政府公信力奠定了基础。

**表1 2009—2016年我国省级财政透明度得分情况**

| 年份 | 2009 | 2010 | 2011 | 2012 | 2013 | 2014 | 2015 | 2016 |
|---|---|---|---|---|---|---|---|---|
| 得分均值 | 21.71 | 21.87 | 23.14 | 25.33 | 31.40 | 32.68 | 36.04 | 42.25 |

资料来源：上海财经大学公共政策研究中心．2017中国财政透明度报告：省级财政信息公开状况评估．上海：上海财经大学出版社，2017.

## 四、中国政府预算改革的内在演化逻辑

改革开放以来的40年间，中国预算环境发生巨大变化，预算管理制度也随之经历深刻变革，由“小步慢跑”逐渐发展到“大步向前”，由适应市场经济体制转向匹配国家治理现代化的需要。纵观我国预算管理改革的演化历程，不难发现，其在改革动力、改革主体、改革次序及改革路径方面均呈现出自身的内在演化逻辑。

### （一）改革动力：内在需求和外在要求的共同推动

就改革的动力而言，我国预算制度的变迁始终是由内在需求和外在要求共同推动的，因此预算改革既包含具有一定前瞻性的主动型改革，亦不乏受制于预算环境的被动型改革。政府职能和执政理念的转变，使我国预算管理制度由“统收统支”走向分级管理，由控制导向走向绩效导向，由年度预算走向中期预算，由绝密文件走向公开透明。此外，改革开放以来的三次财政困境②也倒逼预算制度改革，社会主义市场经济体制的建立不断对预算制度提出更高要求。另外，适应国际交流也是预算改革的外部动力之一。如2002年我国正式按照国际货币基金组织的数据公布通用系统（GDDS）不断改进统计数据编制和发布制度，进而于2015年正式采纳国际货币基金组织数据公布特殊标准（SDDS），并公

① 财政部发布2016年度地方预决算公开度排行榜．（2017-12-29）［2018-03-22］．http：//www.gov.cn/xinwen/2017-12/29/content_5251599.htm.

② 第一次财政困境发生在改革开放之初，第二次财政困境发生在20世纪80年代中期至90年代上半期，第三次财政困境发生在2000年前后，与之前两次不同，第三次主要表现为县乡财政困难。

布包括财政信息在内的统计数据[1]。与此类似的是在改革的不断深化过程中，我国国民经济核算体系及金融统计指标体系均按照国际通行标准进行调整，但政府预算收支科目一度并未进行相应调整，因此每年财政部门和统计部门要做大量的口径调整和数据转换工作，但还是无法保证数据的准确性及与其他国家的可比性，为此我国启动了政府收支分类改革[2]。总体来看，内在需求和外在要求共同推动我国预算制度向现代预算制度迈进。

### （二）改革主体："中间扩散型"和"供给主导型"并存

改革开放的40年间，我国预算管理制度的变迁由中央和地方政府共同推动，呈现"中间扩散型"和"供给主导型"并存的特点。值得注意的是，在改革的不同阶段，改革的主体也有所不同。在预算改革的初期和后期深化阶段，"供给主导型"居于主体地位，即预算制度的变迁大多由中央政府推动，如初期阶段的预算法制化建设（《国家预算管理条例》和《中华人民共和国预算法》）、复式预算的编制方式改革，后期深化阶段的"三公"经费的公开、绩效管理的推行、中期财政规划的实施等。而在预算改革的兴起阶段，"中间扩散型"特征更为明显，地方政府在预算管理方面的创新实践如雨后春笋，成为预算制度变迁的主要推动者，如海南、湖北、安徽等地的零基预算，浙江温岭的参与式预算，天津的标准周期预算。究其原因在于我国采用多级预算体制，有一级政府就有一级预算，本级预算的审批和审查多由本级人大负责，这就为地方政府进行预算改革提供了可能性[3]。在预算改革的兴起阶段，在多方力量的倡导和推动下，地方政府更容易聚焦于预算制度，及时发现和解决问题，加之兴起阶段并没有形成既定的改革路径，地方政府更容易结合自身实际进行制度创新，出现"百花齐放"的局面。相较而言，预算改革的萌芽阶段需要指明方向和明确目标，深化阶段需要从整体出发寻找进一步的切入点，这些只有中央政府能够做到。因此，在不同时期，我国中央政府和地方政府分别承担起改革主体的重担，共同推动了由国家预算向预算国家的演变。

### （三）改革次序：渐进式和激进式变迁的融合

综合来看，我国预算改革既有较为温和的渐进式改革，亦有即破即立的激进式改

---

① 国家统计局，中国人民银行．中国正式采纳国际货币基金组织数据公布特殊标准．（2015-10-08）［2018-01-26］. http://www.stats.gov.cn/tjgz/tjdt/201510/t20151007_1252755.html.

② 实行政府收支分类改革的必要性．［2018-03-23］. http://yss.mof.gov.cn/zhuantilanmu/yusuanguanligaige/zfszflgg/200806/t20080630_55273.html.

③ 马蔡琛．中国预算管理制度变迁的经济学分析．税务与经济，2002（2）.

革。例如，我国复式预算编制方式的变革便是渐进式的，从经常性预算和建设性预算到政府公共预算、国有资本金预算、社会保障预算和其他预算，再到一般公共预算、政府性基金预算、国有资本经营预算、社会保险基金预算，逐渐细化和完善。我国预算外资金管理方式的变革也是渐进式的。从1986年界定预算外资金的概念和范畴，到1993年将83项行政收费项目纳入预算管理，到1996年开始对预算外资金实行“收支两条线”管理，再到如今的全口径预算管理，预算外资金的使用逐渐规范，并逐步纳入预算的范畴。与上述改革不同，绩效预算打破了合规性控制，引导预算走上绩效导向的道路；权责发生制政府财务报告打破了收付实现制作为会计核算基础的局面，转而实行能全面反映政府资产负债、收入费用、运行成本、现金流量等财务信息的权责发生制核算基础；中期财政规划打破了预算编制年度性的限制，开始了跨年度预算的编制，预算的中期性特征逐渐显现。这些改革均具有浓厚的激进式即破即立的色彩，推动了我国预算管理制度阶梯式的跳跃发展。渐进式和激进式的改革共同推动了我国建立现代预算制度的进程。

### （四）改革路径：形成和突破路径依赖的交替

回顾预算改革的历程，可以发现预算管理制度变迁的道路并非预算制度的全新选择，也非单纯的历史沿袭，而是呈现传统与革新并存、不断形成又不断突破路径依赖的演化趋势。在预算改革前期，改革者聚焦于给原先的预算制度“打补丁”，即针对问题启动改革，在解决某一时期的特定问题后，再启动新一轮的改革以解决新问题，在表现形式上往往仅是对原有路径的修正。如“统收统支”的预算管理体制限制了地方政府的积极性，为此启动了“划分收支、分级包干”的改革，而这一管理体制又导致中央财政困难、宏观调控能力减弱，便又进行了分税分级的预算管理体制改革。21世纪初，以部门预算为代表的预算改革突破了原有路径，开辟了以加强合规性控制为核心的预算管理模式。在之后较长的一段时期内，合规性控制都是我国预算改革的主线，为此进行了政府采购、国库集中支付、“收支两条线”等改革，不断加强在预算编制、执行、监督阶段的控制。绩效预算改革的兴起，再次突破原有路径，逐渐放松控制，走上了强调绩效性的道路。如今的预算改革试图从预算期间（由年度向中期）、预算参与者（公民参与）等多方面突破路径依赖，重构适应经济社会发展、符合国家治理现代化要求的发展路径。

我国预算改革已走过40年，在经历本轮财税体制改革后，已初步搭建起现代预算制度的基本框架。预算管理也逐渐从国家体系内部的制度规范问题发展成为社会各界关注的热点问题①。展望未来，预算制度自身的发展完善固然重要，但其运行环境的变革（如财政体制、税收制度等）亦不容回避，至少不应让其成为预算改革进一步深化的阻碍。从长远来看，未来的预算改革不仅要完善现有的制度，还要满足现代财政制度建设的动态需求。纵观百年预算史，尽管各国的国情不尽相同，各国的改革各具特色，但在如何打理纳税人的钱财上仍旧是有规律可循的。因此，从这个意义上讲，作为国家治理现代化基础支撑的预算改革，将伴随全面深化改革的整个过程，成为国家治理体系和治理能力现代化的关键环节。

## 参考文献

[1] 何廉，李锐．财政学．北京：商务印书馆，2011.

[2] 高培勇．论重构财政运行机制．经济理论与经济管理，1995（3）.

[3] 国家数据．[2018－03－27]．http：//data. stats. gov. cn/easyquery. htm？ cn=C01.

[4] 项怀诚．中国财政50年．北京：中国财政经济出版社，1999.

[5] 预算外资金的历史沿革．[2018－01－16]. http：//yss. mof. gov. cn/zhengwuxinxi/lilunyanjiu/200809/t20080925 _ 78407. html.

[6] 谢旭人．中国财政60年．北京：经济科学出版社，2009.

[7] 刘克崮，贾康．中国财税改革三十年：亲历与回顾．北京：经济科学出版社，2008.

[8] 地方部门预算改革的简要历程．[2018－01－16]. http：//yss. mof. gov. cn/zhuanti-lanmu/yusuanguanligaige/dfbmysgg/200806/t20080630 _ 55290. html.

[9] 黄佩华，迪帕克，等．中国：国家发展与地方财政．吴素萍，王桂娟，等译．北京：中信出版社，2003.

[10] 财政审计痼疾求解 零基预算适度微调．21世纪经济报道，2008－08－29.

[11] 高志立，等．政府预算公共化研究：理论、实践与路径选择．北京：中国财政经济出版社，2012.

[12] 马蔡琛．中国公共预算管理改革的制度演化与路径选择．中央财经大学学报，2007（7）.

[13] 卢凌波．预算稳定调节基金：财政储备还是预算调节．财贸经济，2012（12）.

[14] 浙江省财政厅总预算局课题组．创新财政中期规划编制　完善跨年度预算平衡机制．预算管理与会计，2016（9）.

[15] 贾康，刘薇．构建现代治理基础：中国财税体制改革40年．广州：广东经济出版

① 杨志勇．我国预算管理制度的演进轨迹：1979—2014年．改革，2014（10）.

社，2017.

［16］财政部等多家中央部门23日公开2012年部门预算.（2012－04－23）［2018－03－22］.http：//www.gov.cn/jrzg/2012－04/23/content_2120737.htm.

［17］傅新.预算“单项表决”值得借鉴.经济研究参考，2007（48）.

［18］温州在全国首创对部门预算进行分项审议表决.（2013－01－06）［2018－03－22］.http：//news.ifeng.com/gundong/detail_2013_01/06/20865039_0.shtml.

［19］财政部预算司.2016年中央预算部门绩效目标实现全覆盖.预算管理与会计，2016（7）.

［20］齐小乎.预算绩效管理“中国经验”呼之欲出.中国财经报，2017－09－26.

［21］齐小乎.财政部预算评审中心精于实践善于总结，深入开展预算评审业务 为财政预算绩效管理提供有力支撑.中国财经报，2017－08－10.

［22］上海市青浦区财政局课题组.加强预算绩效管理结果应用的实践与思考.预算管理与会计，2016（6）.

［23］王雍君.中国公共预算改革：从年度到中期基础.北京：经济科学出版社，2011.

［24］World Bank. Beyond the annual budget：global experience with medium-term expenditure frameworks. World Bank Publications，2013.

［25］10部门首次公开10个重点项目预算 同步公开绩效目标.（2017－04－08）［2018－03－22］.http：//www.xinhuanet.com/fortune/2017－04/08/c_1120771750.htm.

［26］财政部发布2016年度地方预决算公开度排行榜.（2017－12－29）［2018－03－22］.http：//www.gov.cn/xinwen/2017－12/29/content_5251599.htm.

［27］国家统计局，中国人民银行.中国正式采纳国际货币基金组织数据公布特殊标准.（2015－10－08）［2018－01－26］.http：//www.stats.gov.cn/tjgz/tjdt/201510/t20151007_1252755.html.

［28］实行政府收支分类改革的必要性.［2018－03－23］.http：//yss.mof.gov.cn/zhuantilanmu/yusuanguanligaige/zfszflgg/200806/t20080630_55273.html.

［29］马蔡琛.中国预算管理制度变迁的经济学分析.税务与经济，2002（2）.

［30］杨志勇.我国预算管理制度的演进轨迹：1979—2014年.改革，2014（10）.

［31］曹堂哲.国家治理新形态：全面实施绩效管理.中国社会科学报，2017－11－28.

［32］王雍君.全面绩效管理需要“动真格”.新理财（政府理财），2017（11）.

［33］郭俊华，朱符洁.我国公共部门预算透明度研究：以中央部门预算公开数据为例.财政研究，2016（1）.

# 国有企业改革逻辑与实践的演变及反思*

杨瑞龙**

【摘　要】自从我国开启了市场导向的改革以来，把具有软预算约束的国有企业改造成为自主经营、自负盈亏的市场竞争主体就成为经济体制改革的中心环节。40年来，国有企业改革先后经历了遵循放权让利逻辑、两权分离逻辑、产权多元化逻辑、抓大放小逻辑、优化所有权约束机制逻辑等改革阶段，使得国有企业逐渐从行政附属物向市场主体转变，从僵化的经营体制向法人财产权独立化转变，从纯而又纯的所有权结构向产权多元化转变，从行政垄断向竞争性市场结构转变，从管企业、管资产向管资本转变，从封闭型向开放型企业转变，从广泛分布到布局更加合理转变。改革所取得的成绩是有目共睹的，但由于在国有制的框架内难以解决政企不分、所有权不可转让等难题，国有企业的传统弊端仍难以根除。进一步深化国有企业改革需要进行理论创新，走出“国进民退”或者“民进国退”的二律背反理论困境。按照笔者发表在1995年《经济研究》上的论文所提出的分类改革逻辑，我国应构建与社会主义市场经济体制相适应的“国民共进”的微观结构，即根据国有企业所处行业（竞争性与非竞争性）的不同及所提供产品（私人产品与公共产品）的差异实施不同的改革模式，形成国有经济与民营经济不是相互冲突而是可以共同发展的改革逻辑。本文在分类改革的总体原则下进一步细化国有企业分类改革的路径及实施方案。

【关键词】国有企业分类改革；国民共进；产权制度；混合所有制

---

* 本文原刊发于《中国人民大学学报》2018年第5期。

** 杨瑞龙，中国人民大学经济学院一级教授，中国人民大学学术期刊社社长。

## 一、国有企业改革逻辑的演变

我国国有企业的改革是伴随着对社会主义市场经济体制认识的不断加深而逐渐深化的。

第一阶段：放权让利逻辑下的国有企业改革（1978—1984年）。党的十一届三中全会以后逐步确认了要把市场机制引入计划经济体制，构建“计划经济为主、市场调节为辅”的经济运行机制，在城市开启了以扩大国有企业自主权为主要内容的改革。这一阶段改革的特点是在不改变国有企业原有的隶属关系与产权归属的前提下，通过扩大企业自主权特别是增量收益的处置权，引入物质刺激机制，调动企业的生产经营积极性。

第二阶段：两权分离逻辑下的国有企业改革（1985—1991年）。党的十二届三中全会把社会主义初级阶段的经济定性为有计划的商品经济。党的十三大提出要建立“国家调节市场，市场引导企业”的经济运行机制，国有企业改革按照所有权与经营权相分离的原则，通过利润承包的方式，将经营权下放给企业。主要形式有租赁制、承包制和资产经营责任制。这一阶段改革的特点是在不改变国有企业所有权归属的前提下，通过承包合同不仅把经营权完全下放给经营者，而且让经营者完全承担经营责任，重建国有企业的微观利益机制和权利主体。

第三阶段：产权多元化逻辑下的国有企业改革（1992—1997年）。邓小平南方谈话发表后，确立了改革的目标是建立社会主义市场经济体制，国有企业的改革方向是建立适应市场经济和社会化大生产要求的“产权清晰、权责明确、政企分开、管理科学”的现代企业制度。这一阶段改革的特点是在国有企业内引入多元化投资主体，以产权多元化推进产权关系明晰化，实质性地推进了国有企业的产权制度改革，混合所有制成为公有制经济的一种有效的实现形式。

第四阶段：抓大放小逻辑下的国有企业改革（1998—2002年）。在不断扩大现代企业制度试点范围的同时，我国于20世纪末提出通过实施“抓大放小”的改革战略推进国有经济的战略性重组。伴随着“抓大放小”战略，国有企业的兼并重组、主辅分离的改革不断加快。这一阶段改革的特点是引入了国有资本的退出机制，不仅国有企业内可以有非国有资本，而且搞好、搞活国有企业的改革目标可以通过放开一部分中小型国有企业来实现。

第五阶段：优化所有权约束机制逻辑下的国有企业改革（2003—2014年）。为了优化国有资本所有权的约束方式，确保国有资产的保值增值，国家于2003年专门成立了国务院国有资产监督管理委员会（以下简称“国资委”），并推进了以下几个方面的改革：一是努力把国资委打造成为管资产、管人与管事相结合的国有资产监管主体；二是实行国有资产分级管理；三是规范股份制改造，防止国有资产流失；四是规范公司治理结构；五是进一步实现国有企业的主辅分离、辅业改制。这一阶段改革的特点是以产权改革为基础，在政资分开的基础上推进政企分开，重塑国有资本的所有权主体。

第六阶段：分类推进逻辑下的国有企业改革（2015年至今）。2015年8月，《中共中央国务院关于深化国有企业改革的指导意见》明确提出了国有企业分类改革战略，即通过界定功能、划分类别，实行分类改革、分类发展、分类监管、分类定责、分类考核。同时，推进国有企业的混合所有制改革。这一阶段改革的特点是根据国有企业在国民经济中的性质与功能的不同实施不同的改革战略，可以把商业类特别是竞争性领域的国有企业进一步推向市场。

经过近40年的改革，国有企业发生了显著的变化：从行政附属物向市场主体转变，从僵化的经营体制向法人财产权独立化转变，从纯而又纯的所有权结构向产权多元化转变，从行政垄断向竞争性市场结构转变，从管企业、管资产向管资本转变，从封闭型向开放型企业转变，从广泛分布到布局更加合理转变。

## 二、进一步深化国有企业改革面临的主要难题

国有企业改革所取得的成绩是有目共睹的，但距离改革目标尚有一段距离。一是产权明晰、权责明确的问题尚没有真正解决；二是国有企业的治理结构不完善，特别是伴随着股份制改造的大面积推广，国有资产流失成为大家关注的问题；三是国有经济的布局尚不合理，分布过宽、素质不高的问题仍然没有根本解决；四是国有资产监管模式尚待进一步完善，应进一步加快国资委从“管资产”向“管资本”的转变；五是国有企业的经营机制尚不灵活，特别是激励机制还不完善，企业家队伍的成长还存在若干制度性障碍。

应该说，国有企业的改革目标很早就达成广泛共识，但经过30多年的改革我们却发现，我们的改革还没有真正进入这些问题的核心。究其原因，我们一直试图遵循这样一条既国有又是市场主体的改革逻辑，即：在国有制的框架内通过寻找合适的企业组织形式（如承包制、股份制等），把国有企业改造成为自主经营、自负盈亏的市场竞争主体。这样一种改革思路不可避免地遇到以下两个难题：

第一个难题：如何在国有制框架内实现政企分开？若想让国企真正走向市场，就必须解决政企分开的问题，但是迄今为止政企分开仍然是国企改革的老大难问题，而且还没有一个政企如何分开的实施方案。为什么政企分开这么难呢？原因非常简单，因为作为所有者的国家是个抽象主体，本身没有行为能力，它必须有一个代理人代表它行使所有权。在现实中，我们没有办法在政府之外找一个代理人，然后宣称这个企业是国企。因此，一个企业只要是国有的，政府就一定要扮演所有者角色。政府行使所有权时，当然会追求社会目标，但这又与市场主体的性质相冲突，具体就表现为行政干预。因此，我们就遇到了两难问题：在国有制框架内推动国企改革，政企就是分不开的；若政企真的分开了，政府不能行使所有权了，那么这个企业就一定是非国有的了。

第二个难题：如何在国有制的框架内解决所有权的可转让问题？国有企业若要成为市场主体，所有权就应具有可转让性。因为只有在所有权可转让时，资产才具有流动性，市场机制才能发挥决定性作用。更重要的是，当所有权可转让以后，在治理结构上所有者可以行使退出权，而控制权市场是在股权分散化条件下有效的外部治理机制。但国有企业所有权一旦可以自由转让，国有股由非国有主体接盘，国有企业就可能变成非国有企业了。这就是为什么中国的国有企业上市以后，股份要讲成分，因为只要国有股不能转让，其他股无论怎样转让都无法改变上市后企业的国有制性质。但一旦政府始终都充当股份公司的大股东，即使企业上市，国企的政企不分等老毛病就很难改变。

在国企改革的实践中，之所以一“包”不灵，一“股”也不灵，并非承包制、股份制没有效率，而是由于在国有制的框架内无法解决政企不分、所有权不可转让的难题，因此国有企业的传统弊端难以根除。

## 三、国有企业改革逻辑的创新与构建“国民共进”的微观结构

自从我国确立了市场化改革方向后，如何解决公有制与市场经济的兼容性，以及如何处理国有经济主导地位与国有企业市场导向改革之间的关系一直是经济学界与实际部门争论的热点问题。尽管主张“国进民退”或者“民进国退”的观点针锋相对，但结论却是一致的，即坚持公有制为主与积极发展民营经济是相互冲突的。

坚持市场化改革下的社会主义制度属性，就不能选择私有化的改革道路，而是需要通过国有资本在公益性及有关国计民生的行业中的主导地位来确立公有制的主体地位。我国的改革目标是要让市场机制在资源配置中起决定性作用，而市场交易本质上是产权的交

易，为此就必须解决国有产权与市场经济的兼容性问题。既然发展社会主义市场经济，既要坚持国有经济的主导地位，又要大力推进国有企业的产权制度改革，发展民营经济，那么为什么国有经济与民营经济相互冲突的观点非常流行呢？主要原因是理论滞后。持“民进国退”观点的理论基础是西方主流经济学，持“国进民退”观点的理论基础是经典的政治经济学。它们尽管逻辑不同，但得出了国有经济与民营经济相互冲突的相似观点。

西方主流经济学在经济人的假设下采用个体主义的成本收益分析方法，核心是讨论一个社会的资源配置效率问题。按照西方主流经济学的逻辑，交易本质上是产权的交换，没有产权明晰的市场主体，就没有市场机制，也就没有市场效率。有一个非常著名的理论叫作“公地的悲剧”，即产权归属不清楚一定会造成产权的拥挤。因此，用此理论来指导国有企业改革，就只有非国有化一条路可走。显然，只要在社会主义的基本制度下发展市场经济，私有化就是一条行不通的改革道路。

经典政治经济学采用的是与西方经济学完全不一样的逻辑和方法，它坚持在社会人假设下采用整体主义的阶级利益分析方法，并在劳动价值论和剩余价值论基础上揭示了无产阶级与资产阶级之间的阶级矛盾的不可调和性，劳动者的个体利益只有在整个工人阶级获得整体解放的条件下才能实现最大化，而这只有通过消灭私有制、建立公有制才能达到。而伴随着公有制替代私有制，计划经济也将替代市场经济。因此，计划经济的所有制基础就是公有制，任何非国有化的改革方案都会动摇公有制主体地位，从而改变社会主义制度的本质属性。因此，需要不断扩大国有经济的范围，限制私有经济的发展。

理论上的冲突无法掩盖一个基本事实，那就是两大理论体系对于国有企业在社会主义市场经济体制中到底应该扮演什么样的角色都不能做出清晰的判断，而在现实的改革逻辑下，我们既想让国有企业体现公有制占主体的制度基础，同时又希望国有企业通过改革成为自主经营、自负盈亏的市场主体，从而让国有企业追求社会目标。由于既让国有企业背负着国家的政策性负担与社会负担，又让其参与市场竞争，追求利润最大化，因此如何评价国有企业在整个国民经济中的贡献一直缺乏客观有效的共识性指标。既要提高微观效率，又要顾及宏观效益，导致国有企业无所适从，社会各界对国有企业的评价褒贬不一。

中国的改革走的是一条教科书中从来没有现成答案的中国特色的社会主义发展和改革道路，照搬照抄马克思主义经典著作中的个别结论并将其教条化是行不通的，照搬照抄西方主流经济学的原理也是不足取的，而是应该坚持直面现实的分析方法。扎根于中国的改革实践并对改革具有巨大推动作用的经济学研究成果就是中国特色社会主义经济理论，我们应该在这一理论指导下，形成国有经济与民营经济不是相互冲突而是共同发展的国有企业改革逻辑，进而构建与社会主义市场经济相适应的“国民共进”的微观结构。

据此，笔者在20世纪90年代中期发表在《经济研究》与《管理世界》上的论文提出了国有企业分类改革的逻辑与具体改革方案①。笔者用一个委托代理分析框架证明了在国有控股条件下进行股份制改造在改善效率的条件下也很难避免国有资产的流失，在所有权约束行政化条件下，防范国有资产流失的工具与手段是有限的。因此，笔者认为应根据国有企业所处行业不同及所提供产品性质的不同采取不同的改革，即：把国有企业所处的行业分为竞争性与非竞争性两大类，提供公共产品的国有企业适宜选择国有国营模式，自然垄断性的国有企业适宜选择国有国控模式，大型竞争性国有企业适宜进行产权多元化的股份制改造，中小型国有企业适宜进行民营化改造。2015年颁布的《中共中央国务院关于深化国有企业改革的指导意见》正式确立了国有企业分类改革的原则，即通过界定功能、划分类别，对不同类型的国有企业实行分类改革、分类发展、分类监管、分类定责、分类考核。具体来说，把国有企业分为商业类和公益类。商业类又可分为自然垄断性与竞争性两大类国有企业。

事实证明，该国有资本保持控制地位的非竞争性领域如果过度市场化了，不仅会丧失国有经济的主导地位，而且可能导致市场失灵问题日趋严重，无法为经济发展提供必要的基础性条件，最终危及有效率市场体制的建立；该市场化的竞争性领域如果国有资本过度介入，就可能因政企不分及所有权不能转让等问题而造成过度的行政干预，企业无法成为真正的市场主体，最终不利于市场机制在资源配置中发挥决定性作用。国有企业分类改革战略不仅破除了西方主流经济学关于市场化改革必须走私有化改革之路的学术迷信，也突破了经典政治经济学关于民营经济的发展将危及公有制主体地位的确立这一逻辑判断，从而构建了与社会主义市场经济体制相适应的“国民共进”的微观基础，这为中国特色社会主义经济理论奠定了坚实的微观经济理论基础。

## 四、进一步深化分类推进逻辑下的国有企业改革

尽管中央已经从顶层设计上明确了国有企业分类改革的规则及基本改革方案，但在具体实施分类改革时尚有一些问题需要进一步明确与细化。

---

① 杨瑞龙．国有企业股份制改造的理论思考．经济研究，1995（2）；杨瑞龙．论国有经济中的多级委托代理关系．管理世界，1997（1）.

### （一）进一步明确市场取向的改革目标，确定客观的分类标准，推动国有经济的合理布局，努力培育一批具有全球竞争力的世界一流企业

实施分类改革的前提是明确分类标准。我们可以参照国家发改委在产业政策的制定与实施中形成的细化的产业划分标准，也可以吸取国外在进行产业规制中的产业细分原则，对那些“公共产品、公益类产品及国家安全和国民经济命脉的重要行业和关键领域”进行科学的细分，并将其作为“行业细分负面清单”向社会公布。每一个国有企业在选择具体的改革模式时到底更适合解决市场失灵问题、实现国家的产业政策或者追求社会利益，还是更适合走向市场，不再是企业的所有者说了算，而是根据这一客观分类标准来决定政府到底是控还是放。

### （二）分类推进国有企业混合所有制改革

第一，为了有效推进“混改”，不仅应有宏观分类概念，而且应有微观分类概念。从20世纪90年代开始，我国的大部分垄断性国有企业先后在海内外公开上市，上市后不仅形成了复杂的控股机构及多级委托代理关系，而且企业普遍进行多元化运作，横跨不同的产业，甚至大规模进入竞争性产业，如大规模进入房地产行业，很多地方的“地王”都是央企，它们成为房地产泡沫的重要推手。不少央企凭借垄断地位所获得的市场支配势力与融资优势，形成了庞大的营利性副业，既导致主业投资不足，也导致事实上的“与民争利”。因此，我们应在明确“微观分类”的前提下推进央企的“混改”。具体途径就是要加快央企的“主辅分离”，对于央企中处于国计民生领域的主业进行国有资本占控制地位的“混改”，而对于处在一般性竞争领域的辅业进行产权多元化的股份制改造，也可以由民营资本控股。

第二，分类推进集团公司总部与子公司的混合所有制改革。本轮混改应该触及央企总部，或者进行类似于中国联通那样的整体混改，总部也实行国有股控股条件下的产权多元化，或者按照十九大报告的部署，央企总部按照国有资本授权经营模式进行改革，让央企总部成为一个追求国有资产保值增值的主体，通过股权对控股子公司贯彻股东的利益，真正从管资产向管资本转变。子公司的混改步伐可以进一步加快，特别是加大引入社会资本的力度，通过产权多元化实现产权关系的明晰化。

第三，逐步扩大员工持股制度的试点范围。员工持股制度作为混合所有制改革的一种形式，既可以推进产权多元化，改善国有企业的股权结构，也可以通过股权激励经营者与

员工，还可以从利益方面激发员工从公司内部监督经营者的行为。但需要指出的是，在自然垄断性企业中引入员工持股还应慎重。因为，目前的垄断性产业事实上大多进行了多元化经营，垄断性和竞争性产业混杂在一起，企业很容易在竞争性子公司引入员工持股制度，然后由垄断性母公司向该子公司进行利益输送，从而通过员工持股可以获得垄断性收益，这将导致不公平的改革。因此，笔者主张在引入员工持股制度之前，先要进行央企的主辅分离，把垄断性行业和竞争性行业分开，推行市场导向下的“混改”，然后再试行员工持股制度。

第四，进一步放开管制，鼓励民营资本入股国企。尽管民企入股国企的“混改”对国有资本和民营资本都有好处，但在实践中似乎国企与民企的热情都不高。国企领导人担心与民企“混”会被戴上“国有资产流失”的帽子。民企则担心想“混”的企业不让进入，能进入的领域不给“话语权”。其实，混合所有制最具有改革意义的就是民企与国企的“混改”，为了进一步推进民企入股国企，一方面要放松管制，降低民企入股垄断性国企的门槛，另一方面不要禁止民企在与竞争性国企混合中成为有话语权的股东，甚至成为控股者。

### （三）分类分层推进国有资产监管体制的改革

在对国有企业进行分类改革的同时，需要同步推进国有资产的监管体制改革，国资委主要代表国家行使对经营性国有资产的所有权，建议公益类国有企业划归财政部管理，或者在国资委下设置一个相对独立的非经营性国有资产监管部。国有资产实行分级管理，并在政资分开的基础上实现政企分开，即国资委负责监管中央所属企业，俗称央企的国有资产。国资委对央企的监管从“管资产”向“管资本”转变，不再具体干预企业的日常经营活动，而专注于实现国有资产的保值增值。为了避免国资委或者公司总部过多干预下属企业的日常经营活动，可以推进国有资本授权经营体制改革，把集团总部改造成为承担“管资本”职能的控股公司，建立起“国资委—国有资本授权经营公司—股份公司”的三级链条，从而把国有资产的管理职能与经营职能分离开，真正将央企改造成为“产权清晰、权责明确、政企分开、管理科学”的现代公司。地方国资委监管地方所属企业的国有资产，为了减少地方政府对企业的过多干预，可以在地方国资委与国有企业之间成立具有独立法人地位的国有资产经营公司，并通过股权约束实现国有资产的保值增值，形成“地方国资委—国有资产经营公司—股份公司”的三级委托代理关系。

### （四）分类推进国有企业治理结构的进一步完善

考虑到现代公司治理正从过去的股东利益最大化模式向利益相关者利益最大化模式转

变，以及公有制企业更关注劳动者权益的特征，国有企业的治理结构创新不能完全照搬西方的模式，而应既体现现代市场经济要求，又具有中国特色，充分考虑到党的领导、市场竞争要求、物质资本逻辑与人力资本分享企业所有权逻辑等。具体来说，就是要在国有企业分类改革原则的指导下，通过加强党组织的领导作用来体现国有企业的制度属性，通过共同治理和相机治理相结合的方式来重构具体的治理机制①。

为了提升走向市场的国企效率，对国企经营者既需要约束，也需要激励。在国企高管既是经理人又是官员的双重身份下，对其限薪尽管是必要的，但同时造成了民众不满、高管委屈的不对称评价。优化国企激励机制的思路是在分类改革原则指导下，建立与企业功能性质及高管身份相适应的差异化薪酬分配机制，即先确定企业高管的身份，再构建与其身份相对应的激励机制。

中央发布的分类改革与混合所有制改革的文件已经多年了，但实际的改革进程却有点缓慢，究其原因，主要是改革动力不足，重塑改革的动力机制是实质性推进国有企业分类改革与“混改”的关键。为此，一方面要进一步细化国有企业改革顶层设计，形成一个相互协调配合的配套性政策，减少国企混改的制度性障碍，减少不确定性因素。另一方面，要鼓励国企领导人的改革勇气与胆识，构建国企改革的纠错机制、容错机制，对国企领导人的改革热情与改革行为要有恰当的保护机制。

## 参考文献


[1] 白重恩，路江涌，陶志刚．国有企业改制效果的实证研究．经济研究，2006（8）.

[2] 董辅礽．关于我国社会主义所有制形式问题．经济研究，1979（1）.

[3] 董辅礽．再论我国社会主义所有制形式问题．经济研究，1985（4）.

[4] 厉以宁．中国经济改革的思路．北京：中国展望出版社，1989.

[5] 林毅夫，蔡昉，李周．充分信息与国有企业改革．上海：上海人民出版社，生活·读书·新知三联书店上海分店，1997.

[6] 林毅夫，李周．现代企业制度的内涵与国有企业改革方向．经济研究，1997（3）.

[7] 刘伟．20年国有企业改革的进展与基本经验．求是，1998（19）.

[8] 刘元春．国有企业宏观效率论：理论及其验证．中国社会科学，2001（5）.

[9] 刘小鲁，聂辉华．国企混合所有制改革：怎么混？混得怎么样？．北京：中国社会科


① 杨瑞龙，等．国有企业分类改革的逻辑、路径与实施．北京：中国社会科学出版社，2017.

学出版社，2016.

[10] 杨瑞龙．产权明晰化与双层股份制模式．经济研究，1988 (2).

[11] 杨瑞龙．国有企业股份制改造的理论思考．经济研究，1995 (2).

[12] 杨瑞龙．论国有经济中的多级委托代理关系．管理世界，1997 (1).

[13] 杨瑞龙，等．国有企业分类改革的逻辑、路径与实施．北京：中国社会科学出版社，2017.

[14] 杨瑞龙，周业安．企业的利益相关者理论及其应用．北京：经济科学出版社，2000.

[15] 张维迎．企业理论与中国企业改革．北京：北京大学出版社，1999.

# 40 年来中国经济体制的三次革命

方福前*

**【摘　要】**改革开放40年来中国经济体制经历了三次革命，这就是农村家庭联产承包责任制、国有企业改革和供给侧结构性改革。家庭联产承包责任制实现了农村土地集体所有权与经营权的分离，“革”了人民公社集体生产经营体制（“大锅饭”体制）的“命”。国有企业改革依次进行了企业身份转换（企业与政府关系变革）、企业经营权变革和产权制度改革三阶段革命，使国有企业由政府的附属物转变为社会主义市场经济体制的微观主体之一。供给侧结构性改革不但是对经济结构进行调整、优化和升级，更重要的是通过进一步市场化改革和政府改革重构政府与市场的关系。目前，这三次革命还远没有完成，需要加大加强加深改革开放。

**【关键词】**改革开放；革命；家庭联产承包责任制；国有企业改革；供给侧结构性改革

1978 年 12 月党的十一届三中全会启动的改革开放是一场伟大的革命，这场革命涉及经济、政治、社会、文化等方方面面，它极大地调动了个人和企业的积极性，极大地解放了生产力，它使中国由封闭走向开放，走向世界，融入全球化。在 40 年的改革开放中，中国经济体制改革是其主要内容，是主题曲。其中，农村家庭联产承包责任制、国有企业改革和供给侧结构性改革是经济体制的三次重要革命。

---

* 方福前，中国人民大学经济学院教授。

## 一、农村家庭联产承包责任制

在党的十一届三中全会召开的前夕，1978年12月，安徽省凤阳县小岗村18户农民冒着坐牢的危险，在“分田到户，自负盈亏”的大包干保证书上秘密按下手印，拉开了家庭联产承包责任制的序幕，启动了中国农业和农村改革的伟大征程，吹响了中国改革开放这场伟大革命的序曲。

小岗村18户农民自愿签订保证书，其用意是要抛弃当时人民公社制度下的“集体土地、集体劳动、按家庭人口加劳动工分分配”的“大锅饭”体制，把集体土地承包到户，自负盈亏，不再向国家要钱要粮。这18户农民实际上要做的就是“包产到户”或“包干到户”，这种做法后来被专家们冠名为“家庭联产承包责任制”，其核心内容是“交够国家的，留足集体的，剩下全是自己的”。家庭联产承包责任制是20世纪80年代中国农村农业生产责任制的一种主导或主流生产经营体制。

经过若干年的争论、试点和推广，到1981年底，全国农村已有90%以上的生产队建立了不同形式的农业生产责任制。1982年中共中央一号文件肯定了包干到户体制并决定在全国农村进一步完善家庭联产承包责任制。这个一号文件写道：“目前实行的各种责任制，包括小段包工定额计酬，专业承包联产计酬，联产到劳，包产到户、到组，包干到户、到组，等等，都是社会主义集体经济的生产责任制。”① 文件提出：这些不同形式的农业生产责任制，“从现在起，除少部分地区和社队外，从全局来讲，应当稳定下来。各级领导，包括省、地、县、社的主要负责同志，要深入基层，调查研究，有计划地培训干部，总结经验，统一认识，解决实际问题，使现行的农业生产责任制，包括农、林、牧、副、渔各业的责任制能够进一步完善起来”②。1983年中共中央一号文件进一步把家庭联产承包责任制界定为“在党的领导下我国农民的伟大创造，是马克思主义农业合作化理论在我国实践中的新发展”。这个一号文件指出：“党的十一届三中全会以来，我国农村发生了许多重大变化。其中，影响最深远的是，普遍实行了多种形式的农业生产责任制，而联产承包制又越来越成为主要形式。联产承包制采取了统一经营与分散经营相结合的原则，使集体优越性和个人积极性同时得到发挥。这一制度的进一步完善和发展，必将使农业社

---

① 中共中央国务院关于“三农”工作的一号文件汇编（1982—2014）．北京：人民出版社，2014：3.

② 同①2.

会主义合作化的具体道路更加符合我国的实际。这是在党的领导下我国农民的伟大创造，是马克思主义农业合作化理论在我国实践中的新发展。”①

笔者之所以把农村家庭联产承包责任制看作改革开放以来我国经济体制的三次革命之一，是因为农村家庭联产承包责任制是一场对农村集体所有制和农业生产经营体制的重大变革，它改变了农业生产和再生产过程劳动力与生产资料的关系，改变了农业劳动者（农民）与农业生产资料（土地）的结合方式，实现了农村土地集体所有权与经营权的分离。它“革”了人民公社集体生产经营体制（“大锅饭”体制）的“命”，确立了在土地集体所有制基础上以农户为单位的家庭承包经营的新型生产经营模式。这场革命推动我国计划经济体制下的农业逐步走向市场化和现代化。

1. 在实行农村家庭联产承包责任制之前，中国农村组织体制和生产经营制度是人民公社

人民公社的特点是“一大二公”。所谓“大”，就是人民公社的规模大，一个人民公社下辖若干个生产大队，一个生产大队又由几个或十几个生产队组成。通常情况下，一个人民公社由两千个左右的农户、一万个上下的农村人口组成。所谓“公”是指公有化程度高，除了少量的自留地以外，包括土地在内的农业生产资料都实行集体所有制。而当时的农业生产主要依靠“牛耕手种”，拖拉机、收割机等机械化设备使用很少。这种劳动工具和劳动方式只适合小规模的、分散的农业生产经营，无法适应大规模的、统一的集体生产。也就是说，这种比较原始的、落后的农业生产力与“一大二公”的生产关系不匹配、不适应。这种“一大二公”的生产关系超越了以“牛耕手种”为代表的农业生产力的客观要求。正如 1980 年 9 月中共中央印发《关于进一步加强和完善农业生产责任制的几个问题》的通知指出：“目前集体经济的物质技术基础还是比较薄弱的，人民公社的体制、结构方面也存在需要改革和完善的问题，经营管理工作更是一个突出的薄弱环节。特别是在贯彻按劳分配原则和建立健全生产责任制方面，长期没有重大的改进和突破。”②“我国地区辽阔，经济落后，发展又很不平衡，加上农业生产不同于工业生产，一般是手工操作为主，劳动分散，生产周期较长，多方面受着自然条件的制约。这就要求生产关系必须适应不同地区的生产力水平，要求农业生产的管理有更大的适应性和更多的灵活性。”③

人民公社体制的特点表现为“集体所有，集体劳动，集体分配”，农业生产资料和生

① 中共中央国务院关于“三农”工作的一号文件汇编（1982—2014）. 北京：人民出版社，2014：20.

② 中共中央文献研究室. 三中全会以来重要文献选编：上. 北京：中央文献出版社，2011：472.

③ 同②.

产成果实行“三级所有，队为基础”，农民和农户没有自主权，每年农业上“生产什么，生产多少”都是人民公社、生产大队和生产队说了算，农民没有决策权甚至没有发言权。“如何生产”也是公社、大队和生产队说了算，甚至连水稻插秧的行间距都由公社领导和大队领导规定并监督执行，更不消说使用什么水稻品种、种植多少面积了。“为谁生产”的问题，也就是农业生产成果的分配问题，基本上按照平均主义的分配原则来解决：当时的农业生产成果一般是根据家庭人口和农户一年挣得的劳动工分这两个标准来进行分配。这种分配制度与“干多干少”有一定的联系，因为挣的工分多就意味着出工多，干活多；但是与“干得好不好”“贡献大不大”没有关系，劳动工分一般按自然天数记，出一天工（干一天活）就记一个工分，“出工不出力”照样记一个工分。在这种分配制度下，农民的所得和他的贡献大小、劳动质量高低、技能和积极性大小没有关系，这就导致农业生产过程中的大面积偷懒、懈怠和“出工不出力”，农民对集体生产没有积极性。

在这种集体制度下，农民的个人劳动融合在集体劳动中，在集体劳动成果中无法分离或分解出个人贡献的大小，这使得个人的贡献无法和他的个人利益对应起来，他也无法追求自身的利益最大化，因此，一般来说，他也就没有激励和动力去多干活，干好活。

在这种“一大二公”体制下，由于农户不拥有和占有生产资料，农民也就没有资本积累和扩大再生产的动机动力，没有改进生产技术、发展生产的动机动力。事实上，他们也不需要这些动机动力，因为资本积累、扩大再生产、采用什么生产技术、生产什么都是集体的事，都由公社、大队和生产队决定。农民在生产过程中的作用实际上和耕牛一样，只有干活的份，只有服从集体决策的义务。

包干到户使农民个人占有了土地，他对农业生产资料拥有了支配权和使用权，他可以因地制宜，可以根据市场需要和自己的判断来决定生产什么和生产多少，以及如何生产，即他掌握了生产经营的主动权和决策权。承包制下的“交够国家的，留足集体的，剩下全是自己的”分配原则，使农民的干多干少、干好干坏与他个人（或家庭）的利益密切联系在一起。农户每年交给国家的税费（在粮食主产区主要是国家的征购粮）是一定的，交给集体的提留也是相对固定的，这样，农民的劳动成果就是可以预期的：他干得越多越好，他获得的收益就越大，他的劳动、他的付出与他的劳动成果直接挂钩。这就极大地调动了农民的积极性，极大地发挥了农民的劳动潜能和技术潜能，农业生产出现了前所未有的繁荣景象。实行包干到户一年后的1979年10月，凤阳县小岗村的粮食总产量就达到66吨，相当于小岗村1966年到1970年5年粮食产量的总和。

2. 在人民公社体制下，农民在经济活动中没有自由选择权，农村劳动力是固化的、定位的，无法自由流动

农民不仅不能选择“生产什么”、“生产多少”和“如何生产”，而且没有就业选择权和劳动选择权。农民始终只能是他户口所在地（绝大多数是其出生地）的那个生产队的一名队员（社员），也就是他所在的那个生产队的就业者，他的劳动或经济活动的范围就是他所在的生产队的土地面积。偶尔有劳务输出，例如到其他地方去修水库、修公路，农民也是受生产队派遣，以生产队的名义承接生产队承担的外部工程，而不是个人自主自愿的选择；而且在劳务派遣中农民不能从劳务需求单位获取劳动报酬，只能在自己的生产队记工分。这就使得农民终生被束缚在他所在的那个生产队的土地上，他既无法在农村和农业内部进行就业选择或劳动力转移，例如由种植业转移到养殖业，也无法在农业和非农业之间进行就业选择或劳动力转移，例如弃农经商，更无法在城乡之间或工业和农业之间进行就业选择或劳动力转移，因为他是农民身份，是农村户口。高度集中的计划经济体制在城乡之间掘了一道鸿沟，在农业和工业之间树立了一道隔墙，农民无法跨越这个鸿沟和隔墙。由于农业劳动力没有就业选择权，不能在不同地区、不同行业、不同职业间自由流动，这就形成了中国特有的城乡分割的二元劳动力市场或二元劳动力使用模式，这种分割的或分裂的二元劳动力市场完全是人为的或制度安排的。由于农村劳动力没有就业选择权和自由流动权，农业内部的生产结构和产品结构无法得到调整和优化，整个国民经济结构也无法通过劳动力的自由流动来进行调整和优化。这就使得中国的“二元经济”结构长期存在，中国大量的农村剩余劳动力长期不能得到消解，中国经济中的资源配置无法实现帕累托改进。

农村实行家庭联产承包责任制以后，农民不但在生产经营上有了自主选择权，而且在就业和劳动上也有了自主选择权：家庭一部分成员可以在承包地上进行耕作，另一部分成员可以在承包地以外的其他地方或其他行业就业、劳动；或者把一年中的一部分劳动时间用在自己的承包地上，另一部分时间用在其他生产经营活动上，例如到乡镇企业做临时工或合同工，或进行劳务输出，例如到城镇打短工。随着 1985 年中央一号文件提出“在各级政府统一管理下，允许农民进城开店设坊，兴办服务业，提供各种劳务”①，大量的农村劳动力流入城市、流入农业以外的工业和服务业的闸门开始打开。这种大规模的农村劳动力流动本身既是经济体制变革，也是资源配置方式和经济发展方式变革，它给中国的经

① 中共中央国务院关于“三农”工作的一号文件汇编（1982—2014）. 北京：人民出版社，2014：62.

济、社会乃至政治带来一系列重大而深远的革命性变化：农村剩余劳动力得到了有效利用，农业经济结构得到了调整和改善，农民的收入来源实现了多元化，他们的收入和生活水平快速提高，人口红利为中国经济持续高速增长提供了源泉，城乡分割的二元劳动力市场和二元经济结构开始走向一体化，城市化率不断提升……农村劳动力流动也为20世纪90年代中期我国建立社会主义市场经济体制的伟大历史进程提供了前提条件，提供了基础准备——没有劳动力流动的经济不可能是市场经济。

## 二、国有企业改革

如果说，农村家庭联产承包责任制是在当时农村的生产资料集体所有制内部进行的一场革命，那么，国有企业改革则是在当时城市的生产资料全民所有制内部进行的一场革命。

国有企业（当时叫作全民所有制企业或国营企业）改革起始于20世纪70年代末的放权让利和承包经营。1979年4月中央工作会议指出，当时我国经济管理体制的主要弊端在于过于集中，要以充分发挥中央和地方、国营企业的积极性为原则，首先对企业管理体制、财政体制和对外经济贸易体制进行改革。这些改革的核心是中央对地方和企业进行放权让利。会议提出应以建立、健全责任制为核心开展国营企业整顿，同时通过多种途径实现企业增产节约。1979年7月国务院颁布了《关于扩大国营工业企业经营管理自主权的若干规定》，决定扩大国营工业交通企业经营管理自主权。这些自主权包括：在完成国家计划的前提下，允许企业根据条件和市场的需要，制定补充计划；实行企业利润留成；实行固定资产有偿占用制度；实行流动资金全额信贷制度；鼓励企业发展新产品；企业有权申请出口自己的产品，并按国家规定取得外汇分成；企业有权按国家劳动计划指标择优录用职工；等等。1984年10月党的十二届三中全会通过的《中共中央关于经济体制改革的决定》首次将我们的经济体制由“计划经济为主、市场调节为辅”改变为“有计划的商品经济”，并明确提出企业是相对独立的商品生产经营者。这是中国在理论上打开“商品经济”大门的一个重要的历史性标志。1987年5月，在全国部分城市进行经济承包责任制试点的基础上，国务院决定在全国普遍推广企业承包经营责任制。1988年2月，国务院颁布《全民所有制工业企业承包经营责任制暂行条例》，规定了“包死基数、确保上交、超收多留、欠收自补”的承包经营原则。1988年4月七届人大一次会议通过《全民所有制工业企业法》，将扩权改革试点以来取得的改革成果用法律形式规定下来。1992年7月，国务院颁布《全民所有制工业企业转换经营机制条例》，条例第二条规定企业转换经营机制的目标是：使企业适应市场的要求，成为依法自主经营、自负盈亏、自我发展、自我约束的商品生产和经营单位，成为独立享有民事权利和承担民事义务的企业法人。《条例》按照所有权和经营权分离的思路重新界定了政府和国有企业的关系，进一步明确了企业经营自主权、自负盈亏责任、法律责任等问题。1993年11月，党的十四届三中全会通过的《中共中央关于建立社会主义市场经济体制若干问题的决定》提出，为了实现建立社会主义市场经济体制的目标，必须坚持以公有制为主体、多种经济成分共同发展的方针，进一步转换国有企业经营机制，建立适应市场经济要求，产权清晰、权责明确、政企分开、管理科学的现代企业制度。此后，国有企业改革由转换经营机制转向建立现代企业制度。1995年9月，党的十四届五中全会通过的《中共中央关于制定国民经济和社会发展"九五"计划和2010年远景目标的建议》提出对国有企业实行"抓大放小"的战略性重组。《建议》要求："要着眼于搞好整个国有经济，通过存量资产的流动和重组，对国有企业实施战略性改组。这种改组要以市场和产业政策为导向，搞好大的，放活小的，把优化国有资产分布结构、企业组织结构同优化投资结构有机地结合起来，择优扶强，优胜劣汰，形成兼并破产、减员增效机制，防止国有资产流失。"① 2002年11月，党的十六大报告提出："国家要制定法律法规，建立中央政府和地方政府分别代表国家履行出资人职责，享有所有者权益，权利、义务和责任相统一，管资产和管人、管事相结合的国有资产管理体制。"② 2003年国务院设立了国有资产监督管理委员会，集中统一代表国家履行出资人职责，国有企业改革进入了新阶段。2003年10月，党的十六届三中全会通过的《中共中央关于完善社会主义市场经济体制若干问题的决定》首次明确提出"产权是所有制的核心和主要内容"，强调要通过深化改革，"建立归属清晰、权责明确、保护严格、流转顺畅的现代产权制度"③。2013年11月，党的十八届三中全会通过的《中共中央关于全面深化改革若干重大问题的决定》提出要完善产权保护制度，积极发展混合所有制经济，推动国有企业完善现代企业制度。《决定》指出："国有资本、集体资本、非公有资本等交叉持股、相互融合的混合所有制经济，是基本经济制度的重要实现形式，有利于国有资本放大功能、保值增值、提高竞争力，有利于各种所有制资本取长补短、相互促进、共同发展。允许更多国有

① 中共中央文献研究室．十一届三中全会以来党的历次全国代表大会中央全会重要文件选编：下．北京：中央文献出版社，1997：350.

② 江泽民．全面建设小康社会 开创中国特色社会主义事业新局面：在中国共产党第十六次全国代表大会上的报告．北京：人民出版社，2002：25-26.

③ 改革开放以来历届三中全会文件汇编．北京：人民出版社，2013：122.

经济和其他所有制经济发展成为混合所有制经济。”[①] 这个《决定》首次提出以管资本为主加强国有资产监管。党的十九大报告提出要做强做优做大国有资本，培育具有全球竞争力的世界一流企业。报告指出：“经济体制改革必须以完善产权制度和要素市场化配置为重点，实现产权有效激励、要素自由流动、价格反应灵活、竞争公平有序、企业优胜劣汰。要完善各类国有资产管理体制，改革国有资本授权经营体制，加快国有经济布局优化、结构调整、战略性重组，促进国有资产保值增值，推动国有资本做强做优做大，有效防止国有资产流失。深化国有企业改革，发展混合所有制经济，培育具有全球竞争力的世界一流企业。全面实施市场准入负面清单制度，清理废除妨碍统一市场和公平竞争的各种规定和做法，支持民营企业发展，激发各类市场主体活力。”[②]

从国有企业改革的历程和成果来看，国有企业改革的革命意义在于：

1. 改革并重塑了企业与国家（政府）的关系

在中国计划经济年代，全国是一个大工厂，企业（那时候只有全民所有制企业和集体所有制企业）只是这个大工厂内部的一个一个车间，企业隶属各级人民政府，是政府的附属物，由政府统一管理。政府是企业微观经济活动的组织者和领导者，政府用行政的办法直接管理企业，政府对企业统得过多、管得过死则是必然的。在这种体制下，企业只需要按照国家计划进行生产，按时按量完成生产指标即可，企业无须也没有必要有自己的决策，也不可能进行独立的生产经营活动。

企业与国家（政府）关系的变革始于改革开放之初的放权让利和各种承包责任制。1984 年 10 月党的十二届三中全会提出建立“有计划的商品经济”的改革目标，并明确地把企业定位为“相对独立的经济实体”。这就把企业从政府的行政隶属关系中解放了出来，逐步塑造了符合市场经济需要的企业与政府之间的契约关系。

2. 为社会主义市场经济体制奠定了微观基础

市场经济的微观基础包括各类市场（产品市场和要素市场）和市场上的微观主体（单个需求者和单个供给者），企业是产品市场上的供给者，是要素市场上的需求者。企业和消费者（居民户）之所以成为市场经济下的微观主体，是因为其不但是独立、自主、自由的行为主体，而且具有自己的利益和利益追求，其行为目标是实现自身利益的最大化。

在中国计划经济年代，企业的人财物和产供销都由政府计划统管统配，企业盈利全部

① 改革开放以来历届三中全会文件汇编．北京：人民出版社，2013：181.

② 习近平．决胜全面建成小康社会　夺取新时代中国特色社会主义伟大胜利：在中国共产党第十九次全国代表大会上的报告．北京：人民出版社，2017：33－34.

上缴国家，亏损由政府买单，企业盈亏状况与企业领导人和职工的报酬福利没有关系，企业没有自己独立的经济利益，只是完成国家计划任务的一个纯粹的生产单位。这样的生产单位自然没有什么积极性和主动性可言，也不可能成为市场经济主体。正如党的十二届三中全会通过的《中共中央关于经济体制改革的决定》指出："这种模式的主要弊端是：政企职责不分，条块分割，国家对企业统得过多过死，忽视商品生产、价值规律和市场的作用，分配中平均主义严重。这就造成了企业缺乏应有的自主权，企业吃国家'大锅饭'、职工吃企业'大锅饭'的局面，严重压抑了企业和广大职工群众的积极性、主动性、创造性，使本来应该生机盎然的社会主义经济在很大程度上失去了活力。"① 这种计划经济体制失败的一个重要原因是企业作为微观经济主体没有自身的利益和相应的激励机制。在市场经济下，"运用可用知识和积累新信息的体制是经济增长过程的核心，它需要诉诸自我利益和依赖自愿行动的激励机制"②。

改革开放以来，我们对国有企业实行的一系列改革，如放权让利、利改税、承包制、股份制、建立现代企业制度……都是为了把企业转变成、塑造成具有自我利益和激励机制的微观经济主体。"总之，要使企业真正成为相对独立的经济实体，成为自主经营、自负盈亏的社会主义商品生产者和经营者，具有自我改造和自我发展的能力，成为具有一定权利的义务的法人。"③ 企业由政府的附属物转变成市场经济中的微观经济主体之一，这个转变过程是通过企业身份转换（企业与政府关系变革）、企业经营权变革和产权制度改革这个三阶段革命逐步实现的。

3. 国有企业改革开启了以城市为重点的整个经济体制改革

在中华人民共和国经济版图上，城市企业一直是工业生产、建设和商品流通的主要的直接承担者，是社会生产力发展和经济技术进步的主导力量。到20世纪80年代中期，我国城市企业，包括工业、建筑业、交通业、商业和服务业的企业，有100多万家，职工总数达8 000多万人。仅城市工业企业提供的利税就占全国财政收入的80%以上。不难看出，增强企业活力，特别是增强全民所有制大中型企业的活力，是以城市为重点的整个经济体制改革的中心环节。换句话说，中国经济体制改革由农村转入城市，由农业转入城市企业，标志着我国经济体制进入全面改革的时期。

在高度集中的计划经济制度下，国有企业是计划经济的基石，是国家计划任务完成的

---

① 改革开放以来历届三中全会文体汇编．北京：人民出版社，2013：21-22.

② 柯武刚，史漫飞．制度经济学：社会秩序与公共政策．韩朝华，译．北京：商务印书馆，2000：76.

③ 同①26.

承担者，计划经济则是国有企业赖以生存的母体。国有企业的投入和产出这两端都决定于并依托于国家计划，这就使得国有企业和计划经济的关系成为细胞和有机体的关系，两者享有共同的基因，生命相依，生死与共。因此，国有企业改革无法单向突进，必须和整个经济体制改革相伴进行，协调推进，要让国有企业这个“一发”改革而动整个经济体制“全身”改革。由此，我们不难理解，我国国有企业改革和经济体制改革的进程是相辅相成的，在改革的重要节点上是一致的：当1984年《中共中央关于经济体制改革的决定》把经济体制改革的目标确定为“有计划的商品经济”时，国有企业改革的目标就被定位为“自主经营、自负盈亏的社会主义商品生产者和经营者”；当1993年11月党的十四届三中全会通过的《中共中央关于建立社会主义市场经济体制若干问题的决定》把经济体制改革的目标进一步推进到社会主义市场经济体制时，国有企业改革的目标又进一步明确为“建立适应市场经济要求，产权清晰、权责明确、政企分开、管理科学的现代企业制度”。

伴随着经济体制改革的深化推进，国有（营）企业一统天下的生产组织体制被打破，非国有企业（民营企业和外资企业）登上中国经济舞台并逐渐成长起来，国有企业和非国有企业在竞争中发展。因此，从这个角度看，国有企业改革又是对中国经济的微观基础的一场革命，这场革命为社会主义市场经济体制确立了微观主体和微观基础。

## 三、供给侧结构性改革

始于2015年11月的供给侧结构性改革实质上是一场新的经济体制革命，笔者称之为“中国式供给革命”①。供给侧结构性改革本身是要消除相对过剩产能，除去超额库存和过高的杠杆率，降低生产成本特别是交易成本，补齐中国经济发展的短板，例如创新能力不强、产业和产品竞争力不强、发展质量有待提高，对经济结构进行大调整，对发展方式和宏观调控方式进行大变革。而要实现这种大调整和大变革并保持经济结构和发展方式动态优化，必须着实推进全面深化改革，对造成中国经济结构刚性及周期性失衡以及发展方式粗放的传统的体制机制进行革命。如果说1978年以来的农村改革和城市国有企业改革是为了搞活中国经济，做大做富中国经济，缩短中国与发达国家的发展差距，尽快使中国脱贫的话，那么本次供给侧结构性改革则是要做强做优中国经济，强健中国经济的体魄和筋骨，提高中国经济的发展质量和国际竞争力，使中国顺利跨越“中等收入陷阱”，进入发

---

① 方福前．中国式供给革命．北京：中国人民大学出版社，2018.

达国家行列。如果说 1978 年改革开放的主要目标是通过改革传统的计划经济体制，解放生产力，促进总供给增加，消除短缺经济，不断提高人均国民收入水平和生活水平的话，那么本次供给侧结构性改革的主要目标则是通过对生产关系和上层建筑进行深化改革，创新制度，优化和升级经济结构，开发供给增长新动力，实现高质量发展，提高人民生活质量和福利水平，增强经济可持续发展能力，增强环境、社会与经济协调、均衡发展能力。始于 1978 年的改革开放极大地改变了中国人民的命运，每一个人的境况都得到了帕累托改进，因此改革受到普遍欢迎并得到积极参与；本轮改革则深入制度的纵深，必然要对现有的体制伤筋动骨，必然要猛烈地冲击传统的观念和认知，必然使一部分既得利益者的利益受损，因此，本轮供给侧结构性改革的阻力和难度更大。从这个意义上说，本轮改革更具有革命的性质。

供给侧结构性改革是一个长期过程，是一项长期任务，“三去一降一补”只是这场革命的第一步或第一场战役，只是这场革命的外围战。笔者认为①，要实现供给侧结构性改革的预期目标，需要采取三步走战略：第一步是对症治疗，主要措施是“三去一降一补”，即去产能、去库存、去杠杆、降成本、补短板；第二步是巩固治疗，主要方案是经济结构调整、优化和升级；第三步是去根治疗，主要途径是制度改革、建设和创新。其中，第三步是关键，是决胜之战，供给侧结构性改革能不能达到预期目标，关键看这个第三步能不能走下去，能不能走彻底。

一个经济体经济结构失衡的原因是十分复杂的，但主要是四大类原因：一是人口、消费者偏好和收入变化引起总需求量及其结构变化，而产品结构、生产结构和产业结构调整通常是滞后的。二是生产技术变化引起总供给及其结构变化，而总需求及其结构变化滞后。三是制度缺陷或制度刚性导致供给及其结构不能随着需求及其结构的变化而相应调整。所谓制度刚性是指制度不能随着需求数量和需求结构的变化而做出相应的调整，例如计划经济制度就是如此。四是外部的需求冲击或供给冲击导致一个经济的结构失衡。前三类原因源于一个经济体内部，是经济结构失衡的内因；第四类原因来自一个经济体的外部冲击，是外因。在经济全球化的时代，开放的经济体易于遭受外部冲击而引发结构失衡。就内部原因来看，前两类结构失衡是经济发展过程中的经常现象，因为人口、消费者偏好、收入和生产技术是经常变化的；这两类结构失衡也是正常现象，因为正是这两类结构失衡引起结构调整使得经济结构不断优化升级，在更高的层次上实现新的均衡。这种新的

① 方福前．中国式供给革命．北京：中国人民大学出版社，2018：104－105.

均衡又将在人口、消费者偏好、收入和生产技术的变化过程中被打破，从而进入下一轮的结构失衡和结构调整，再优化再升级。经济结构就是在"均衡—失衡—调整—新的均衡—再失衡—再调整……"过程中不断优化和升级的，经济发展也是在这种结构调整、升级过程中实现的。与经济增长过程主要是总产出增长不同，经济发展过程是一个经济结构不断调整升级的过程，是一个经济体制变迁的过程。

在发育良好的市场经济下，前两类结构失衡通常可以通过市场机制的自动调节来调整和升级，但是在生产技术和消费者需求发生重大变革时，市场机制调结构就显得力不从心；市场机制调节不到位、结构失衡累积到一定程度，就会爆发经济危机或大的经济波动。市场经济社会自1825年在英国爆发第一次生产过剩的经济危机以来，历次经济危机都是这样生成的。

前两类结构失衡的原因可以是独立的，但往往又是和第三类原因——制度缺陷或制度刚性——联系在一起的。在经济结构失衡的诸多原因中，制度原因是根本的原因，是决定性的因素。马克思早就分析过资本主义生产过剩和经济危机的制度原因。中国现阶段的产业结构、区域经济结构和城乡结构失衡同样有制度原因，以及由现行制度所决定的发展战略的原因，同时还有历史原因。

制度决定人们的行为方式，决定资源配置方式，决定生产组织方式和生产成果分配方式，从而决定资源配置效率，决定微观效率和宏观经济绩效，决定经济结构失衡的轻重和经济波动的大小。这是越来越多的经济学家重视制度分析、强调制度重要性的原因所在。制度经济学家把制度看作决定经济增长的"软件"，把劳动和资本看作决定经济增长的"硬件"，"制度构成着关键的社会资本：可以说，它们是导引人际交往和社会发展的'软件'。实际上，我们正在发现，软件通常要比硬件更重要"①。因为恰当的制度安排"为市场中和组织里的人际合作提供一套框架，并使这样的合作较具可预见性和可信赖性"②。

制度缺陷或制度刚性这一类原因所造成的经济结构失衡又可以分为两种情况：一是经济制度本身的缺陷成为经济结构失衡的原因；二是制度缺陷和制度刚性阻碍了市场机制的自动调节，导致市场机制调结构的功能失灵，使得前两类结构失衡积累到一定程度就会通过金融危机或（和）经济危机的形式爆发出来。马克思和恩格斯对第一种情况的经济失衡（经济危机）做过系统论述。

---

① 柯武刚，史漫飞．制度经济学：社会秩序与公共政策．韩朝华，译．北京，商务印书馆，2000：7.

② 同①24.

这一轮中国经济结构失衡是上述四类原因交织、混合作用的结果，但主要原因还是制度原因。中国经济结构失衡主要是制度缺陷和制度刚性阻碍了市场体系的发展，市场机制发育不到位使得自调节能力不足造成的，也就是上面所说的制度原因造成经济结构失衡的第二种情况。要挖掉中国经济结构失衡的根子，铲除产能过剩的基础，必须从制度入手，全面深化改革目前的制度。

中国的经济制度现在正处在由过去的高度集中的计划经济体制向社会主义市场经济体制转轨的过程中。这个转轨中的制度，一方面存在计划经济体制的残余，新旧制度存在摩擦；另一方面，市场经济体制还在建设进程中，还是“半市场经济”体制。在这种“半市场经济”体制下，市场机制的调节力度还不足，调节功效还无法到位，同时，市场机制还受传统制度的束缚甚至钳制，无法正常发挥其资源配置的决定性作用和调节功能。

中国共产党人和中国政府充分认识到了现行的制度缺陷和制度刚性，因而在 2013 年 11 月，党的十八届三中全会做出了“全面深化改革”的决定，通过全面深化改革，“坚决破除各方面体制机制弊端”，到 2020 年，“形成系统完备、科学规范、运行有效的制度体系，使各方面制度更加成熟更加定型”①。会议通过的《决定》提出，“全面深化改革的总目标是完善和发展中国特色社会主义制度”。其中，在经济制度改革方面，“紧紧围绕使市场在资源配置中起决定性作用深化经济体制改革，坚持和完善基本经济制度，加快完善现代市场体系、宏观调控体系、开放型经济体系，加快转变经济发展方式，加快建设创新型国家，推动经济更有效率、更加公平、更可持续发展”②。

全面深化制度改革，完善和发展中国社会主义经济制度，是供给侧结构性改革的重头戏，是解决中国经济结构失衡、消除产能过剩的根本之道。

通过制度改革来解决供给侧结构性问题，需要推进多方面的制度改革、制度建设和制度创新。其中，改革现行的政府与市场的关系，构建与社会主义市场经济体制相适应的政府与市场的关系，是供给侧结构性改革的关键，也是一场攻坚战。

在笔者看来，中国供给侧结构性改革需要推进“双向”改革——进一步市场化改革和政府改革，通过“双向”改革，把中国特色社会主义市场经济模式建设成“双效”模式——“有效（率）”市场和“有效（率）”政府相结合③。之所以要推进“双向”改革，是因为市场化改革和政府改革必须同步推进、协调推进，单向突进往往事倍功半。之所以

---

① 中共中央关于全面深化改革若干重大问题的决定．北京：人民出版社，2013：7.

② 同①3－4.

③ 方福前．中国式供给革命．北京：中国人民大学出版社，2018：156－169.

要创建“双效”模式，是要使市场在资源配置中起决定性作用——市场机制比其他机制配置资源更有效率和更好发挥政府作用。笔者认为，这里“更好”的含义应当是“更有效率”，而不是“更大”“更强”①。

## 四、结束语：革命仍需继续

中国经济体制的这三场革命已经给中国经济和中国社会带来了翻天覆地的变化，没有这些革命就没有中国今天的成就和局面。但是，这些革命还需继续推进，它们只有进行时，没有完成时。

实行家庭联产承包责任制以后，我国农业和农村在这40年里又推进了一系列改革，目前已建立了10项重要制度，初步构建了农业和农村建设、发展的制度框架②。现在，我国农业、农村改革和发展进入了新时期，面临许多新挑战：如何适应农业机械化的发展和越来越多的大型农机具的使用，以发展农业规模化和专业化的生产经营？如何改革现行的农户小规模生产经营，使之跟上现代化大农业发展的需要？如何进一步深化农村土地制度改革，使之适应社会主义市场经济体制建设和发展的需要？如何通过技术进步、制度创新、物质资本和人力资本积累使农业迈向现代化发展的大道？如何通过城乡一体化改革和一体化建设使城乡协调发展、一体化发展，从而彻底消除现代化城市和落后农村长期并存的二元格局？……

国有企业改革40年成就斐然。目前国有企业改革似乎进入了瓶颈期和攻坚期。如何通过深化改革完善国有企业现代企业制度建设？如何进一步处理好政府与国有企业的关系？政府（国资委）是“管国有企业为主”还是“管国有资本为主”？如何在实践中落实党的十八届三中全会《决定》提出的“管资本为主”？如何处理好国有企业与非国有企业的关系？如何在做大做强做优国有企业的过程中，真正支持和促进非国有企业健康发展？如何通过深化改革，使十八届三中全会《决定》提出的公有制经济和非公有制经济“权利平等、机会平等、规则平等”落地生根？……这些应当是国有企业改革要解决的重点问题。

近3年的供给侧结构性改革已经取得明显成效，特别是去库存、去产能进展顺利。当前要特别注意两种倾向：一种倾向认为，“三去一降一补”做得差不多了，供给侧结构性

---

① 笔者不赞同“大市场，小政府”、“小市场，大政府”、“大市场，强政府”和“有效市场和有为政府”等改革思路。

② 宋洪远．中国农村改革40年：回顾与思考．南京农业大学学报（社会科学版），2018（3）.

改革的任务也就接近完成了；另一种倾向认为，现在经济仍在下行，下行的压力还比较大，政策重点正在转向扩大内需，供给侧结构性改革可以放一放了。这两种倾向都可能导致供给侧结构性改革半途而废。第一种倾向是把供给侧结构性改革和“三去一降一补”等同起来了，没有认识到供给侧结构性改革实质上是经济结构改革和体制改革。第二种倾向有“非此即彼”的错误之嫌。从经济形势来看，当前确实需要适度扩大内需，但这不意味着就要放弃供给侧结构性改革，不意味着我们的改革和政策重点就要从供给方跳到需求方。正确的选择应当是供求兼顾，供求协调推进，在适度扩大内需过程中继续推进供给侧结构性改革，在稳增长稳就业的过程中不断调整、优化和升级经济结构。

中国改革开放40年得出的一条基本经验是：改革开放是中国经济和社会发展的生门。中国今天的成就得益于改革开放，没有改革开放就没有今天的大好局面。要把中华民族伟大复兴的中国梦变成现实，要在21世纪中期到达现代化强国的彼岸，只能加大加强加深改革开放特别是中国经济体制的改革或革命，没有其他选项。

## 参考文献

[1] 中共中央国务院关于“三农”工作的一号文件汇编（1982—2014）. 北京：人民出版社，2014.

[2] 中共中央文献研究室．三中全会以来重要文献选编．北京：中央文献出版社，2011.

[3] 国家体改委政策法规司．全民所有制工业企业转换经营机制条例．北京：法律出版社，1992.

[4] 中共中央文献研究室．十一届三中全会以来党的历次全国代表大会中央全会重要文件选编．北京：中央文献出版社，1997.

[5] 江泽民．全面建设小康社会　开创中国特色社会主义事业新局面：在中国共产党第十六次全国代表大会上的报告．北京：人民出版社，2002.

[6] 改革开放以来历届三中全会文件汇编．北京：人民出版社，2013.

[7] 中共中央关于全面深化改革若干重大问题的决定．北京：人民出版社，2013.

[8] 习近平．决胜全面建成小康社会　夺取新时代中国特色社会主义伟大胜利：在中国共产党第十九次全国代表大会上的报告．北京：人民出版社，2017.

[9] 中央党校教务部．十一届三中全会以来党和国家重要文献选编（1978年12月—2007年10月）. 北京：中共中央党校出版社，2008.

[10] 柯武刚，史漫飞．制度经济学：社会秩序与公共政策．韩朝华，译．北京：商务印书馆，2000.

[11] 方福前．中国式供给革命．北京：中国人民大学出版社，2018.

[12] 宋洪远．中国农村改革40年：回顾与思考．南京农业大学学报（社会科学版），2018（3）.

# 农村改革40年：影响中国经济社会发展的五大事件*

马晓河** 刘振中*** 钟 钰****

【摘 要】40年来，农村有五大事件对中国经济社会发展产生了重大而深远的影响。土地制度改革，从体制根子上解决了农产品供给激励机制缺乏的问题，为中国在40年里利用人口红利实现经济高速增长提供了难得的条件；以市场化为目标的农产品购销体制改革，为国民经济市场化改革提供了可借鉴的经验；乡镇企业的迅猛发展推进了我国经济结构的战略转型；农村税费改革催生了城乡公共服务均等化；精准扶贫脱贫为建立以中等收入群体为主的橄榄型社会新格局积累了条件。今后，全面建成社会主义现代化强国，“三农”问题仍不可忽视，必须重塑城乡关系，加快农业农村优先发展。

【关键词】农业农村；改革发展；五大事件；重大影响

1978年以来，中国农村发生了与改革开放密切相关的五大事件，分别是土地制度改革、农产品购销体制改革、鼓励农民发展乡镇企业、改革农村税费制度、推行精准扶贫脱贫战略，这些事件对后来的经济社会发展产生了持续深远重大的影响。

---

* 本文原刊发于《中国人民大学学报》2018年第3期。

** 马晓河，管理学博士，中国宏观经济研究院研究员、博士生导师。

*** 刘振中，管理学博士，中国宏观经济研究院产业经济与技术经济研究所副研究员。

**** 钟钰，管理学博士，中国农业科学院农业经济研究所研究员。

## 一、土地制度改革拉开了中国改革开放的序幕

粉碎“四人帮”后，我国经济社会发展面临的困局急需破解，长期实行计划经济体制，并持续推行重化工业优先发展战略，使得社会必需品全面短缺，而十年“文化大革命”又将国民经济推到了崩溃的边缘。广大农民和工人要求有饭吃，知识分子要求有改变身份的通道，整个社会蕴藏着巨大的变革动力。在此背景下，中国走上了改革开放之路。中国改革最早发端于农村，农村改革开始于农业，农业改革是由土地承包拉开序幕的。

土地由谁掌握、由谁支配使用，对农业、农民以及经济社会发展的影响是不一样的。在党的十一届三中全会召开前夕，中国发生了值得历史记载的两个重要事件。一件是1978年12月13日，邓小平在中共中央工作会议闭幕会上做了题为《解放思想，实事求是，团结一致向前看》的重要报告。他指出，在经济计划和财政、外贸等方面应给地方更多自主权，最迫切的是要扩大厂矿企业和生产队的自主权；在经济政策上允许一部分地区、一部分企业、一部分工人农民，由于辛勤努力成绩大而收入先多一些，生活先好起来，由此产生极大的示范力量①。讲话精神实际上成为即将召开的十一届三中全会的主要基调。另一件是发生在1978年12月，安徽省凤阳县小岗村18户农民为摆脱贫困，冒着坐牢的风险，自发在一张合约上按下了21个手印，偷偷将集体耕地包干到户。自此，中国农村开始了以家庭联产承包责任制为主的经营体制改革②。

1978年12月18日至22日，党的十一届三中全会在北京召开，大会决定将全党的工作重点转移到社会主义现代化建设上来，会议通过了《中共中央关于加快农业发展若干问题的决定（草案）》，总结了20多年农业发展的经验教训，提出了发展农业的25项政策和措施。这次会议的召开为农村经济体制改革创造了政治条件。

率先实行包干到户的小岗村，1979年春将全队517亩耕地按人分到户，10头耕牛评好价，两户一头，交售国家的任务、留给集体的积累等按人包干到户，剩余部分全归自己。结果当年农业大丰收，全村粮食、油料等产量和生猪饲养量都超过历史上任何一年。小岗村的成功产生了强烈的示范效应。当年秋种时节，安徽省许多地方农村采取了“瞒上

---

① 郑韶，何晓星．中国经济体制改革20年大事记（1978—1998）．上海：上海辞书出版社，1998：1.

② 马晓河．转型与发展：如何迈向高收入国家．北京：人民出版社，2017：102.

不瞒下”的办法，纷纷搞起了包干到户[①]。

在安徽省农村发起包干到户的同时，全国各地农村也相继实行了各种形式的联系农产品产量的责任制。有包工到组，田头估产，评定奖惩；有田间管理责任到人，联系产量，评定奖惩；也有当年包工包产到组；等等。进入1980年，中央开始支持并推动以包产到户为主要形式的家庭联产承包责任制。1980年5月31日，邓小平在与中央负责同志谈到农村政策问题时指出：“农村政策放宽以后，一些适宜搞包产到户的地方搞了包产到户，效果很好，变化很快。安徽肥西县绝大多数生产队搞了包产到户，增产幅度很大。‘凤阳花鼓’中唱的那个凤阳县，绝大多数生产队搞了大包干，也是一年翻身，改变面貌。有的同志担心，这样搞会不会影响集体经济。我看这种担心是不必要的。”[②]

1980年9月14日至22日，中央召开各省、市、自治区党委第一书记座谈会，会后印发了《关于进一步加强和完善农业生产责任制的几个问题》，中央首次以文件形式明确肯定了十一届三中全会以来农民群众创造的以包产到户为代表的生产责任制新形式。文件受到广大农民的热烈欢迎，长期套在人们头上的意识形态紧箍随之解除了。包产到户在皖、浙、赣、苏、鲁、蒙、川、贵等省、自治区农村迅速扩展开来。1980年11月初，全国农村实行包产到户的生产队比重占到15%，1982年6月末该比重上升到67%。

1982年9月，党的十二大对以包产到户为主要形式的农业生产责任制改革再次给予肯定。1983年1月2日，党中央印发了《当前农村经济政策的若干问题》的文件，高度评价了以包产到户为主的家庭联产承包责任制。在党中央的领导和支持下，在成功示范效应带动下，包产到户从南到北、从东到西进一步发展。到1983年末，全国已有1.75亿农户实行了包产到户，包产到户在所有责任制中的比重达到97.8%，1984年末进一步上升到98.9%。

随着包产到户的兴起和迅速发展，与传统计划经济体制配套的人民公社制度弊端日益凸显出来。为此，改革政社合一的人民公社体制、建立乡镇政府便成为历史必然。同时，以“交够国家的，留足集体的，剩下全是自己的”为特征的包干到户，还迫使国家改革农产品流通体制，推进了农产品购销的市场化进程。

进入20世纪80年代中期，土地制度改革还在进行。1984年中央一号文件首次提出，土地承包期限一般应在15年以上，允许土地转包，但不允许买卖、出租。1986年中央一

---

① 王耕今，杨勋，王子平，等. 乡村三十年：凤阳农村社会经济发展实录（1949—1983年）：下. 北京：农村读物出版社，1989：400-401.

② 郑韶，何晓星. 中国经济体制改革20年大事记（1978—1998）. 上海：上海辞书出版社，1998：24-25.

号文件首次提出“统一经营与分散经营相结合的双层经营体制”。1993年中发11号文件提出，在原定的耕地承包期到期之后，再延长30年不变；在坚持土地集体所有和不改变土地用途前提下，经发包方同意，允许土地的使用权依法有偿转让。2001年中发18号文件明确提出：“在承包期内，农户对承包的土地有自主的使用权、收益权和流转权”。2007年颁布的《中华人民共和国物权法》从法律层面把土地承包经营权上升为一种用益物权，包括占有、使用、收益的权利。2008年党的十七届三中全会通过的《中共中央关于推进农村改革发展若干重大问题的决定》首次提出：“现有土地承包关系要保持稳定并长久不变。”2017年中央一号文件提出农村土地实行集体所有权、农户承包权、土地经营权“三权分置”。十九大报告提出，农村第二轮土地承包到期后，将再延长30年。由此可以看出，土地制度改革的趋势是，坚持土地集体所有权不变，稳定和扩大土地承包权，完善和放活土地经营权。土地制度改革给我国经济社会发展带来了重大而深刻的影响，主要表现在以下几个方面：

首先，以包干到户为主要形式的家庭联产承包责任制，从制度根子上解决了农产品供给激励机制缺乏的问题，把土地经营权交给了农民。在新的制度安排下，农民可以根据市场需求变化自主调整生产，自由地安排自己的劳动时间，自由支配自己的劳动成果。这大大调动了农民的生产积极性，提高了农业劳动生产率和土地生产率，农产品供给长期短缺的矛盾从根子上解决了。农民自身吃饭问题不再受体制制约，城镇食品需求、农产品加工业发展都迈向了市场通道。

其次，农民收入大幅度增长后，除了改善生活还出现了农业剩余。在获得了农业剩余产品后，农民通过市场将其变成现金收入，去购买非农产品，用于扩大农业再生产和改善生活。从1978年到1985年，农民纯收入“增长了1.69倍，消费增长了1.73倍，同时，农民手中开始有了剩余资金，农村储蓄也开始快速增长，1978年农村居民储蓄为55.7亿元，1985年增至564.8亿元，1990年又进一步增至1 841.6亿元，12年间农村储蓄增长了32倍。面对手中出现的剩余资金，农民需要寻找新的投资空间”[①]。

再次，土地制度改革的最大收获是农民获得了身份自由，这给中国40年经济发展和结构转型创造了最基本的条件。实行土地承包以后，农民有权利自由安排自己的劳动时间，在自己承包的土地上实干加苦干，由此农业劳动效率提高了，务农的用工量大幅度减少了。根据统计资料测算，同1981年相比，1990年5类农产品生产所需劳动力实际减少

① 马晓河．转型与发展：如何迈向高收入国家．北京：人民出版社，2017：107.

4 909万个（见表1）。因此，过去由计划经济掩盖的农村劳动力剩余从隐性转为显性。农村地区出现的劳动力剩余带来的潜在人口红利为中国经济结构转型创造了难得的条件[①]。

**表 1 主要农产品用工量变化**

| 品种 | 1981 年 | | | 1990 年 | | | 节约劳动量（万日） |
|---|---|---|---|---|---|---|---|
| | 亩用工（日） | 播种面积（万亩） | 总用工量（万日） | 亩用工（日） | 播种面积（万亩） | 总用工量（万日） | |
| 粮食 | 22.27 | 172 437.0 | 3 840 172 | 14.70 | 170 199.0 | 2 501 925 | 1 288 406.7 |
| 油料 | 22.10 | 13 701.0 | 302 792 | 18.10 | 16 350.0 | 295 935 | 65 400.0 |
| 棉花 | 54.20 | 7 777.5 | 421 541 | 44.26 | 8 382.0 | 370 987 | 83 317.4 |
| 糖料 | 43.60 | 1 480.5 | 64 550 | 34.70 | 2 518.5 | 87 392 | 22 414.6 |
| 烟叶 | 73.20 | 880.5 | 64 453 | 54.42 | 2 013.0 | 109 548 | 37 803.6 |
| 合计 | — | 196 276.5 | 4 693 508 | — | 199 462.5 | 3 365 787 | 1 497 342.3 |

资料来源：马晓河．结构转换与农业发展：一般理论和中国的实践．北京：商务印书馆，2004：129.

事实证明，在后来的 30 多年发展中，我国选择的投资打头、出口导向、以劳动密集型产业为主导的发展模式，正是利用了土地制度改革带来的机会和条件，将潜在的人口红利转化为真实的经济增长动力。

## 二、农产品购销体制改革推动了市场化进程

家庭联产承包责任制普遍推行之后，农民成为拥有生产经营自主权的商品生产者，农业生产力有了质的飞跃，农产品供给大幅增加，粮食总产量从 1978 年的 3 亿吨猛增到 1984 年的 4 亿吨，增长速度超过历史上任何时期（见图 1）。但是，面对僵化、低价、低效的统购统销制度，农民只愿意完成国家下达的交售任务，并不愿意将余粮卖给国营机构。因此，农业丰收、粮食增产呼唤农产品购销体制改革。

农产品购销体制改革的重点是从粮食开始的，改革路径主要围绕推动以粮食为主的农产品市场化和保障粮食安全两个目标展开，共经历了五个阶段：

第一阶段：用合同定购取代粮食统购。1985 年 1 月 1 日，《中共中央、国务院关于进一步活跃农村经济的十项政策》宣布："从今年起，除个别品种外，国家不再向农民下达农产品统购派购任务，按照不同情况，分别实行合同定购和市场收购。"这一文件的出台标志着我国农产品购销体制开始从统购统销走向"双轨制"[②]。1999 年，国家统购粮食占

---

① 马晓河．转型与发展：如何迈向高收入国家．北京：人民出版社，2017：106－107.

② 双轨制，即政府通过一定的行政手段直接控制一部分粮食购销，另一部分粮食购销由生产者、消费者、经营者自主进行，实行完全的商品交换，由市场机制调节。

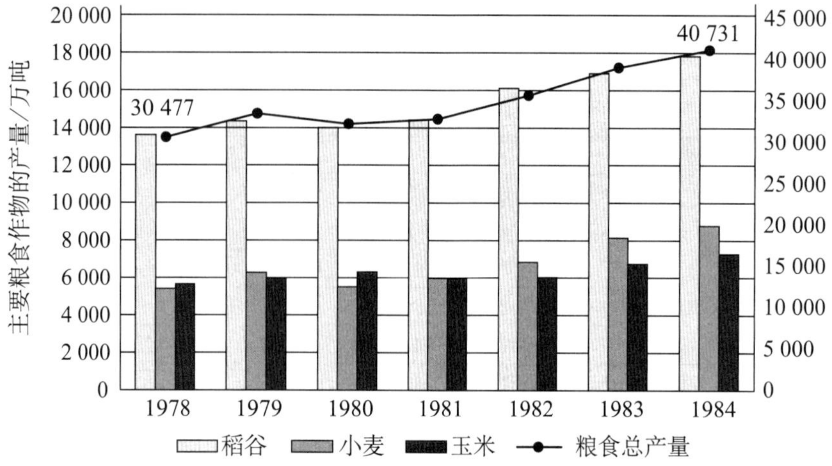


**图 1　1978—1984 年主要粮食作物产品产量**

注：粮食总产量既包括稻谷、小麦、玉米的产量，也包括高粱、豆类、薯类等的产量。

粮食流通总量的比重由 1984 年的 87.3%下降到 37.1%，市场调节粮食占流通总量的比重由 1984 年的 12.7%上升到 62.9%。

第二阶段：实行粮食市场自由购销。1992 年 10 月，党的十四大正式提出了建立社会主义市场经济体制的目标，并推出了多项改革举措，直接冲击了粮食购销"双轨制"。在粮食购销价格倒挂问题日益严重、财政补贴负担不断加重的压力下，1993 年 2 月，国务院发出《关于加快粮食流通体制改革的通知》，要求按照统一政策、分散决策、分类指导、逐步推进的原则，争取在两三年内全部放开粮食价格。此后，粮食购销开始走出"双轨制"，走向国家宏观调控下的市场自由购销体制，初步实现了运用市场机制来调节粮食供求和生产资源的配置①。

第三阶段：初步推动粮食市场化改革。1998 年 5 月，国务院下发《关于进一步深化粮食流通体制改革的决定》，提出了"三项政策、一项改革"，即实现按保护价敞开收购农民余粮、顺价销售、资金封闭运行三项政策，加快国有粮食企业改革。2004 年中央一号文件进一步要求全面放开粮食收购和销售市场，实现购销多渠道经营。同时，为了支持主产区农民种粮积极性和应对加入 WTO 后国际农产品的冲击，国家陆续出台了粮食直接补贴、良种补贴、农机具购置补贴、农资综合补贴政策，并不断拓宽补贴领域和范围，逐步形成了以粮食生产、农民增收和生态环境保护为目标，综合补贴和专项补贴相结合的农业

① 韩俊．中国经济改革 30 年：农村经济卷．重庆：重庆大学出版社，2008：74 - 85.

支持政策体系①，如图 2 所示。

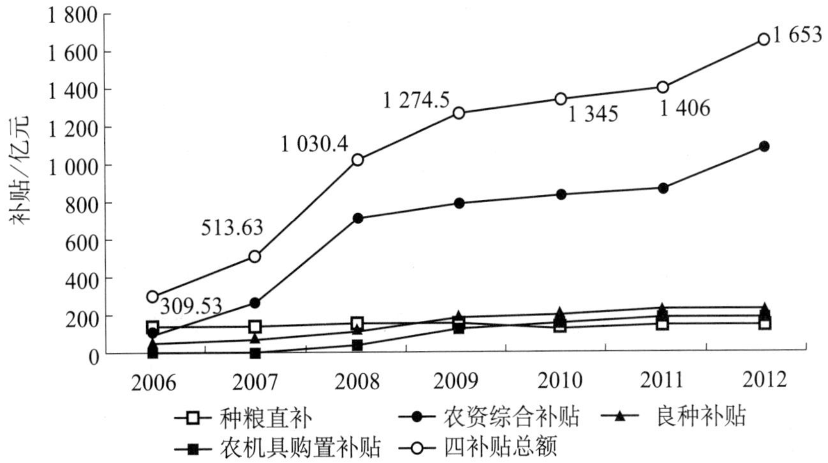


**图 2　2006—2012 年农业补贴增长情况**

资料来源：农业农村部网站。

第四阶段：全面推动粮食市场化改革。2006 年，国务院发布了《关于完善粮食流通体制改革政策措施的意见》，指出粮食流通体制的改革要从“推进国有粮食购销企业改革，切实转换企业经营机制”入手，“积极培育和规范粮食市场，加快建立全国统一开放、竞争有序的粮食市场体系”。粮食购销市场由此进入了全面市场化时期。2004 年，国家开始实施粮食最低收购价政策②，托市收购的品种从稻谷逐步覆盖到小麦。2008 年，中储粮开始对主产区玉米、大豆、油菜籽实行临时收储措施。一系列政策的出台减少了政府对农产品市场的直接干预，逐步实现了由市场价格信号引导农业资源配置和农业生产决策③。

第五阶段：深入推进农产品市场化改革。2014 年中央一号文件强调完善粮食等重要农产品价格形成机制，要求继续坚持市场定价原则，探索推进农产品价格形成机制与政府补贴脱钩的改革，逐步建立农产品目标价格制度④。启动大豆、棉花目标价格补贴改革试点，探索粮食、生猪等农产品目标价格保险试点，继续执行稻谷、小麦最低收购价政策和

① 谭智心，周振．农业补贴制度的历史轨迹与农民种粮积极性的关联度．改革，2014 (1).

② 按照规定，国家每年在粮食播种前公布水稻、小麦等最低收购价政策，当市场价低于最低价时，由国家指定的粮食企业——中国储备粮管理集团有限公司（简称“中储粮”）以最低价进行收购，以此稳定市场价格，维护农民利益。

③ 黄季焜．六十年中国农业的发展和三十年改革奇迹：制度创新、技术进步和市场改革．农业技术经济，2010 (1).

④ 目标价格制度，即在市场价格过高时补贴低收入消费者，在市场价格低于目标价格时按差价补贴生产者，切实保证农民收益。

玉米、油菜籽、食糖临时收储政策。随着粮食最低收购价和临时收储价的不断提高，国外农产品开始挤占国内市场，出现了产量、进口量、库存量“三量齐增”的问题。2016年中央一号文件提出，率先对玉米的价格形成机制和补贴制度进行改革，取消玉米临储政策，实行“价补分离”。从当前来看，大豆、棉花、玉米购销体制改革取得了良好的效果。此项改革还将继续推进，下一步改革覆盖范围将进一步扩大，农产品市场化程度将进一步提高。

农产品市场化改革遵循了“找准方向—初步改革—全面改革—深化改革”的逻辑路径，给农业农村带来了翻天覆地的变化，也为推动我国经济社会发展贡献了巨大能量：其一，农产品购销体制改革早于其他领域的市场化改革，为市场经济改革的孕育和启动探索了路径，提供了示范；其二，对于农产品购销体制改革，我国一直在摸索用“无形之手”与“有形之手”协调农产品供求关系的有效方式，这为国民经济其他行业在宏观调控下推进市场化改革提供了可借鉴的经验；其三，坚持在发展市场经济过程中保护农民利益，农民人均纯收入逐年提高，2015年开始突破万元，为我国迈向高收入国家打下了坚实基础。此外，随着农产品购销体制改革的深入，农民务农积极性不断提高，农产品种类更加丰富，粮食生产出现了十多年增产丰收（见图3），有力地保障了国家粮食安全。

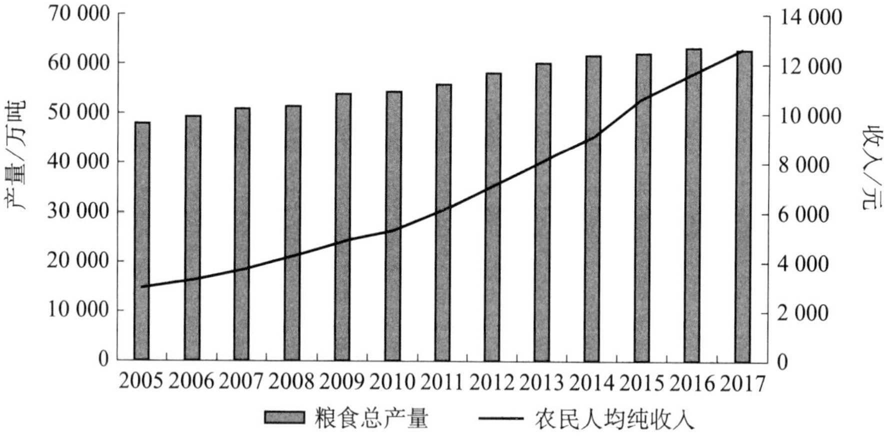


**图3　2005—2017年粮食总产量和农民人均纯收入变化**

资料来源：2005—2017年全国年度统计公报。

## 三、乡镇企业发展推进了工业化战略转型

在农村实行家庭联产承包责任制的同时，国家还推出了两大战略性调整：一是从1979

年开始，国家调整了重化工业优先发展战略，实行轻工业“六优先”政策①。二是国家于 1985 年 1 月发布了《中共中央、国务院关于进一步活跃农村经济的十项政策》，号召农民调整产业结构，大力发展乡镇企业，对乡镇企业实行信贷、税收优惠，鼓励和支持农民发展农产品加工业。在上述大背景下，受非农产业利润较高的诱惑，大量农民利用刚刚获得的身份自由，携带着农业剩余资金，抬起双腿迈出农业门槛，瞄准市场需求最短缺的领域，轰轰烈烈搞起了乡镇企业。由表 2 可以看出，在 1980—1990 年间，乡镇企业数增长了 12.1 倍，固定资产原值增长了 5.7 倍，就业人数增长了 2.1 倍，创造的非农产业产值也增长了 9.3 倍。进入 20 世纪 90 年代中后期，乡镇企业发展出现了一个新变化，就是乡镇企业改制。改制形式是多种多样的，有股份制和股份合作制改造，有租赁、承包、兼并、拍卖、转让等，但最终大多数乡镇企业都转变为民营企业或股份制企业。改制后的乡镇企业出现了两个发展趋势：一个是向城镇集中发展。国家工业化战略转型，以及后来的国有企业改革，使得乡镇企业的产业选择方向与城市企业的方向越来越趋同，农村工业化与城市工业化开始出现了融合和一体化倾向。另一个是向农村进一步延伸，与农业、农民生产生活发生了深度融合，由此产生了一批新业态、新模式。

**表 2　1980、1985、1990 年乡镇企业情况**

| 项目 | 1980 年 | 1985 年 | 1990 年 |
|---|---|---|---|
| 企业数量（万个） | 142.5 | 1 222.5 | 1 873.5 |
| 乡村办企业（万个） | 142.5 | 156.9 | 144.4 |
| 村以下办企业（万个） | — | 1 066.0 | 1 728.0 |
| 企业固定资产原值（亿元） | 326.3 | 750.4 | 2 202.0 |
| 劳动者就业数量（万人） | 2 999.7 | — | 9 262.0 |
| 农村非农产业产值（亿元） | 869.5 | 2 720.5 | 8 957.1 |
| 农村工业产值（亿元） | 544.0 | 1 750.1 | 6 719.7 |

资料来源：马晓河．转型与发展：如何迈向高收入国家．北京：人民出版社，2017：132.

乡镇企业的蓬勃发展，打破了传统体制下城市搞工业、农村搞农业的二元经济结构。由此，我国在地域上形成了城市工业化与农村工业化并存的双重工业化。同城市工业化相比，农村工业化有着鲜明特点。其一，农村工业化是以市场经济为基础，依靠农民自发力量兴办起来的。这些企业从诞生之日起，就依靠市场“找米下锅”，如资金筹措、原料配置、劳动力招聘、能源供应、产品销售等都要靠自己到市场上去拼搏，由此锻造出了较强

① 从 1979 年开始，国家对轻工业的发展实行“六优先”的原则，即原材料、燃料、电力供应优先，挖潜、革新、改造措施优先，基本建设优先，银行贷款优先，外汇和技术引进优先，交通运输优先。

的市场竞争力。其二，农村工业是典型的劳动密集型产业，采取的是分散型、本地化路线，距离农业比较近，对农村剩余劳动力转移的拉动作用大。通过对全国工业结构和农村乡村工业结构分析可以发现，1985 年全国工业产值结构中与农业有关的所占比重为 39.8%，而乡村工业同类指标为 52.9%；1990 年全国工业产值结构中与农业有关的所占比重为 36.2%，而乡村工业同类指标为 52.25%。其三，从 20 世纪 80 年代中期到 20 世纪末，乡镇企业是中国经济持续快速增长的最大贡献者。从城乡产业产出结构上看（见表 3），1980 年，在国内生产总值中，扣除由农业提供的部分，其余在国内生产总值中只有 3.3%是由乡镇企业提供的，1990 年这一指标提高到 13.3%，1995 年进一步上升到 24.7%，2000 年高达 30.0%。

**表 3　城乡间国内生产总值产出结构**　　单位：亿元

| 年份 | GDP 总量 | 农业 GDP | | 乡镇企业 GDP | | 城市 GDP | |
|---|---|---|---|---|---|---|---|
| | | 绝对额 | 比重（%） | 绝对额 | 比重（%） | 绝对额 | 比重（%） |
| 1980 | 4 517.8 | 1 359.4 | 30.1 | 151.8 | 3.3 | 3 006.6 | 66.6 |
| 1990 | 18 547.9 | 5 017.0 | 27.1 | 2 475.0 | 13.3 | 11 055.9 | 59.6 |
| 1995 | 58 478.1 | 11 993.0 | 20.5 | 14 425.7 | 24.7 | 32 059.4 | 54.8 |
| 2000 | 89 403.5 | 14 212.0 | 15.9 | 26 842.3 | 30.0 | 48 349.2 | 54.1 |

注：乡镇企业增加值中已经扣除掉其中的农业增加值。1980 年乡镇企业增加值是从总产值折算过来的。

资料来源：马晓河. 结构转换与农业发展：一般理论和中国实践. 北京：商务印书馆，2004：137.

乡镇企业的快速发展，不仅改变了农民和农村的面貌，还无形中推动了经济结构的转型，打破了计划经济主导下的以国有企业为主的重化工业优先发展的模式。首先，乡镇企业是一种混合型制度安排，它既有集体所有制，也有个人所有制和合伙制，同时还有股份制和股份合作制等，这意味着在国有体制之外发育和成长起来一批非国有企业，使得我国所有制结构由单一制转向多元化。其次，在国有经济主导的重化工业优先发展的模式之外，农村发育和成长起来一批以劳动密集型产业为主的轻工业企业，生产了大量轻纺日用消费品，既满足了国内市场需求，为告别“短缺经济”做出了卓越贡献，又形成了向外出口的能力，为我国消除“双缺口”贡献了力量，这使得我国经济结构过早过度的重型化倾向得到矫正。需要强调的是，在农村发育起来的企业和成长起来的产业，在我国加入 WTO 之前就已经进入了国际市场，它们练就了一身闯国际市场的能力，积累了经验，后来借助我国加入 WTO 的机会，进一步发展壮大了自己，成为占领世界劳动密集型产品市场的主力军。再次，乡镇企业还是催生城镇化的新生力量。在计划经济条件下，我国大中城市得到支持和发展，而离农民较近的小城镇难以发展。乡镇企业异军突起后，改变了这种格局。乡镇企业在小城镇开办纺织、服装、食品加工、农机具加工修理、矿产品加工业、农业农村服务业等，吸引了大量农村剩余劳动力向小城镇集聚，社会资本和技术也向这里汇集，于是，全国各地的小城镇也迅速发展起来，中国的城市化变成了真正的城镇化。

## 四、农村税费改革催生了城乡公共服务均等化

大办乡镇企业使农民获得了实实在在的好处，因此，许多农民的产业“兴奋点”由农业转向了乡镇企业。但是，20 世纪 90 年代初期的财税体制改革，使得财权和事权之间产生了严重的结构性失衡，出现了越是基层政府财权越小事权越大的矛盾。在此背景下，地方政府便向农民转嫁支出，导致乱集资、乱收费、乱摊派现象越来越严重，农民负担日益加重。1990—2000 年，农民税费负担总额从 469 亿元增长到 1 359 亿元，增长了 1.9 倍，农民人均负担增长了 3 倍①。

税费负担过重带来的最大损害就是影响了农民种粮积极性，弃耕撂荒问题突出。面对日益加重的农民税费负担，2000 年，农村税费改革在包产到户的发源地——安徽省展开了试点。试点的主要内容可归结为“三个取消、一个逐步、两个调整、一项改革”，即取消城乡统筹、农村教育集资和屠宰税，逐步取消统一规定的劳动积累工和义务工，调整农业税政策和农业特产税政策，改革村提留征收使用办法。安徽农村税费试点改革，减轻了农民负担，规范了农村税费制度，创新了农村税费征管形式，促进了农村经济配套改革和农村社会稳定。试点成功为在全国范围内推行农村税费改革提供了经验。2002 年 3 月，中央又确定在河北、内蒙古、黑龙江、吉林等 16 个省、自治区、直辖市扩大农村税费改革试点。2005 年底有 28 个省、自治区、直辖市及河北、山东、云南三省的 210 个县（市）全部免征了农业税。2005 年 12 月，十届全国人大常委会第十九次会议决定，自 2006 年 1 月 1 日起全面取消农业税。

从减免农业税到取消农业税，以此为主要内容的农村税费制度改革的直接效果是减轻了农民负担。据农业部统计，2006 年全国农民直接负担的税费总额为 282.80 亿元，人均 30.95 元，分别比 2000 年下降了 77.55%和 78.11%（见表 4）。专家估计，如果没有农村税费改革，按照 20 世纪 90 年代农民负担的增长速度，2006 年农民税费负担将超过 2 000

① 陈锡文，赵阳，陈剑波，等．中国农村制度变迁 60 年．北京：人民出版社，2009：237-242.

亿元[①]。

表 4 2000—2006 年农民税费负担情况

| 年份 | 农民直接承担的税费总额（亿元） | （一）人均税费（元） | 其中：1. 农业税收（元） | 2. 村提留乡统筹（元） | 3. 社会负担（元） | 4. 以资代劳（元） | （二）劳均两工/一事一议筹劳（个） |
|---|---|---|---|---|---|---|---|
| 2000 | 1 259.60 | 141.42 | 34.23 | 66.20 | 34.68 | 6.31 | 16.30 |
| 2001 | 1 200.90 | 134.93 | 35.18 | 60.19 | 35.06 | 4.50 | 16.20 |
| 2002 | 1 030.50 | 115.80 | 46.70 | 41.20 | 23.70 | 4.20 | 10.50 |
| 2003 | 869.30 | 96.60 | 45.60 | 29.50 | 19.10 | 2.40 | 88.30 |
| 2004 | 581.70 | 64.40 | 22.20 | 23.20 | 17.60 | 1.40 | 2.10 |
| 2005 | 324.20 | 35.70 | 1.30 | 19.20 | 14.10 | 1.06 | 1.30 |
| 2006 | 282.80 | 30.95 | 0 | 15.86 | 14.09 | 0.99 | 1.24 |

资料来源：农业部相关统计资料。

美国著名学者亨廷顿指出，农村是决定政府稳定的关键因素，“得农村者得天下”。农村税费改革从根本上解决了农民负担过重的问题，不仅融洽了党群、干群关系，为逐步协调工农关系、加快城乡统筹发展起到了巨大作用，也从宏观收入分配制度上理顺了国家、集体和农民之间的权利义务关系，保障了农民通过土地制度改革获得的权益不再受侵犯。这是关乎国家长治久安的重大事件。

取消农业税后，以农业为主的地区出现了财政困难，赤字不断扩大，地方政府提供“三农”公共服务的能力有所下降，特别是 2009—2011 年间，地方财政农林水事务支出占地方财政支出的比重由 10.5%下降到 10.3%，国家财政农林水事务总支出占国家财政支出的比重保持在 9%左右，而同期城市市政公用设施建设固定资产投资总额占国家财政支出的比重保持在 13.4%左右[②]。公共服务投入的差距直接扩大了城乡、地区公共服务供给的差距。在公共产品供给上，城镇供给优质、结构均衡，农村供给总量不足、质量不高。在此背景下，农民要求公共服务城乡一体化的愿望日益强烈。党的十七大报告明确指出，缩小区域发展差距，必须注重实现基本公共服务均等化，引导生产要素跨区域合理流动。十七大以来，实现城乡公共服务均等化主要从以下三个层面展开：

一是建立农村基本社会保障制度，实行农村基本医疗保险、基本养老保险。2006 年，卫生部、国家发展改革委等部门要求扩大新型农村合作医疗试点。2009 年，在农

① 韩俊，张云华，江文涛．农村税费改革的过程、成效与经验．国研专稿，2006-10-27.

② 中华人民共和国住房和城乡建设部．中国城市建设统计年鉴（2009）．北京：中国计划出版社，2010：126.

村合作医疗制度试点的基础上，党中央、国务院确立了新农合作为农村基本医疗保障制度的地位，并加大了对新农合的财政补助力度。2010—2017年间，各级财政对新农合的人均补助标准由120元提高到450元，新农合对于解决农民因病致贫、因病返贫问题起到了积极作用。新农合试点推出之后，国家又建立了新的农村养老保险制度，从2009年起开展新型农村社会养老保险试点，将原有的“五保”对象等农村特困群体的生活从农村集体供养转为财政供养，并探索建立“个人缴费、集体补助、政府补贴”相结合、覆盖广大农民群体的新型农村社会养老保险制度，农村向社会化养老迈出重要一步①。

二是加强农业农村基础设施建设，重点解决农村水电路气网房和生态环境建设等突出问题。2008年中央一号文件聚焦“加强农业基础建设”，年底国家实施了“四万亿”投资计划，农村水电路气网房等民生工程和基础设施成为重点投向，两年安排资金约3 700亿元②。另外，国家通过实施西部大开发、建设社会主义新农村等重大战略，不断健全农村道路、水、电、气等公共基础设施。除了夯实农业农村硬件设施外，国家还着力提升农业农村生态环境，2013年启动了“美丽乡村”创建活动，深入推进农村人居环境整治，建设了一批既有现代文明，又具田园风光的美丽乡村。

三是解决农村公共卫生、文化、基础教育等供给短缺问题。从2006年开始，国家全部免除西部地区农村义务教育阶段学生学杂费，2007年扩大到中部和东部地区，实现了真正意义上的九年制免费义务教育。随着“工业反哺农业”“工农业协调发展”③战略的深入实施，城乡一体化的公共服务供给制度体系初步形成。2017年，国务院发布了《“十三五”推进基本公共服务均等化规划》，要求以普惠性、保基本、均等化、可持续为方向，健全国家基本公共服务制度，完善服务项目和基本标准，强化公共资源投入保障，提高共建能力和共享水平，总体实现基本公共服务均等化。

农村公共服务体制改革，缩小了城乡差距，对推进全面现代化建设产生了深刻影响。建立农村社会保障制度，初步实现了农村公共服务从无到有、从少到多，有效遏制了公共服务城乡二元差距扩大的趋势，将城乡公共服务均等化向前推进了一大步；加强农业农村基础设施建设，提升了农业综合生产能力，培育了农村经济新动能，改善了人

---

① 卜晓军．我国城乡公共服务均等化的制度分析．西安：西北大学，2010：63.

② 发展改革委通报4万亿元投资重点投向和资金测算．(2009-03-06). http://www.gov.cn/gzdt/2009-03/06/content_1252229.htm.

③ 曹俊杰．实现由工业反哺农业向工农业协调发展战略转变．中州学刊，2016 (11).

居生态环境，为深入推进国家全面现代化，弥补农业农村现代化短板创造了基础条件；建立和完善农村公共服务体系，使得农民的健康和医疗卫生水平大幅度改善，农村人口综合素质显著提高，为中国跨越“中等收入陷阱”、迈向现代化强国提供了有效的人力资本支撑。

## 五、精准扶贫脱贫为建立橄榄型社会新格局积累了条件

从低收入国家迈向中高收入国家行列，经济高速发展过程本身带来了贫困人口的大幅减少，与此同时，我国政府还利用经济发展成果进行了长期的反贫困斗争。改革开放以来，我国政府采取了一系列减少贫困的治理措施。比如，开展以工代赈和扶贫贴息贷款，加强贫困地区基础设施建设，实施产业开发扶贫，建立社会救助制度，对贫困人口实行救济，在贫困地区优先推行九年制免费义务教育，对贫困家庭子女高中和大学就学给予补助，等等。通过一系列反贫困措施的实施，我国贫困人口大幅度快速减少，绝对贫困人口由1978年的7.7亿人减少到2012年的9 899万人，贫困发生率由97.5%下降到10.2%。

但是，在反贫困方面，我们遇到了两大难题。一个是城乡居民绝对收入差距在扩大。尽管以农村社会保障为主的农村公共服务体制改革对消除贫困产生了积极影响，城乡居民之间相对收入差距在明显缩小，但是，由于农村地区公共服务供给总量、结构和质量与城镇相比仍然有很大差距，已有农村公共服务供给对消除绝对贫困的影响效应有限[①]，城乡居民绝对收入差距仍在持续扩大（见表5）。另一个是农村内部阶层收入分化严重。从五等份分组的农村居民纯收入来看，与2006年相比，2012年20%的农村低收入户人均纯收入增长了1.96倍，而20%的农村高收入户人均纯收入则增长了2.24倍。2006年，20%的农村低收入户与20%的农村高收入户人均纯收入差距为7.17倍，而到2012年，低收入户与高收入户人均纯收入差距扩大到了8.21倍（见图4），农村内部居民群体之间的收入差距明显扩大了。按提高后的贫困标准统计[②]，2012年，我国尚有1.28亿贫困人口。

① 刘振中，马晓河．安徽省农村公共设施建设体制改革效应分析：一个投资规模效率比较的逻辑分析．农业经济问题，2014（8）.

② 2011年11月29日，中央扶贫开发工作会议在北京召开，决定将农民人均纯收入2 300元（2010年不变价）作为新的国家扶贫标准。

表 5　2006—2012 年城乡居民收入增长情况

| 年份 | 城镇居民家庭人均可支配收入（元） | | 农村居民家庭人均纯收入（元） | |
|---|---|---|---|---|
| | 绝对数（元） | 指数（1978 年=100） | 绝对数（元） | 指数（1978 年=100） |
| 2006 | 11 759.5 | 670.7 | 3 587.0 | 670.7 |
| 2007 | 13 785.8 | 752.5 | 4 140.1 | 734.4 |
| 2008 | 15 780.8 | 815.7 | 4 760.6 | 793.2 |
| 2009 | 17 174.7 | 895.4 | 5 153.2 | 860.6 |
| 2010 | 19 109.4 | 965.2 | 5 919.0 | 954.4 |
| 2011 | 21 809.8 | 1 046.3 | 6 977.3 | 1 063.2 |
| 2012 | 24 564.7 | 1 146.7 | 7 916.6 | 1 176.9 |

资料来源：国家统计局住户调查办公室．中国住户调查年鉴（2013）．北京：中国统计出版社，2013.

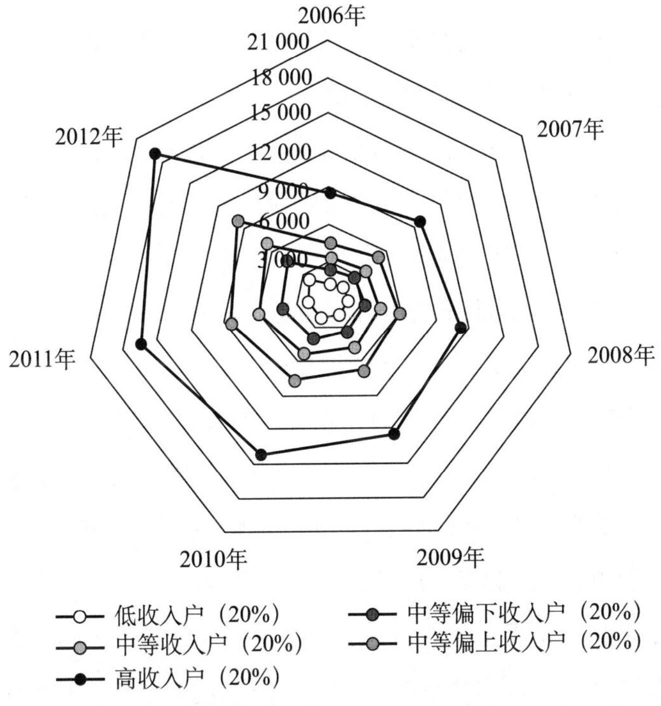


图 4　2006—2012 年按五等份分组的农村居民人均纯收入分布图

注：图中农村居民人均纯收入单位为人民币元。

资料来源：国家统计局住户调查办公室．中国住户调查年鉴（2014）．北京：中国统计出版社，2014.

从世界发达国家经验来看，一个国家要迈过“中等收入陷阱”，进入高收入国家行列，必须构建以中等收入群体为主的橄榄型社会格局，而要实现这个目标，关键在于最大限度地减少贫困人口。对我国而言，绝对贫困问题成为制约我国现代化的关键因素，减少绝对贫困人口的重点区域在农村，特别是老少边穷地区，重点对象是农村低收入群体。再者，在城市和发达地区经济迅速发展和居民生产生活条件快速改善的情况下，农村居民特别是贫困地区居民生产生活条件相对落后，他们要求改善生产生活环境的愿望日益强烈。不断增强贫困人口对经济发展成果的获得感，走共同富裕道路，是经济发展中亟须解决的难题。在此背景下，彻底解决贫困问题摆上了议事日程。

随着贫困问题的大面积解决，剩下的贫困人口大都贫困程度深，情况复杂，解决难度大、成本高，依靠常规举措难以摆脱贫困。为解决新时期贫困“最后一公里”问题，党中央把扶贫脱贫作为关乎党和国家政治方向、根本制度和发展道路的大事，党的十八大确定了到2020年全面建成小康社会的目标，坚定了实现全面脱贫的决心。为实现这一目标，党和国家实施了一系列精准扶贫、精准脱贫方略，将攻坚扶贫上升到了国家战略层面。2013年11月，习近平总书记到湖南湘西考察时首次做出了“实事求是、因地制宜、分类指导、精准扶贫”的重要指示。为推动“精准扶贫”思想落地，2014年5月，国务院扶贫办等七部门联合发布了《建立精准扶贫工作机制实施方案》，要求对贫困户进行精准识别、精准帮扶、精准管理和精准考核，构建精准扶贫工作长效机制。同时，国家实施了扶贫对象精准、措施到户精准、项目安排精准、资金使用精准、因村派人（第一书记）精准、脱贫成效精准“六个精准”，以及发展生产脱贫一批、易地搬迁脱贫一批、生态补偿脱贫一批、发展教育脱贫一批、社会保障兜底一批的“五个一批”重大举措。面对新时代扶贫攻坚工作的新特征、新困难，党的十九大再次把扶贫提高到新的战略高度，明确提出，要坚持大扶贫格局，重点攻克深度贫困地区脱贫任务，确保到2020年我国现行标准下农村贫困人口实现脱贫，贫困县全部摘帽，解决区域性整体贫困，做到脱真贫、真脱贫。五年来，贫困人口进一步减少，从2012年的9 899万人减少到2017年的3 046万人，贫困发生率进一步下降，由10.2%下降到3.1%。

1978年以来，我国反贫困工作取得了举世瞩目的成就，为世界反贫困工作做出了卓越贡献。1981—2013年间，世界贫困人口共减少10.7亿人，我国对世界减贫的贡献率为63.8%①，直接推动了全球贫困人口的下降，为全球贫困治理提供了中国智慧和中国方案。同时，新时期扶贫攻坚对我国产生了两大影响：其一，精准扶贫解决了农村居民的绝对贫困问题，遏制了农村内部收入差距不断扩大的趋势，缩小了城乡居民的生存和发展差距。其二，精准扶贫拓宽了低收入人口的上升通道。精准扶贫从产业扶贫、教育扶贫、公益事业扶贫、健康扶贫、兜底保障、就业创业等方面，提高了贫困人口自我脱贫增收能力，使

---

① 数据来自世界银行官网（https://data.worldbank.org/）。

得一大批农村低收入居民步入中等收入行列，为扩大中等收入群体，构建以中等收入群体为主的橄榄型社会格局开创了新局面。

## 六、重塑城乡关系：促进乡村振兴的农村改革取向

40年的改革与发展为农业农村现代化奠定了物质基础，并创造了制度条件。但与建设现代化强国的目标相比，中国发展不平衡不充分的矛盾主要在农业农村方面。目前，城乡融合互动的体制机制依然不畅，要素没有实现双向自由流动；城乡收入、消费差距依然存在，农村公共服务总量不足，结构性矛盾突出；乡村治理体系不完善，治理能力现代化程度有待提高；农业现代化进程相对滞后，离工业化、城镇化和信息化还有不小差距。下一步，要全面建成社会主义现代化强国，跨入现代化强国新门槛，必须以乡村振兴战略为总抓手，加快推进农业现代化，加强城乡公共服务均等化，积极推进新型城镇化，着力实现乡村治理体系和治理能力现代化。

### （一）加快推进农业现代化，为实现全面现代化补短板

农业现代化是我国建成全面现代化强国的最大瓶颈约束。应以乡村振兴战略为契机，认真贯彻落实农业农村优先发展战略，建立公共财政对“三农”领域的优先投入机制，切实加强农业基础设施建设，不断提高农业物质装备水平。扩大金融资本支农总量，增加农村金融供给主体，注重发挥政策性金融机构在农业支持政策体系中的基础作用，鼓励商业性金融加强对农业的支持力度，放宽农业领域合作性金融的开办限制。加快提升农业自主创新能力，依靠科技抢占国际竞争制高点。健全和完善农业科技创新和推广服务体系，尽快建立一批现代农业产业科技创新中心，推进资源开放共享与服务平台基地建设。依托国家农业科技创新联盟，针对重大产业发展瓶颈和区域农业绿色技术发展需求，采取联合攻关模式协同创新、合力创新。采取更加积极的政策措施，支持工业设备、工业技术、信息技术等成果应用到农业生产中去，倡导机具和技术集成配套，探索农机农艺融合、农机化信息化融合。加快发展新型农业经营主体，培育现代农民，支持具有活力、富有竞争力和创新能力的新型农业经营主体的成长。建立健全现代农业服务体系，积极发展农业生产性服务业，推进农业生产性服务业市场化、产业化、社会化和网络化。构建分工协作、优势互补、链接高效的现代农业产业组织体系，以家庭经营为基础，通过合作与联合，形成立体式、复合型的现代农业经营组织。

### （二）加强城乡公共服务均等化，为实现城乡一体化奠定物质基础

要从根本上改变农村公共服务供给不足或质量不高的问题，必须尽快改变公共物品供给“重城市轻农村、重市民轻农民”的倾向。加快改革城乡公共服务供给体制，大幅度增加农业农村的公共服务供给水平，将基础设施和公共服务重点向农村延伸、倾斜。对于大型农业农村基础设施、义务教育等纯公共物品，中央和省级政府要担负起完全责任。应不断提高农村基本医疗、基本养老保障水平，最终实现农村社会保障从“有”到“高”的转变。对于贫困农村地区的基本医疗、基本养老保障、农村道路建设、自来水供应等半公共物品供给，在制度安排上，事权可以下放到县级政府，但必须由中央和省级政府对贫困地区的财政供给担负起完全责任；对于非贫困农村地区的半公共物品供给，中央和省级政府可适当与市县政府分责任担负，但要督促地方不断提高供给质量，提高共建能力和共享水平。要充分发挥公共服务在防止贫富分化、帮助穷人脱贫致富方面的作用。今后，我国要顺利进入高收入国家，需要大力培养以中产阶层为主体的橄榄型社会结构，因此“提低、扩中”就具有战略意义。要多举措帮助低收入群体，打破阶层固化，拓宽低收入者改变身份向上流动的通道，阻断贫困代际传递，最终实现阶层结构转型。加大对农村劳动力的针对性培训和农村地区子女教育投入，提升其人力资本和技能技巧，增强其创新创业和带动致富的能力。进一步加大农村临时济困救助力度，发挥社会救助制度托底线、保稳定的功能，如发放临时救助金和实物。最终，在学有所教、劳有所得、病有所医、老有所养、住有所居等方面实现全国城乡公共服务均等化。

### （三）积极推进新型城镇化，为建立市民化社会和实现农业适度规模经营创造条件

先行工业化国家在跨入高收入阶段时，城镇化率都超过了70%，而我国属于典型的城镇化滞后型经济。当经济增长由高速转向中高速后，内需成为经济发展的根本动力，扩大内需的最大潜力在于城镇化。同时，推进农业现代化，实现农业适度规模经营，必须继续向外转移一部分农业劳动力，这也亟须推进新型城镇化。除了京沪等特大城市外，要进一步放宽放开农民进城落户的条件，全面有序放宽放开大中城市及小城镇的户籍限制，最终使农民能够在城乡间自由流动。农民转为市民后既能使城镇消费群体不断扩大、消费结构不断升级、消费潜力不断释放，也能进一步带来城市基础设施、公共服务和住宅建设等巨大投资需求，这将为经济发展提供新动力。推进新型城镇化，还离不开土地、资本等要素

的市场化改革。土地制度改革，要实施以市场为原则的土地交易制度，建立国有土地和集体所有土地权利平等的建设用地市场。激活农村的土地资产，积极推进农村经营性建设用地入市交易。要进一步探索农村土地制度改革方向，在继续稳定土地集体所有权的基础上，应强化和扩大农民的土地承包权限，实现土地权益的人格化。要进一步推进作为资本的农民土地承包权（包括宅基地及其建筑物）的转让、租赁或出资入股、抵押，还要积极探索农民土地承包权跨区交易问题。

### （四）着力实现乡村治理体系和治理能力的现代化，为实现农业农村优先发展提供组织保障

乡村治理体系和治理能力的现代化是农业农村现代化的重要组成部分，也是全面建成社会主义现代化强国需要加强的重要内容。建立健全基层党组织、村委会的组织功能，充分发挥两大组织在乡村治理体系建设中的优势作用，调动党员、干部的积极性，团结带领广大群众贯彻落实乡村振兴战略的各项决策部署，为农业农村优先发展贡献力量。不断完善村民代表会议制度，落实村民民主权利，学习贯彻落实党和国家的方针政策，商议、解决农民关切的重大问题。用好激励手段，调动农村“五老”（老党员、老干部、老劳模、老退伍军人、老教师）在做好群众工作、化解矛盾问题、维护社会稳定等方面的积极作用。深入开展移风易俗专项行动，倡导积极向上的社会风气和生活方式，宣传和奖励“文明家庭”，将良好家风汇聚成良好的村风民俗。大力弘扬以德孝礼义为核心的优秀文化传统，繁荣丰富乡村文化，厚积乡村文明土壤。用亲情和政策吸引能人和各种资源回流农村，集中力量振兴农业农村发展。利用同乡联谊会在资源整合、连接政企等方面的独特优势，主动宣传好、推介好家乡发展成就、创业环境和投资前景，引导推介更多企业回乡参与家乡建设，使乡情联谊成为共谋发展的新动能。

# 中国收入分配差距：现状、原因和对策研究*

刘　伟** 王　灿*** 赵晓军**** 张　辉*****

**【摘　要】**改革开放以来，在我国经济迅速增长的同时，居民收入分配差距也在不断增大，收入分配结构调整已经迫在眉睫。从城乡间、地区间和行业间的收入分配差距三个维度分析我国收入分配结构的演变历程，可以发现，在我国经济发展中，存在制度约束的人口流动、与地区经济状况不匹配的区域发展战略、不合理的税收结构和税制设计以及贸易自由化都是推高居民收入不平等的重要因素。因此，我国未来需要注重维持经济增长和收入结构调整的平衡。在短期内应加大转移支付的力度以实现合理的收入再分配，并谨慎使用总量宽松的货币政策以避免加剧收入不平等；在长期内应推动要素市场改革和供给侧结构性改革，优化规模性和功能性收入分配结构。此外，还应通过征收财产税和推行教育均等化的方式避免收入分配差距的代际传递，提高我国经济增长的质量。

**【关键词】**收入分配；人口流动；区域发展战略；财政政策；货币政策

改革开放以来，中国经济发生了天翻地覆的变化。国内生产总值从1978年的3 679亿元增长到2017年的827 122亿元，年均增长率超过了9%，是人类历史上当之无愧的增长

---

* 本文原刊发于《中国人民大学学报》2018年第5期。

** 刘伟，中国人民大学校长、教授、博士生导师。

*** 王灿，北京大学经济学院博士研究生。

**** 赵晓军，北京大学经济学院副教授、博士生导师。

***** 张辉，北京大学经济学院教授、博士生导师。

奇迹。然而，在经济飞速增长的背后，也隐藏着一系列结构性矛盾，居民的收入分配差距较大就是其中之一。在计划经济时代“平均主义”分配制度的作用下，改革开放初期我国居民收入的分配相对均等，基尼系数只有 0.288，但在此后则一直呈上升趋势，在 2008 年达到了峰值 0.491。尽管从 2008 年到 2015 年我国居民收入的基尼系数有所下降，但绝对值依然较高，超过了联合国划定的 0.4 的警戒线。从 2016 年开始，居民的收入分配差距又呈现扩大的趋势。如果居民的收入分配差距长期过大，不仅会导致总需求不足，降低经济增长速度，还可能引发一系列社会矛盾，危及社会稳定。在当今中国，由收入不平等所引发的各种经济、社会问题开始凸显，收入分配差距亟待调整。

当前我国的经济正在从数量型增长模式转变为质量型增长模式，这为调节居民收入分配结构、缩小贫富差距提供了机遇。在此之前，只有对我国收入分配差距的演变过程和影响因素进行深入的了解，才能做到对症下药，采取最适当、最有效的措施扭转收入分配不公的局面。基于此，本文将构建一个统一的框架，考察改革开放以来我国收入分配差距的演化历程、现状以及影响因素，并给出调节收入分配结构的有益对策。

## 一、文献综述

### （一）收入分配差距的度量指标

目前学界最常采用的度量收入分配差距的指标是基尼系数和泰尔指数，本文对这两类指标进行简要说明。首先定义一些变量：假定总人口的数量为 $n$ ，依据所要研究的问题，将总人口分为 $N$ 组，第 $i$ 组人口的数量为 $n_i$ ；令 $y_i$ 为每一组的人均收入，其中 $i \in N$ ；令 $\mu = \left(\sum_{i=1}^{N} y_i\right)/N$ 表示总体的人均收入。

基尼系数由赫希曼（Hirschman）提出，他考察了既定分布的洛伦兹曲线与绝对平均分布的洛伦兹曲线包含面积之比，取值范围在 0～1 之间[①]。计算公式为：

$$G = \frac{1}{2\mu N^2} \sum_{i=1}^{N} \sum_{j=1}^{N} | y_i - y_j |$$

基尼系数越大，表示不平等的程度越大。国际上通常认为，基尼系数小于 0.2 时，表示收入分配过于公平；而基尼系数超过 0.5 时，则表示收入分配差距悬殊。最早的基尼系

① Hirschman, A. O. The paternity of an index. American economic review, 1964, 54 (5): 761-762.

数计算公式要求每组人口的数量必须相等。后来，托马斯（V. Thomas）等将之拓展到了非等分组的情形，给出了当每组包含的个体数量不同时计算基尼系数的方法①。

泰尔指数是泰尔（H. Theil）利用信息理论中熵的概念计算出的衡量个人或地区间收入分配差距的指标②，计算公式为：

$$T=\sum_{i=1}^{N}\frac{y_i}{\mu}\ln\left(\frac{y_i}{\mu}/\frac{n_i}{N}\right)$$

泰尔指数的独特之处在于其具备良好的可分解性质，即将样本分为多个群组时，可以分别衡量组内差距与组间差距对总体差距的贡献。此外，泰尔指数对高收入水平的变化较为敏感的特点与基尼系数只对中间收入水平的变化敏感的性质具有一定的互补性。

然而，不论是基尼系数还是泰尔指数，它们都存在一个问题，即只能测量某个分布的总体非均等状态，并不能解释这一变化是由怎样的结构变动引起的。例如，当基尼系数或泰尔指数上升时，我们并不能了解收入差距的扩大是因为高收入人群的比例增加了，还是低收入人群的比重增加了，还是两者兼而有之，极化指数则可以帮助我们揭示这种结构变迁。

极化指数是沃尔夫森（M. C. Wolfson）提出的用于衡量收入分配两极分化程度的指标③，其计算公式为：

$$W=\frac{2\{2[0.5-L(0.5)]-G\}}{m/\mu}$$

其中，$L(0.5)$ 为收入最低的50%人群的收入占总收入的份额，$G$ 为基尼系数，$m$ 为收入的中位数。极化指数的取值也在0到1之间，为0时，表示两极完全没有分化；为1时，表示两极完全分化。

实践表明，极化指数和基尼系数（或泰尔指数）的趋势不一定相同，如果只用基尼系数来度量收入分配差距，就会忽略两极分化的效应。因此，研究收入分配差距不能仅仅局限于某个度量标准，而是需要用不同的测量方法相互印证，全面地分析我国收入分配差距的现状及演化趋势。目前在我国，主要还是采用基尼系数方法来测定居民的收入分配差距④，泰尔指

---

① Thomas，V.，Wang，Y.，X. Fan. Measuring education inequality：Gini coefficients of education. Washington DC：World Bank Publications，2001：11－12.

② Theil. H. Economics and information theory//Derek Lobey. Successin economics. London：John Murray，1967：328.

③ Wolfson，M. C. When inequalities diverge. American economic review，1994，84（2）：353－358.

④ 李实．中国农村劳动力流动与收入增长和分配．中国社会科学，1999（2）；汪同三，蔡跃洲．改革开放以来收入分配对资本积累及投资结构的影响．中国社会科学，2006（1）；杨耀武，杨澄宇．中国基尼系数是否真地下降了?：基于微观数据的基尼系数区间估计．经济研究，2015（3）.

数和极化指数方法虽然有应用[①]，但是相对较少。本文在测度城乡间、地区间和行业间的收入分配差距时，综合考虑了这三种指标，以期全方位地展示我国居民收入分配格局的真实状况。

## （二）影响居民收入分配的因素

长期以来，国内外学者就影响居民收入分配的因素进行了大量的研究。李实指出，当农村存在大量的剩余劳动力时，农村劳动力的流动有助于提高农民工的收入，在抑制农村内部收入差距扩大的同时，可以缓解城乡收入差距[②]。这一结果得到了马忠东等[③]、Qu 和 Zhao[④] 及蔡昉和王美艳[⑤]等人的验证。然而，钟笑寒把进城务工的农民工作为独立阶层进行分析，发现我国城乡间的人口流动扩大了收入分配差距[⑥]；邢春冰进一步把流动人口分为永久移民和农民工两类，发现不同类型的流动人口对城乡间收入分配差距的影响也不同[⑦]。

这种看似矛盾的结论还出现在对影响收入分配因素的其他分析中。例如，伯特莱斯（G. Burtless）指出，国际贸易有利于增加发展中国家的劳动者收入，缩小收入分配差距[⑧]，这与标准的赫克歇尔-俄林（H-O）理论是一致的。但维霍根（E. A. Verhoogen）和托帕洛夫（P. Topalova）等人的研究表明，由于企业异质性和劳动力的就业黏性等因素，国际贸易会扩大发展中国家出口行业与其他行业间的收入差距[⑨]。

总结前人的研究成果，我们认为，造成这种差异的原因主要有三个：第一，假设条件不同，关于人口流动和贸易自由化会缩小发展中国家的收入分配差距的结论都是基于完全市场的假设得到的，然而现实中存在许多市场不完备因素，如果将这些因素考虑进去，就

---

① 彭定赟，王磊．财政调节、福利均等化与地区收入差距：基于泰尔指数的实证分析．经济学家，2013（5）；温娇秀，蒋洪．我国基础教育服务均等化水平的实证研究：基于双变量泰尔指数的分析．财政研究，2013（6）；龙莹，谢静文．城乡内部收入不平等与收入极化的对比分析：1988—2010年．商业研究，2015（5）.

② 李实．中国农村劳动力流动与收入增长和分配．中国社会科学，1999（2）.

③ 马忠东，张为民，梁在，等．劳动力流动：中国农村收入增长的新因素．人口研究，2004（3）.

④ Qu，Z.，Z. Zhao. Urban-rural consumption inequality in China from 1988 to 2002：evidence from quantile regression decomposition. Social science electronic publishing，2008.

⑤ 蔡昉，王美艳．为什么劳动力流动没有缩小城乡收入差距．经济学动态，2009（8）.

⑥ 钟笑寒．城乡移民与收入不平等：基于基尼系数的理论分析．数量经济技术经济研究，2008（8）.

⑦ 邢春冰．迁移、自选择与收入分配：来自中国城乡的证据．经济学（季刊），2010（2）.

⑧ Burtless，G. International trade and the rise in earnings inequality. Journal of economic literature，1995，33（2）：800－816.

⑨ Verhoogen，E. A. Trade，quality upgrading，and wage inequality in the Mexican manufacturing sector. Quarterly journal of economics，2008，123（2）：489－530；Topalova，P. Factor immobility and regional impacts of trade liberalization：evidence on poverty from India. American economic journal：applied economics，2010，2（4）：1－41.

可能得到相反的结论。第二，研究的时间跨度不同，同一个因素对收入分配差距可能产生正反两方面的影响，在经济发展的不同阶段，这些影响的相对强弱关系可能发生变化，因而就会产生相反的结果。第三，研究所使用的方法不同，我国研究收入分配的文献大多各自为政，在对于收入分配差距的变量定义、使用的数据等方面都存在较大差异，因而得到不同的结果也就不足为奇了。本文将吸取这些研究的经验和教训，采用统一的分析框架来考察人口流动、区域发展战略、税收制度和国际贸易四类因素对收入分配的影响，并详细讨论其传导机制，希望我们的研究有助于更深刻地揭示影响我国居民收入分配演变的原因。

## 二、我国收入分配差距的发展历史

为了全面考察改革开放以来我国收入分配差距的演变历程，我们从城乡、地区和行业三个维度测定居民的收入分配差距，以求更加统一、直观地展示各群体内部和不同群体间收入不平等的状况。

### （一）城乡居民的收入分配差距

城乡收入差距历来是我国居民收入分配中最受关注的部分。图1展示了改革开放以来我国农村居民收入占总收入比重以及农村人口占总人口比重的变化趋势。

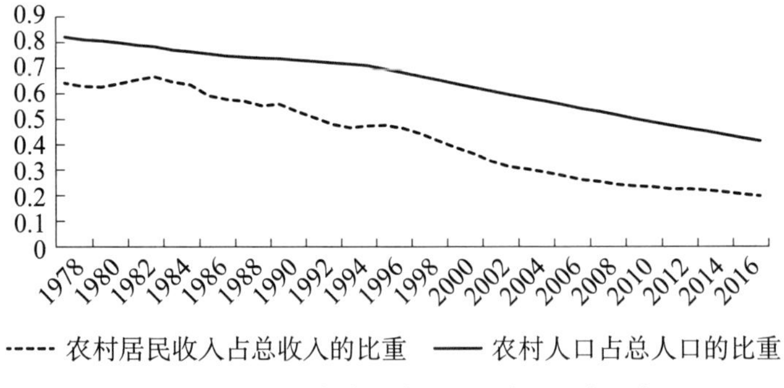


**图1 1978—2016年我国农村居民收入和人口占比**

从宏观角度来看，国民总收入中农村居民的收入份额始终低于总人口中农民的份额，这意味着农村居民在总体的收入分配中处于相对弱势的地位。此外，农村居民收入份额相对于人口份额的下降较快，这一趋势直到2008年才有所好转。

为了从微观角度更清晰地解释城乡内部以及城乡间的收入分配差距的变化，我们计算了全国总体、城镇内部、农村内部以及城乡之间的泰尔指数，并在图 2 中汇报了结果。

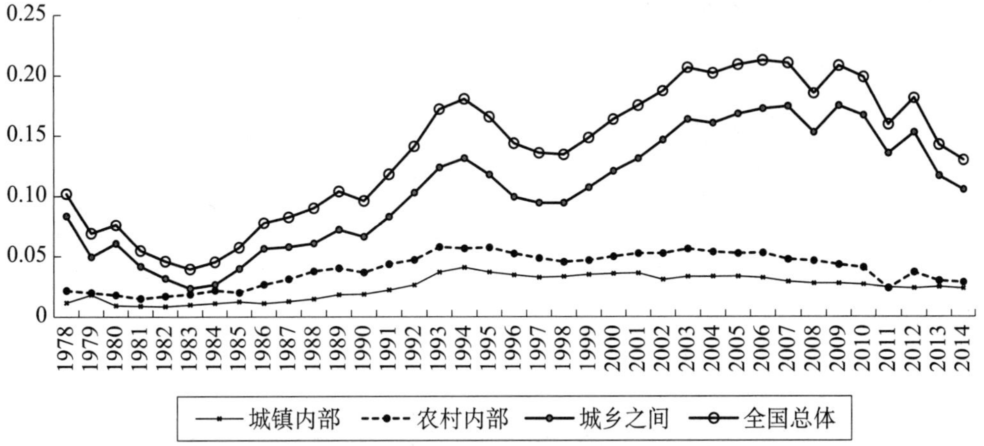


**图 2　1978—2014 年我国泰尔指数及城乡分解**

总的来看，我国城镇及农村内部的泰尔指数相对平稳，但城乡之间和全国总体的泰尔指数则有较大幅度的上升，且两者走势高度相关。进一步计算城乡内部和城乡之间的泰尔指数对总泰尔指数的贡献率可以发现，城乡间的居民收入差距对全体居民的收入分配差距贡献最大，农村内部次之，城镇内部的最小。因此，改革开放以来我国城乡间收入分配差距的扩大是造成总体居民收入不平等情况加剧的主要因素。值得注意的是，与图 1 类似，2008 年后城乡之间的泰尔指数扭转了上升的趋势，开始逐渐下降，同时带动了全国总体泰尔指数的下滑。

本文进一步计算了极化指数以考察城乡居民收入分配的两极分化程度。受到数据可得性的约束，我们选取 2002 年的微观收入数据进行计算，并将结果整理成表 1。城镇内收入位于中位数以下的人群的总收入所占份额仅有 12.19%，这一指标在农村更低，为 6.82%。城镇居民收入的极化指数为 0.551 0，农村的则高达 0.875 9。由此可见，农村居民收入以中位数收入为分界点聚集在两端的情况非常严重，贫者极贫、富者极富、中产阶级缺失的状态对我国农村的经济发展和社会稳定构成了一定的威胁。

**表 1　2002 年我国城乡收入极化指数**

| | 收入份额 | 基尼系数 | 中位数 | 均值 | 极化指数 |
|---|---|---|---|---|---|
| 城镇 | 12.19% | 0.530 5 | 6 447 | 7 866.87 | 0.551 0 |
| 农村 | 6.82% | 0.639 9 | 2 300 | 4 503.50 | 0.875 9 |

### （二）区域间的收入分配差距

区域间的收入分配差距是需要关注的另一个重要指标，它受到各地区的发展战略以及地方政府财政政策的影响，反过来又会影响这些政策的制定。本文利用非等分组基尼系数法计算了我国四大经济区域[①] 的基尼系数，如图 3 所示。

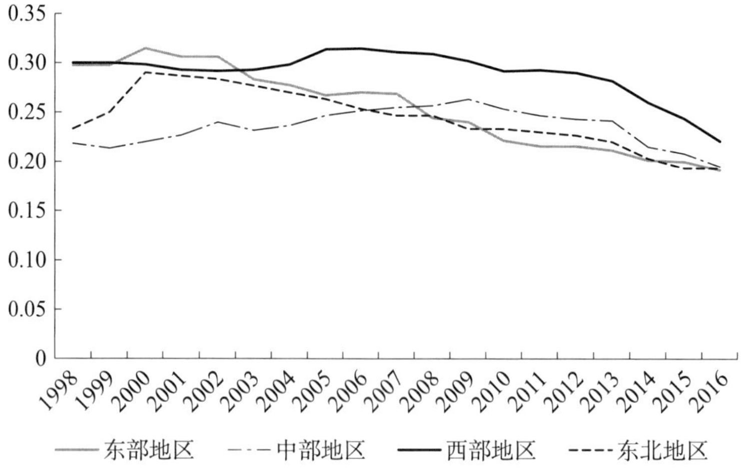


**图 3　1998—2016 年我国各地区基尼系数的比较**

由图 3 可以看出，在 2008 年以前，不同经济区域的基尼系数走势不尽相同，但 2008 年后都趋于下降。其中，东部地区的基尼系数总体呈下降趋势，这意味着东部地区不仅经济发展状况在四大地区中处于领先地位，收入分配也相对公平；中部地区经历了先上升后下降的趋势，其基尼系数在 2007 年首次超过东部地区，且在此后一直保持在较高水平；东北地区的基尼系数在 2000 年有较大幅度上升，此后走势与东部地区基本类似；西部地区的基尼系数最高，尽管在 2008 年后有较明显的下降，但绝对值依然远高于其他三个地区，这意味着西部地区收入不平等的状况最为严重。

接下来，我们以省份为单位，估计了 1998—2016 年我国 27 个省、自治区的基尼系数，由于篇幅限制不表于此。取而代之，我们利用核密度估计的方法，采用 Epanechikov 核函数估计了 2000 年、2005 年、2010 年、2015 年各地区基尼系数的分布情况，绘制出地区收入的分布函数图，见图 4。

在这 4 个年份间，各省份的基尼系数展现出两大特征：第一，均值先上升后下降。基尼系数的均值在 2005 年上升，但在 2010 年和 2015 年都不断下降。第二，密度函数的变动区间先扩大，后逐渐缩小。从 2000 年至 2005 年，基尼系数的分布函数的变动区间有所

① 四大经济区域：东部地区包括北京市、天津市、河北省、山东省、江苏省、上海市、浙江省、福建省、广东省、海南省；中部地区包括山西省、河南省、湖北省、湖南省、江西省、安徽省；西部地区包括四川省、广西壮族自治区、贵州省、云南省、重庆市、陕西省、甘肃省、内蒙古自治区、宁夏回族自治区、新疆维吾尔自治区、青海省、西藏自治区；东北地区包括辽宁省、吉林省、黑龙江省。

扩大，这意味着不同省份间收入分配的离散程度在逐渐增大，但在2010年和2015年变动区间都有所缩小，这表明各省份的基尼系数相对集中，收入分配在地区间的分布相对合理。不过，值得注意的是，2015年基尼系数的密度函数表现出较强的“厚尾”（fat tail）特征，这意味着基尼系数较大的省份的数量仍然较多。

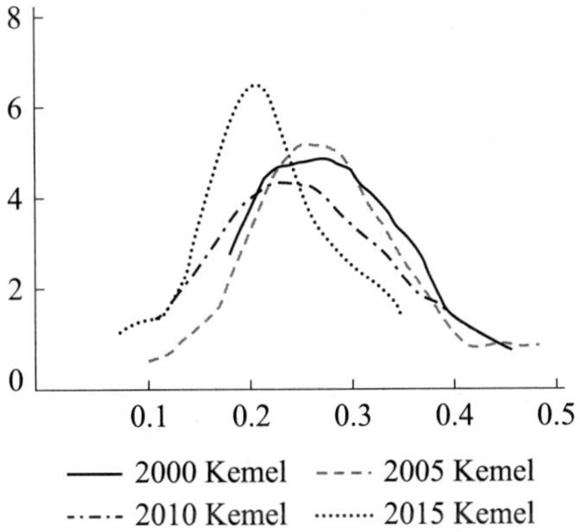


**图4　我国省级基尼系数的核密度函数图**

## （三）行业间的收入差距

行业间的收入不平等同样是影响居民收入分配差距的重要因素之一。因此本节中我们利用1990—2015年各行业[①]的平均工资水平和就业人数等数据，计算了我国19个门类的行业基尼系数和泰尔指数，如图5所示。

从图5可以看出，我国行业间收入分配的基尼系数和泰尔指数的走势基本相同。在1990年至2008年间，这两类指数都呈现上升的趋势，这意味着随着我国经济的发展，行业间的收入差距也在不断扩大。到了2008年，趋势的拐点出现，不论基尼系数还是泰尔指数都开始逐渐下降，即行业间的收入差距有所缩小，收入不平等的现象得到了一定程度的遏制。值得注意的是，2015年，行业间的收入分配差距又有回升的迹象。

改革开放以来，我国的产业结构经历了较大的调整，三大产业占GDP的份额以及各产业内部结构都发生了一系列深刻的变化。为了揭示产业结构的调整对行业间收入分配的影响，我们根据国家统计局的标准，将19个门类的行业进一步分为三大产业，并计算了

① 本文遵循GB/T 4754—2011的分类标准，把我国的行业分为：农、林、牧、渔业，采矿业，制造业，电力、燃气及水的生产和供应业，建筑业，交通运输、仓储和邮政业，信息传输、计算机服务和软件业，批发和零售业，住宿和餐饮业，金融业，房地产业，租赁和商务服务业，科学研究、技术服务和地质勘查业，水利、环境和公共设施管理业，居民服务和其他服务业，教育，卫生、社会保障和社会福利业，文化、体育和娱乐业，以及公共管理和社会组织这19个门类。

各产业内和产业间的泰尔指数，如图 6 所示。

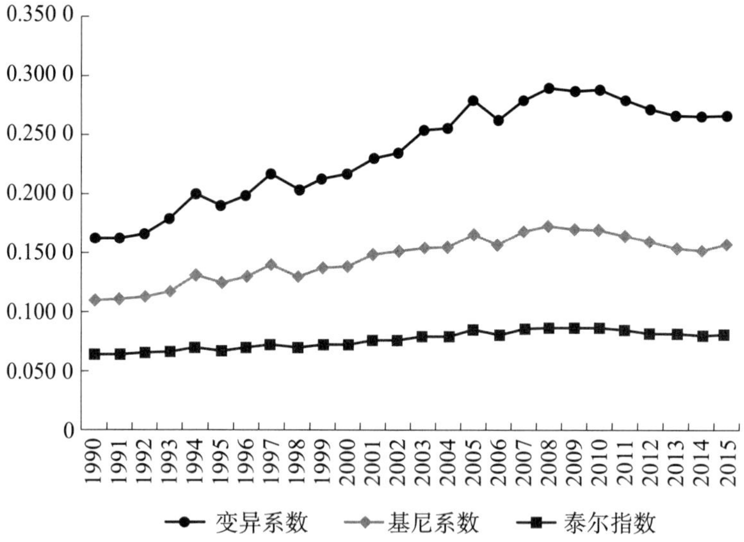


**图 5 1990—2015 年我国的行业收入差距**

值得注意的是，由于第一产业只包含农、林、牧、渔业，且我们在各年份只有一个该行业的平均收入值，故无法计算第一产业内部的泰尔指数，因此图 6 只包含了第二、三产业内和三大产业间的泰尔指数。图 6 给我们以下三点启示：首先，从 1990 年开始产业间的收入分配差距不断上升，在 2008 年达到峰值，此后逐渐下降。其次，相比于第二产业，第三产业内部的收入分配差距更为严重。在 1990 年，第二、三产业的泰尔指数基本相同，但此后第三产业的泰尔指数增长则明显快于第二产业，尽管在部分年份有所波动，但总体而言，第三产业的收入不平等是呈上升趋势的，并且在 2008 年这种趋势也没有逆转。最后，在 2008 年以前，产业间的收入差距对居民总体的收入分配差距的贡献度最大，但是在 2008 年之后，产业内部的收入差距成为影响总体收入不平等的主要因素。

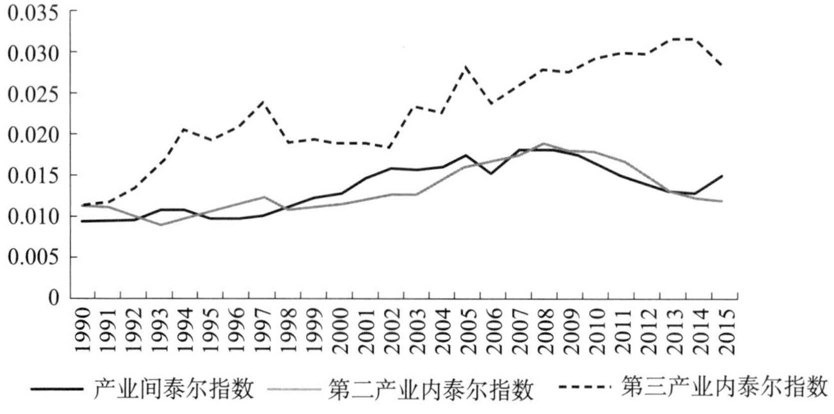


**图 6 1990—2015 年我国产业内和产业间的泰尔指数分解**

## 三、中国收入分配差距演变的原因探究

### （一）人口流动对收入分配演变的影响

人口的大规模流动是我国经济发展过程中的重要特征之一。国家统计局公布的数据显示，我国流动人口从2000年的1.21亿人已增长至2014年的2.53亿人，2015年略微下降至2.47亿人。就城乡间的人口流动而言，《2016年农民工监测调查报告》表明，2016年我国外出农民工有1.69亿人，其中进城农民工有1.36亿人。

从经济学理论的角度来看，如果生产要素市场是完备的，那么，当劳动力在城市所获得的边际回报高于在农村所获得的边际回报时，劳动者将自动地从农村流入城市。由于生产要素的边际回报关于要素投入是递减的，城市的工资率会因为就业人数的增加而下降，农村居民的人均收入则会因为人口外流而提高。人口流动的这种趋势会一直持续下去，直到居民在城市部门和在农村部门获得的收入相等为止，此时城乡居民的收入分配应当绝对均等。

然而，这一结论的成立需要有两个前提：首先，劳动力必须是同质的。如果劳动力本身存在异质性，那么，拥有更高人力资本的个体可以从事相对复杂的劳动以获得更高的收入，而低技能的个体只能从事对能力要求较低的农业生产，两者的收入差距会扩大。考虑到我国城镇和农村在基础设施、社会保障以及教育医疗等方面的差异较大，拥有较高人力资本的农民会倾向于到生活环境更好的城市定居，这样就扩大了城乡间的收入不平等，这一效应被称为劳动力的自选择性。其次，即使劳动力是同质的，工资趋同的现象也必须以劳动力市场的完备为条件。如果要素市场上存在摩擦，限制了劳动力的流动规模和所获得的收入，那么收入的趋同效应就会减弱，导致城乡收入差距的长期不均等。我国的户籍制度正是阻碍农村劳动力流向城市的一大障碍，户籍制度不仅约束了城乡间劳动力的流动，无法从根本上改变产出在城乡间的分配格局，而且引发了一系列对农村劳动力的歧视，引发了大量“同工不同酬”的现象，这些都阻碍了城乡收入差距的缩小。

由此可见，人口流动对城乡间居民收入分配差距的影响是复杂的。尽管居民从农村向城市迁移的大趋势有助于缩小城乡间的收入不平等，但个体异质性和劳动力市场摩擦等扰动因素都会倾向于提高城乡间的收入分配差距，最终的结果取决于这两种效应的相对强弱。为了更准确、深入地剖析我国的人口流动对收入分配的影响，我们采取了反事实估计

的方法，即通过回答“如果人口没有从城市流向农村，那么城乡居民的收入分配格局会如何变化”这一问题，考察这两种效应在我国是否存在。

考虑到从农村向城市迁移的人群包含两类，一类是在城市落户定居的，我们称之为“永久移民”；一类是定居农村，但在城市从事各种形式的劳动并赚取工资的，也就是通常我们所说的“农民工”。考虑到永久移民的个人能力往往高于其他农民，他们移居城市的决策带有自选择效应，这部分人群不满足我们先前所提到的“个体同质性”假定，因此，在进行反事实估计时需要把流动人口分为“永久移民”和“农民工”两个群组进行考察。

通过对农村居民、农民工、永久移民的真实收入以及农民工和永久移民群体的反事实收入进行核密度估计，我们发现：一方面，相较于真实收入，农民工和永久移民的反事实收入确实降低了，这意味着迁居城市或进城务工确实提高了部分农村居民的收入。另一方面，将农村居民的真实收入分布与农民工和永久移民的反事实收入分布进行对比，则会发现，如果永久移民在农村而非城市工作，他们的收入会高于农民工的真实收入，这意味着永久移民群体确实存在自选择效应；但农民工的反事实收入分布与农村居民的真实收入分布几乎重合，这意味着农民工的收入确实因为进城务工而提高了。

综上所述，无论是农民工还是永久移居城市的农民，他们的收入都因为在城市工作而得以提升。由于成为永久移民的农民在农村本来就是收入较高的群体，他们离开农村定居城市有助于缩小农村内部的收入不平等，但会扩大城乡间的收入分配差距。从我国城乡收入差距的典型事实来看，2000—2008 年我国农村内部收入分配差距缩小，但城乡间收入不平等程度扩大，这意味着在这一阶段，农民的自选择效应占据主导地位，而农民工群体依然属于农村人口，因而他们进城务工并获得高工资有助于缩小城乡间的差距。2008 年以后，随着进城务工的农民工规模不断扩大，越来越多的农民获得了更高的收入，人口流动效应逐渐占据了上风，城乡间的收入分配差距得以缩小。

### （二）区域发展战略对地区收入分配差距的影响探究

我国不同地区的收入分配差距主要源于各省份的经济发展水平不同，而各省份的发展水平又与改革开放以来中央和地方政府所推出的发展战略息息相关。在国家层面上，20 世纪 80 年代至 90 年代，我国打破了计划经济时代的区域平衡发展战略，将发展的重心转向东部沿海地区，提出了东部地区优先发展战略。在一系列配套政策的支持下，以长三角和珠三角为核心的东部地区率先崛起，经济发展水平和居民收入远超其他区域。到了 20 世纪末，考虑到地区间经济发展不均衡的现象较为严重，中央政府的区域发展战略从局部地区优先发展转向了区域间均衡、协调发展。一方面，推动东部地区的产业结构转型，将一些工业企业转移到其他地区以支援当地建设；另一方面，分别针对中部、西部和东北地区的发展阶段和特点制定适合各地区的特色发展战略。进入21世纪，中央确立了西部大开发战略、中部地区崛起战略和振兴东北老工业基地战略，遵循“效率优先，兼顾公平”的原则，促进我国各地区间的均衡发展。在地方层面上，由于长期以来地方的GDP都是政府官员政绩考核的核心指标，因此地方政府官员在招商引资时，有强烈的动机选择拉动GDP最明显的第二产业在本地区进行投资。另外，从1994年实施分税制改革后，地方政府的财力和事权不匹配，也有动机选择对政府税收的边际报酬更高的工业企业优先发展[①]。因此从实质上来看，各地区的地方政府所执行的都是优先发展第二产业的战略。近年来，东部地区结合自身的发展状况和产业结构，将发展重心逐渐从制造业向服务业转移，但中部、西部、东北地区依然把制造业赶超作为发展战略的核心。

由于我国中央层面的发展战略往往是以四大经济区域的方式执行的，且各经济区域内部的省级单位间的差异不大，因此本节中我们将经济区域作为单位，考察地方政府所执行的区域发展战略是否促进了各区域的发展。就区域内部而言，根据库兹涅茨的理论，如果地方政府执行的发展战略适应了本区域的产业结构、要素禀赋等特征，则有助于促进区域整体的经济增长速度提高以及居民收入水平提高，而且随着要素在不同省份间的流动，同一区域的不同省份间的收入分配差距会呈现出先上升后下降的倒U形曲线。反之，如果地方政府不顾本区域的经济基础，执行了与本区域当前环境不相符合的发展战略，则会导致要素配置的扭曲，阻碍产业结构的调整，进而降低区域的经济增速，扩大区域内部的贫富差距。就区域间的相对发展情况而言，根据巴罗（R. J. Barro）等提出的条件收敛理论[②]，如果四大区域都制定并执行了合适的发展战略，则它们的发展状况和人均收入将会有条件地趋同，这就意味着地区间的收入分配差距会不断缩小。然而，如果某些区域的发展战略与经济基础不匹配，就会抑制其人均收入的增长，造成区域间收入分配差距的扩大。由此可见，可以把区域发展战略作为评价各经济区域发展状况及收入分配情况的核心变量，本节中我们对这一指标进行量化，以便揭示区域发展战略对区域内和区域间收入分配差距的影响。

---

① 林毅夫，刘明兴．中国的经济增长收敛与收入分配．世界经济，2003（8）．

② Barro，R. J.，Blanchard，O. J.，R. E. Hall. Convergence across states and regions. Brookings papers on economic activity，1991（1）：107－182.

本文采用的区域发展战略的代理变量是林毅夫和刘明兴提出的 TCI 指数[①]，其定义如下：

$$TCI_{it} = \frac{AVM_{it}/GDP_{it}}{LM_{it}/L_{it}}$$

其中，$AVM_{it}$是区域$i$在第$t$期的工业增加值，$GDP_{it}$是生产总值，$LM_{it}$为制造业的就业人数，$L_{it}$是三大产业的总就业人数。TCI 指数衡量了各区域在某一时点上的制造业产值密度，其值越大，意味着制造业在该区域产业结构中越占据主导地位，因而地方政府采用的是工业优先的发展战略。通过对 1998—2015 年四大经济区域的 TCI 进行计算，我们发现东部地区的制造业产值密度最小，中部地区的较大，且呈现上升趋势，东北地区较中部地区更高，西部地区的 TCI 值最大。这表明，除了东部地区以外，其他三大经济区域都执行了工业优先发展的战略。

进一步考察制造业产值密度对各地区人均收入的影响，我们发现，东部地区放弃发展制造业，由第二产业向第三产业转型的发展战略促进了地区生产总值的提高，且地区内部的人均收入已有了趋同的趋势。这与 1998—2015 年东部地区内部的基尼系数不断下降的特征事实相吻合。而制造业优先发展的战略同样促进了中部地区的经济增长，在一定程度上完成了中部地区崛起的国家战略，地区内部的收入分配差距也由最开始的发散转向收敛。然而，优先发展工业的战略阻碍了东北地区和西部地区的经济发展，并使得两者的人均收入和东、中部地区的差距逐渐拉大。对于地区内部而言，这两个地区的表征并不相同：东北地区的人均收入表现出趋同的趋势，不过这种趋同是低水平上的趋同，其人均收入与东部地区的差距依然很大；而西部地区各省份间的人均收入则依然发散，地区内部的收入分配差距不断扩大。

综上，我国的区域发展战略喜忧参半。东部地区的产业结构大转型和中部地区的工业优先发展战略很好地匹配了本地区的产业结构特征，因而在提高本区域经济水平的同时，促进了区域内部各省间收入分配差距的缩小。但东北地区和西部地区的工业赶超战略并没有很好地契合本地区的产业结构，在一定程度上阻碍了本地区的发展，拉大了区域间和区域内的收入分配差距。

### （三）税收制度对收入分配差距的影响

财政政策作为一种结构型政策，长期以来是各国政府调节经济结构最常使用的重要手

① 林毅夫，刘明兴．中国的经济增长收敛与收入分配．世界经济，2003 (8).

段。收入分配作为一个结构性问题，自然也与财政政策息息相关。在财政政策的各项工具中，税收和转移支付最常被用于调节居民的收入分配差距。以下我们考察我国的税收制度对居民收入分配的影响。

按照税收负担是否可以转嫁，可以将税收种类分为直接税和间接税。其中直接税的征收对象是居民和企业，即我国的个人所得税和企业所得税。间接税是对销售商品和提供劳务征税，如营业税、消费税和增值税等。值得一提的是，并非所有的税收工具都有利于缩小居民的贫富差距，当且仅当税率随着居民的收入增加而提高时（累进税），才可以做到对低收入者少征税，对高收入者多征税，缩小居民的收入分配差距。然而，税收工具如果具有累退的特征，即税率随着居民的收入降低而提高时，则会恶化收入分配结构。

通常而言，直接税的征税对象较为明确，税收负担很难转嫁，因而属于累进税。在我国的各种税收工具中，累进特征最明显的税种是个人所得税。个人所得税采用的分级超额累进税率随着收入的逐级增加而不断提高，对高收入群体征收更高的税，因而有助于缩小收入分配差距。对于我国企业所得税是否具有累进的特征，学界一直争论不休。尽管企业所得税的征税主体较为明确，但由于企业可以通过提高产品价格将税收负担转嫁给消费者，或是通过压低劳动力价格将负担转嫁给工人，企业本身承担的税负比例较小，其税收的累进性被削弱，因而对于收入分配的调节作用有限。间接税则具有较明显的累退性，这是因为其征收对象的主体不明确，税收负担往往都转嫁到了消费者身上。由于低收入者往往具有较高的边际消费倾向，因此其会面临较高的平均税率①。因此，间接税不仅无助于调节收入结构，反而会扩大居民的收入分配差距。

我国长期以来一直执行的是以间接税为主体的税制结构。2000 年，增值税、消费税和营业税三项间接税的税收收入占税收总收入的 57.86%。近年来尽管间接税收入占比逐年下降，但依然接近税收总收入的一半。而对居民收入分配调节功能最明显的个人所得税占比很低，2015 年仅占 6.9%，美国的这一比例为 47%，日本为 31.64%。因此，从整体的税收结构设计来看，我国以累退税为主的税收制度不利于调节居民的收入分配结构②。

考虑到个人所得税在居民收入分配的调节方面具有非常积极的作用，一个自然而然的问题是，当前我国个人所得税的税制设计是否合理？是否真正有效地缓解了收入不平等状

① 考虑两类人群：低收入者和高收入者。其边际消费倾向分别为 $c_1$ 和 $c_2$，其中 $c_1>c_2$。假定消费税的边际税率为 $\tau_c$，则低收入家庭的平均税率为 $\tau_1=(1+\tau_c)c_1$，高收入家庭的平均税率为 $\tau_1=(1+\tau_c)c_2$，不难发现，低收入家庭的平均税率高于高收入家庭，因此消费税具有累退税的特征。

② 刘伟．我国现阶段财政支出与财政收入政策间的结构特征分析．财贸经济，2012（10）.

况？为了回答这些问题，有必要对个税的调节作用进行实证分析。本节中，我们采用卡瓦尼（N. C. Kakwani）提出的MT指数衡量个税的收入分配效应①，其定义为：

$$MT=(C_Y-G_Y)+\frac{t}{1-t}(C-G_X)$$

其中，$C_Y$为以税前收入排序的税后收入集中系数，$G_Y$为税后收入基尼系数，$t$为平均税率，$C$为税收集中度，$G_X$为税前收入的基尼系数。

该公式右边第一项为个人所得税的横向公平效应，考察了居民收入与纳税额之间的关系。如果税收是横向公平的，征税前后不会改变个人收入排序，则该项的值为0；如果存在横向不公平，则税后收入集中系数小于税后收入基尼系数，该项为负。因此当存在横向不公平时，MT指数会降低，税收的再分配效应减弱。第二项为纵向公平效应，即衡量不同收入阶层的税收负担是否公平。该效应受到两个因素的影响：一是平均税率，平均税率越高，纵向公平效应越大，税收的再分配功能也就越大；二是税收累进性，累进性越大，纵向公平效应越大。因此综合来看，MT指数的数值越大，个人所得税对收入分配的改善效果就越明显。

利用上式，我们计算了我国的MT指数，发现MT指数的值虽然均大于零且呈上升趋势，但数值很小，这意味着我国的个人所得税在一定程度上缩小了收入分配差距，但效应较弱。其主要原因是横向公平始终是负值，这表明我国的个人所得税主要促进了税收的纵向公平，但存在一定程度的横向不公平。2000年以来，我国对个人所得税征收方案进行过三次改革：第一次是2006年，将个税起征点从800元提高至1 600元；第二次是2008年，将起征点进一步提高到2 000元；第三次是2011年，将个税起征点提高至3 500元，并将9级税率调整为7级。为了评价这些税制改革是否使得个人所得税的征收更为合理，我们对这3个年份的MT指数进行了反事实估计②，发现三年的反事实MT指数都有所上升，这意味着三次税制改革削弱了个税对于收入分配的调节作用。通过对MT指数进行分解，我们发现，反事实估计下的纵向公平效应影响明显提高了，这表明三次税改中，个税起征点的提高削弱了个人所得税的累进性，降低了纵向公平效应，弱化了对于收入分配差距的调节作用。值得注意的是，2011年税改后9级税率调整为7级，略微提升了横向公平效应。

---

① Kakwani, N. C. On the measurement of tax progressivity and redistributive effect of taxes with aplications to horizontal and vertical equity. Advances in econometrics, 1984, 3 (2): 149－168.

② 由于我们缺少2009年居民收入的微观数据，故参考徐建炜等的做法，用2009年的住户调查数据模拟2011年的数据进行反事实估计。（徐建炜，马光荣，李实．个人所得税改善中国收入分配了吗：基于对1997—2011年微观数据的动态评估．中国社会科学，2013（6）.）

总而言之，在我国整体的税收结构中具有累退特征的间接税占比较大，削弱了税收对于收入分配差距的调节功能。此外，具有明显累进性特征的个人所得税尽管在一定程度上优化了收入分配结构，但由于占比较低以及税制设计不合理等问题，调节效应有限。当前，提高个税起征点的呼声越来越大，但历次税改的教训告诉我们，提高个税起征点会因为削弱收入分配的纵向公平效应而降低个税对收入分配的调节功能。相比较而言，修改税率等级可以通过提高横向公平效应而优化收入分配结构，因此，未来应当提升个人所得税在总税收收入中所占的比重，并进一步优化税率等级的设置。

### （四）贸易自由化对收入分配的影响研究

改革开放以来，国际贸易一直是我国经济发展的重要环节。纵观改革开放以来 40 年的发展历程，我国国际贸易的发展可以分为两个阶段。第一阶段是 1978—2001 年，在这个时期我国执行的是保护主义的对外贸易战略，即鼓励出口，但以关税、非关税壁垒和进口配额等方式限制进口。第二阶段是 2001 年至今，2001 年 12 月我国加入 WTO 后，对外贸易发生了结构性的变化。我国取消了绝大多数进口贸易壁垒，真正实现了贸易进出口的自由化，并利用本国劳动力价格较低的比较优势，确立了“投资＋出口导向型”的发展战略，保证了中国经济在此后 6 年间的高速增长，并一跃成为世界第一大出口国和第二大进口国。

根据国际贸易中著名的 H-O 理论，不同国家的比较优势使得国际贸易成为可能。发达国家的比较优势是资本，发展中国家的比较优势是劳动力，因此，发达国家向发展中国家输出资本密集型产品，进口劳动密集型产品，这会导致发达国家提高对资本的需求，降低对劳动力的需求，造成工人失业，扩大贫富差距。发展中国家则相反，大量劳动密集型行业的兴起会增加对劳动力的需求，提高劳动者的工资收入，进而缩小贫富差距。然而，部分学者的研究表明，现实经济并没有完全支持 H-O 理论的预言。当考虑产品质量时，发展中国家的出口企业可能会提高工资雇用高能力的劳动者以替代对低技能劳动者的需求，从而扩大两者的收入差距[①]。此外，赫尔普曼（E. Helpman）等指出，出口企业往往给工人提供更高的工资，这使得相同能力的人在对外贸易部门与对内贸易部门的收入存在差异，而劳动力市场的黏性限制了工人在不同企业之间的流动，从而导致收入差距长期

---

① Verhoogen，E. A. Trade，quality upgrading，and wage inequality in the Mexican manufacturing sector. Quarterly journal of economics，2008，123（2）：489－530.

存在①。

我国作为世界第一大出口国，利用人口红利这一比较优势，向世界输送了大量劳动密集型产品，“中国制造”享誉世界。进入21世纪以来，国际贸易也确实成为中国经济增长的引擎之一，使得我国居民的人均收入水平大幅提高。然而，贸易自由化对于我国居民收入分配的影响还需要进一步研究。由先前的分析可知，我国真正开始积极参与国际贸易是在2001年加入WTO以后，因此“入世”可以看成是对国际贸易的结构性冲击，这就给我们提供了进行反事实分析的可能。此处，我们想要回答的问题是：如果中国没有加入WTO，那么国际贸易对居民收入分配的影响如何？借鉴托帕洛夫的研究②，我们采用双重差分（DID）的方法，将关税作为国际贸易的代理变量，把全国居民收入的基尼系数作为被解释变量进行分析。结果显示，贸易自由化引起的关税下降显著提升了居民的基尼系数。这意味着，在行业异质性和劳动力市场黏性等因素的作用下，贸易自由化在提升我国经济增长速度的同时，也拉大了我国居民的贫富差距。在2008年以前，出口行业蓬勃发展，来自国际市场的源源不断的需求使得出口企业相对于其他企业提供了更高的工资，因而产业内和产业间的收入分配差距拉大。2008年以后，受到美国次贷危机以及欧洲主权债务危机的冲击，西方世界普遍陷入衰退的泥潭，外部需求的急剧下降对出口行业形成严重的打击，因而由行业异质性造成的收入差距得以缩小，收入不平等的趋势开始逆转。

## 四、调整我国居民收入分配结构的建议

由于我国的居民收入分配差距长期较大，已经对经济发展和社会稳定产生了一定的影响，因此，改变我国的收入不平等状况迫在眉睫。本文认为，应当抓住我国经济正在进行结构转型的机遇，采取一系列措施，推动居民的收入分配结构趋向合理水平。从短期来看，我国应该以转移支付这一再分配工具作为调节收入差距的主要手段，同时采用结构性的货币政策刺激经济增长，以此遏制收入不平等扩张的趋势。在中长期内，既要通过要素市场改革，提高要素流动的自由度以缩小规模性收入分配，还要扎实推进供给侧结构性改革以优化功能性收入分配结构。从长远的角度来看，收入不平等和财富不平等的双向反馈

---

① Helpman, E., Itskhoki, O., Muendler, M. A., et al. Trade and inequality: from theory to estimation. The review of economic studies, 2012, 84 (1): 357-405.

② Topalova, P. Factor immobility and regional impacts of trade liberalization: evidence on poverty from India. American economic journal: applied economics, 2010, 2 (4): 1-41.

机制同样值得重视，需要采用征收财产税的方式遏制财富不平等，并实行全国范围内的教育均等化，防止收入分配差距的代际传递。

### （一）以转移支付为主要工具保证短期内收入分配差距不扩大

政府的财政政策工具可以分为收入和支出两类。上文我们讨论了税收制度对收入分配的影响，以下我们将分析政府支出工具中的转移支付对收入分配的影响。如果说税收工具的主要任务是“劫富”，那么，转移支付的目的就是“济贫”。财政转移支付是指政府将一部分财政资金无偿地转移给同级、下级政府或者居民，包括政府的社会保障支出、财政补贴、中央补助拨款、税收优惠和税收返还等等。它与居民的收入分配息息相关，既是收入二次分配的重要模式，也是财政非市场性再分配作用的集中表现。居民的收入分配差距过大是结构性问题，要从根源上进行改革是一项较为漫长的工作。而转移支付政策的外部时滞较短，在补贴低收入群体、缩小居民收入不平等方面的作用立竿见影。因此，转移支付有助于缓解城乡、地区乃至行业间等多维度的收入分配差距，维护社会稳定，提高经济增长质量。我国当前正面临经济结构的转型，结构转型往往伴随着“创造性破坏”，新兴产业和传统产业的更迭会伴随着居民收入差距的进一步扩大。在此背景下，更有必要制定相应的转移支付政策，将居民的收入差距维持在合理区间内，为我国的经济转型创造良好的环境。

为了更好地设计转移支付政策，有必要先对我国目前所执行的转移支付政策在缩小收入分配差距方面所起到的作用进行评价。我们使用中央补助拨款作为转移支付的代理变量，考察了 1998 年至 2015 年转移支付政策对城乡间及地区间收入分配差距的影响。我们发现，转移支付政策虽然缩小了城乡间以及城镇内部和农村内部的收入分配差距，但效果都不显著。从地区层面来看，转移支付的收入再分配效应在东部地区最弱，中部地区和东北地区次之，西部地区最强，但整体的改善效果都比较小。这意味着当前的转移支付政策并没有能够真正地对居民收入进行再分配。其主要原因在于：第一，转移支付政策的力度不够，对于低收入群体的补助不够。第二，转移支付政策执行不到位，没有真正落实到最需要帮助的家庭。由于政府和居民间存在信息不对称，这导致一些中高收入家庭有激励伪装成低收入者以享受政府的转移支付，导致高收入者入住保障性住房、骗补等现象屡屡发生，转移支付的福利没有真正落到最需要的群体手中。第三，转移支付的形式较单一，无法为低收入家庭提供长期稳定的保障。目前我国的转移支付主要是通过发放货币的方式完成的。虽然在短期内，一定的货币补助可以帮助贫困家庭解决燃眉之急，但从长期来看，这依然无助于他们走出贫困的境地。此外，西方高福利国家的情况表明，即使提高货币补助，例如失业保障、最低工资等的金额，也只能让低收入者更安于现状，而没有激励其去提高自身的收入。转移支付的最终目的不应该是给低收入家庭提供源源不断的补助，而应该是鼓励和帮助他们提高自身的能力，依靠自身的力量赚取更高的收入。

对于当前中国而言，一方面，居民间收入分配不公平的现象已较为严重；另一方面，正值推进经济结构转型的关键期，产业内和产业间的结构调整会使得居民的收入差距存在进一步扩大的压力。考虑到转移支付具有实施对象明确、外部时滞较短、政策效果显著等优点，我们认为，我国应当把转移支付政策作为短期内调节居民收入分配的最主要的工具。未来对于转移支付政策的设计应该侧重于如下几个方面：首先，扩大居民收入统计的范围并提高其精确性，按照收入水平和收入来源对不同的收入群体进行细分。其次，对不同的群体执行差异化的政策，加大对最低收入部分人群的补助。再次，转移支付的补助方式应当多元化。在给低收入家庭提供货币补助的同时，还可以为其提供免费的教育培训，以提高其人力资本，进而提高其收入水平；或者积极向失业家庭提供各类招聘信息，帮助减少摩擦性失业等。最后，提高转移支付政策执行的透明度，并完善监管体制，提高政策的执行效率。

### （二）避免使用全面扩张的货币政策来“保增长”

货币政策作为政府总需求管理的两大手段之一，在各国的经济发展中都发挥了重要的作用。在我国，根据《中华人民共和国中国人民银行法》的规定，促进经济增长是我国货币政策的最终目标之一，而货币政策确实也为我国长期以来的高速经济增长贡献了力量。例如，在1998年东南亚金融危机和2008年美国次贷危机爆发时，受到来自国外的负向需求冲击的影响，以出口导向为主要增长引擎的中国经济面临着增速下滑的风险，但是，中国政府利用货币政策和财政政策力挽狂澜，帮助中国经济一次次地化险为夷，使得中国在近40年内年均GDP的增长率达到了9.5%左右，成就了人类经济史上的增长奇迹。

货币政策在刺激经济增长的同时，也会对居民的收入分配结构产生影响。我们认为，货币政策对收入分配的影响效应主要有两种：一是影响就业者的收入结构，我们称之为内部效应；二是影响居民收入的可得性，即外部效应。

从内部效应来看，货币政策影响居民收入分配的主要机制是对不同群体的工资性收入和财产性收入的非对称效应。当央行执行了宽松的货币政策后，经济中的价格水平会上升，如果工资可以灵活调整，那么名义工资的上升幅度应等于通胀率，从而保证从业者所获得的实际工资不变。然而，现实中工资调整存在黏性，且对于不同的收入阶层而言，工资黏性的程度不同。由于高收入群体相对而言拥有更高的议价能力，因而有更高的概率调整自己的名义工资水平，以避免实际工资下降。低收入群体由于议价能力较弱，其名义工资调整的幅度要小于高收入群体，这导致两个群体间的工资性收入差距扩大。

高收入家庭和低收入家庭的财产构成情况也有很大差异。低收入家庭的主要资产是银行存款，而高收入家庭拥有更多的股票、债券、房产等资产，财产构成的差异导致了财产性收入来源的差异。货币政策对于财产性收入的影响是通过利率的传导机制发生作用的，且对于不同类别财产的影响不同：对于股票、债券或房产而言，利率降低会使得资产价格升高，这意味着更多的财产性收入；对于银行存款而言，存款利率的降低则会导致居民获得的存款收入减少。因此，扩张性的货币政策会造成居民间财产性收入差距的扩大。

低收入者和高收入者的收入构成情况也不相同。低收入者的主要收入来源是工资性收入，而在高收入群体的总收入中财产性收入所占的比重较高。正如我们前面分析的，较高的工资黏性和较为单一的财产结构使得低收入家庭的名义工资上升有限，而高收入家庭可以更容易地调整其名义工资水平并通过购买高收益资产规避通胀率的上升，因而其实际收入受到扩张性货币政策的影响较小。货币政策对于两类家庭的这种非对称冲击进一步扩大了收入分配差距，这就是货币政策对收入分配影响的内部效应。

上述分析的一个前提假定是，所有居民的收入可得性并没有受到货币政策的影响。但实际上，货币政策是会影响到可以获得收入的人群的。菲利普斯曲线告诉我们，当通胀率上升时失业率是下降的。这意味着当央行执行宽松的货币政策时，将有更多的居民能够找到工作，进而获得工资性收入。在数据中，这表现为工资性收入中更少的零值，从而收入不平等程度会缩小。反之，如果政府执行紧缩性的货币政策，失业率会上升，这会导致收入分配差距的扩大。我们把这一机制称为货币政策的外部效应。

由此可见，货币政策对收入分配的影响是复杂的。一方面，货币政策会通过改变通胀率和名义利率对各个分项收入产生影响，并且最终的影响程度取决于居民的名义工资黏性、资产配置结构和收入构成状况。另一方面，就整体经济而言，扩张性的货币政策会提高通胀率并降低失业率，使得可以获得工资性收入的群体增多，因而居民的收入分配差距会倾向于缩小。最终货币政策对收入分配差距的影响取决于这两种效应的相对大小。为了评价我国货币政策对居民收入分配差距的影响效果，我们考察了货币政策对于城镇和农村内部居民收入分配差距以及城乡间居民收入分配差距的影响。

首先我们采用克里斯蒂安诺（L. J. Christiano）等人提出的递归假设方法[①]识别出外生的货币政策冲击，然后利用自回归分布滞后模型，将全国居民的总泰尔指数对货币政策冲击进行回归，并计算了货币政策冲击对于泰尔指数的脉冲响应函数。我们发现，正向的货币政策冲击会使得总泰尔指数发生跳跃性上升。这意味着，对于全体居民而言，我国的货币政策冲击的内部效应高于外部效应。此后，冲击呈波动性递减，最终消失，这是因为货币政策毕竟是短期政策，不可能从根本上改变居民的收入分配结构。

为了进一步分析货币政策对于收入分配差距的传导机制，我们有必要考察货币政策的内部效应和外部效应分别有多大。然而遗憾的是，由于国家统计局从 2013 年才开始公布各省居民的分项收入，因此我们无法直接讨论货币政策对工资性收入和财产性收入的影响。此外，由于缺乏与居民就业及工资相关的微观数据，也无法直接分析外部效应。退而求其次，我们利用货币政策对城镇和农村内部以及城乡间的泰尔指数的影响近似替代。这是因为，我国城镇居民的收入主要由工资性收入和财产性收入构成，农村居民的收入主要由工资性收入和经营性收入构成。这两类群体收入构成的差异为我们近似地检验货币政策的内部效应和外部效应提供了可能。基于此，我们分别用城镇内部居民收入的泰尔指数和农村内部居民收入的泰尔指数对货币政策冲击进行回归，并对它们进行脉冲响应分析。我们发现，扩张性的货币政策对于城镇和农村居民的泰尔指数的影响是非对称的。对于城镇居民而言，货币政策冲击的累计效应为正，这意味着货币政策扩大了城镇居民的收入分配差距，这主要源于居民间的工资异质性和财产构成。城镇中的高收入家庭可以通过要求更高的工资和配置高收益型资产来规避通胀，而低收入家庭由于议价能力差和投资渠道单一，名义收入的上升有限。因此，扩张性的货币政策扩大了城镇居民的收入分配差距。对于农村居民而言，虽然货币政策冲击在最初扩大了收入分配差距，但其后却使得泰尔指数出现了较大幅度的下降。我们认为，这主要是外部渠道的贡献。当通胀率上升时，由于低收入群体的工资黏性更大，其实际工资下降更多，因而用工需求的增加往往是针对这一群体的。正如我们前面所分析的，由于农民工的人力资本较低，从事的工作大多是低技能、低收入的，劳动力需求的提升使更多的农民工获得了工资性收入，从而缩小了农村内部的收入分配差距。同时，货币政策对城乡间居民的泰尔指数有非常显著的正向影响，这主要是城乡居民的收入构成导致的。由于城镇居民的财产性收入相对于农村居民较多，且其工

---

① Christiano，L. J.，Eichenbaum，M.，C. L. Evans. Monetary policy shocks：what have we learned and to what end? //Taylor，J. B.，W. Michael. Handbook of macroeconomics：Vol. 1. Amsterdam，New York：North-Holland，Elsevier，1999：65－148.

资水平也高于农村居民，因此当通胀率上升时，城镇居民可以更容易地提升自己的名义工资，而以工资性收入和经营性收入为主的农村居民则缺乏有效的规避通胀的手段。

上述分析给我们的启示是：扩张性的货币政策在带来我国经济繁荣的同时，也为居民收入分配差距的扩大埋下了隐患。在未来，政府应当避免走“以宽松促增长”的老路，谨慎使用“大水漫灌”式的货币政策。应该坚持以稳健为主的货币政策，在短期内使用定向降准、PSL 等结构性货币政策支持特定部门，把货币政策作为辅助结构调整而非拉动增长率的政策工具。

### （三）提高资源的流动性，改变规模性收入分配结构

资源配置的效率决定了一国经济的发展状况。1949 年中华人民共和国成立后，首先建立了计划经济体制，中央政府根据各地区各部门的需求情况配置资源。然而，由于缺乏激励机制、信息不对称以及对产业结构不了解等因素，中央政府配置资源的效率较为低下。从 1978 年起中国步入了改革开放的新时期，其核心在于在计划经济的体制下逐渐引入市场机制以提高资源的配置效率。经过 40 年的发展，市场机制在我国经济中已经占据了非常重要的地位，资源配置效率相较于计划经济时代得到了极大的提高。

目前，学者们大多关注资源配置效率对经济增长的影响，却忽略了它在“公平”方面也会发挥非常重要的作用。如果生产要素的流动是自由的，那么它们会按照边际生产率相等的原则在各经济部门之间进行配置。如果经济中的某个部门因为技术进步等因素提高了边际生产率，使得生产要素在该部门内获得的收益高于其他部门，那么该部门就会成为价值“洼地”，该部门和其他部门间就产生了收入差距。只要资源流动不受限制，以收益最大化为目标的要素所有者就必然会把资本、劳动力等生产要素配置到这一部门。受到生产要素边际报酬递减规律的约束，随着资源不断从其他部门流向这一部门，该部门要素的边际回报率会逐渐下降，而其他部门的要素回报率则会因资源的流出而提高，最终，生产要素在各部门的回报率应该相等。这里的“部门”可以是城市与农村、不同的地区以及不同的行业。如果生产要素在城乡间、地区间和行业间的流动不受限制，那么，最终资本和劳动力的收益都应该相等，即不存在收入分配差距。从动态调整的情况来看，各部门的收入也应该表现出收敛的趋势。

当前我国仍然存在许多扭曲资源配置的因素，例如户籍制度、学区房制度和社保制度等限制了劳动力在城乡和地区之间的流动。尽管我国每年有大量的农民工选择从农村进入城市，或是从经济欠发达的地区到经济相对发达的地区工作，然而户籍制度和社保制度不

仅限制了他们在工作所在地长期定居，而且由于这部分流动人口的工资弹性较低，容易引发企业的用工歧视，使得具有相同技能、从事相同工作的流动人口的工资低于常住居民的工资，从而限制了收入分配结构的调整。此外，学区房制度进一步导致了流动人口的子女无法与常住人口的子女享受相同的教育资源。考虑到我国教育资源分配严重不均，收入较高的地区往往也聚集了更加优质的教育资源，因而农村以及低收入地区的孩子所接受的教育往往落后于城镇和高收入地区。从长期来看，较低的人力资本意味着较低的收入，收入分配差距出现了代际传递的趋势，阶层的流动会变得愈加困难。因此，这些制度在限制人口流动的同时，也限制了居民乃至其子孙后代的收入分配差距缩小的可能。

在资本市场上，同样存在很多限制资本流动的制度。长期以来，我国的存贷款利率并非由市场定价，而是由中国人民银行直接调控。这是因为我国的国有企业难以以利润最大化为目的，且存在大量的政策性负担，从而导致其资金的使用效率较为低下。如果不给它们以政策补贴，而是任由其在市场上与民营企业竞争，那么国有企业将会因为其运营效率较差而无法生存下去。一旦国有企业破产，将会引发国有资产流失以及大量的劳动者失业，这会对国家财产安全和社会稳定造成严重的冲击。因此，商业银行给国有企业的贷款利率往往都是基准贷款利率的下限，而给民营企业的贷款利率却由市场决定，高出贷款基准利率很多。贷款利率双轨制这一现象导致了贷款资金价格的扭曲，使得资本在国有企业和民营企业间无法得到有效的配置。另外，我国商业银行对民营企业的信贷约束较为严格，民营企业，尤其是中小型企业，在缺乏固定资产作为抵押物的情况下，往往无法获得自身发展所需要的资金，这种行为进一步限制了资本在不同行业间的流动，恶化了资本配置效率。此外，就企业数量分布（不是经营额度）而言，考虑到我国国有企业大多集中于第二产业，民营企业则主要分布在第三产业，如果民营企业长期被“融资难、融资贵”的问题所困扰，无法获得充足的资本，其发展必定会受到限制。长此以往，这将严重阻碍我国的产业结构调整，不利于贯彻我们党提出的“两个毫不动摇”的原则。不仅如此，由于央行同样限制了居民的存款上限，商业银行可以以较低的成本吸收大量存款以支援国有企业，因而居民从存款中所获得的利息收入也被进一步压低。正如我们在上文中所分析的，由于我国的金融市场不够发达，收入较低的居民的财富形式主要是银行存款，这使得存款利率管制进一步扩大了居民的财产性收入差距。

由此可见，资源错配不仅降低了中国经济的增长潜力，而且对于居民收入分配差距的扩大也难辞其咎。仅凭转移支付这种二次分配的政策，并不能从根源上改变我国居民收入分配的格局，而是应该从根源出发，修正造成资源错配的各类市场扭曲。在劳动力市场上，从短期来看，可以首先建立起全国联网的社会保障系统，使得流动人口在非户籍所在地也可以享受与本地居民相同的社会保障服务；从长期来看，调整现行的户籍政策，放松长期在城镇以及高收入地区工作生活的流动人口的落户条件，会有助于促进城乡间和地区间居民收入的趋同。此外，改革学区房政策，推进教育资源的均等化，让流动人口的随行子女也能享受到与本地居民子女同等的教育条件，这样有助于提高其人力资本积累，防止收入分配差距的代际传递。在资本市场上，在深化国有企业改革、提高国有企业市场竞争力、降低企业成本，特别是在提升创新力的同时减少不合理的政策负担、提升企业市场竞争效率的基础上，一方面，要大力推进利率市场化改革。2013 年 7 月 20 日，我国已经放开了贷款利率下限，2015 年 10 月，进一步放松了存款利率上限。然而，利率管制的放松并不意味着利率市场化的完成，还需要建立起市场化的利率形成机制并加强对于金融机构的监管机制。此外，随着利率管制的放开，传统的以货币供应量为中介目标的货币政策有效性不断下降，因此，还应当尽快培育起我国的基准利率作为新的中介目标，推动货币政策从数量型转为价格型，增强其对于金融和经济的调节功能。另一方面，要进一步完善银行业的准入、退出和监管机制，培育一批针对中小型民营企业贷款的地方性银行，解决民营企业融资难、融资贵的问题。只要这些改革能够顺利推进，真正落实党的十九大提出的培育和完善要素市场的目标，那么扭曲资源配置的因素将越来越少，资源会遵循边际收益原则在各部门间自由流动。长期来看，这必然有利于缩小城乡间、地区间和行业间的收入分配差距。

### （四）推进供给侧结构性改革，优化功能性收入分配结构

居民的收入分配可以分为功能性收入分配和规模性收入分配。功能性收入分配着眼于微观，指的是收入在各微观主体间的配置，我们先前所讨论的城乡间、地区间和行业间的收入分配都属于功能性收入分配。规模性收入分配是指收入在各类生产要素间的配置，也即通常所说的收入的初次分配。从定义可以看出，功能性收入分配是与生产紧密相连的。在生产过程中，各类生产要素参与了多少、发挥了什么样的作用，直接决定了其所能获得的收入的多少。一个国家的整体产业的资本密集度越高，在初次分配时资本获得的收入比重就会越高，劳动的收入份额则相对较低，这就造成了功能性收入分配差距。尽管学者们在研究收入分配差距时往往关注规模性收入分配差距，但功能性收入分配差距同样重要。这是因为，功能性收入分配差距可以直接引起规模性收入分配差距。尽管每个微观个体的要素禀赋不同，但劳动力是所有人与生俱来的禀赋，资本和土地却往往集中在少数富裕的个人或家庭手中。如果一国的劳动收入份额较高而资本收入份额相对较低，个人的工资性

收入也会相对较高，因而其规模性收入分配差距就会相对较小。相反，如果一国的劳动收入份额偏低，那么对于以工资性收入为主要收入来源的个体而言，其获得的收入就会相对较低，导致全体居民的收入分配差距扩大。

对于我国而言，由于长期以来一直执行“投资＋出口导向型”的发展战略，第二产业在国民经济中占比一直较高，历年来第二产业增加值在GDP中所占比重都接近50%，直到2015年才有所下降。尽管自从2011年起，第二产业对GDP的贡献率和拉动作用在不断下降，而服务业则在不断上升，但由于发展的路径依赖以及出于税收贡献率等方面的考虑，中央和地方政府并没有积极推动经济结构从第二产业为主向第三产业为主的转型，反而进一步在各地兴建同质化的工业企业，造成了大量重复投资，阻碍了产业转型的整体趋势。由于第二产业是资本密集型的，第三产业是劳动密集型的，因此当前的产业结构决定了资本在初次分配中占据了主导地位，劳动的收入份额则相对较低，这导致我国的规模性收入分配结构极不合理。

2015年，中央提出了“供给侧结构性改革”的概念，其核心在于矫正供需结构错配和要素配置扭曲，减少无效供给和低端供给，扩大有效供给和中高端供给，促进要素流动和优化配置，实现更高水平的供需平衡①。截至2017年末，随着“三去一降一补”的顺利推进，供给侧结构性改革已进入攻坚阶段。我们认为，供给侧结构性改革有助于缩小规模性收入分配差距，从根本上改变我国居民收入分配不公的格局。不论淘汰落后产能，降低国有企业杠杆率，还是降低企业的交易成本，都是为了给后续推动整体经济结构的变革埋下伏笔。从第二产业内部来看，降低低端、落后产业的占比，培养高端和高附加值的制造业有助于提升资本和劳动力的使用效率，从而提高要素收入；从行业间来看，逐渐降低第二产业在经济中所占比重，提高服务业占比有助于改变当前资本的收入份额偏高而劳动力收入份额较低的格局，从源头上修正功能性收入分配不公。因此，深化供给侧结构性改革，才是解决我国居民收入分配差距过大的根本之道②。

### （五）推行财产税和教育均等化，打破收入不平等和财富不平等的双向传导机制

居民的财富不平等与收入不平等息息相关，财富分布结构甚至比收入分配结构更为重要。这是因为，收入是流量，可以相对容易地被调查、统计和调整，但财富是存量，不仅

① 王一鸣，陈昌盛，李承健．正确理解供给侧结构性改革．中国发展评论（中文版），2016（4）．
② 刘伟，蔡志洲．完善国民收入分配结构与深化供给侧结构性改革．经济研究，2017（8）．

在统计上存在困难，而且由于存量的调整较为困难和缓慢，因此财富不平等一旦形成就很难改变。所以，居民的财富分布状况同样值得我们重视。可惜的是，国内外的现有研究大多集中于对收入不平等的讨论，对财富分布不平等没有给予足够的关注。

收入不平等和财富不平等之间存在很强的反馈机制，可以用一个简单的例子说明这一点。假定最初所有居民的财富都为零，仅获得工资性收入，且由于个体间存在异质性，他们的人力资本不同，因而收入有高有低。通常而言，高收入者的边际储蓄倾向更高，而低收入者拥有较高的边际消费倾向，因而在本期末高收入家庭积累了更多的财富。假定家庭从每一单位中获取的财产性收入是相同的，那么在下一期，人力资本较高的家庭不仅获得了较高的工资性收入，而且财产性收入也会更高，从而在期末他们会积累更多的财富。如此往复，高收入家庭积累的财富会越来越多，他们从财产中获得的收入也越来越高，收入不平等逐渐累积成财富不平等，而财富的不平等又进一步强化了收入的不平等。在这种滚雪球效应的作用下，居民的收入分配差距和财富分布差距都会越拉越大。在上面这个例子中，我们假定家庭从每单位财富中获得的收入是均等的，其实在现实中，由于风险偏好往往随着收入的提高而上升，高收入家庭有更大的激励去从事高风险、高收益的投资项目，且由于他们的人力资本较高，相比低收入家庭他们能更有效地配置自己的财产，因而其财富的平均收益率往往高于低收入家庭。这就意味着高收入家庭可以获得更高的财产性收入，进一步扩大整个社会的贫富差距。

这个例子还告诉我们，财富不平等可能会引起收入不平等的代际传递。由于子女是父母财产的第一法定继承人，高收入家庭的子女可以从父母那里获得大量的财富，这可以使他们“赢在起跑线上”。此外，高收入家庭往往更重视教育，也更有能力为其子女提供更为优质的教育，因而高收入家庭的子女通常拥有较高的人力资本。如此一来，子代的收入不平等现象会比父代的更为严重，形成“富者愈富，贫者恒贫”的现象，导致社会阶层流动性变差。一旦阶层固化，就会对经济发展和社会稳定构成强烈的威胁。

对于我国而言，目前财富不平等的现象愈加严重。根据我们的测算，我国目前居民财富不平等的程度高于收入不平等的程度，这说明“收入—财富”不平等的反馈机制已经出现苗头[①]。因此，我们不仅应当重视收入不平等，还需要采取措施遏制财富不平等。一方

---

① 也有一些研究表明，现阶段我国居民的财富积累的差距显著大于收入水平的差距（参见北京大学社会调查中心谢宇教授等关于中国民生情况的研究报告，2013）。若这种财富转化为资本，则会进一步加速扩大收入差距，因为市场化改革导向首先并且很大程度地提升了资本的效率，而劳动效率提升相对较低，按“效率—报酬”原则，资本要素报酬的提升速度会高于劳动要素报酬的提升速度。（刘伟，李绍荣．所有制变化与经济增长和要素效率提升．经济研究，2001（1）.）

面，应尽快出台并推广财产税。在发达国家，遏制财富不平等的重要手段之一就是征收房产税、遗产税、赠予税等财产税，而在我国的税制结构中这一块尚处于空缺状态。与个人所得税类似，财产税具有明显的累进特征，有助于缩小居民的财富不平等。考虑到我国居民的财产分布不均主要体现在房产上，因此，出台可以合理有效缩小财富分布差距的房产税是发展的要求，对于遏制财富不平等的扩大趋势是有利的，此外，还需要在未来设计符合我国国情的遗产税和赠予税等。另一方面，应促进全国范围内的教育均等化。自古以来，教育就是不同阶级间最坚实的桥梁。只有让所有收入阶层的子女都有机会接受相同质量的教育，才能为低收入家庭的子女积累更高的人力资本创造条件，让他们有机会通过自己的努力来提高收入，改变现有的收入分配结构。因此，我国应该双管齐下，采用征收财产税和推行教育均等化的方法避免收入分配与财富分配的反馈机制形成，从而确保国家的长治久安。

# 改革开放 40 年：中国金融的变革与发展*

吴晓求**

**【摘　要】**改革开放 40 年，中国金融无论在规模、结构、业态，还是在功能、竞争力和国际影响力等方面都发生了重大而深刻的变革。准确、全面、客观地分析和了解中国金融的现状，总结中国金融 40 年改革、开放和发展的经验及利弊得失，是进一步推动中国金融深度改革和全面开放的重要前提。

本文从金融资产规模和结构、融资工具和融资机制、金融业态、金融功能和金融风险、金融开放以及金融监管模式等方面系统分析了改革开放 40 年中国金融的发展和变革，在此基础上提出了中国金融未来的发展方向是构建现代金融体系和与中国经济相匹配的大国金融。

**【关键词】**改革开放 40 年；中国金融；变革与发展

改革开放 40 年，中国经济社会发生了翻天覆地的变化，取得了人类发展史上的伟大成就。中国由改革开放前的贫穷、落后、封闭的国家转变成小康、进步、开放的社会主义现代化国家。随着中国经济的发展和市场化改革的推进，中国金融无论在规模、结构、业态，还是在功能、竞争力和国际影响力等方面都发生了深刻的变革。中国金融已从改革开放之初的传统、落后的计划性金融，转变成初具现代金融功能特征的市场化金融，中国金

* 在本文形成过程中，中国人民大学财政金融学院博士研究生张焯、孙思栋，硕士研究生丁月梅、王子豪在数据搜集上提供了帮助。本文原刊发于《经济理论与经济管理》2018 年第 11 期。

** 吴晓求，中国人民大学财政金融学院教授。

融开始具有大国金融的一些特征。结构性改革、市场化方向、技术性特征和国际化趋势是未来中国金融改革和发展的主流。

总结改革开放40年中国金融的发展经验、改革路径和利弊得失，准确、全面、客观地分析和了解中国金融的现状，是进一步推动中国金融深度改革和全面开放的基本前提。知彼又知己，才会理性自信，才能拥有未来。

## 一、金融资产规模的扩张与结构变化：基于资产属性角度的分析

基于不同分析目的，金融资产有不同的分类和不同的统计口径。这里主要从两个角度去观察金融资产规模和结构的变化：一是从金融资产的属性（货币属性和资产属性）和资产的流动性差异角度来观测金融资产规模的扩张，分析其内部结构的变化；二是从商业银行（及类银行）信贷资产和证券化金融资产的角度统计金融资产规模，分析金融资产结构变动的趋势①。

### （一）MS口径（资产属性角度）内金融资产规模和结构变动

表1和图1表示的是1978年以后，特别是1990年至2018年6月MS（M2＋S）口径范围内中国金融资产的规模变化；表2和图2表示的是1990年至2018年6月，基于货币性金融资产（M2）和证券化金融资产（S）分类统计基础上的中国金融资产之结构变动。

**表1　1978年—2018年6月中国金融资产规模扩张及结构变动**
**（基于货币资产与证券化金融资产的统计）**　　单位：亿元人民币

| 年份 | M2 | | 证券化金融资产（S）（S=S1＋S2） | | | | | | MS（M2＋S） | |
|---|---|---|---|---|---|---|---|---|---|---|
| | 规模 | 增长率 | 股票市值（S1） | | 债券余额（S2） | | 总规模（S） | 增长率（S′） | 规模 | 增长率 |
| | | | 规模 | 增长率 | 规模 | 增长率 | | | | |
| 1978 | 1 159.10 | 4.68% | 0 | 0 | 0 | 0 | 0 | 0 | 1 159.10 | 4.68% |
| 1979 | 1 458.10 | 25.80% | 0 | 0 | 0 | 0 | 0 | 0 | 1 458.10 | 25.80% |
| 1980 | 1 842.90 | 26.39% | 0 | 0 | 0 | 0 | 0 | 0 | 1 842.90 | 26.39% |
| 1981 | 2 234.50 | 21.25% | 0 | 0 | 48.66 | — | 48.66 | — | 2 283.16 | 23.89% |

① 吴晓求，等．中国金融监管改革：现实动因与理论逻辑．北京：中国金融出版社，2018：5-13.

续前表

单位：亿元人民币

| 年份 | M2 | | 证券化金融资产（S）（S=S1+S2） | | | | | | MS（M2+S） | |
|---|---|---|---|---|---|---|---|---|---|---|
| | 规模 | 增长率 | 股票市值（S1） | | 债券余额（S2） | | 总规模（S） | 增长率（S′） | 规模 | 增长率 |
| | | | 规模 | 增长率 | 规模 | 增长率 | | | | |
| 1982 | 2 589.80 | 15.90% | 0 | 0 | 92.49 | 90.07% | 92.49 | 90.07% | 2 682.29 | 17.48% |
| 1983 | 3 075.00 | 18.74% | 0 | 0 | 134.07 | 44.96% | 134.07 | 44.96% | 3 209.07 | 19.64% |
| 1984 | 4 146.30 | 34.84% | 0 | 0 | 176.60 | 31.72% | 176.60 | 31.72% | 4 322.90 | 34.71% |
| 1985 | 5 198.90 | 25.39% | 0 | 0 | 237.21 | 34.32% | 237.21 | 34.32% | 5 436.11 | 25.75% |
| 1986 | 6 720.90 | 29.28% | 0 | 0 | 299.72 | 26.35% | 299.72 | 26.35% | 7 020.62 | 29.15% |
| 1987 | 8 330.90 | 23.96% | 0 | 0 | 362.79 | 21.04% | 362.79 | 21.04% | 8 693.69 | 23.83% |
| 1988 | 10 099.80 | 21.23% | 0 | 0 | 494.96 | 36.43% | 494.96 | 36.43% | 10 594.76 | 21.87% |
| 1989 | 11 949.60 | 18.32% | 0 | 0 | 633.87 | 28.06% | 633.87 | 28.06% | 12 583.47 | 18.77% |
| 1990 | 15 293.40 | 27.98% | 23.82 | — | 1 085.78 | 71.29% | 1 109.60 | 75.05% | 16 403.00 | 30.35% |
| 1991 | 19 349.90 | 26.52% | 112.18 | 370.95% | 1 391.08 | 28.12% | 1 503.26 | 35.48% | 20 853.16 | 27.13% |
| 1992 | 25 402.20 | 31.28% | 945.06 | 742.45% | 2 104.76 | 51.30% | 3 049.82 | 102.88% | 28 452.02 | 36.44% |
| 1993 | 34 879.80 | 37.31% | 3 474.29 | 267.63% | 2 343.14 | 11.33% | 5 817.43 | 90.75% | 40 697.23 | 43.04% |
| 1994 | 46 923.50 | 34.53% | 3 687.83 | 6.15% | 2 968.51 | 26.69% | 6 656.34 | 14.42% | 53 579.84 | 31.65% |
| 1995 | 60 750.50 | 29.47% | 3 474.27 | −5.79% | 4 502.50 | 51.68% | 7 976.77 | 19.84% | 68 727.27 | 28.27% |
| 1996 | 77 265.00 | 27.18% | 10 084.38 | 190.26% | 7 830.64 | 73.92% | 17 915.02 | 124.59% | 95 180.02 | 38.49% |
| 1997 | 90 631.83 | 17.30% | 17 529.23 | 73.83% | 11 761.71 | 50.20% | 29 290.94 | 63.50% | 119 922.77 | 26.00% |
| 1998 | 104 498.50 | 15.30% | 19 505.65 | 11.27% | 18 295.63 | 55.55% | 37 801.28 | 29.05% | 142 299.78 | 18.66% |
| 1999 | 119 898.00 | 14.74% | 26 471.17 | 35.71% | 22 430.38 | 22.60% | 48 901.55 | 29.36% | 168 799.55 | 18.62% |
| 2000 | 138 356.47 | 15.40% | 48 090.94 | 81.67% | 26 518.46 | 18.23% | 74 609.40 | 52.57% | 212 965.87 | 26.16% |
| 2001 | 158 301.92 | 14.42% | 43 522.20 | −9.50% | 30 377.96 | 14.55% | 73 900.16 | −0.95% | 232 202.08 | 9.03% |
| 2002 | 185 006.97 | 16.87% | 38 329.13 | −11.93% | 37 030.03 | 21.90% | 75 359.16 | 1.97% | 260 366.13 | 12.13% |
| 2003 | 221 222.82 | 19.58% | 42 457.71 | 10.77% | 48 304.54 | 30.45% | 90 762.25 | 20.44% | 311 985.07 | 19.83% |
| 2004 | 253 207.70 | 14.46% | 37 055.57 | −12.72% | 60 552.30 | 25.36% | 97 607.87 | 7.54% | 350 815.57 | 12.45% |
| 2005 | 298 755.48 | 17.99% | 32 430.28 | −12.48% | 79 848.79 | 31.87% | 112 279.07 | 15.03% | 411 034.55 | 17.17% |
| 2006 | 345 577.91 | 15.67% | 89 403.90 | 175.68% | 98 314.91 | 23.13% | 187 718.81 | 67.19% | 533 296.72 | 29.74% |
| 2007 | 403 401.30 | 16.73% | 327 140.89 | 265.91% | 128 715.36 | 30.92% | 455 856.25 | 142.84% | 859 257.55 | 61.12% |
| 2008 | 475 166.60 | 17.79% | 121 366.44 | −62.90% | 157 127.08 | 22.07% | 278 493.52 | −38.91% | 753 660.12 | −12.29% |
| 2009 | 610 224.52 | 28.42% | 243 939.12 | 100.99% | 181 135.63 | 15.28% | 425 074.75 | 52.63% | 1 035 299.27 | 37.37% |

续前表

单位：亿元人民币

| 年份 | M2 | | 证券化金融资产（S）（S=S1+S2） | | | | | | MS（M2+S） | |
|---|---|---|---|---|---|---|---|---|---|---|
| | 规模 | 增长率 | 股票市值（S1） | | 债券余额（S2） | | 总规模（S） | 增长率（S′） | 规模 | 增长率 |
| | | | 规模 | 增长率 | 规模 | 增长率 | | | | |
| 2010 | 725 851.79 | 18.95% | 265 422.59 | 8.81% | 206 910.34 | 14.23% | 472 332.93 | 11.12% | 1 198 184.72 | 15.73% |
| 2011 | 851 590.90 | 17.32% | 214 758.10 | −19.09% | 224 318.77 | 8.41% | 439 076.87 | −7.04% | 1 290 667.77 | 7.72% |
| 2012 | 974 148.80 | 14.39% | 230 357.62 | 7.26% | 262 895.07 | 17.20% | 493 252.69 | 12.34% | 1 467 401.49 | 13.69% |
| 2013 | 1 106 524.98 | 13.59% | 230 977.19 | 0.27% | 300 163.71 | 14.18% | 531 140.90 | 7.68% | 1 637 665.88 | 11.60% |
| 2014 | 1 228 374.81 | 11.01% | 372 546.96 | 61.29% | 360 046.63 | 19.95% | 732 593.59 | 37.93% | 1 960 968.40 | 19.74% |
| 2015 | 1 392 278.11 | 13.34% | 531 304.20 | 42.61% | 485 391.40 | 34.81% | 1 016 695.60 | 38.78% | 2 408 973.71 | 22.85% |
| 2016 | 1 550 066.67 | 11.33% | 508 245.11 | −4.34% | 643 018.45 | 32.47% | 1 151 263.56 | 13.24% | 2 701 330.23 | 12.14% |
| 2017 | 1 676 768.54 | 8.17% | 567 475.37 | 11.65% | 746 871.01 | 16.15% | 1 314 346.38 | 14.17% | 2 991 114.92 | 10.73% |
| 2018① | 1 770 178.37 | 5.57% | 504 630.78 | −11.07% | 790 532.00 | 5.85% | 1 295 162.78 | −1.46% | 3 065 341.15 | 2.48% |

注：1. 2011 年 10 月起，货币供应量 M2 已包括住房公积金中心存款和非存款类金融机构在存款类金融机构的存款。

2. MS 是从流动性差异的角度和持有主体（居民部门、企业部门、政府部门以及海外部门）持有商业银行和资本市场证券化金融资产（不包括基金）的全部金融资产，但不包括四部门持有主体持有的非银行金融机构的金融资产。

3. S1 表示股票类金融资产，S2 表示债券类金融资产，S 表示证券类金融资产，S′表示证券类金融资产的年增长率。下同。

4. 1981 年恢复国债制度，发行国库券 48.66 亿元，用于弥补 1979 年和 1980 年的预算赤字。

5. 1990 年以前债券余额数据按照 1993 年《中国统计年鉴》中的国债国库券收入规模进行逐年累计得到，1990—1994 年使用 Wind 数据库中的国债余额与企业债余额之和。

①2018 年数据只统计到当年 6 月。

资料来源：国家统计局、Wind 资讯、中国人民银行。

**表 2　1990 年—2018 年 6 月中国金融资产结构变动**
**（基于货币资产与证券化金融资产的比较）**

| 年份 | S1/S | M2/S | M2/MS | S/MS |
|---|---|---|---|---|
| 1990 | 0.021 5 | 13.782 8 | 0.932 4 | 0.067 6 |
| 1991 | 0.074 6 | 12.872 0 | 0.927 9 | 0.072 1 |
| 1992 | 0.309 9 | 8.329 1 | 0.892 8 | 0.107 2 |
| 1993 | 0.597 2 | 5.995 7 | 0.857 1 | 0.142 9 |
| 1994 | 0.554 0 | 7.049 4 | 0.875 8 | 0.124 2 |
| 1995 | 0.435 5 | 7.615 9 | 0.883 9 | 0.116 1 |
| 1996 | 0.562 9 | 4.312 9 | 0.811 8 | 0.188 2 |
| 1997 | 0.598 5 | 3.094 2 | 0.755 8 | 0.244 2 |

续前表

| 年份 | S1/S | M2/S | M2/MS | S/MS |
|---|---|---|---|---|
| 1998 | 0.516 0 | 2.764 4 | 0.734 4 | 0.265 6 |
| 1999 | 0.541 3 | 2.451 8 | 0.710 3 | 0.289 7 |
| 2000 | 0.644 6 | 1.854 4 | 0.649 7 | 0.350 3 |
| 2001 | 0.588 9 | 2.142 1 | 0.681 7 | 0.318 3 |
| 2002 | 0.508 6 | 2.455 0 | 0.710 6 | 0.289 4 |
| 2003 | 0.467 8 | 2.437 4 | 0.709 1 | 0.290 9 |
| 2004 | 0.379 6 | 2.594 1 | 0.721 8 | 0.278 2 |
| 2005 | 0.288 8 | 2.660 8 | 0.726 8 | 0.273 2 |
| 2006 | 0.476 3 | 1.840 9 | 0.648 0 | 0.352 0 |
| 2007 | 0.717 6 | 0.884 9 | 0.469 5 | 0.530 5 |
| 2008 | 0.435 8 | 1.706 2 | 0.630 5 | 0.369 5 |
| 2009 | 0.573 9 | 1.435 6 | 0.589 4 | 0.410 6 |
| 2010 | 0.561 9 | 1.536 7 | 0.605 8 | 0.394 2 |
| 2011 | 0.489 1 | 1.939 5 | 0.659 8 | 0.340 2 |
| 2012 | 0.467 0 | 1.974 9 | 0.663 9 | 0.336 1 |
| 2013 | 0.434 9 | 2.083 3 | 0.675 7 | 0.324 3 |
| 2014 | 0.508 5 | 1.676 7 | 0.626 4 | 0.373 6 |
| 2015 | 0.522 6 | 1.369 4 | 0.578 0 | 0.422 0 |
| 2016 | 0.441 5 | 1.346 4 | 0.573 8 | 0.426 2 |
| 2017 | 0.431 8 | 1.275 7 | 0.560 6 | 0.439 4 |
| 2018① | 0.389 6 | 1.366 8 | 0.577 5 | 0.422 5 |

注：1990 年之前，从中国金融化资产结构上看，没有发生重要变化，故结构分析从 1990 年开始。

①2018 年数据只统计到当年 6 月。

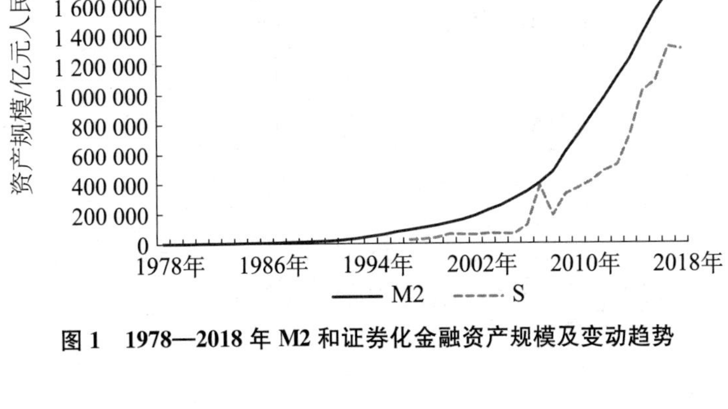


**图 1　1978—2018 年 M2 和证券化金融资产规模及变动趋势**

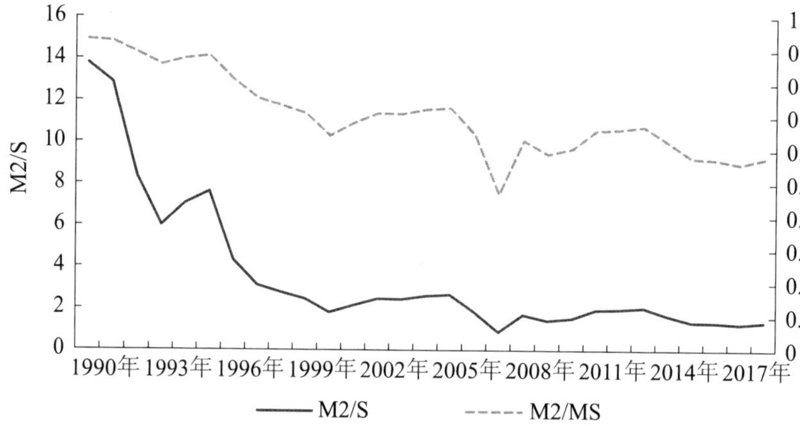


**图2 1990—2018年中国金融资产结构变化趋势**

从表1可以看到，1978年中国的M2为1 159.10亿元人民币，到了2017年则增加到167.68万亿元（2018年6月为177.02万亿元），40年间中国M2增长了约1 446倍，年均增长率20.5%。与此同时，中国GDP 1978年为3 645亿元人民币，2017年为827 122亿元人民币，40年间，名义（未扣除价格因素）GDP增长了225.9倍，年均增长14.9%。经济货币化率则由1978年的0.318大幅上升到2017年的2.03。

## （二）城乡居民储蓄存款增长

城乡居民储蓄存款余额的变化，在银行主导型金融体系中，是一国金融资产规模变化的缩影，可以从一个侧面观测一个时期经济增长的财富效应和金融资产规模变动的特点。从表3可以看到，1978年中国城乡居民储蓄存款余额为210.60亿元，到2018年7月为683 763.26亿元，在不考虑价格变动因素的条件下，40年来城乡居民储蓄存款余额增长了3 246倍，年均增长率为22.4%。

**表3 1978年—2018年7月中国城乡居民储蓄存款增长情况** 单位：亿元人民币

| 年份 | 居民储蓄存款 | 年份 | 居民储蓄存款 |
|---|---|---|---|
| 1978 | 210.60 | 1983 | 892.90 |
| 1979 | 281.00 | 1984 | 1 214.70 |
| 1980 | 395.80 | 1985 | 1 622.60 |
| 1981 | 523.40 | 1986 | 2 237.80 |
| 1982 | 675.40 | 1987 | 3 083.40 |

续前表

单位：亿元人民币

| 年份 | 居民储蓄存款 | 年份 | 居民储蓄存款 |
|---|---|---|---|
| 1988 | 3 819.10 | 2004 | 119 555.39 |
| 1989 | 5 184.50 | 2005 | 141 050.99 |
| 1990 | 7 119.60 | 2006 | 161 587.30 |
| 1991 | 9 244.90 | 2007 | 172 534.19 |
| 1992 | 11 757.30 | 2008 | 217 885.35 |
| 1993 | 15 203.50 | 2009 | 260 771.66 |
| 1994 | 21 518.80 | 2010 | 303 302.49 |
| 1995 | 29 662.30 | 2011 | 343 635.89 |
| 1996 | 38 520.80 | 2012 | 399 551.00 |
| 1997 | 46 279.80 | 2013 | 447 601.57 |
| 1998 | 53 407.47 | 2014 | 485 261.30 |
| 1999 | 59 621.83 | 2015 | 546 077.85 |
| 2000 | 64 332.38 | 2016 | 597 751.05 |
| 2001 | 73 762.43 | 2017 | 643 767.62 |
| 2002 | 86 910.65 | 2018① | 683 763.26 |
| 2003 | 103 617.65 | | |

①2018 年数据只统计到当年 7 月。

资料来源：中国人民银行。

### （三）证券化金融资产（S）增长

我们再分析一下证券化金融资产的增长。从表 1 可以看到，改革开放后，中国证券化金融资产起始于 1981 年的国债发行，当年发行额 48.66 亿元。到 1989 年，国债余额 633.87 亿元，占 MS 口径范围金融资产的 5.04%。

1990 年底，沪深交易所相继成立，当年共有 13 只上市交易的股票①。1991 年底总市值 112.18 亿元人民币，到 2018 年 9 月 4 日，沪深上市公司数达到 3 560 家，市值 48.05

① 1990 年 12 月 19 日上海证券交易所正式营业，第一批上市的公司股票分别是：上海申华电工联合公司（600653）、上海豫园旅游商城（集团）股份有限公司（600655）、上海飞乐股份有限公司（大飞乐，600654）、上海真空电子器件股份有限公司（600602）、浙江凤凰化工股份有限公司（600656）、上海飞乐音响股份有限公司（小飞乐，600651）、上海爱使电子设备股份有限公司（600652）、上海延中实业股份有限公司（600601）。俗称“老八股”。深圳证券交易所 1990 年 12 月 1 日开始集中交易（试营业），当时共有深发展（000001）、深万科（000002）、深金田（000003）、深安达（000004）、深原野（000005）等 5 只上市公司股票，也称“深圳老五股”。

万亿元。在所有金融资产类型中，就规模（市值）而言，股票是增长最快的一种金融资产。

债券是证券化金融资产中的一个重要品种。1990 年中国债券类资产余额首次突破 1 000亿元，达到 1 085.78 亿元，从这一年开始，债券余额统计除国债余额外，已包括企业债。到 2017 年底则达到了 74.69 万亿元，其间年增长率高达 27.4%。在证券化金融资产（S，S＝S1＋S2）口径范围内，1990 年规模为 1 109.6 亿元，到 2018 年 6 月达到了 129.52 万亿元，年均增长率 28.7%。

### （四）判断与基本结论

上述分析说明，在 1978—2018 年改革开放 40 年中：

（1）在经济快速增长，名义增长率平均为 14.9%的同时，货币性金融资产（M2）年均增速 20.5%，M2 的增速明显快于经济增长速度，经济货币率由 0.318 上升到 2.03。

（2）与此同时，证券化金融资产规模呈现出较快的增长。1990 年—2018 年 6 月，规模增长了1 166倍，年均增速 28.7%，在 MS 口径范围内证券化金融资产的比例呈上升趋势，并开始对金融结构的变革产生重要影响。

（3）在 S 口径中，股票（S1）和债券（S2）的规模和比例大体保持一个差距不大的年均增速和变化，但 S1 和 S2 的一些年份的增长稳定性呈现出明显差异。

（4）MS 口径内各类金融资产的规模和结构的变化，表明中国金融已经完全由 1978 年改革开放初的计划性金融转变成市场化金融，且基于市场机制的证券化金融资产的影响日益明显。

## 二、金融资产规模的扩张与结构变化：基于融资机制角度的分析

对金融资产规模及结构变化的统计和分析，可以从所谓的直接融资和间接融资的角度来进行，这实质上是一种融资结构和融资机制的比较研究。

### （一）CS 口径（融资机制）金融资产的规模扩张

从表 4 可以看到，银行及类银行信贷资产 1978 年为 1 890.42 亿元，在之后 40 年的多数年份都以 10%～20%的速度增长，到 2017 年达到 120.13 万亿元，银行信贷资产增长了 634 倍，年均增长 18%，高于其间年均经济增长率 3 个百分点。如果将银行信贷资产（C）

与GDP之比（C/GDP）作为经济增长与银行信贷关联性分析指标，1978年的C/GDP的比值为0.52，2017年则大幅度上升到1.45，在金融体系没有发生结构性重大变化的前提下，C/GDP的比率的经济含义可以理解为商业银行信贷产出比。C/GDP从1978年的0.52到2017年的1.45表明，银行信贷资产的快速扩张是中国经济高速增长的重要原因。中国金融资产规模变动趋势见图3。从基本趋势和经济金融规律看，试图通过更大规模的信贷扩张来推动中国经济增长的模式难以持续。

**表4　1978年—2018年6月中国金融资产规模变动**
**（基于直接融资与间接融资的视角）**

单位：亿元人民币

| 年份 | 银行信贷资产（C）（金融机构各项贷款余额） | | 证券化金融资产（S）（S=S1+S2） | | | | | | CS（C+S） | |
|---|---|---|---|---|---|---|---|---|---|---|
| | 规模 | 增长率 | 股票市值（S1） | | 债券余额（S2） | | 总规模（S=S1+S2） | 增长率 | 规模 | 增长率 |
| | | | 规模 | 增长率 | 规模 | 增长率 | | | | |
| 1978 | 1 890.42 | — | 0 | 0 | 0 | 0 | 0 | 0 | 1 890.42 | — |
| 1979 | 2 082.47 | 10.16% | 0 | 0 | 0 | 0 | 0 | 0 | 2 082.47 | 10.16% |
| 1980 | 2 478.08 | 19.00% | 0 | 0 | 0 | 0 | 0 | 0 | 2 478.08 | 19.00% |
| 1981 | 2 853.29 | 15.14% | 0 | 0 | 48.66 | — | 48.66 | — | 2 901.95 | 17.10% |
| 1982 | 3 162.70 | 10.84% | 0 | 0 | 92.49 | 90.07% | 92.49 | 90.07% | 3 255.19 | 12.17% |
| 1983 | 3 566.56 | 12.77% | 0 | 0 | 134.07 | 44.96% | 134.07 | 44.96% | 3 700.63 | 13.68% |
| 1984 | 4 746.80 | 33.09% | 0 | 0 | 176.60 | 31.72% | 176.60 | 31.72% | 4 923.40 | 33.04% |
| 1985 | 6 198.38 | 30.58% | 0 | 0 | 237.21 | 34.32% | 237.21 | 34.32% | 6 435.59 | 30.71% |
| 1986 | 8 142.72 | 31.37% | 0 | 0 | 299.72 | 26.35% | 299.72 | 26.35% | 8 442.44 | 31.18% |
| 1987 | 9 814.09 | 20.53% | 0 | 0 | 362.79 | 21.04% | 362.79 | 21.04% | 10 176.88 | 20.54% |
| 1988 | 11 964.25 | 21.91% | 0 | 0 | 494.96 | 36.43% | 494.96 | 36.43% | 12 459.21 | 22.43% |
| 1989 | 14 248.81 | 19.09% | 0 | 0 | 633.87 | 28.06% | 633.87 | 28.06% | 14 882.68 | 19.45% |
| 1990 | 17 511.02 | 22.89% | 23.82 | — | 1 085.78 | 71.29% | 1 109.60 | 75.05% | 18 620.62 | 25.12% |
| 1991 | 21 337.80 | 21.85% | 112.18 | 370.95% | 1 391.08 | 28.12% | 1 503.26 | 35.48% | 22 841.06 | 22.67% |
| 1992 | 26 322.90 | 23.36% | 945.06 | 742.45% | 2 104.76 | 51.30% | 3 049.82 | 102.88% | 29 372.72 | 28.60% |
| 1993 | 32 943.10 | 25.15% | 3 474.29 | 267.63% | 2 343.14 | 11.33% | 5 817.43 | 90.75% | 38 760.53 | 31.96% |
| 1994 | 39 976.00 | 21.35% | 3 687.83 | 6.15% | 2 968.51 | 26.69% | 6 656.34 | 14.42% | 46 632.34 | 20.31% |
| 1995 | 50 544.10 | 26.44% | 3 474.27 | −5.79% | 4 502.50 | 51.68% | 7 976.77 | 19.84% | 58 520.87 | 25.49% |
| 1996 | 61 156.60 | 21.00% | 10 084.38 | 190.26% | 7 830.64 | 73.92% | 17 915.02 | 124.59% | 79 071.62 | 35.12% |
| 1997 | 74 914.10 | 22.50% | 17 529.23 | 73.83% | 11 761.71 | 50.20% | 29 290.94 | 63.50% | 104 205.04 | 31.79% |
| 1998 | 86 524.10 | 15.50% | 19 505.65 | 11.27% | 18 295.63 | 55.55% | 37 801.28 | 29.05% | 124 325.38 | 19.31% |
| 1999 | 93 734.30 | 8.33% | 26 471.17 | 35.71% | 22 430.38 | 22.60% | 48 901.55 | 29.36% | 142 635.85 | 14.73% |
| 2000 | 99 371.07 | 6.01% | 48 090.94 | 81.67% | 26 518.46 | 18.23% | 74 609.40 | 52.57% | 173 980.47 | 21.98% |
| 2001 | 112 314.70 | 13.03% | 43 522.20 | −9.50% | 30 377.96 | 14.55% | 73 900.16 | −0.95% | 186 214.86 | 7.03% |
| 2002 | 131 293.93 | 16.90% | 38 329.13 | −11.93% | 37 030.03 | 21.90% | 75 359.16 | 1.97% | 206 653.09 | 10.98% |
| 2003 | 158 996.23 | 21.10% | 42 457.71 | 10.77% | 48 304.54 | 30.45% | 90 762.25 | 20.44% | 249 758.48 | 20.86% |
| 2004 | 177 363.49 | 11.55% | 37 055.57 | −12.72% | 60 552.30 | 25.36% | 97 607.87 | 7.54% | 274 971.36 | 10.09% |

续前表 单位：亿元人民币

| 年份 | 银行信贷资产（C）（金融机构各项贷款余额） | | 证券化金融资产（S）（S=S1+S2） | | | | | | CS（C+S） | |
|---|---|---|---|---|---|---|---|---|---|---|
| | 规模 | 增长率 | 股票市值（S1） | | 债券余额（S2） | | 总规模（S=S1+S2） | 增长率 | 规模 | 增长率 |
| | | | 规模 | 增长率 | 规模 | 增长率 | | | | |
| 2005 | 194 690.39 | 9.77% | 32 430.28 | −12.48% | 79 848.79 | 31.87% | 112 279.07 | 15.03% | 306 969.46 | 11.64% |
| 2006 | 225 285.28 | 15.71% | 89 403.90 | 175.68% | 98 314.91 | 23.13% | 187 718.81 | 67.19% | 413 004.09 | 34.54% |
| 2007 | 261 690.88 | 16.16% | 327 140.89 | 265.91% | 128 715.36 | 30.92% | 455 856.25 | 142.84% | 717 547.13 | 73.74% |
| 2008 | 303 394.64 | 15.94% | 121 366.44 | −62.90% | 157 127.08 | 22.07% | 278 493.52 | −38.91% | 581 888.16 | −18.91% |
| 2009 | 399 684.82 | 31.74% | 243 939.12 | 100.99% | 181 135.63 | 15.28% | 425 074.75 | 52.63% | 824 759.57 | 41.74% |
| 2010 | 479 195.55 | 19.89% | 265 422.59 | 8.81% | 206 910.34 | 14.23% | 472 332.93 | 11.12% | 951 528.48 | 15.37% |
| 2011 | 547 946.69 | 14.35% | 214 758.10 | −19.09% | 224 318.77 | 8.41% | 439 076.87 | −7.04% | 987 023.56 | 3.73% |
| 2012 | 629 909.64 | 14.96% | 230 357.62 | 7.26% | 262 895.07 | 17.20% | 493 252.69 | 12.34% | 1 123 162.33 | 13.79% |
| 2013 | 718 961.46 | 14.14% | 230 977.19 | 0.27% | 300 163.71 | 14.18% | 531 140.90 | 7.68% | 1 250 102.36 | 11.30% |
| 2014 | 816 770.01 | 13.60% | 372 546.96 | 61.29% | 360 046.63 | 19.95% | 732 593.59 | 37.93% | 1 549 363.60 | 23.94% |
| 2015 | 939 540.16 | 15.03% | 531 304.20 | 42.61% | 485 391.40 | 34.81% | 1 016 695.60 | 38.78% | 1 956 235.76 | 26.26% |
| 2016 | 1 066 040.06 | 13.46% | 508 245.11 | −4.34% | 643 018.45 | 32.47% | 1 151 263.56 | 13.24% | 2 217 303.62 | 13.35% |
| 2017 | 1 201 320.99 | 12.69% | 567 475.37 | 11.65% | 746 871.01 | 16.15% | 1 314 346.38 | 14.17% | 2 515 667.37 | 13.46% |
| 2018① | 1 291 534.16 | 7.51% | 504 630.78 | −11.07% | 790 532.00 | 5.85% | 1 295 162.78 | −1.46% | 2 586 696.94 | 2.82% |

①2018 年数据只统计到当年 6 月。

资料来源：国家统计局、Wind 资讯。

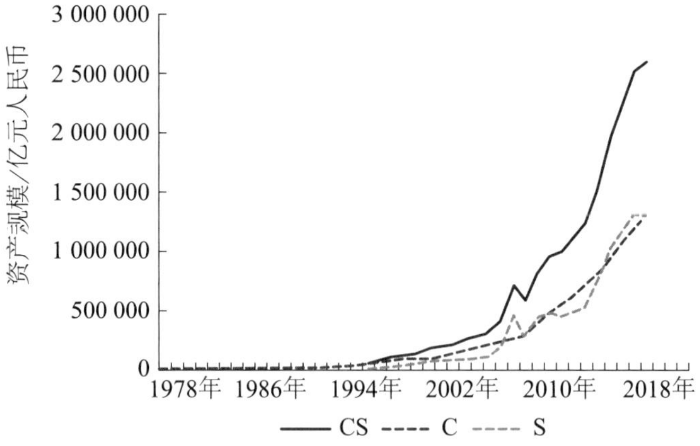


**图 3　1978 年—2018 年 6 月中国金融资产规模变动：基于融资机制角度的观察**

注：2018 年统计截至当年 6 月。

## （二）CS 口径金融资产的结构变化

在 CS 口径范围内，中国金融资产结构变动虽然不及 MS 口径范围内结构变动显著，但亦呈现出趋势性变化的特征，这种变化可以在表 5 中 C/CS 和 S/CS 的比值变化中得到印证。结构性趋势见图4。如表5所示，在CS口径范围内的全部金融资产中，银行信贷资产占比（C/CS）呈持续性下降趋势，1990年为0.940 4，到2018年6月降到了0.499 3。与这一趋势相反，证券化金融资产（S）在持续扩张的同时，在CS口径范围内的金融资产中的占比也呈渐近上升的趋势，由1990年的0.059 6上升到2018年6月的0.500 7。这种变化的一个重要原因，与近几年地方政府债大幅度增加有密切关系①。

**表5　1990年—2018年6月中国金融资产结构变动**
**（基于直接融资与间接融资的视角）**

| 年份 | C/CS | S/CS | S/C | S1/C | S1/S | S1/CS |
|---|---|---|---|---|---|---|
| 1990 | 0.940 4 | 0.059 6 | 0.063 4 | 0.001 4 | 0.021 5 | 0.001 3 |
| 1991 | 0.934 2 | 0.065 8 | 0.070 5 | 0.005 3 | 0.074 6 | 0.004 9 |
| 1992 | 0.896 2 | 0.103 8 | 0.115 9 | 0.035 9 | 0.309 9 | 0.032 2 |
| 1993 | 0.849 9 | 0.150 1 | 0.176 6 | 0.105 5 | 0.597 2 | 0.089 6 |
| 1994 | 0.857 3 | 0.142 7 | 0.166 5 | 0.092 3 | 0.554 0 | 0.079 1 |
| 1995 | 0.863 7 | 0.136 3 | 0.157 8 | 0.068 7 | 0.435 5 | 0.059 4 |
| 1996 | 0.773 4 | 0.226 6 | 0.292 9 | 0.164 9 | 0.562 9 | 0.127 5 |
| 1997 | 0.718 9 | 0.281 1 | 0.391 0 | 0.234 0 | 0.598 5 | 0.168 2 |
| 1998 | 0.695 9 | 0.304 1 | 0.436 9 | 0.225 4 | 0.516 0 | 0.156 9 |
| 1999 | 0.657 2 | 0.342 8 | 0.521 7 | 0.282 4 | 0.541 3 | 0.185 6 |
| 2000 | 0.571 2 | 0.428 8 | 0.750 8 | 0.484 0 | 0.644 6 | 0.276 4 |
| 2001 | 0.603 1 | 0.396 9 | 0.658 0 | 0.387 5 | 0.588 9 | 0.233 7 |
| 2002 | 0.635 3 | 0.364 7 | 0.574 0 | 0.291 9 | 0.508 6 | 0.185 5 |
| 2003 | 0.636 6 | 0.363 4 | 0.570 8 | 0.267 0 | 0.467 8 | 0.170 0 |
| 2004 | 0.645 0 | 0.355 0 | 0.550 3 | 0.208 9 | 0.379 6 | 0.134 8 |
| 2005 | 0.634 2 | 0.365 8 | 0.576 7 | 0.166 6 | 0.288 8 | 0.105 6 |
| 2006 | 0.545 5 | 0.454 5 | 0.833 2 | 0.396 8 | 0.476 3 | 0.216 5 |
| 2007 | 0.364 7 | 0.635 3 | 1.742 0 | 1.250 1 | 0.717 6 | 0.455 9 |
| 2008 | 0.521 4 | 0.478 6 | 0.917 9 | 0.400 0 | 0.435 8 | 0.208 6 |
| 2009 | 0.484 6 | 0.515 4 | 1.063 5 | 0.610 3 | 0.573 9 | 0.295 8 |
| 2010 | 0.503 6 | 0.496 4 | 0.985 7 | 0.553 9 | 0.561 9 | 0.278 9 |
| 2011 | 0.555 2 | 0.444 8 | 0.801 3 | 0.391 9 | 0.489 1 | 0.217 6 |
| 2012 | 0.560 8 | 0.439 2 | 0.783 1 | 0.365 7 | 0.467 0 | 0.205 1 |
| 2013 | 0.575 1 | 0.424 9 | 0.738 8 | 0.321 3 | 0.434 9 | 0.184 8 |
| 2014 | 0.527 2 | 0.472 8 | 0.896 9 | 0.456 1 | 0.508 5 | 0.240 5 |
| 2015 | 0.480 3 | 0.519 7 | 1.082 1 | 0.565 5 | 0.522 6 | 0.271 6 |
| 2016 | 0.480 8 | 0.519 2 | 1.079 9 | 0.476 8 | 0.441 5 | 0.229 2 |
| 2017 | 0.477 5 | 0.522 5 | 1.094 1 | 0.472 4 | 0.431 8 | 0.225 6 |
| 2018① | 0.499 3 | 0.500 7 | 1.002 8 | 0.390 7 | 0.389 6 | 0.195 1 |

注：1990年之前数据不完整，故此表分析从1990年开始。
①2018年数据只统计到当年6月。

① 吴晓求，陶晓红，张焞．发展中国债券市场需要重点思考的几个问题．财贸经济，2018（3）．

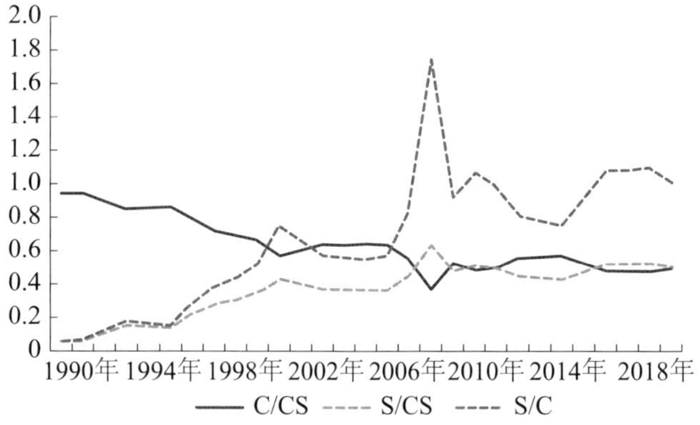


**图4　1990年—2018年6月中国金融资产结构变动：基于融资机制角度的比较**

注：2018年统计截至当年6月。

在S/CS的比值上升趋势中，一个不可忽略的重要因素是内部结构的变化。1990年股票市值在金融资产中的比重（S1/CS）仅为0.001 3（0.13%），到了2018年6月则上升到0.195 1（19.51%）。由于股票资产统计的是存量市值，实际上在存量市值中发挥了融资功能的存量资产只有25%～30%，所以，从融资功能角度看，到2018年6月，S/CS的比值显然要低于0.5。在证券化金融资产（S）中，近几年债券（S2）特别是地方政府债发展速度快，加上金融债、公司债（企业债）后债券余额非常庞大，综合考虑中国债券市场的结构特点和流动性特性，可以得出中国金融结构正在朝着市场化、证券化方向演变的趋势性结论，但现在还不能因为S/CS比值接近0.5就得出中国金融结构发生了质的变化的结论。

## 三、居民部门金融资产结构变化：基于财富管理角度的分析

居民部门金融资产结构的变化，对分析一国金融结构乃至金融体系的变化具有特别重要的意义，是金融结构变革的重要支点。表6说明的是，1978—2016年居民部门金融资产持有类型、数量和结构的变化。这里居民部门持有的证券化资产与前述统计口径相比，新增了保险准备金（2004年前）和证券投资基金份额（2004年及以后），二者统一标为S3。居民部门持有的非证券化资产，包括通货及存款（F）。本文居民部门持有的总金额资产的统计为FS口径，即FS=F+S。

**表6　1978—2016年居民部门金融资产结构变化**
**（基于财富管理的视角）**

单位：亿元人民币

| 年份 | 证券化金融资产（S） | | | | | | | | 非证券化金融资产（F） | | 总金融资产（FS） | | 证券化、非证券化资产占比 | | |
|---|---|---|---|---|---|---|---|---|---|---|---|---|---|---|---|
| | 股票（S1） | | 债券（S2） | | 保险准备金（2003年及以前）/证券投资基金份额（2004年及以后）（S3） | | 总规模 | | 通货及存款 | | | | S/FS | （S1+S2）/FS | F/FS |
| | 数量 | 增长率 | 数量 | 增长率 | 数量 | 增长率 | 数量 | 增长率 | 数量 | 增长率 | 数量 | 增长率 | | | |
| 1978 | — | — | — | — | — | — | — | — | 380.2 | — | 380.2 | — | — | — | 100% |
| 1979 | — | — | — | — | — | — | — | — | 495.2 | 30.25% | 495.2 | 30.25% | — | — | 100% |
| 1980 | — | — | — | — | — | — | — | — | 676.5 | 36.61% | 676.5 | 36.61% | — | — | 100% |
| 1981 | — | — | — | — | — | — | — | — | 840.7 | 24.27% | 840.7 | 24.27% | — | — | 100% |
| 1982 | — | — | 19.7 | — | — | — | 19.7 | — | 1 026.7 | 22.12% | 1 046.4 | 24.47% | 1.88% | 1.88% | 98.12% |
| 1983 | — | — | 40.5 | 105.58% | — | — | 40.5 | 105.58% | 1 316.3 | 28.21% | 1 356.8 | 29.66% | 2.98% | 2.98% | 97.02% |
| 1984 | — | — | 62.6 | 54.57% | — | — | 62.6 | 54.57% | 1 848.4 | 40.42% | 1 911.0 | 40.85% | 3.28% | 3.28% | 96.72% |
| 1985 | — | — | 106.4 | 69.97% | 4.8 | — | 111.2 | 77.64% | 2 412.8 | 30.53% | 2 524.0 | 32.08% | 4.41% | 4.22% | 95.59% |
| 1986 | — | — | 254.8 | 139.47% | 12.9 | 168.75% | 267.7 | 140.74% | 3 212.7 | 33.15% | 3 480.4 | 37.89% | 7.69% | 7.32% | 92.31% |
| 1987 | 30.0 | — | 328.4 | 28.89% | 25.6 | 98.45% | 384.0 | 43.44% | 4 245.0 | 32.13% | 4 629.0 | 33.00% | 8.30% | 7.74% | 91.70% |
| 1988 | 105.0 | 250.00% | 463.9 | 41.26% | 38.3 | 49.61% | 607.2 | 58.13% | 5 529.4 | 30.26% | 6 136.6 | 32.57% | 9.89% | 9.27% | 90.11% |
| 1989 | 125.0 | 19.05% | 595.0 | 28.26% | 46.1 | 20.37% | 766.1 | 26.17% | 7 022.1 | 27.00% | 7 788.2 | 26.91% | 9.84% | 9.24% | 90.16% |
| 1990 | 138.0 | 10.40% | 702.8 | 18.12% | 56.3 | 22.13% | 897.1 | 17.10% | 9 235.3 | 31.52% | 10 132.4 | 30.10% | 8.85% | 8.30% | 91.15% |
| 1991 | 226.0 | 63.77% | 958.6 | 36.40% | 78.3 | 39.08% | 1 262.9 | 40.78% | 11 783.6 | 27.59% | 13 046.5 | 28.76% | 9.68% | 9.08% | 90.32% |
| 1992 | 293.0 | 29.65% | 1 629.2 | 69.96% | 122.6 | 56.58% | 2 044.8 | 61.91% | 15 158.7 | 28.64% | 17 203.5 | 31.86% | 11.89% | 11.17% | 88.11% |
| 1993 | 410.0 | 39.93% | 1 929.0 | 18.40% | 157.1 | 28.14% | 2 496.1 | 22.07% | 19 735.8 | 30.19% | 22 231.9 | 29.23% | 11.23% | 10.52% | 88.77% |
| 1994 | 488.0 | 19.02% | 2 360.6 | 22.37% | 213.6 | 35.96% | 3 062.2 | 22.68% | 27 349.7 | 38.58% | 30 411.9 | 36.79% | 10.07% | 9.37% | 89.93% |
| 1995 | 475.0 | −2.66% | 2 954.9 | 25.18% | 304.3 | 42.46% | 3 734.2 | 21.95% | 35 970.5 | 31.52% | 39 704.7 | 30.56% | 9.40% | 8.64% | 90.60% |
| 1996 | 1 508.0 | 217.47% | 4 206.3 | 42.35% | 431.6 | 41.83% | 6 145.9 | 64.58% | 45 562.4 | 26.67% | 51 708.3 | 30.23% | 11.89% | 11.05% | 88.11% |
| 1997 | 2 914.0 | 93.24% | 5 987.2 | 42.34% | 503.6 | 16.68% | 9 404.8 | 53.03% | 54 421.6 | 19.44% | 63 826.4 | 23.44% | 14.73% | 13.95% | 85.27% |
| 1998 | 3 679.0 | 26.25% | 7 400.2 | 23.60% | 762.4 | 51.39% | 11 841.6 | 25.91% | 62 400.6 | 14.66% | 74 242.2 | 16.32% | 15.95% | 14.92% | 84.05% |
| 1999 | 4 928.4 | 33.96% | 9 702.4 | 31.11% | 891.2 | 16.89% | 15 522.0 | 31.08% | 70 386.2 | 12.80% | 85 908.2 | 15.71% | 18.07% | 17.03% | 81.93% |

续前表

单位：亿元人民币

| 年份 | 证券化金融资产（S） | | | | | | | | 非证券化金融资产（F） | | 总金融资产（FS） | | 证券化、非证券化资产占比 | | |
|---|---|---|---|---|---|---|---|---|---|---|---|---|---|---|---|
| | 股票（S1） | | 债券（S2） | | 保险准备金（2003年及以前）/证券投资基金份额（2004年及以后）（S3） | | 总规模 | | 通货及存款 | | | | S/FS | （S1+S2）/FS | F/FS |
| | 数量 | 增长率 | 数量 | 增长率 | 数量 | 增长率 | 数量 | 增长率 | 数量 | 增长率 | 数量 | 增长率 | | | |
| 2000 | 9 652.5 | 95.85% | 12 274.4 | 26.51% | 1 003.0 | 12.54% | 22 929.9 | 47.73% | 75 373.7 | 7.09% | 98 303.6 | 14.43% | 23.33% | 22.31% | 76.67% |
| 2001 | 8 677.9 | −10.10% | 13 941.6 | 13.58% | 1 438.0 | 43.37% | 24 057.5 | 4.92% | 85 555.6 | 13.51% | 109 613.1 | 11.50% | 21.95% | 20.64% | 78.05% |
| 2002 | 7 491.0 | −13.68% | 15 007.4 | 7.64% | 2 298.0 | 59.81% | 24 796.4 | 3.07% | 100 733.0 | 17.74% | 125 529.4 | 14.52% | 19.75% | 17.92% | 80.25% |
| 2003 | 7 907.4 | 5.56% | 18 082.9 | 20.49% | 3 030.0 | 31.85% | 29 020.3 | 17.03% | 119 415.0 | 18.55% | 148 435.3 | 18.25% | 19.55% | 17.51% | 80.45% |
| 2004 | 8 897.0 | — | 6 293.0 | — | 1 905.0 | — | 32 974.0 | — | 147 395.0 | — | 180 369.0 | — | 18.28% | 8.42% | 81.72% |
| 2005 | 7 865.0 | −11.60% | 6 534.0 | 3.83% | 2 449.0 | 28.56% | 38 587.0 | 17.02% | 170 496.0 | 15.67% | 209 083.0 | 15.92% | 18.46% | 6.89% | 81.54% |
| 2006 | 17 001.0 | 116.16% | 6 944.0 | 6.27% | 5 618.0 | 129.40% | 57 394.0 | 48.74% | 194 206.0 | 13.91% | 251 600.0 | 20.33% | 22.81% | 9.52% | 77.19% |
| 2007 | 51 604.0 | 203.54% | 6 707.0 | −3.41% | 29 716.0 | 428.94% | 128 444.0 | 123.79% | 207 051.0 | 6.61% | 335 495.0 | 33.34% | 38.28% | 17.38% | 61.72% |
| 2008 | 20 157.0 | −60.94% | 4 981.0 | −25.73% | 17 011.0 | −42.75% | 85 770.0 | −33.22% | 257 100.0 | 24.17% | 342 870.0 | 2.20% | 25.02% | 7.33% | 74.98% |
| 2009 | 47 374.0 | 135.03% | 2 623.0 | −47.34% | 8 383.0 | −50.72% | 110 237.0 | 28.53% | 300 632.0 | 16.93% | 410 869.0 | 19.83% | 26.83% | 12.17% | 73.17% |
| 2010 | 56 477.0 | 19.22% | 2 692.0 | 2.63% | 7 346.0 | −12.37% | 141 499.0 | 28.36% | 353 333.0 | 17.53% | 494 832.0 | 20.44% | 28.60% | 11.96% | 71.40% |
| 2011 | 59 755.0 | 5.80% | 1 898.0 | −29.49% | 7 952.0 | 8.25% | 172 050.0 | 21.59% | 405 984.0 | 14.90% | 578 034.0 | 16.81% | 29.76% | 10.67% | 70.24% |
| 2012 | 61 619.0 | 3.12% | 4 527.0 | 138.51% | 11 049.0 | 38.95% | 293 806.0 | 70.77% | 468 158.0 | 15.31% | 761 964.0 | 31.82% | 38.56% | 8.68% | 61.44% |
| 2013 | 55 800.0 | −9.44% | 4 876.0 | 7.71% | 9 753.0 | −11.73% | 365 091.0 | 24.26% | 496 762.0 | 6.11% | 861 853.0 | 13.11% | 42.36% | 7.04% | 57.64% |
| 2014 | 79 000.0 | 41.58% | 5 579.0 | 14.42% | 9 214.0 | −5.53% | 466 704.0 | 27.83% | 565 298.0 | 13.80% | 1 032 002.0 | 19.74% | 45.22% | 8.20% | 54.78% |
| 2015 | 125 000.0 | 58.23% | 10 517.0 | 88.51% | 18 141.0 | 96.89% | 568 802.0 | 21.88% | 614 217.0 | 8.65% | 1 183 019.0 | 14.63% | 48.08% | 11.46% | 51.92% |
| 2016 | 146 200.0 | 16.96% | 10 742.0 | 2.14% | 22 116.0 | 21.91% | 623 456.0 | 9.61% | 673 997.0 | 9.73% | 1 297 453.0 | 9.67% | 48.05% | 12.10% | 51.95% |

注：1. 与前述图表相比，从口径上看，表6中的证券化金融资产加上了保险准备金/证券投资基金份额。

2. 2003年及以前的证券化金融资产总规模为S1、S2、S3之和，2004年及以后的证券化金融资产总规模内涵更为丰富，包括：股票、债券、证券投资基金份额、证券公司客户保证金、保险准备金、金融机构理财产品、结算资金、其他金融资产，与前述各表数据口径略有差异。

3. 2015—2016年数据计算方法，参考了《中国国家资产负债表2015：杠杆调整与风险管理》。

资料来源：2003年及以前的数据来源于李硕．居民金融资产结构与经济增长关联性分析．消费导刊，2010（4）．2004年及以后的数据来源于李扬，张晓晶，常欣，等．中国国家资产负债表2015：杠杆调整与风险管理．北京：中国社会科学出版社，2015；《中国人民银行年报》（2016、2017）。

表6所表示的金融资产结构的变动趋势与前述大体一致，居民部门持有的证券化金融资产的比重呈不断上升的趋势，持有的非证券化金融资产的比重呈下降趋势。1978—1981年居民部门持有的金融资产全部为通货及存款形态的非证券化金融资产。1982年居民部门开始持有少量证券（国库券），持有的金融资产结构开始发生微小变化。这种变化在1982—2011年的30年间，除2007年由于股价指数大幅度上涨，引起该年居民部门持有的金融资产结构发生了重大变化，非证券化金融资产占比（F/FS）由上年（2006年）的77.19%突然大幅度下降到61.72%外，其余年份F/FS的比值均在70%以上。2011年以后，居民部门持有的金融资产结构开始发生趋势性的重大变化，F/FS进入50%～60%的重要区位，S/FS在40%左右波动。

从上述分析中，可以得出这样的结论：改革开放40年来，以金融资产结构变动为核心分析指标的中国金融结构，无疑发生了重大的变化，这种变化正在趋近金融结构质的变化的临界值，中国金融已经进入市场化金融发展模式的运行轨道。

## 四、中国金融业态的变化：从单一到多元

改革开放40年来，中国金融业态发生了根本性的变化。这种根本性变化的基础性力量，来源于经济的规模性和市场化之后的“脱媒”趋势及信息技术、通信技术深度变革带来的新科技对金融基因的深度渗透。如果说“脱媒”的趋势推动着资本市场的发展，那么高科技对金融基因的深度渗透，则正在改变传统金融存在的物理状态和运行模式，这无异于金融的第二次“脱媒”，进而使金融业态发生了革命性变化，金融开始进入高科技时代。中国金融在市场“脱媒”趋势的推动下，有序但相对缓慢地发生着结构性变化，而高科技对金融基因的深度渗透，则使中国金融的业态和功能发生了突变。从这个意义上说，中国金融走了一条与发达国家金融发展不完全相同的道路，进而加快了中国金融的现代化进程。

无论是基于市场“脱媒”的变革，还是源于科技进步对金融基因的渗透，其核心都是改善金融的功能，提高金融功能的效率。金融有三个最重要的基本功能：一是支付与清算；二是聚集和分配资源；三是分散风险或财富管理。除此之外，一般认为，还有信息处理与挖掘、解决委托—代理关系中的激励机制等功能，前三个功能无疑是金融最基础、最核心的功能。评判一国金融体系的传统与现代、落后与进步，主要看这三个基本功能的实现方式和效率高低，而这又与金融业态有着密切关系。

中国金融在1978—1990年间，金融业态高度单一，以传统信贷业务为主导的商业银行几乎成了唯一的金融业态。支付清算、聚集和分配资源的功能主要甚至只能通过传统商业银行来完成，分散和配置风险的功能几乎不存在。

1990年沪深两个交易所的设立和运行，开创了中国金融“脱媒”的新纪元。从金融的结构性变革角度来看，沪深交易所的设立具有里程碑式的意义，标志着资本市场发展新时代的到来。客观地讲，无论是从当时中国的经济规模、人均收入水平，还是经济的市场化程度以及人们对市场经济的认识等软硬环境看，我们都难以符合逻辑地得出当时建立资本市场的结论。从大趋势看，历史是一种逻辑，但有时也会是一种偶然。基于“偶然”的历史，通常都会是那个时代的光芒，不同的是，这种“偶然”引发的历史光芒，由于软硬件的后天约束，大多都会带来基因上的缺陷，预示着后来的道路都会充满着荆棘和曲折。中国资本市场后来的发展历史，显然不会是一个例外。资本市场发展的初始动因，从金融逻辑上看，是基于对传统金融或商业银行信贷融资的“去中介化”，亦即“脱媒”。市场替代金融中介完成金融资源的配置，通过风险定价机制实现金融资源的优化配置，既满足了投资者自主选择和配置资产的需求，也平衡了企业或资金需求者在收益与风险之间融资工具的选择。正是从这个意义上说，基于资本市场的现代金融的核心功能表现为跨期的风险配置。

然而，1990年在沪深交易所基础上所形成的中国资本市场或股票市场，建立之初甚至在后来相当长时期内，并不具有这样的动因和功能，而只是传统商业银行计划性融资的一个延伸。从融资数量到上市企业选择，从审批机制到市场监管模式，都深刻地烙上了计划经济的烙印，资本市场成了国有企业另一种融资机制。这样的发展理念一直困扰着中国资本市场，到2005年股权分置改革时才有所变化。

客观地讲，从1990年到2005年，中国资本市场“脱媒”功能甚微，金融结构没有发生什么变化。2004年和2005年，中国股票市场的总市值分别是37 056亿元和32 430亿元，其中大约三分之二是不流通的，可以流通的市值在10 000亿～12 000亿元之间。2004年和2005年，中国GDP分别是161 840亿元和187 319亿元，银行信贷资产分别是177 363亿元和194 690亿元，融资结构比例悬殊。在1990—2005年中，中国资本市场对经济活动所产生的影响极其有限，对金融结构变化的影响微不足道。这期间，虽然非银行金融机构从类型到数量都有较大发展，但这些非银行金融机构在功能上大都具有类银行的特征。所以，1990—2005年，中国金融的业态从总体上看仍是非常单一的，传统商业银行以及类银行金融机构占据着绝对主导地位，融资活动的“脱媒”特征没有表现为一种趋势，其他金融功能的实现形式没有突破性变化。

2005 年启动的股权分置改革，激活了资本市场的资源配置功能，推动并加快了金融的“脱媒”趋势，推动了金融结构的市场化改革。股权分置改革对中国资本市场的作用，仅次于 1990 年沪深交易所的建立，是中国资本市场发展历史上又一个里程碑，标志着中国资本市场进入市场化改革和全面发展的时期。随着股权分置改革的全面推进和完成，中国股票市场规模、结构和功能都发生了巨大变化，与此同时，债券市场也有较快发展。见表 7。

**表 7　2004—2017 年股权分置改革前后股票市场市值变动和债券市场余额变动情况**

单位：亿元人民币

| 年份 | 股票市值（S1） | 债券余额（S2） | 证券化金融资产（S=S1+S2） |
|---|---|---|---|
| 2004 | 37 055.57 | 60 552.30 | 97 607.87 |
| 2005 | 32 430.28 | 79 848.79 | 112 279.07 |
| 2006 | 89 403.90 | 98 314.91 | 187 718.81 |
| 2007 | 327 140.89 | 128 715.36 | 455 856.25 |
| 2008 | 121 366.44 | 157 127.08 | 278 493.52 |
| 2009 | 243 939.12 | 181 135.63 | 425 074.75 |
| 2010 | 265 422.59 | 206 910.34 | 472 332.93 |
| 2011 | 214 758.10 | 224 318.77 | 439 076.87 |
| 2012 | 230 357.62 | 262 895.07 | 493 252.69 |
| 2013 | 230 977.19 | 300 163.71 | 531 140.90 |
| 2014 | 372 546.96 | 360 046.63 | 732 593.59 |
| 2015 | 531 304.20 | 485 391.40 | 1 016 695.60 |
| 2016 | 508 245.11 | 643 018.45 | 1 151 263.56 |
| 2017 | 567 475.37 | 746 871.01 | 1 314 346.38 |

资料来源：国家统计局、wind 资讯。

从表 7 可以看到，由于成功地进行了股权分置改革，2007 年中国股票市场总市值第一次跨进了 10 万亿元大关，且在这个时候的总市值中，可流通的比例大幅度上升，彻底告别了中国股票市场流通结构偏瘫的时代。市场的财富管理功能渐渐恢复，加上这之后债券市场的发展和余额的大幅增加，使中国金融开始呈现出结构性变化：证券化金融资产规模大幅度增加，且比例不断提高。中国金融结构开始呈现出二元化特征。

在中国金融结构呈现出二元化特征的过程中，中国股票市场价格在这期间（2006—2017 年）出现了两次大幅度价格波动。第一次发生在 2007 年 10 月前后，中国股票市场从 2005 年 6 月 6 日的最低 998 点上升到 2007 年 10 月 16 日 6 124 点，之后一路下跌，出现了长达 6 年的市场低迷走势。

第二次股票价格的巨大波动乃至股市危机发生在 2015 年 6 月前后，2014 年 7 月中国股票市场在经历了 2 000 点附近徘徊了 6 年的漫漫熊市之后，市场正在悄然复苏并慢慢呈现出上涨趋势，如图5所示。在经历了8个月恢复上涨之后，在所谓多重利好因素的刺激下，2015年3月9日市场价格指数从3 224点开始非理性地快速上涨，到2015年6月12日，短短3个月零3天，上证指数当天最高涨至5 178点，收于5 166点。如图6、图7所示。这期间，日成交量都在2万亿元左右，其中2015年5月28日创下了日成交量2.4万亿元的历史最高纪录，除去银行、石油、石化等行业大公司外，平均市盈率超过50倍，创业板平均市盈率超过150倍，市场危机随时爆发。

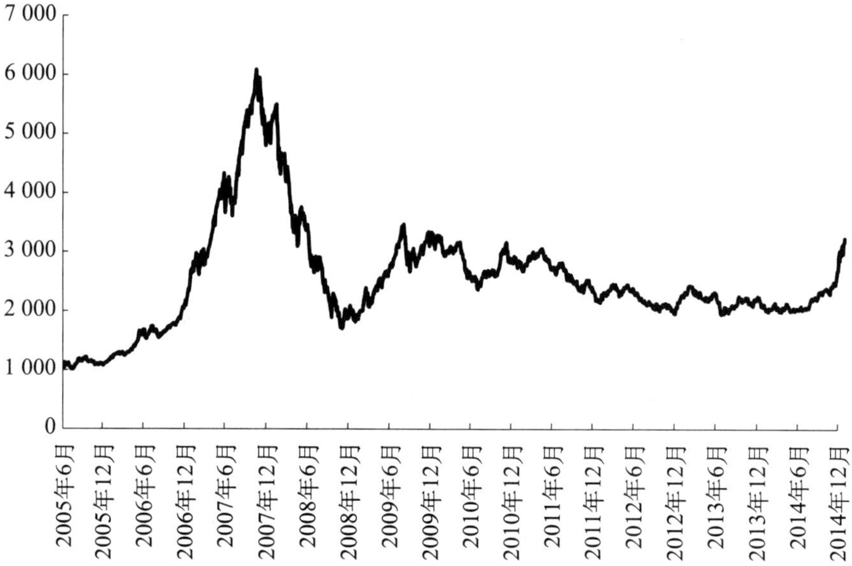


**图5　2005年6月—2014年12月上证综合指数波动图**

资料来源：wind资讯。

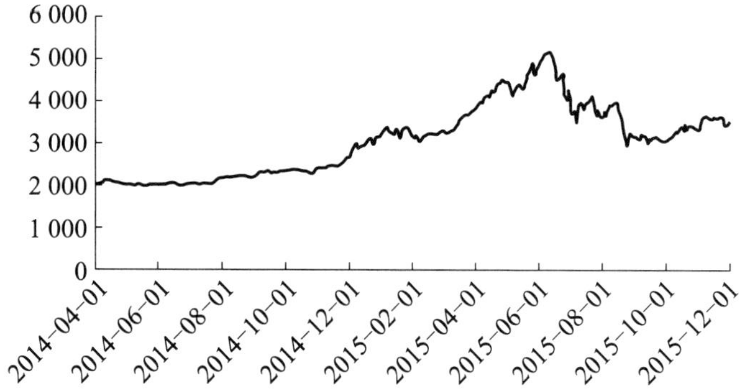


**图6　2014年4月—2015年12月上证综合指数走势图**

资料来源：Wind资讯。

2015年6月15日，又是一个星期一，历史正在重演，“黑色星期一”悄然而至。从这一天开始，中国股票市场出现了断崖式的下跌，到2015年8月26日，上证综指由峰值

5 166点下跌到 2 850 点附近，2 个月零 8 天，上证综指下跌了 45%，创业板指数下跌了 51.8%。这是中国股票市场自成立以来出现的一次极为严重的市场危机。时至今日，中国股票市场仍未从这场危机中恢复过来[①]。

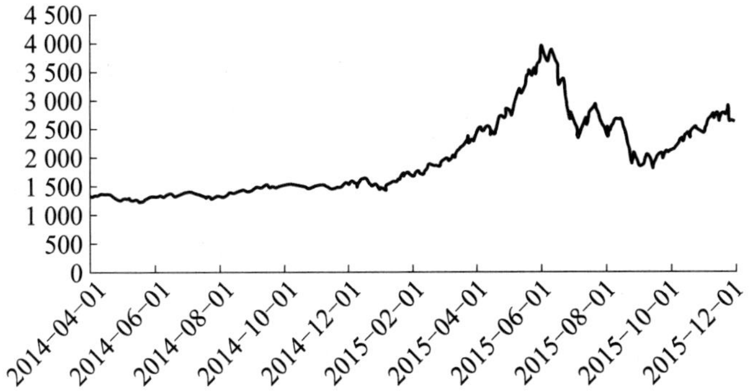


**图 7　2014 年 4 月—2015 年 12 月的创业板指数走势图**

资料来源：Wind 资讯。

2015 年 6 月爆发的这场股市危机，一方面，对中国金融的结构性改革和资本市场发展带来了严重的负面影响和心理预期；另一方面，也使我们深刻体会到发展资本市场的困难和复杂性。对 2015 年的股市危机需要认真反思和总结，以避免重走老路。

随着信息技术、通信技术、人工智能、大数据、云计算以及区块链等新技术、新方法的出现、整合和对金融的深度渗透，在中国金融体系和结构中，一种新的金融业态已经出现，后来人们把这种新技术与金融黏合后的金融业态简略而略带粗糙地称为 Fintech。对这种具有 Fintech 特征的新金融业态的典型形态，一开始并没有统一的称呼，人们也不太清楚这种新金融业态与传统金融有什么区别。谢平博士等在《互联网金融模式研究》一文中首次从理论上将其定义为"互联网金融"[②]，在此定义的基础上，笔者将"互联网金融"定义为一种新的金融业态。这种新金融业态，从基因结构上有别于传统商业银行的间接融资，也有别于资本市场的直接融资，是一种基于"技术脱媒"的跨越时空约束的第三金融业态[③]。本质上，互联网金融是金融第二次"脱媒"的结果。

在实践中，中国的互联网金融主要有以下四种类型：第三方支付、网络融资（平台小额贷款、P2P 和众筹）、网络投资（P2P 和众筹中的资金提供者）、网络货币。其中以第三

① 吴晓求，等．股市危机：历史与逻辑．北京：中国金融出版社，2016：28－40.

② 谢平，邹传伟．互联网金融模式研究．金融研究，2012（12）.

③ 吴晓求．中国金融的深度变革与互联网金融．财贸经济，2014（1）；吴晓求，等．互联网金融：逻辑与结构．北京：中国人民大学出版社，2015.

方支付最有代表性也最成功。网络融资和网络投资乱象最多，失败的教训多于成功的经验，P2P 尤为严重。

原因究竟在哪里？

这涉及对互联网金融的基本特征和核心功能的正确理解。

互联网金融本质上仍是金融，只是它赖以运行的基础与传统金融有着本质的区别。这种本质的区别主要体现在数据获取、数据量和数据处理上。互联网金融运行的基础是大数据、云计算，以此大幅度提高信息的透明度、可靠性和对称性，基于互联网“开放、平等、协作、分享”所形成的大数据及其云计算，可以较好地解决经济活动中信息的不对称性问题，进而可以大幅度提高风险识别能力。大数据及其对数据的有效挖掘和整合，是互联网金融有效运行最重要的基础，这是其一。

其二，互联网金融在实现金融的三大基础功能中其效率与传统金融完全不同，与传统金融的竞争关系也完全不同。概括而论，互联网金融中的第三方支付将极大地提高金融的支付功能，甚至可以说是对传统金融支付工具、方式和理念的颠覆。在支付功能上，互联网金融与传统金融是一种替代性的竞争关系。对传统金融的支付功能来说，第三方支付是一种技术革命，是一种颠覆性力量。如果说资本市场的发展是对传统金融融资功能的颠覆，那么，互联网金融中的第三方支付则主要是对传统金融中支付功能的革命。在所有互联网金融的形态中，第三方支付是最核心、最主要的形态。

除去网络货币外，互联网金融中网络贷款和网络投资，在现实中主要表现为 P2P、众筹、平台小额贷款和平台小额财富管理，详见表 8。这些互联网金融形态，本质上都是对商业银行、资本市场融资功能和财富管理功能的补充、延伸，服务的对象大都是传统金融难以顾及的客户群（所谓的长尾客户）。它们与传统金融的关系主要是一种主体与辅助的关系：传统金融为主，互联网金融为辅。由于 P2P、众筹、平台小额贷款和小额财富管理等互联网金融形态延长了金融的服务链条，拓展了金融服务的客户群，所以，一般认为，互联网金融的出现，提高了金融的普惠性，是一种带有某些普惠特征的金融业态。

**表 8　2011—2017 年互联网金融规模及其变化**　　单位：亿元人民币

| 年份 | 第三方支付 | 平台小额贷款 | P2P | 众筹 |
|---|---|---|---|---|
| 2011 | 22 800.00 | 3 914.74 | 31.00 | — |
| 2012 | 38 100.00 | 5 921.38 | 212.00 | — |
| 2013 | 92 200.00 | 8 191.27 | 1 058.00 | 3.35① |
| 2014 | 247 200.00 | 9 420.38 | 2 528.17 | 21.58 |

续前表

单位：亿元人民币

| 年份 | 第三方支付 | 平台小额贷款 | P2P | 众筹 |
|---|---|---|---|---|
| 2015 | 494 800.00 | 9 411.51 | 9 823.04 | 114.24 |
| 2016 | 992 700.00 | 9 272.80 | 20 638.72 | 224.78 |
| 2017 | 1 432 600.00 | 9 799.49 | 28 048.49 | 220.25 |

①3.35亿元是2013年及之前众筹的累计总额。

资料来源：中国人民银行、wind资讯、网贷之家、盈灿咨询。

然而，在实践中，互联网金融中的不同业务类型实际效果完全不同，社会评价也完全不同。整体而论，第三方支付在中国的发展非常成功，既满足了客户灵活、便捷、安全的支付需求，又推动了经济结构和消费模式的转型，没有出现比传统金融更大的支付风险。支付宝、微信支付是其中的杰出代表，是中国金融现代化的一张名片，获得了社会和消费者广泛赞誉，实现了中国金融支付功能的技术革命和历史性的大跨越。在互联网金融的其他业态中，最遭人诟病的是P2P。P2P在中国互联网金融实践中之所以成功率低、美誉度差，根本的原因有两条：一是缺乏大数据平台，无法完成信息的有效整合，无法实现信息的对称性；二是没有正确理解互联网金融的普惠性特征。不少从业者把P2P看成一种暴利金融。在技术上不合格、理念上又错位的情况下，P2P这种互联网金融业态是难以为继的，“跑路”会成为一种常态，个别情况甚至会衍生成披着互联网金融外衣的新的“庞氏骗局”。

经过实践的大浪淘沙和严格的监管，互联网金融在中国开始进入淘汰和整合期，第三方支付特别是移动支付，已经成为中国互联网金融的标志。

由此，中国金融业态在经历了市场“脱媒”和技术“脱媒”后，完成了从单一到多元的转型，中国金融进入一个业态多元的竞争时代。详见表9。

**表9 2009—2017年第三方支付与传统支付的比较**

| 年份 | 社会支付总额 | | | 第三方支付 | | | 传统金融支付 | | |
|---|---|---|---|---|---|---|---|---|---|
| | 总额（万亿元） | 笔数（亿笔） | 支付额增长率 | 总额（万亿元） | 笔数（亿笔） | 支付额增长率 | 总额（万亿元） | 笔数（亿笔） | 支付额增长率 |
| 2009 | 716.29 | — | — | 0.54 | — | — | 715.75 | 214.14 | — |
| 2010 | 906.25 | — | 26.52% | 1.07 | — | 98.15% | 905.18 | 277.04 | 26.47% |
| 2011 | 1 106.63 | — | 22.11% | 2.28 | — | 113.08% | 1 104.35 | 338.30 | 22.00% |
| 2012 | 1 290.13 | — | 16.58% | 3.81 | — | 67.11% | 1 286.32 | 411.41 | 16.48% |
| 2013 | 1 616.78 | 654.96 | 25.32% | 9.22 | 153.38 | 141.99% | 1 607.56 | 501.58 | 24.97% |
| 2014 | 1 842.10 | 1 001.74 | 13.94% | 24.72 | 374.22 | 168.11% | 1 817.38 | 627.52 | 13.05% |

续前表

| 年份 | 社会支付总额 | | | 第三方支付 | | | 传统金融支付 | | |
|---|---|---|---|---|---|---|---|---|---|
| | 总额（万亿元） | 笔数（亿笔） | 支付额增长率 | 总额（万亿元） | 笔数（亿笔） | 支付额增长率 | 总额（万亿元） | 笔数（亿笔） | 支付额增长率 |
| 2015 | 3 498.33 | 1 764.67 | 89.91% | 49.48 | 821.45 | 100.16% | 3 448.85 | 943.22 | 89.77% |
| 2016 | 3 786.51 | 2 890.13 | 8.24% | 99.27 | 1 639.02 | 100.63% | 3 687.24 | 1 251.11 | 6.91% |
| 2017 | 3 903.20 | 4 476.25 | 3.08% | 143.26 | 2 867.47 | 44.31% | 3 759.94 | 1 608.78 | 1.97% |

注：此处传统金融支付指非现金支付业务，包含票据、银行卡及其他结算业务，其中其他结算业务包含贷记转账、直接借记、托收承付及国内信用证业务；此处第三方支付业务指非银支付机构发生的网络支付业务，不包括红包类娱乐性产品的业务量。因此两者之和得到的社会支付总额不包含现金支付。

资料来源：中国人民银行。

## 五、中国金融的风险结构变化：从资本不足风险到透明度风险

### （一）中国金融功能：从单一融资到融资与财富管理并重

中国金融资产的大规模扩张、金融资产结构的深度变革、金融业态的多元，推动了中国金融功能的转型升级和效率的提高，引发了金融功能实现方式和实现机制的深刻变革。这种深刻变革在支付功能上，甚至是一场深刻的技术革命。

改革开放之初，中国金融功能相对单一，效率低下。金融功能主要通过传统商业银行体系完成支付、清算和资源的聚集、分配，是一种典型的计划性金融机制，市场几乎不配置金融资源。随着中国金融的市场化、科技化和国际化，加上 Fintech 对金融基因的广泛而深刻的影响，到 2018 年中国金融的功能不仅完成了支付业态的科技革命，实现了历史性跨越，而且呈现出复合化、结构性升级的特征，市场配置金融资源的比例不断提升。各种分析数据表明，这种变化开始趋近 50%的临界值。风险管理或财富管理的功能开始显现，虽然这一比例离发达国家仍有着相当大的差距，但变革的趋势是明显的、一致的。中国金融已经进入由改革开放之初的单一的融资功能过渡到融资与财富管理并重的时代。这是中国金融最为重大的进步。

### （二）金融体系中的两种基础类风险：机构风险与市场风险

随着金融结构、金融业态和金融功能的转型升级，中国金融的风险结构也已或正在发生深刻的变化，风险的权重在悄然地发生调整。

金融风险有多种分类。从表现特征上，人们一般将风险分为信用风险、市场风险、流

动性风险和操作风险等类型。信用风险的核心是偿付能力，市场风险则主要表现为价格的巨大波动，流动性风险表现为现金偿付能力，操作风险则由交易系统缺陷、技术能力不足和管理失控引起。这种对风险的划分，是基于金融机构的微观视角。

从风险的性质和基因起源分，金融风险还可分为机构风险和市场风险两种基础大类风险，这是一种基于现代体系视角的划分。机构风险虽然与信用扩张、货币系数、信用违约等有密切关系，也可能是微观视角诸多风险的集合反映，但其本质特征来源于资本是否充足。从这个意义上说，金融风险中的机构风险是一种杠杆风险。这就是为什么要把资本充足率作为监管商业银行以及类银行金融机构的最核心、最基础的指标的原因。在市场不发达的金融体系中，机构风险是最重要的金融风险，监管的重心是金融机构特别是商业银行及类银行金融机构。

与机构风险相对应的是市场风险。金融脱媒催生并推动着资本市场发展。金融脱媒的基本逻辑是绕开资本约束，实现融资活动的去中介化。这种绕开资本约束创新的金融产品表现的是一种信息集合，交易者或投资者的交易是基于对这种信息集合的解读和判断。所以，市场风险与资本是否充足无关，而与信息披露有关。如果说机构风险集中表现为资本不足风险，那么市场风险则表现为透明度风险。在市场发达的现代金融体系中，透明度风险是金融风险的重要形式。在现代金融体系中，资本不足风险与透明度不足风险是两类起源不同、性质完全不同的基础性风险。

### （三）中国金融风险的结构性变化

如前所述，由于中国金融结构正在发生重要变化，证券化金融资产比重呈上升趋势且趋于结构性变化的临界值，居民部门持有的金融资产结构亦朝着同一趋势演变，金融业态呈现出多元化特征，金融功能正在由融资为主，转向融资与财富管理并重。由此，中国金融的风险结构，已由改革开放初中期的单一的机构风险（资本不足风险）演变成今天的机构风险与市场风险并存的格局。这一变化可以从两个方面进行分析。

先分析商业银行风险结构的变化。商业银行在中国金融体系中占据主导地位。改革开放40年来，随着中国金融的市场化改革，商业银行的资产结构发生了重大变化。这种变化在商业银行的表内和表外的业务规模、结构调整中得到了充分印证。

笔者没有找到中国商业银行表内外业务规模和结构整体变化的连续数据，但从表10和表11中国工商银行和招商银行两个具有代表性的商业银行最近10多年来表内外业务结构变化和变动趋势看，表外业务规模快速增长，比例不断提高。中国工商银行

2005年表外业务占比10.96%，到了2017年则上升到27.66%。招商银行由于机制灵活，表现出更大的创新能力，表外业务增长更加强劲。2001年表外业务占比9.87%，2005年23.20%，2017年达到了43.74%。最近几年，商业银行表外业务规模扩张和比例上升的一个重要原因是起始于2004年的银行理财业务的快速发展[①]。商业银行表内与表外业务结构的变化，表明其风险结构也在发生重大变化。商业银行表外业务是一种轻消耗资本或不消耗资本的创新型金融产品，虽然它可能表现为或有负债或有资产，但就其占重要比重的委托代理类业务如理财产品而言，信息披露是监管的核心，透明度风险成了其表外业务，特别是理财产品最主要的风险来源。由此可见，即使在商业银行体系内部，风险结构也正在由过去相对单一的资本不足风险，过渡到资本不足与透明度风险并存的状态。

**表10　2005—2017年中国工商银行（表内和表外）资产结构变化** 单位：亿元人民币

| 年份 | 表内资产（1） | | 表外资产（2） | | 表内与表外资产总和（3） | | 表内资产占比 | 表外资产占比 |
|---|---|---|---|---|---|---|---|---|
| | 数量 | 增长率 | 数量 | 增长率 | 数量 | 增长率 | (1)/(3) | (2)/(3) |
| 2005 | 64 572.39 | — | 7 950.98 | — | 72 523.37 | — | 89.04% | 10.96% |
| 2006 | 75 091.18 | 16.29% | 11 246.78 | 41.45% | 86 337.96 | 19.05% | 86.97% | 13.03% |
| 2007 | 86 842.88 | 15.65% | 16 233.42 | 44.34% | 103 076.30 | 19.39% | 84.25% | 15.75% |
| 2008 | 97 576.54 | 12.36% | 16 273.99 | 0.25% | 113 850.53 | 10.45% | 85.71% | 14.29% |
| 2009 | 117 850.53 | 20.78% | 19 849.86 | 21.97% | 137 700.39 | 20.95% | 85.58% | 14.42% |
| 2010 | 134 586.22 | 14.20% | 28 935.80 | 45.77% | 163 522.02 | 18.75% | 82.30% | 17.70% |
| 2011 | 154 768.68 | 15.00% | 34 527.33 | 19.32% | 189 296.01 | 15.76% | 81.76% | 18.24% |
| 2012 | 175 422.17 | 13.34% | 38 550.87 | 11.65% | 213 973.04 | 13.04% | 81.98% | 18.02% |
| 2013 | 189 177.52 | 7.84% | 46 444.06 | 20.47% | 235 621.58 | 10.12% | 80.29% | 19.71% |
| 2014 | 206 099.53 | 8.95% | 48 716.91 | 4.89% | 254 816.44 | 8.15% | 80.88% | 19.12% |
| 2015 | 222 097.80 | 7.76% | 81 795.88 | 67.90% | 303 893.68 | 19.26% | 73.08% | 26.92% |
| 2016 | 241 372.65 | 8.68% | 88 407.31 | 8.08% | 329 779.96 | 8.52% | 73.19% | 26.81% |
| 2017 | 260 870.43 | 8.08% | 99 734.89 | 12.81% | 360 605.3 | 9.35% | 72.34% | 27.66% |

注：表外资产指商业银行从事的不列入资产负债表但能影响银行损益的资产。狭义的表外资产是指虽未列入资产负债表但形成银行的或有资产并可能转入表内的资产，主要包括担保、承诺、金融衍生工具三类，广义的统计表外资产则包括代理类如银行理财业务。以下同。

资料来源：中国工商银行年报。

---

① 2004年2月2日光大银行上海分行发行了第一只外币理财产品“阳光理财A计划”，7月又发行了第一只人民币理财产品“阳光理财B计划”，中国商业银行理财业务破冰起航。

**表11　2001—2017年招商银行（表内和表外）资产结构变化**　单位：亿元人民币

| 年份 | 表内资产（1） | | 表外资产（2） | | 表内与表外资产总和（3） | | 表内资产占比 | 表外资产占比 |
|---|---|---|---|---|---|---|---|---|
| | 数量 | 增长率 | 数量 | 增长率 | 数量 | 增长率 | （1）/（3） | （2）/（3） |
| 2001 | 2 663.31 | — | 291.62 | — | 2 954.93 | — | 90.13% | 9.87% |
| 2002 | 3 716.60 | 39.55% | 519.63 | 78.19% | 4 236.23 | 43.36% | 87.73% | 12.27% |
| 2003 | 5 038.93 | 35.58% | 930.86 | 79.14% | 5 969.79 | 40.92% | 84.41% | 15.59% |
| 2004 | 5 865.74 | 16.41% | 1 542.87 | 65.75% | 7 408.61 | 24.10% | 79.17% | 20.83% |
| 2005 | 7 346.12 | 25.24% | 2 219.01 | 43.82% | 9 565.13 | 29.11% | 76.80% | 23.20% |
| 2006 | 9 341.02 | 27.16% | 3 619.85 | 63.13% | 12 960.87 | 35.50% | 72.07% | 27.93% |
| 2007 | 13 105.52 | 40.30% | 5 450.05 | 50.56% | 18 555.57 | 43.17% | 70.63% | 29.37% |
| 2008 | 15 717.97 | 19.93% | 5 423.37 | −0.49% | 21 141.34 | 13.94% | 74.35% | 25.65% |
| 2009 | 20 679.41 | 31.57% | 7 725.39 | 42.45% | 28 404.80 | 34.36% | 72.80% | 27.20% |
| 2010 | 24 025.07 | 16.18% | 8 967.20 | 16.07% | 32 992.27 | 16.15% | 72.82% | 27.18% |
| 2011 | 27 949.71 | 16.34% | 8 961.05 | −0.07% | 36 910.76 | 11.88% | 75.72% | 24.28% |
| 2012 | 34 080.99 | 21.94% | 10 096.70 | 12.67% | 44 177.69 | 19.69% | 77.15% | 22.85% |
| 2013 | 40 163.99 | 17.85% | 16 573.26 | 64.15% | 56 737.25 | 28.43% | 70.79% | 29.21% |
| 2014 | 47 318.29 | 17.81% | 26 072.13 | 57.31% | 73 390.42 | 29.35% | 64.47% | 35.53% |
| 2015 | 54 749.78 | 15.71% | 35 077.86 | 34.54% | 89 827.64 | 22.40% | 60.95% | 39.05% |
| 2016 | 59 423.11 | 8.54% | 38 349.98 | 9.33% | 97 773.09 | 8.85% | 60.78% | 39.22% |
| 2017 | 62 976.38 | 5.98% | 48 954.43 | 27.65% | 111 930.81 | 14.80% | 56.26% | 43.74% |

资料来源：招商银行年报。

再从全社会金融资产结构的演变趋势来分析。

金融基础性风险的结构演变逻辑大体上是伴随着商业银行表内业务→表外业务（由狭义到广义）→债券→股票……这样的金融工具或金融资产结构的发展过程展开的，这也是从传统金融的资本不足风险到现代金融市场透明度风险的转换过程。

前述分析表明，在MS、CS和FS三种统计口径范围内，证券化金融资产的占比均呈逐步上升趋势，到2016年分别达到42.62%、51.92%、48.05%。中国金融结构正在发生重大变化的结论应不为过。无论是证券化金融资产（S）中的股票（S1）还是债券（S2），其风险特点都表现为透明度风险。在债券和股票这两类标准的证券化金融资产中，其风险虽然都表现为透明度风险，但两者风险的来源和形式以及引发风险的影响因素有重大差异。债券风险主要来源于信用或者偿债能力，间接来源于发行主体的信息披露或透明度。受到一定区间约束的价格波动是债券风险的日常表现形式。债券风险影响因素主要由利率、其他金融资产收益率和信用评级等因素决定。与债券不同，股票风险则与发行主体的信用评级没有必然联系，而与信息披露和市场透明度有直接关联。股票风险虽然也表现为价格波动，但这种价格通常没有一个既定的区间，波动幅度会明显大于债券。股票价格的波动因素虽与利率、汇率等变量有关，但其基础性的影响因素则来自市场对公司的预期，这种预期既包括盈利预期，也包括非盈利预期①。这表明，在中国金融风险结构中，透明度风险在明显上升，来自传统金融的资本不足风险虽然仍然巨大，但权重下降应是一个基本趋势。

中国金融风险结构的深刻变化不仅受到证券化金融资产比重上升的巨大影响，而且受到 Fintech 新金融业态或第三金融业态（互联网金融）一定程度的影响。笔者曾经对互联网金融的风险来源和风险特征做过比较系统、深入的研究，得出过这样的结论：一是互联网金融本质上仍是金融，其不同业态所隐含的风险与现有商业银行和资本市场等隐含的风险相类似；二是互联网金融是一种“二次脱媒”后的新金融业态，其风险源发生了某种转型或变异，导致风险类别更加复合②。

由此可以对改革开放 40 年来，中国金融的风险变化做如下概括：中国金融的风险结构经历了一个由单一机构风险，即资本不足风险，到市场风险，即透明度风险不断上升的过程。中国金融进入资本不足风险与透明度不足风险并存的“双风险”结构时代。如果考虑中国金融的开放度这一变量，未来中国金融风险将比今天更加复杂而敏感。

## 六、中国金融的开放与国际化：全方位探索

评价一国金融的开放程度，最核心的指标有两个：一是汇率形成机制，二是国际资本流动。改革开放 40 年来，中国金融在这两个方面进行了谨慎渐进式的市场化改革探索，中国金融对外开放的趋势已经确立。

### （一）人民币汇率机制改革

1980 年之前，中国实行的是单一汇率制。为鼓励外贸企业出口创汇，1981—1993 年中国汇率从单一汇率制转为双重汇率制。双重汇率制经历了官方汇率与贸易外汇内部结算价并存（1981—1984 年）和官方汇率与外汇调剂价并存（1985—1993 年）两个发展阶段。双重汇率制一方面促进了外贸企业出口创汇，有利于吸引外资和外商投资企业的外汇平

---

① 吴晓求，等．中国金融监管改革：现实动因与理论逻辑．北京：中国金融出版社，2018：17.

② 吴晓求，等．互联网金融：逻辑与结构．北京：中国人民大学出版社，2015：12-14.

衡；另一方面，双重汇率的存在，造成了外汇市场秩序混乱，不利于人民币汇率的稳定，损害了人民币信誉。因此，必须对双重汇率机制进行重大改革。1994年1月1日双重汇率并轨，建立以市场结算供求关系为基础，单一、有管理的浮动汇率制。这次改革为之后人民币汇率机制市场化改革奠定了基础。

随着中国经济实力的增强，经济体制改革的不断深入，2005年7月21日对1994年开始形成的单一、有管理的浮动汇率制进行了重大调整和完善，核心内容是不再钉住单一美元，而是形成参考一篮子货币的有管理的浮动汇率制度。从钉住单一美元到参考一篮子货币，是人民币汇率形成机制重要的结构性改革。实践表明，这一调整和改革，有利于人民币在合理、均衡的基础上保持相对稳定。之后，央行对人民币汇率机制做了一些微调，微调的重点是扩大人民币兑美元交易价的浮动范围。2012年4月1日由0.5%扩大到1%，2014年3月15日由1%扩大到2%，人民币汇率形成的价格弹性明显增强。浮动范围的扩大是汇率形成机制市场化改革的重要内容之一。

2015年8月11日，央行进一步推动人民币汇率形成机制改革，史称“8·11”汇改。“8·11”汇改的重要内容是，参考前一个交易日的收盘价决定次日的中间价，且浮动区间扩大到±2%。在实际执行中，市场波动较大。考虑到当时市场的走势，2015年12月央行适当调整了中间价的定价机制，再次将篮子货币纳入其中，形成了“前日收盘价+一篮子货币汇率变化”的新的中间定价机制，一定程度上缓解了人民币贬值压力[①]。

为了进一步优化人民币汇率市场化形成机制，对冲外汇市场的顺周期波动，2017年5月26日，央行在中间价定价模型中引入了“逆周期因子”[②]。从实际情况看，引入“逆周期因子”对外汇市场的预期产生了一定影响，对人民币汇率起了一定的平衡作用。

从40年的汇改历史看，人民币汇率机制改革的基本要点是：中间价定价基础由机构报价到市场收盘价，参考货币由单一美元到篮子货币，浮动幅度不断扩大，从直接管理、窗口指导到引入逆周期调节因子。由此可以看出，中国在人民币汇率机制的改革上坚持市场化方向没有变，但在操作层面上秉持的是谨慎的、探索性的试错方法。

伴随不同时期、不同特点的汇率机制改革，人民币汇率在经过大幅度波动后正在寻求合理的估值区间。汇率变化情况详见表12。变动趋势如图8所示。

---

① 肖立晟．回顾与展望：人民币汇率形成机制改革．中国证券报，2017-01-16.

② 钟正生．详解人民币汇率逆周期因子：构成、效力与影响．(2017-09-01)［2018-12-18］．http：//opinion.caixin.com/2017-09-01/101138979.html.

表 12 1978—2018 年人民币（对美元）汇率变化情况

| 年份 | 汇率 | 年份 | 汇率 | 年份 | 汇率 | 年份 | 汇率 |
|---|---|---|---|---|---|---|---|
| 1978 | 1.577 1 | 1989 | 3.765 9 | 2000 | 8.278 4 | 2011 | 6.335 3 |
| 1979 | 1.496 2 | 1990 | 4.783 8 | 2001 | 8.276 8 | 2012 | 6.285 5 |
| 1980 | 1.530 3 | 1991 | 5.322 7 | 2002 | 8.277 0 | 2013 | 6.070 0 |
| 1981 | 1.705 1 | 1992 | 5.514 9 | 2003 | 8.277 5 | 2014 | 6.119 0 |
| 1982 | 1.892 6 | 1993 | 5.761 9 | 2004 | 8.276 8 | 2015 | 6.493 6 |
| 1983 | 1.975 7 | 1994 | 8.618 7 | 2005 | 8.086 0 | 2016 | 6.937 0 |
| 1984 | 2.327 0 | 1995 | 8.350 7 | 2006 | 7.879 0 | 2017 | 6.534 2 |
| 1985 | 2.936 7 | 1996 | 8.314 2 | 2007 | 7.454 3 | 2018 | 6.810 0 |
| 1986 | 3.452 8 | 1997 | 8.289 8 | 2008 | 6.828 3 | | |
| 1987 | 3.722 1 | 1998 | 8.279 1 | 2009 | 6.827 6 | | |
| 1988 | 3.722 1 | 1999 | 8.279 6 | 2010 | 6.663 6 | | |

注：2001 年之后的汇率数据是年末交易日数据。

资料来源：中国人民银行官网。

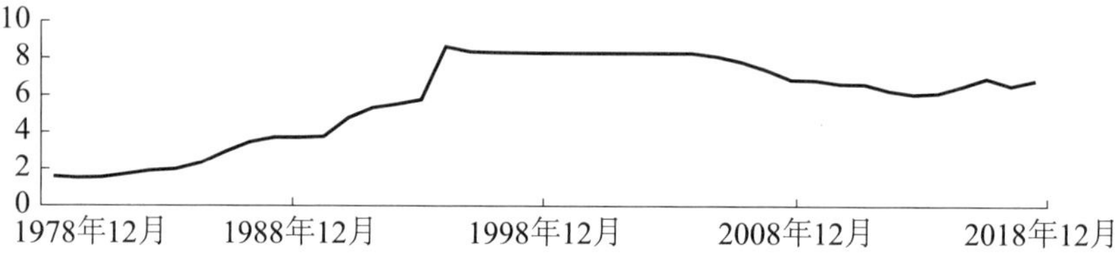


图 8 1978—2018 年人民币（对美元）汇率变动趋势

## （二）国际资本流动

从一国金融活动角度看，国际资本流动包括境外资本对内投资和境内资本对外投资。境外资本对内投资主要包括两部分：一是外商直接投资（FDI），二是资本项目的金融性投资。改革开放 40 年来，在中国，国际资本流动经历了一个从无到有、从小到大的过程。

从制度层面上看，改革开放之初，由于实行严格的外汇管制，除了少许援助性对外投资外，中国金融活动中几乎没有真正意义的国际资本活动。在统计中即使存在少量的 FDI 数据，也均是对外借款。随着改革开放的全面推进，在相当长时期内，国际资本流动主要表现为 FDI，且发展迅速。1983 年中国的 FDI 为 9.2 亿美元（含当年对外借款）①，1992 年首次突破百亿美元大关，达到了 110.08 亿美元，2010 年达到 1 147 亿美元，到 2017 年达到 1 360 亿美元。表 13 为 2005—2017 年中国 FDI 规模、增长与全球及美国 FDI 规模、增长的对比情况。

① 2001 年前的 FDI 统计数据，均包括对外借款。

**表13 2005—2017年中国FDI规模、增长与全球及美国FDI规模、增长对比**

单位：亿美元

| 年份 | 中国FDI | | 全球FDI | | 美国FDI | |
|---|---|---|---|---|---|---|
| | 规模 | 增长率 | 规模 | 增长率 | 规模 | 增长率 |
| 2005 | 724 | — | 9 458 | — | 1 048 | — |
| 2006 | 727 | 0% | 13 059 | 38% | 2 367 | 126% |
| 2007 | 835 | 15% | 18 330 | 40% | 2 328 | −2% |
| 2008 | 1 083 | 30% | 17 710 | −3% | 3 248 | 40% |
| 2009 | 950 | −12% | 11 140 | −37% | 1 299 | −60% |
| 2010 | 1 147 | 21% | 13 810 | 24% | 1 979 | 52% |
| 2011 | 1 240 | 8% | 16 042 | 16% | 2 269 | 15% |
| 2012 | 1 197 | −3% | 13 107 | −18% | 1 467 | −35% |
| 2013 | 1 240 | 4% | 14 500 | 11% | 1 880 | 28% |
| 2014 | 1 290 | 4% | 13 240 | −9% | 1 070 | −43% |
| 2015 | 1 360 | 5% | 17 620 | 33% | 3 800 | 255% |
| 2016 | 1 340 | −1% | 17 460 | −1% | 3 910 | 3% |
| 2017 | 1 360 | 1% | 14 300 | −18% | 2 750 | −30% |

资料来源：联合国贸易和发展会议《世界投资报告》(2008—2018)。

1991年前，中国对外投资中对外投资净额（流量）一直没有突破10亿美元，存量也相对较小。1991年对外投资净额首次达到10亿美元，2005年首次突破百亿美元，达到122.7亿美元，2013年突破千亿美元，达到1 078.4亿美元，2016年达到创纪录的1 961.4亿美元，2017年回落到1 246.3亿美元。表14和表15分别是1990—2017年中国对外投资净额（流量）变化情况及2010—2017年中美对外投资净额（流量）对比情况。

**表14 1990—2017年中国对外投资净额（流量）及增长率** 单位：亿美元

| 年份 | 对外投资净额 | 增长率 |
|---|---|---|
| 1990 | 9.0 | — |
| 1991 | 10.0 | 11% |
| 1992 | 40.0 | 300% |
| 1993 | 43.0 | 8% |
| 1994 | 20.0 | −53% |
| 1995 | 20.0 | 0% |
| 1996 | 21.0 | 5% |
| 1997 | 26.0 | 24% |
| 1998 | 27.0 | 4% |
| 1999 | 19.0 | −30% |
| 2000 | 10.0 | −47% |

续前表　　单位：亿美元

| 年份 | 对外投资净额 | 增长率 |
|---|---|---|
| 2001 | 69.0 | 590% |
| 2002 | 27.0 | −61% |
| 2003 | 28.5 | 6% |
| 2004 | 55.0 | 93% |
| 2005 | 122.7 | 123% |
| 2006 | 211.6 | 72% |
| 2007 | 265.1 | 25% |
| 2008 | 559.1 | 111% |
| 2009 | 565.3 | 1% |
| 2010 | 688.0 | 22% |
| 2011 | 746.0 | 8% |
| 2012 | 878.0 | 18% |
| 2013 | 1 078.4 | 23% |
| 2014 | 1 231.2 | 14% |
| 2015 | 1 456.7 | 18% |
| 2016 | 1 961.4 | 35% |
| 2017 | 1 246.3 | −36% |

资料来源：联合国贸易和发展会议《世界投资报告》、wind资讯。

**表15　2010—2017年中美对外投资净额（流量）比较**　　单位：亿美元

| 年份 | 中国 | 美国 |
|---|---|---|
| 2010 | 688.0 | 3 044 |
| 2011 | 746.0 | 3 967 |
| 2012 | 878.0 | 3 070 |
| 2013 | 1 078.4 | 3 380 |
| 2014 | 1 231.2 | 3 170 |
| 2015 | 1 456.7 | 3 000 |
| 2016 | 1 961.4 | 2 990 |
| 2017 | 1 246.3 | 3 420 |

资料来源：联合国贸易和发展会议《世界投资报告》。

在国际资本流入与资本市场方面，1996年12月，人民币实现了经常项目可兑换之后，在部分资本项目下实现了可兑换，但从整体制度而言，仍未实现资本项下的可兑换。在这种条件下，为了推动中国资本市场开放和国际化，有限度地引进外国投资者，2002年11月5日，中国证券监督管理委员会、中国人民银行发布了《合格境外机构投资者境内证券投资管理暂行办法》，合格境外机构投资者（QFII）制度正式实施。2003 年 7 月 9 日，瑞士银行下了 QFII 第一单，随即交易成功，开创了中国资本市场投资对外开放的先河。

在 QFII 制度实施 9 年后，2011 年底有关金融监管部门推出了人民币合格境外机构投资者（RQFII）试点办法，之后 RQFII 正式登陆中国资本市场。QFII 和 RQFII 是在资本项下未实现完全可兑换的条件下，推出的资本市场对外开放的过渡性制度安排，对提升中国资本市场的影响力和国际化具有积极推动作用。截至 2018 年 8 月 30 日，QFII 投资额度超过1 000亿美元（见表 16），RQFII 投资额度超过 6 000 亿元人民币（见表 17）。

**表 16　2012 年 12 月 31 日—2018 年 8 月 30 日 QFII 投资额度的变动情况**　单位：亿美元

| 时间 | 投资额度 |
|---|---|
| 2012 - 12 - 31 | 374.43 |
| 2013 - 07 - 30 | 449.53 |
| 2014 - 08 - 26 | 596.74 |
| 2015 - 08 - 28 | 767.03 |
| 2016 - 09 - 29 | 817.38 |
| 2017 - 08 - 30 | 939.94 |
| 2018 - 08 - 30 | 1 004.59 |

资料来源：国家外汇管理局。

**表 17　2013 年 7 月 30 日—2018 年 8 月 30 日 RQFII 投资额度的变动情况**

单位：亿元人民币

| 时间 | 投资额度 |
|---|---|
| 2013 - 07 - 30 | 1 219.00 |
| 2014 - 01 - 27 | 1 678.00 |
| 2015 - 01 - 30 | 3 045.00 |
| 2015 - 08 - 28 | 4 049.00 |
| 2016 - 03 - 30 | 4 714.25 |
| 2017 - 07 - 31 | 5 482.41 |
| 2018 - 08 - 30 | 6 274.72 |

资料来源：国家外汇管理局。

中国资本市场对外开放还有一项过渡性制度安排是沪深交易所与香港联交所的互联互通，简称“沪港通”“深港通”。2014 年 11 月 17 日沪港通正式实施，2016 年 12 月 5 日深港通实施。沪港通和深港通均有日交易额度限制，沪港通实施初期对年交易额有总额限制（5 500亿元人民币），深港通之后，“两通”均取消了年交易总额限制。

从表 18 和表 19 的统计数据看，“两通”中的沪股通、深股通的每月日均交易量呈波动上升趋势，除个别月份的日均交易量超过百亿元外，大多数都在两位数内，一般不超过沪深市场交易量的5%。

表18 2014年12月—2018年9月沪港通中沪股通交易情况 单位：亿元人民币

| 时间 | 当月日均交易金额 | 时间 | 当月日均交易金额 |
|---|---|---|---|
| 2014年12月 | 7.21 | 2016年12月 | 41.00 |
| 2015年3月 | 62.51 | 2017年3月 | 41.73 |
| 2015年6月 | 108.20 | 2017年6月 | 49.77 |
| 2015年9月 | 43.09 | 2017年9月 | 57.15 |
| 2015年12月 | 28.16 | 2017年12月 | 73.02 |
| 2016年3月 | 39.61 | 2018年3月 | 88.39 |
| 2016年6月 | 26.65 | 2018年6月 | 134.65 |
| 2016年9月 | 31.98 | 2018年9月 | 104.49 |

注：本表日均数据由月交易额数据除以21（个交易日）计算。
资料来源：Wind资讯。

表19 2016年12月—2018年9月深港通中深股通交易情况 单位：亿元人民币

| 时间 | 当月日均交易金额 | 时间 | 当月日均交易金额 |
|---|---|---|---|
| 2016年12月 | 15.41 | 2017年11月 | 73.77 |
| 2017年1月 | 14.05 | 2017年12月 | 60.04 |
| 2017年2月 | 18.61 | 2018年1月 | 76.05 |
| 2017年3月 | 26.09 | 2018年2月 | 89.57 |
| 2017年4月 | 33.36 | 2018年3月 | 78.73 |
| 2017年5月 | 34.09 | 2018年4月 | 91.67 |
| 2017年6月 | 38.29 | 2018年5月 | 85.00 |
| 2017年7月 | 34.92 | 2018年6月 | 95.39 |
| 2017年8月 | 38.86 | 2018年7月 | 87.47 |
| 2017年9月 | 47.98 | 2018年8月 | 88.15 |
| 2017年10月 | 60.26 | 2018年9月 | 77.63 |

资料来源：深圳证券交易所。

总体而言，FDI、对外直接投资、QFII、RQFII以及沪港通、深港通等是观测、分析中国金融对外开放中国际资本流动（主要是流入）的重要窗口和指标。上述分析表明，中国金融投资性市场的对外开放程度相对不平衡。FDI发展速度快、规模大、产业分布广，从规模上看，中国已成为全球第二大FDI国家。对外直接投资近几年发展迅猛，但受资本项下的制度约束和外汇储备安全性考虑，发展空间有限。资本市场上的四大开放措施（QFII、RQFII、沪港通、深港通）都是过渡性制度安排，加上中国资本市场深刻的制度缺陷，使得来自境外的资本投资于A股的比例始终在2%左右徘徊。所以，从金融投资角度看，中国金融的对外开放仍然处在一个较低的水平上。

### （三）中国金融的国际影响力

一国金融的国际影响力主要表现在该国货币和资本市场的影响力上。货币的国际影响力与该国经济的竞争力、市场化和国际化程度有密切关系，也与汇率形成机制息息相关。在资本项尚未全部开放、可自由交易制度尚未完全形成之时，人民币国际影响力的观测指标主要有四个：一是人民币作为结算货币在国际贸易中的份额；二是国际货币基金组织（IMF）中特别提款权（SDR）的份额；三是离岸市场规模；四是与各国央行互换的规模。

（1）人民币在国际贸易结算中的规模和比例。改革开放以来，小规模的边境贸易使用人民币结算从未停止过，但官方意义上的国际贸易一定规模地使用人民币结算，应该发生在2010年以后。据环球同业银行金融电讯协会（SWIFT）统计，2012年1月，人民币结算货币规模1 284亿元，在全球排第20位，占国际贸易全球货币结算额的0.25%。两年后，即2013年12月，人民币结算额全球名次上升到第8位，比例上升到1.12%。2015年8月，人民币结算份额首次超过日元（2.76%），达到2.79%，居全球第4位。到2018年6月，人民币结算份额下落到1.81%，居全球第5位。人民币在国际贸易结算中，近几年徘徊在第4、5、6位。人民币在国际贸易中的影响力虽有提高，但仍然有限，见表20、图9。

**表20　2011年12月—2018年6月国际结算中的人民币规模、份额和排名情况**

单位：亿元人民币

| 时间 | 当月跨境贸易人民币结算额 | 份额 | 排名 |
|---|---|---|---|
| 2011年12月 | — | 0.29% | 17 |
| 2012年6月 | 2 593 | 0.43% | 16 |
| 2012年12月 | 3 529 | 0.57% | 14 |
| 2013年6月 | 3 547 | 0.87% | 11 |
| 2013年12月 | 5 883 | 1.12% | 8 |
| 2014年6月 | 5 681 | 1.55% | 7 |
| 2014年12月 | 6 334 | 2.17% | 5 |
| 2015年6月 | 6 590 | 2.09% | 5 |
| 2015年12月 | 7 981 | 2.31% | 5 |
| 2016年6月 | 4 995 | 1.72% | 6 |
| 2016年12月 | 3 747 | 1.68% | 6 |
| 2017年6月 | 4 448 | 1.98% | 6 |
| 2017年12月 | 4 184 | 1.61% | 5 |
| 2018年6月 | 4 509 | 1.81% | 5 |

注：2015年8月，人民币结算份额（2.79%）首次超过日元（2.76%）居第4位，美元、欧元一直居于第1、2的位置。

资料来源：环球同业银行金融电讯协会（SWIFT）、中国人民银行。

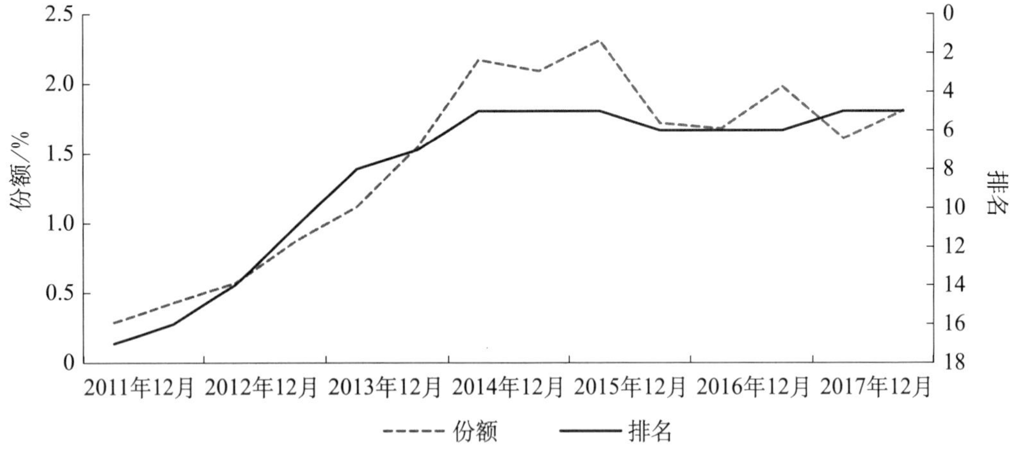


**图9 国际结算中人民币所占份额和排名的变动情况**

注：使用表20相应时间节点的数据制作。

（2）人民币在SDR中的比例及地位。在人民币加入SDR之前，IMF储备货币SDR篮子中只有4种货币，即美元、欧元、英镑和日元，其中美元份额41.90%，欧元37.40%，英镑11.30%，日元9.40%。基于中国在货币、外汇和金融体系改革方面所取得的进展和人民币在国际贸易中所发挥的作用，IMF董事会于2015年11月30日批准人民币加入SDR篮子货币，比例为10.92%，在SDR 5种篮子货币中，超过英镑和日元，仅次于美元和欧元，排在第3位，2016年10月1日生效。SDR权重的历次变动情况见表21。

**表21 1986—2016年SDR权重的历次变动情况**

| 生效日期 | 美元 | 欧元 | 联邦德国马克 | 法国法郎 | 人民币 | 英镑 | 日元 |
|---|---|---|---|---|---|---|---|
| 1986年1月1日 | 42% | — | 19% | 12% | — | 12% | 15% |
| 1991年1月 | 40% | — | 21% | 11% | — | 11% | 17% |
| 1996年1月1日 | 39% | — | 21% | 11% | — | 11% | 18% |
| 2001年1月1日 | 45% | 29% | — | — | — | 11% | 15% |
| 2006年1月1日 | 44% | 34% | — | — | — | 11% | 11% |
| 2011年1月1日 | 41.90% | 37.40% | — | — | — | 11.30% | 9.40% |
| 2016年10月1日 | 41.73% | 30.93% | — | — | 10.92% | 8.09% | 8.33% |

注：IMF每五年评估一次SDR权重。
资料来源：IMF官方网站。

人民币加入SDR篮子货币并占10.92%的份额对提升人民币国际影响力，具有重要而深远的意义，同时，也将有力地推进中国金融的市场化改革和人民币汇率机制的改革。但应看到，人民币在全球储备市场中的份额远远低于SDR中10.92%的份额，人民币的实际市场影响力仍然不足。

（3）人民币离岸规模及分布。离岸规模及其分布也是判断一国货币国际影响力的重要指标。改革开放40年的大多数时间里，人民币离岸规模很小，2010年后离岸规模才迅速增加，大体在1.8万亿～2.8万亿元人民币之间。同时，离岸规模与在岸规模比例悬殊，前者仅占后者2%～5%，非居民持有的人民币存款离岸规模占全球离岸存款1%～1.5%。这与美元的离岸与在岸规模各占50%，以及离岸美元在全球离岸存款中的比例有巨大差异。人民币离岸存款主要分布在我国香港、台湾地区，以及新加坡等国，分布区域相对单一。离岸人民币规模、分布及种类见表22。

**表22　2013—2018年离岸人民币规模、分布及种类**　单位：亿元人民币

| 时间 | 非居民持有的人民币存款（总量及代表性地域分布） | | | | | | 离岸人民币债券、贷款 | | 人民币计入外储情况及占全球官方储备比重（美元） |
|---|---|---|---|---|---|---|---|---|---|
| | 总量/占全球离岸存款的比重 | 香港（绝对量及占比） | 台湾（绝对量及占比） | 新加坡（绝对量及占比） | 韩国（绝对量及占比） | 伦敦（绝对量及占比） | 离岸人民币债券（不含CD）余额 | 人民币贷款及融资 | |
| 2013年12月 | 20 000<br>1.34% | — | — | — | — | — | 2 700<br>（香港新发行额） | 5 000<br>（全球） | — |
| 2014年12月末 | 27 800<br>— | 10 036<br>36.10% | 3 022<br>10.87% | 2 300<br>8.27% | — | — | 4 816 | 1 800<br>（仅香港地区） | 全球占比<br>0.1%～0.3% |
| 2015年12月末 | 22 200<br>— | 8 511<br>38.34% | 3 182<br>14.33% | 1 890<br>8.51% | — | — | 5 400 | 3 000<br>（仅香港地区） | — |
| 2016年12月末 | 17 700<br>1.09% | 5 467<br>30.89% | 3 112<br>17.58% | 1 260<br>7.12% | — | — | 4 825 | 3 000<br>（仅香港地区） | — |
| 2017年12月末 | 18 900<br>1.21% | 5 591<br>29.58% | 3 223<br>17.05% | 1 520<br>8.04% | 74<br>0.39% | — | 3 877 | 1 615（香港及台湾地区） | 1 228亿美元<br>1.23% |
| 2018年3月末 | 18 400<br>1.25% | 5 543<br>30.12% | 3 197<br>17.38% | 1 390<br>7.55% | 69<br>0.38% | 784<br>4.26% | 3 917 | 1 558（香港及台湾地区） | 1 449.5亿美元<br>1.39% |

资料来源：中国银行离岸人民币指数（ORI）报告（2014—2018）。

（4）人民币互换规模。改革开放前期，货币互换虽然存在，但规模小发展缓慢。1997年亚洲金融危机后，为稳定金融市场，在“10+3”框架内签署了《清迈协议》，中国人民银行与相应各国央行，签署了一系列双边互换协议。2008年全球金融危机爆发，为防止重大危机的恶化与蔓延，推动人民币国际化，中国人民银行与相关国家的央行签订了一系列双边货币互换协议。2008年12月12日，首先与韩国央行签订了1 800亿元人民币/38万亿韩元的互换协议。到2018年8月，已与40多个国家签署了货币互换协议，货币互换协议总额达到33 687亿元人民币的历史纪录。人民币互换协议规模变动情况见图10。人

民币互换规模在一定程度上反映了人民币的国际影响力和信用度。央行间的货币互换除了可以增强我国与相关国家（地区）的流动性互助能力，推动与相关国家（地区）贸易与直接投资，更重要的是在人民币完全实现自由兑换前，可为人民币在境外一定程度上实现商品计价、支付与结算手段、价值储备等国际货币功能创造条件，有助于人民币汇率机制的市场化改革①。

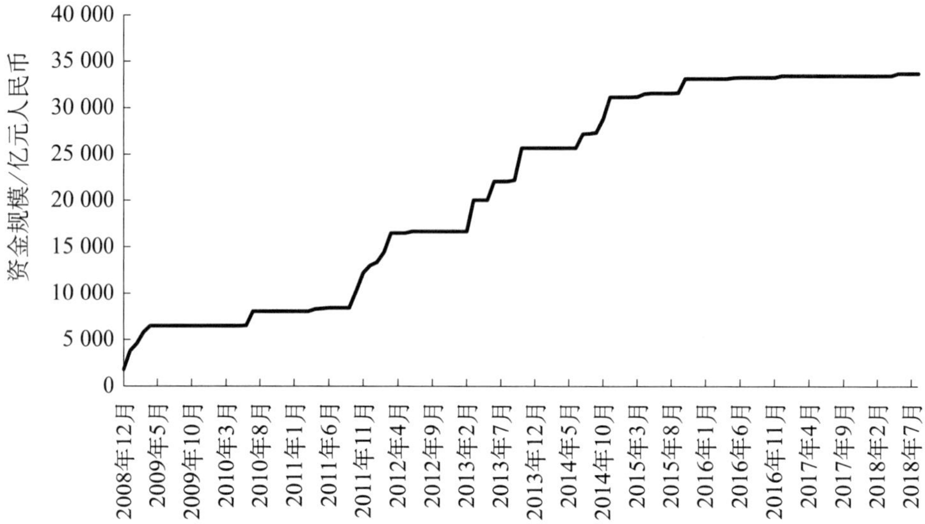


**图10　2008年12月—2018年7月人民币互换协议规模变动情况**

资料来源：wind资讯。

## 七、中国金融监管模式：从“大一统”到“分业监管”再到“双柱”功能监管

改革开放40年来，中国金融监管经历了“大一统”、“分业监管”和“双柱”功能监管三个不同发展阶段，其中“双柱”功能监管是“分业监管”模式的升级版。

### （一）“大一统”金融监管模式：1983—1992年

1983年前，中国金融实行的是金融信贷活动与金融监管、央行职能混为一体的模式。1983年9月17日，国务院决定中国人民银行专门行使中央银行职能，不再办理工商信贷

① 我国央行与各国货币互换交易．（2017－11－27）［2018－12－22］．https：//wenku.baidu.com/view/b5380ba6bb0d4a7302768e9951e79b8969026879.html.

和储蓄业务，中央银行与专业（商业）银行在主体上实现分离。之后，中国工商银行成立。从1983年到1992年，虽然其间沪深交易所成立，股票市场已经形成并运行，但由于中国金融整体上没有发生重大的结构性变化，计划性金融的特征非常明显。金融监管实行的是央行“大一统”监管模式，央行在金融监管司下设一个证券专项办公室，监管股票市场。

### （二）“分业监管”时代的来临：起始于中国证监会的成立

随着股票市场的发展，1992年10月，中国证监会正式成立。中国证监会的成立在中国金融监管改革中具有划时代意义，标志着中国金融监管进入“分业监管”的时代。

如何有效监管市场一直是中国证监会探索的问题。在中国证监会成立最初的几年中，证券监管无论是发行制度，还是市场监管都带有那个时代特有的计划性金融的烙印。计划指标、额度管理、主观定价是这期间证券监管的主要特征。这一监管理念一直延续到2001年股票发行制度的核准制改革。股票市场的建立和发展，客观上推动了中国金融的市场化改革和结构上的变化。

作为广义金融的保险业，也在两方面酝酿着变革。1996年中国人寿从中国人保分离出来，独立成立以寿险为主要业务的保险公司，这是保险业改革和发展的重要信号。随着保险业的市场化和快速发展，1998年11月18日，中国保监会正式成立，保险监管职能在主体上与央行分离。中国保监会的成立进一步强化了中国金融“分业监管”的模式特征。

银行业是中国金融的主体。在2003年之前，中国人民银行既履行法律规定的央行职能，又行使银行业监管机构的职责，这种一主双责的模式不利于央行职能独立而公平地行使，为此必须成立独立的银行业监管机构。2003年4月，中国银监会正式成立，独立行使银行业金融机构监管职能。中国银监会的成立标志着中国金融以“一行三会”为架构的“分业监管”模式的正式确立。中国金融全面进入了“分业监管”的时代。

### （三）“双柱”功能监管时代：基于风险结构变化的选择

如果说1992年中国证监会的成立意味着中国金融“分业监管”模式的启动，2003年中国银监会的成立标志着中国金融“分业监管”时代的全面来临，那么2018年3月，中国银监会和中国保监会合并成立中国银保监会，调整央行部分职能，且赋予央行宏观审慎监管职责，意味着中国金融开始探索“双柱”功能监管模式。

所谓“双柱”功能监管模式，是指央行侧重宏观审慎监管，金融监管机构侧重微观审慎监管，两者既有侧重又相互衔接的基于功能监管的一种金融监管模式[①]。在这种金融监管模式中，宏观审慎监管基于金融体系稳定，防止风险的扩散和蔓延，关注“给定时点上风险跨机构之间的分布和整个系统中风险的跨时间分布”[②]，目的是防范系统性金融风险及金融危机，通过逆周期调节来抑制金融体系内在的顺周期特征。

宏观审慎监管固然重要，但从监管逻辑上看，微观审慎监管仍然是金融监管的基石。“双柱”功能监管模式中的微观审慎监管，关注金融机构的个体行为及其风险偏好，合规监管成为其监管的一般形态，保护市场个体包括投资者和储户的利益成为其监管的主要目标。

简言之，宏观审慎监管关注宏观金融风险及个体间风险的传递，微观审慎监管关注机构行为和对个体的风险。从 2018 年 3 月起，央行开始行使宏观审慎监管职责，银保监会和证监会共同履行微观审慎监管职能，银保监会侧重于监管机构行为以及机构（主要是银行业）内风险的生成指标和生成源，证监会侧重于监管市场不确定性及透明度。

在“双柱”功能模式中，银保监会和证监会相互独立存在而共同履行性质上有差别的微观审慎监管职能，是有逻辑支持的。逻辑的起点是中国金融风险结构中并存着两种力量并不悬殊的基础风险——机构风险（资本不足风险）和市场风险（透明度风险），且两种风险具有边际替代性。保持对市场风险，即透明度风险监管的主体的独立性，无论在理论上还是在实践中都十分必要，对金融结构的变革、金融功能的升级和金融风险的防范有重要的制度保障作用。所以，在中国由“一行两会”架构行使“双柱”监管功能是一种符合金融逻辑的设计。

实际上，这种由“一行两会”架构行使“双柱”功能的金融监管模式，是一种升级版的“分业监管”模式，这是因为，其监管的理念仍然是“分业”，但观察和管理风险的宏观视角比以前大大增强了，而且，在“一行两会”之上还有一个具有平衡协调职责的国务院金融稳定发展委员会。

从“大一统”的监管模式，到基于“分业经营、分业管理”的具有条条特征的平面化监管模式，再到基于宏微监管并存的“双柱”功能监管模式，既意味着金融监管基础的重大变化，也意味着金融监管理念的进步，是改革开放 40 年来中国金融发展和变革的缩影。

---

① 人们一般把这种监管模式概括为“双支柱”模式，笔者将其简称为“双柱”监管模式，是因为从效果和分工的匹配性看，还未到“双支柱”阶段。

② 朱小川．宏观审慎监管的国际趋势及对我国的启示．南方金融，2010（3）.

## 八、中国金融的未来：现代金融体系和大国金融

如前所述，经过40年的改革开放，中国金融在规模、结构、业态、功能等方面朝着市场化方向发生了不可逆的根本性变化，在资源配置方式、风险分散机制和监管模式改革等领域朝着现代金融方向发生了重要变革，在开放和国际化方面进行了方向明确、方法谨慎的试错性探讨。中国金融彻底完成了从计划性金融到市场化金融的转型，这一转型为中国金融的未来发展奠定了坚实基础。为此，我们必须思考：中国金融的未来如何定位？中国金融的未来战略目标是什么？

### （一）现代金融体系的基本特征

中国是个大国，中国经济是大国经济。笔者一直以来都主张，中国必须构建与大国经济规模、结构和特征相匹配的大国金融。中国未来所构建的大国金融应该是开放的，具有强大的基于市场的资源配置、财富管理和风险分散功能相统一的特征。中国的大国金融模式也可简约地概括为一种基于发达市场基础的现代金融体系。我们未来所构建的具有大国金融核心元素的现代金融体系，至少有以下三个特征：

第一，我们所要构建的现代金融体系一定是高度市场化的，金融资源的配置更多地甚至主要是通过市场机制来完成。这就要求我们必须进一步推动金融市场特别是资本市场的发展，顺应金融“脱媒”趋势，不断扩大证券化金融资产的规模，推动金融结构向着富有弹性、更加市场化的方向变革，改善金融功能，提高金融配置资源的效率。

第二，我们所要构建的现代金融体系一定是高科技的金融体系。未来高科技对金融的渗透将会以比过去任何时候更快的速度在更广泛的领域展开。技术进步将对大数据进行更加有效的整合，区块链将大幅度提高数据的有效性和真实性，人工智能将极大地改变金融运行的场景和效率，所有这些都将对市场信息的非对称性产生重大影响，甚至会颠覆金融的基石——信用的内涵和评价准则。高科技与金融的结合所形成的新金融业态或第三金融业态，会使金融的基因发生重大变异，使其逐步摆脱传统金融的时空约束。这种金融业态在风险识别上更有效率，客户群将得到有效延伸。科技是构建现代金融体系重要的助推者，金融的科技化是未来金融的基本趋势。

第三，我们所要构建的现代金融体系一定是开放的。从世界金融发展历史看，没有一个全球性大国的金融不是开放的，美国如此，英国如此，即使17世纪的荷兰也是如此。

全球性大国的金融之所以是开放性的金融，是因为金融资源的集聚效应和风险的全球分散。开放的全球有利于制度的进步、法治的完善、价格的有效形成和金融功能的全面提升。对中国而言，开放的金融意味着人民币必须是可自由交易的货币，意味着中国资本市场既是中国投资者的市场，也是全球投资者的市场。

### （二）中国大国金融的结构元素

从特征上看，中国所要构建的大国金融必须是上述意义上的现代金融。从结构上看，中国的大国金融必须具有以下要素[①]：

一是开放、透明、具有成长性预期的资本市场。这是中国大国金融的重要基石，这样的资本市场具有资源特别是存量资源调整、风险流动和分散、经济成长财富效应等功能。

二是灵活而有效的市场创新能力和满足客户多样化金融需求的金融服务提供商。这样的金融服务提供商，核心是必须有效提供四种服务：流动性；过滤风险；创造产品并通过市场机制发现价格；基于金融市场产品的风险组合或资产增值服务。

三是具有发达的货币市场和安全、便捷的支付体系。如果说发达的资本市场主要承担配置风险或财富管理的功能，是现代金融体系中大国金融的心脏的话，那么通畅的货币市场则主要负责流动性管理，便捷而安全的支付体系则是流动的血管，它们共同构成大国金融的血液循环。

四是人民币的国际化。这既包括人民币的可自由交易，更包括人民币在国际贸易和国际金融交易中的重要作用，还包括储备市场的地位。

上述四个因素缺一不可，相互作用，共同构成中国大国金融的基本框架。

中国大国金融的战略目标是，建设21世纪新的国际金融中心。这个国际金融中心不是货币交易中心和货币定价中心，那是伦敦市场的功能，而是人民币计价资产的交易中心，是全球重要的财富管理中心。

随着全球经济格局的变化和调整，国际金融中心的格局正在发生重大变化。国际金融中心移动轨迹的深层原因是全球经济格局的深刻变化。中国新的国际金融中心的建设，既是中国金融对外开放和国际化的重要标志，也是21世纪全球金融变革的重大事件。

2009年4月，国务院提出，到2020年，要把上海“基本建成与我国经济实力以及人民币国际地位相适应的国际金融中心”。由于2015年股市危机、股票发行制度改革和汇率

---

① 吴晓求．大国金融中的中国资本市场．金融论坛，2015（5）.

机制改革尚未完全到位等内外部原因，虽然构建新的国际金融中心的目标不会改变，但时间要延后。根据十九大关于中国经济2035年和2050年战略目标设计和我国资本市场法律制度、市场环境以及汇改的实际情况，中国建设新的国际金融中心的时间表要做适当调整。新的国际金融中心的战略目标可简要概括为：到2030年，将以沪深交易所为基础的中国资本市场建设成全球金融市场新的增长极，并将上海建设成全球新的国际金融中心，基本完成中国金融体系的现代化、市场化和国际化。届时，中国经济的证券化率应该达到1∶1的临界值。

金融活动远比实体经济活动复杂而敏感，一国金融开放和国际化的政策设计需要谨慎而理性。中国在实现大国金融和新的国际金融中心的战略目标过程中，会遇到比中国加入WTO时及之后遇到的困难复杂得多的困难，因为它会引发全球货币体系和全球金融市场格局的大调整，对此我们必须要有深刻的理解和充分的心理预期。

## 参考文献

[1] 吴晓求，等．中国金融监管改革：现实动因与理论逻辑．北京：中国金融出版社，2018.

[2] 吴晓求，陶晓红，张焞．发展中国债券市场需要重点思考的几个问题．财贸经济，2018 (3).

[3] 吴晓求，等．股市危机：历史与逻辑．北京：中国金融出版社，2016.

[4] 谢平，邹传伟．互联网金融模式研究．金融研究，2012 (12).

[5] 吴晓求．中国金融的深度变革与互联网金融．财贸经济，2014 (1).

[6] 吴晓求，等．互联网金融：逻辑与结构．北京：中国人民大学出版社，2015.

[7] 肖立晟．回顾与展望：人民币汇率形成机制改革．中国证券报，2017-01-16.

[8] 钟正生．详解人民币汇率逆周期因子：构成、效力与影响. (2017-09-01) [2018-12-18]. http://opinion.caixin.com/2017-09-01/101138979.html.

[9] 朱小川．宏观审慎监管的国际趋势及对我国的启示．南方金融，2010 (3).

[10] 吴晓求．大国金融中的中国资本市场．金融论坛，2015 (5).

[11] 我国央行与各国货币互换交易．(2017-11-27) [2018-12-22]. https://wenku.baidu.com/view/b5380ba6bb0d4a7302768e9951e79b8969026879.html.

# 我国改革的周期性变化规律及新时代价值*

黄泰岩**

【摘　要】本文通过回顾中国改革40年历程发现，改革呈现出明显的周期性变化规律，出现了一个中周期和三个短周期。改革周期性变化规律形成的根本原因是，改革作为生产关系的变革和调整，必须遵循生产关系适应生产力发展变化而变化的运动规律，再加之我国改革采取了渐进式改革的方式，这就使生产关系的变化具有了阶段性特征，并引起了生产力发展的阶段性变化，形成了改革周期与经济周期的高度吻合。改革的周期性变化规律对于新时代全面深化改革具有重要的意义：经济面临下行压力，恰是改革最佳窗口期；改革进入新周期，才能孕育经济运行新周期；激发人民的改革激情与活力，才能推动改革周期性运动；加强顶层设计，才能推动改革全面深化。

【关键词】改革；周期性变化规律；新时代的全面深化改革

中国改革实践40年的巨大成功，验证了中国改革理论的科学性。新时代全面深化改革的新实践，要求改革理论进一步创新和发展。因而总结40年改革的周期性变化规律，并运用于新时代的全面深化改革，就具有重要的理论意义和实践价值。

* 本文原刊发于《经济理论与经济管理》2018年第11期。

** 黄泰岩，中央民族大学校长、教授、博士生导师，中国人民大学中国经济改革与发展研究院教授、博士生导师、中国民营企业研究中心主任。

## 一、我国改革的周期性变化规律

回顾我国改革 40 年的发展历程，改革呈现出明显的周期性变化规律。这突出表现在以下几个方面：

第一，改革决定的周期性出台。从党的每个重大改革决定出台的时间间隔来看，中共中央先后出台了 1984 年《中共中央关于经济体制改革的决定》、1993 年《中共中央关于建立社会主义市场经济体制若干问题的决定》、2003 年《中共中央关于完善社会主义市场经济体制若干问题的决定》和 2013 年《中共中央关于全面深化改革若干重大问题的决定》四个重大改革决定，并因此引发了先后四次改革浪潮和相应的生产力的快速发展。分析中共中央四个重大改革决定出台的时间就会发现，每个决定发布间隔的时间分别为 9 年、10 年、10 年，呈现出改革深化每 9～10 年一次的周期性变化规律，或称为中国改革周期。

第二，改革周期促成经济增长周期。从我国经济运行的周期波动来看，改革开放以来国民经济运行大致经历了三个周期性波动：第一个周期是从 1981 年的谷底上升到 1984 年的峰值再回到 1990 年的谷底；第二个周期是从 1990 年的谷底上升到 1992 年的峰值再回到 1999 年的谷底；第三个周期是 1999 年的谷底上升到 2007 年的顶峰，然后从 2008 年世界金融危机后经济持续调整和下行。分析三个经济增长周期经历的时间发现，每个周期大约都是 9～10 年，符合经济周期的一般变动规律①。如果把 9～10 年的改革周期与 9～10 年的经济增长周期对比会发现，我国的改革周期和经济周期存在高度耦合关系。这体现为改革是经济发展的强大动力，没有一次次的改革深化，就不会有 40 年改革的巨大成就。

第三，经济增长周期孕育改革周期。从中共中央每一个重大改革决定出台的时间节点来看，每一轮改革的启动基本都是发生在国民经济运行进入调整和谷底阶段，如 1981 年经济增长从 1978 年的 11.7%降到了 5.2%的低谷，1982 年 1 月 1 日，中共中央在《全国农村工作会议纪要》中肯定了农村实行的各种责任制是社会主义集体经济的生产责任制，农村改革全面启动，1983 年进一步肯定联产承包制是我国农民的伟大创造，1984 年就出台了第一个经济体制改革决定，即《中共中央关于经济体制改革的决定》，把农村改革的经验向城市推广，形成全国性的第一次改革浪潮。当改革启动时，经济增长速度迅速提

---

① 1860 年法国经济学家朱格拉就提出了 9～10 年的经济周期。经济学家熊彼特 1936 年提出经济周期分为长周期、中周期和短周期，每一个长周期包括 6 个中周期，每一个中周期包括 3 个短周期。短周期约为 40 个月，中周期为 9～10 年，长周期为 48～60 年。

高，1984年达到了15.2%的本周期高点。经过5年左右的高速增长，新体制的红利逐渐衰减，经济增长速度逐步跌入1990年3.8%的谷底。面对经济发展的困难，1992年邓小平同志发表了重要讲话，提出加快改革，建立社会主义市场经济体制，从而酝酿形成了1993年《中共中央关于建立社会主义市场经济体制若干问题的决定》，当年经济增长速度就达到了14.2%的本周期高点。同样经过5年左右的高速增长，经济增长受亚洲金融危机和周期规律的叠加影响下行至1999年7.6%的本周期谷底。为应对亚洲金融危机的冲击和国内产能过剩的压力，2001年我国加入WTO，开启了参与经济全球化的新征程，催生了2003年《中共中央关于完善社会主义市场经济体制若干问题的决定》的出台，形成新一轮的发展周期，直到2008年世界金融危机对我国经济造成严重冲击，经济下行压力加大。2012年经济增长率出现破8，2013年11月发布《中共中央关于全面深化改革若干重大问题的决定》，开启了新一轮的全面深化改革。可见，改革都是被倒逼出来的。

第四，改革周期与经济增长周期二者互为因果。从改革的目的来看，改革是为了解放和发展社会生产力。1993年《中共中央关于建立社会主义市场经济体制若干问题的决定》明确指出，要“以是否有利于发展社会主义社会的生产力，是否有利于增强社会主义国家的综合国力，是否有利于提高人民的生活水平，作为决定各项改革措施取舍和检验其得失的根本标准”①。十九大报告也明确指出，“解放和发展社会生产力，是社会主义的本质要求”，以及“只有改革开放才能发展中国、发展社会主义、发展马克思主义”②。因此，改革必须置于发展的框架中，成为发展的强大动力。这就是为什么每当经济增长跌入低谷时，改革就开始酝酿形成，并启动一轮改革浪潮；而每一轮改革的启动都会带来5年左右的快速发展期，从而达到解放和发展社会生产力的目的。但当改革不能有效解放和发展生产力时，经济增长就会放缓进入调整期，从而孕育新一轮的改革。

## 二、我国改革周期性变化规律的理论解释

中国改革之所以会呈现出明显的周期性变化特征，最根本的原因就在于，改革是变革那些不适应生产力发展的生产关系，因而改革属于生产关系变革的范畴，这就意味着改革并不是随意的、任意的主观行动，而必须是适应生产力发展变化规律的客观运动。也就是

---

① 改革开放以来历届三中全会文件汇编．北京：人民出版社，2013：57-58.

② 习近平．决胜全面建成小康社会　夺取新时代中国特色社会主义伟大胜利：在中国共产党第十九次全国代表大会上的报告．北京：人民出版社，2017：35，21.

说，改革的周期性变化规律是由生产力发展变化规律决定的。

根据马克思揭示的生产力与生产关系相互关系的运动规律，当生产关系严重束缚生产力发展的时候，变革生产关系就成为解放和发展生产力的必然要求；当新的适应生产力发展的生产关系建立起来之后，生产关系就处于相对稳定状态，生产力则成为最活跃的因素。这就意味着，生产力总是不断发展变化的，而生产关系则具有阶段的稳定性。

在历史发展的长河中，生产关系的变革一直遵循着适应生产力发展变化而变化的规律向前演进。就社会经济制度而言，人类社会随着生产力的发展已经经历了原始社会、奴隶社会、封建社会、资本主义社会和社会主义社会生产关系的根本性革命。就某一社会经济制度的建立、发展、成熟而言，虽然其基本制度的本质规定性没有发生根本性变化，但具体的生产关系也会随着生产力的发展而发生阶段性的变革，大致可以分为长周期、中周期和短周期三种不同的周期性变化。就长周期而言，如资本主义生产关系经历了自由资本主义、垄断资本主义和帝国主义的变革，社会主义生产关系将经历社会主义初级阶段和高级阶段的变革。就中周期而言，如在社会主义初级阶段这个长期的历史进程中，生产关系将经历从站起来到富起来和从富起来到强起来两个不同阶段的变革。就短周期而言，在从站起来到富起来的发展阶段中，生产关系主要表现为具体的经济体制和机制也会随着生产力发展的要求而发生一定程度的变革，表现为经济体制机制的阶段性变化。

依据以上生产关系的周期性变化规律，我们就可以对 40 年来我国改革的周期性变化规律做出如下两点结论。

第一，改革 40 年来，我国改革经历了一个中周期和三个短周期。中周期就是从改革开放到实现富起来的发展阶段；三个短周期分别为 1984—1993 年的建立有计划商品经济的时期、1993 年开始建立社会主义市场经济体制时期和 2003 年以参与经济全球化为新特征的完善社会主义市场经济体制时期。

我国改革出现中周期的根本原因在于，经过 40 年的改革开放，我国实现了从站起来到富起来的伟大飞跃，稳居世界第二大经济体，人均 GDP 超过 8 000 美元，按照世界银行标准成为中高收入经济体，迎来了从富起来到强起来的新时代。在强起来的新发展阶段，虽然我国作为世界上最大的发展中国家的地位没有变，仍处于社会主义初级阶段的地位没有变，但决定我国经济社会发展全局的社会主要矛盾发生了转变，由此决定了我国经济已由高速增长阶段转向高质量发展阶段。要实现高质量发展，就必须跨越转变发展方式、优化经济结构、转换增长动力三大关口，贯彻落实以人民为中心的发展思想和创新、协调、绿色、开放、共享的新发展理念，建设现代化经济体系，形成经济发展新动能。显然，以往支撑高速增长的发展理念、经济体系和发展动能都将不适应、不支撑新时代的高质量发展，这就需要按照新时代的新发展思想、新发展理念、新经济体系、新增长动能的要求，全面深化经济体制改革，构建系统完备、科学规范、运行有效的制度体系，为高质量发展提供坚强的制度和体制机制保障。从这个意义上讲，没有改革开放，就没有高质量发展，就不可能实现强国目标。所以，习近平总书记指出，“改革开放是决定当代中国命运的关键一招，也是决定实现‘两个一百年’奋斗目标、实现中华民族伟大复兴的关键一招”①。由此可见，当经济发展阶段发生转变时，旧的生产关系已不能适应生产力发展的新要求，就需要通过改革开放构建新的生产关系和新的经济体制机制。这是改革随着发展阶段转化而变化的一般运动规律。

我国改革出现三个短周期变化的根本原因在于，我国的经济体制改革采取了渐进式改革的方式。这主要是因为，一是构建社会主义市场经济体制是一项前无古人的伟大创举，只有“摸着石头”在不断试错中才能找到改革的正确方向和道路，才能形成科学的改革理论。这就决定了改革只能是一步一步向前推进的变化特征。例如，对市场作用的认识就表现出明显的阶段性创新，即从计划经济为主、市场调节为辅，到计划调节市场、市场引导企业，再到市场对资源配置发挥基础性作用，直至上升到市场对资源配置起决定性作用。正是这种对改革认识的阶段性，决定了改革目标的阶段性，进而决定了改革的周期性变化。二是改革目标的阶段性，相应改革的政策措施也就具有了阶段性，这就决定了生产关系对生产力的解放和促进作用也具有阶段性，即当改革启动时，新的经济体制迅速解放生产力，经济获得快速发展；当经济体制改革的红利逐步释放出来后，生产力的发展又会受到改革不到位的制约，从而经济增长放缓，又呼唤新一轮的改革，形成生产力波动发展决定的改革周期性变化。

第二，不论改革的变化呈现为中周期还是短周期，改革归根结底都是由生产力的发展变化而引起的。在推动生产力发展变化的各因素中，人是最活跃、起能动作用的因素，因而推动改革不断深化，就需要最大限度地发挥人的能动作用。改革既然是生产关系的调整，那么就会带来利益关系的重新分配，这就决定了改革的受益者就会支持改革、拥护改革、推进改革。改革开放以来，我国之所以能够持续深化改革，动力强劲，主要是因为不仅找到了“摸着石头过河”的渐进改革方式，使我们在“不断试错”中找到改革的正确道路和方向，而且还正确地解决了“谁”来“摸石头”的关键问题，这首先就是充分发挥人

① 习近平谈治国理政．北京：外文出版社，2014：71.

民的聪明才智，汇聚成强大的改革动力。我国的改革是从农村搞联产承包责任制开始的，源头就是 1978 年小岗村 18 户村民的自觉改革行动，这成为中国改革的一声惊雷、一个标志。所以，毛泽东同志曾指出："人民，只有人民，才是创造世界历史的动力。"① 习近平总书记也明确指出："改革开放是亿万人民自己的事业，必须坚持尊重人民首创精神"②。

发挥人民的首创精神，还必须与党的正确领导相统一，才能形成改革的强大动力。例如，小岗村村民的自发改革，只有在 1982 年 1 月 1 日中共中央批转的《全国农村工作会议纪要》确认为是社会主义集体经济的生产责任制，以及 1983 年中共中央进一步肯定联产承包制是在党的领导下我国农民的伟大创造的情况下，才以燎原之势在全国掀起农村改革大潮。对此，毛泽东同志指出："我们应当相信群众，我们应当相信党，这是两条根本的原理。如果怀疑这两条原理，那就什么事情也做不成了。"③ 邓小平同志明确指出："农村搞家庭联产承包，这个发明权是农民的。农村改革中的好多东西，都是基层创造出来，我们把它拿来加工提高作为全国的指导。"④ 习近平总书记也指出："改革开放是人民的要求和党的主张的统一，人民群众是历史的创造者和改革开放事业的实践主体。所以，必须坚持人民主体地位和党的领导的统一，紧紧依靠人民推进改革开放。"⑤

## 三、我国改革周期性变化规律的新时代价值

改革的周期性规律对于新时代全面深化改革具有特别重要的意义，这也是我们纪念改革开放 40 周年最主要的目的所在，突出表现在：

第一，经济面临下行调整期，恰是深化改革最佳窗口期。新时代的全面深化改革面临着严峻的挑战：一是改革的难度越来越大，一方面经过 40 年的改革，好改的和容易改的基本都改完了，现在剩下的都是难啃的骨头；另一方面这一轮改革是全面深化改革，既是对经济体制的全面深化改革，还要将经济体制改革置于政治体制改革、社会体制改革、文化体制改革、生态体制改革等整体系统改革中加以推进，实现经济体制改革与其他改革的协同、协调，从而产生整体效应，因而改革的系统性、整体性、协同性要求越来越高。二是改革与经济转型叠加，形成体制和经济的"双转型"，这就要求一方面改革不能沿着原

① 毛泽东选集：第 3 卷 . 2 版 . 北京：人民出版社，1991：1031.
② 习近平谈治国理政 . 北京：外文出版社，2014：68.
③ 毛泽东文集：第 6 卷 . 北京：人民出版社，1999：423.
④ 邓小平文选：第 3 卷 . 北京：人民出版社，1993：382.
⑤ 中共中央文献研究室 . 习近平关于全面深化改革论述摘编 . 北京：中央文献出版社，2014：138.

来促进高速增长的发展思想和框架向前推进，而是要遵循促进高质量发展的思想和框架设计有助于推进经济转型的经济体制和机制，这就使改革不再是对原有体制机制的进一步完善，而是要创新性地全面改革，构建新体系新机制；另一方面经济转型要为体制转型创造必要的空间和条件，比如经济转型形成的新经济体系和新增长动力对经济增长的有力支撑，就可以强有力地推进改革的深化，但目前新增长动力不足却形成了对改革深化的制约。三是国际国内各种矛盾的多发易发，特别是以中美贸易战为开端的美国对我国发展的遏制，以及出现逆经济全球化发展的势头等，都使我国的全面深化改革环境更加不稳定、不确定，这就要求我们必须处理好改革与发展、稳定的关系，一方面要依据现阶段发展、稳定的具体要求安排相应的改革，既不能滞后也不能超前，从而对改革的优先次序做出科学的安排；另一方面要依据现阶段发展、稳定的具体承受能力安排相应的改革，既不能不顾承受能力盲目加快改革，也不能惧怕困难使改革裹足不前，从而对改革的力度大小做出科学选择。

纵观中国40年的改革史，每一次改革的启动都是发生在经济遇到严重困难和挑战之后。今天中国经济又遇到了前所未有的压力和挑战，特别是处在跨越“中等收入陷阱”关键时期。跨过去，中国就将成为现代化国家；跨不过去，中国就会遇到更大的麻烦。据世界银行统计，从上个世纪60年代到本世纪的2008年，世界上共有101个经济体进入中等收入阶段，但只有13个经济体顺利跨越“中等收入陷阱”，而且这13个经济体都是区域和人口少的经济体，并大都得到美国等发达国家的支持和保护。由此可想，中国跨越“中等收入陷阱”是何等艰难。但是，历史和经验反复证明，面临的困难越大，挑战越大，改革就越容易达成共识，改革的大潮就将汹涌而来。这是因为，改革是各种重大利益关系的调整，这就会使有的人在改革中受益，有的人的利益则可能受损，因而并不是所有的人都希望推进改革，都主动参与改革。可是，当我国经济运行达到不改革就无法发展、不发展就会使各种矛盾凸显甚至激化的时候，改革就容易在各个群体间达成共识，就容易深化改革，并取得巨大的改革红利。

第二，改革进入新周期，才能孕育经济运行新周期。新时代的全面深化改革虽然在重要领域和关键环节取得了突破性进展，主要领域改革的主体框架基本确立，并有力促进了社会生产力的解放和发展：经济保持中高速增长，2013—2016年平均增速达7.2%，高于同期世界2.5%和发展中经济体4%的平均增长水平；全国居民人均可支配收入实现快速增长，2012—2016年均实际增长7.4%，快于同期GDP增速和人均GDP增速；就业持续稳定增长，2013—2016年，城镇新增就业连续四年保持在1 300万人以上。但是，经济运行进入高质量发展的轨道对进一步深化改革提出了极为迫切的需求，主要体现在：一是从根本上解决经济下行压力必须加快改革。近几年来我国经济下行压力大的最主要原因是驱动经济增长的旧动能逐渐失速，而拉动经济增长的新动能还处在快速成长期，据国家发改委的测算，2015 年战略性新兴产业拉动 GDP 增长仅有约 1.4 个百分点，如果完成到 2020 年战略性新兴产业比重比 2015 年翻番的发展目标，我国就可以进入中高速稳定增长的轨道。战略性新兴产业的快速发展离不开改革开放。二是到 2020 年形成更加成熟、更加定型的经济制度必须加快改革。我国经济改革的目标和任务就是到 2020 年形成系统完备、科学规范、运行有效的制度体系，使各方面制度更加成熟和定型，推动生产关系同生产力、上层建筑同经济基础相适应，更好地发挥社会主义市场经济制度的巨大优越性，解放和发展生产力。从现在到 2020 年仅剩下 2 年多一点，时间紧、任务重，改革必须只争朝夕、时不我待。三是推进经济转型必须加快改革。经济转型是我国跨越“中等收入陷阱”的必由之路。只有通过加快改革，建立起一套有利于促进经济转型升级的体制机制，形成经济转型的强大内生驱动，经济转型才能最终取得成功。正如习近平总书记在今年两会广东团讨论时所说的：“中国如果不走创新驱动道路，新旧动能不能顺利转换，是不可能真正强大起来的，只能是大而不强。”①

第三，激发人民的改革激情与活力，才能推动改革周期性变化。新时代的全面深化改革，就需要进一步强化人民的改革主体地位。一是改革要紧紧依靠广大人民群众。改革关系到广大人民群众的切身利益，因而必须要有广大人民群众的积极参与。马克思恩格斯在《共产党宣言》中指出：“过去的一切运动都是少数人的，或者为少数人谋利益的运动。无产阶级的运动是绝大多数人的，为绝大多数人谋利益的独立的运动。”② 从经济体制改革的层面来看，改革要做到紧紧依靠广大人民群众，就必须进一步完善社会主义市场经济体制，让市场对资源配置起决定性作用。这是因为在市场对资源配置起决定性作用的体制机制下，任何一项改革举措，广大人民群众对其满意不满意、支持不支持，既可以用手投票，也可以用脚投票。当广大人民群众对某项改革举措支持和欢迎时，就会积极参与其中，成为改革的奋斗者、推动者和拥护者，例如我国在深化改革中要求始终坚持“两个毫不动摇”，就得到了广大企业家和创业者的积极响应，增强了他们战胜困难的信心，相反就可能成为旁观者，甚至抱怨者。二是改革要时刻为了广大人民群众。改革的动力源必须是内生的，这样才能源源不断、长久不衰。从经济体制改革的层面上讲，这个内生动力主

---

① 习近平：发展是第一要务，人才是第一资源，创新是第一动力．[2018－03－07]．http：//www.xinhuanet.com/politics/2018－03/07/c_1122502719.htm.

② 马克思恩格斯选集：第1卷．3版．北京：人民出版社，2012：411.

要来自人民群众对利益的关心和追求。因此，必须把增进人民福祉、促进人的全面发展作为改革的出发点和落脚点，从而使改革成为人民群众自身的事业、自觉的行动。三是改革的成果必须由广大人民群众共同分享。只有实现好、维护好、发展好最广大人民群众的根本利益，改革才能得到最广大人民群众的理解和支持，改革才能取得成功，否则，就会如邓小平同志所说，中国的改革开放，“如果导致两极分化，改革就算失败了”①。从跨越“中等收入陷阱”经济体的发展经验来看，凡是收入差距过大的经济体，都陷入了“中等收入陷阱”而不能自拔。

既然改革是为了人民，要依靠人民和改革成果由人民共享，那就决定了，一是判断改革成败得失和改革措施取舍的主体是人民，对此习近平总书记指出：“我们党的执政水平和执政成效都不是由自己说了算，必须而且只能由人民来评判。人民是我们党的工作的最高裁决者和最终评判者。”② 二是判断改革成败得失和改革措施取舍的标准是人民是否满意，对此习近平总书记多次强调，要始终把人民满意不满意、高兴不高兴、答应不答应、赞成不赞成作为检验一切工作的根本标准。“以人民为中心”的发展思想与“三个有利于”标准是一脉相承的，因为发展社会生产力和提升综合国力的目的都是为了使人民的获得感、幸福感和安全感日益更加充实、更有保障和更可持续，让改革发展成果更多更公平惠及全体人民。三是判断改革成败得失和改革措施取舍的出发点是人民的利益，对此习近平总书记要求“要从人民利益出发谋划改革思路、制定改革举措”③。

今天我们断定中国改革开放取得了巨大成功，就是因为改革开放40年来，我国的经济和人民生活发生了翻天覆地的变化：实现了40年年均增长9%以上的高速增长，创造了世界经济发展的“中国奇迹”；综合国力大幅提升，稳居世界第二大经济体、第一大工业国、第一大货物贸易国、第一大外汇储备国；全国城镇人均可支配收入从1978年的343元增加到2017年的36 000多元，农村居民人均纯收入从1978年的134元增加到2017年的13 400多元；我国农村贫困人口从1978年的7.7亿人减少到2017年3 046万人，贫困人口减少7.4亿人，年均减贫人口近1 900万人，农村贫困发生率下降了94.4个百分点；社会消费零售总额2017年达到了366 262亿元，基本与美国持平。也正因为此，改革才得到了广大人民群众的支持、拥护和经济参与，成为推进改革周期性变化的强大动力。

第四，加强顶层设计，才能推动改革全面深化。新时代全面深化改革的系统性、整体

---

① 邓小平文选：第3卷．北京：人民出版社，1993：139.

② 习近平．在纪念毛泽东同志诞辰120周年座谈会上的讲话．北京：人民出版社，2013：20.

③ 习近平谈治国理政．北京：外文出版社，2014：98.

性、协同性要求必须进一步加强顶层设计，从而既要“摸着石头过河”又要加强顶层设计，实现改革的人民主体地位和党的领导的统一。这就需要积极推进国家治理能力和治理体系现代化。加强党的领导，是中国特色社会主义的本质。就经济体制改革的层面来看，加强党的领导，一是要牢牢把握社会主义市场经济体制改革的基本方向。我国的改革开放突破了把市场经济与私有制相联系的传统理论，创新性地实现了公有制与市场经济的有机结合，为其他发展中国家实现现代化提供了新的制度选择。社会主义市场经济的巨大优势就在于：既发挥市场对优化资源配置的体制机制优势，又发挥了公有制所具有的制度优势，解放和发展了社会生产力。坚持社会主义市场经济体制改革方向，既是改革开放40年的成功经验，也是我们的道路自信、理论自信和制度自信。二是加强改革的顶层设计。实现强国目标，需要统筹推进“五位一体”总体布局，协调推进“四个全面”战略布局，这不仅要求深化经济体制改革，还要同时深化政治体制、文化体制、社会体制、生态文明体制和党的建设制度改革，改革的方式就需要加强顶层设计、整体设计、统筹设计，增强改革的系统性、整体性、协同性，只有这样才能建立起系统完备、科学规范、运行有效的制度体系。三是加快政府体制改革和政府职能转变。社会主义市场经济体制改革的核心是处理好政府和市场的关系，使市场对资源配置起决定性作用和更好发挥政府作用。这就要求实施“放管服”改革，减少政府对资源的直接配置，推动资源依据市场规则、市场价格、市场竞争实现效益最大化和效率最优化配置。政府的职责和作用主要是保持宏观经济稳定、加强和优化公共服务、保障公平竞争、加强市场监管、维护市场秩序、推动可持续发展、促进共同富裕、弥补市场失灵等。要全面清理政府审批事项、积极构建负面清单管理模式。解决政府的“越位”和“缺位”，形成强有力的有效率的法治型政府、服务型政府，实现国家治理体系和治理能力的现代化。因此，政府体制改革和政府职能转变的目的不是取消政府，而是在国家正确领导下通过自觉革命有效推进，这就要有“壮士断腕”的勇气和“背水一战”的决心。

加强党的领导之所以能够与人民的改革主体地位有机统一，主要因为：一是由党的性质决定的。中国共产党人的初心和使命，就是为中国人民谋幸福，为中华民族谋复兴，这就决定了我们党没有自己的特殊利益，以最广大人民群众的利益为根本利益。正如毛泽东同志所说：“共产党人的一切言论行动，必须以合乎最广大人民群众的最大利益，为最广大人民群众所拥护为最高标准”[①]。从而要求共产党人必须“全心全意地为人民服务，一刻

① 毛泽东选集：第3卷.2版.北京：人民出版社，1991：1096.

也不脱离群众；一切从人民的利益出发，而不是从个人或小集团的利益出发”[①]。二是由党的决策机制决定的。由于党代表着最广大人民群众的利益，因而“凡属正确的领导，必须是从群众中来，到群众中去”[②]。习近平总书记把党的这一群众路线提高到“是我们党的生命线和根本工作路线”[③]。坚持党的群众路线，就是要在制定党的改革开放路线、方针、政策时，广泛倾听人民的呼声，以人民关心的问题为导向，以维护和发展人民的切身利益为目的，把人民对美好生活的向往作为改革开放的奋斗目标；就是要在落实党的改革开放路线、方针、政策时，能够得到最广大人民群众的理解和支持，达成改革的共识，从而把党的改革开放路线、方针、政策转化为人民群众的自觉行动。

---

① 毛泽东选集：第3卷．2版．北京：人民出版社，1991：1094－1095.

② 同①899.

③ 中共中央文献研究室．十八大以来重要文献选编：上．北京：中央文献出版社，2014：307.

# 中国财税改革40年：基本轨迹、基本经验和基本规律*

高培勇**

**【摘　要】** 中国财税体制改革40年的历程，以改革的阶段性目标区分，可以大致归为五个既彼此独立又互为关联的阶段。其间所存在的一条上下贯通的主线索是，它始终作为整体改革的一个重要组成部分，服从于、服务于整体改革的需要。伴随着由经济体制改革走向全面深化改革的历史进程，不断地对财税体制及其运行机制进行适应性的变革：以“财政公共化”匹配“经济市场化”，以“财政现代化”匹配“国家治理现代化”。具体而言，就是以“公共财政体制”匹配“社会主义市场经济体制”，以“现代财政制度”匹配“现代国家治理体系和治理能力”。这一成功实践的背后，则是建立在深刻认知财税体制及其运行机制客观规律基础上形成的理论支撑：经济的市场化必然带来财政的公共化，国家治理的现代化要求和决定着财政的现代化。站在新的历史起点上，围绕财税体制改革的焦点、难点和痛点打一场攻坚战，加快建立现代财政制度，是中国特色社会主义新时代财税体制改革的必由之路。

**【关键词】** 改革开放40年；财税体制改革；公共财政；现代财政制度

随着改革开放40周年的来临，与整个改革开放事业如影随形、亦步亦趋的中国财税体制改革，步入了不惑之年。对于这一历史进程的系统总结，也到了该提上议事日程

---

* 本文原刊发于《经济研究》2018年第3期。

** 高培勇，中国社会科学院经济研究所教授。

之时。

这绝对是一个既意义重大，又颇不轻松的命题。因为一方面，在过去的40年间，财税体制改革所面临的问题之复杂，所走过的道路之曲折，所承载的使命之沉重，所发生的变化之深刻，所取得的成果之显著，不仅在中国，而且在世界财税发展史上，都是十分罕见的特例。另一方面，对于有了40年改革开放历史并进入新时代的中国而言，举凡涉及类如财税体制改革回顾与总结方面的话题，显然不是简单地罗列成绩单所能承载的，也不再能停留于史实的追溯和再现层面，而须以此为基础，站在新时代的历史起点上，循着改革的基本轨迹，一步步地概括和提炼改革的基本经验和改革的基本规律。

如下的一连串问题，是我们在面对这一命题时绕不开、躲不过的：

对持续40年的财税体制改革历程做出高度概括，取舍实属难免。取什么？当然要取改革的主线索。舍什么？自然要舍那些与主线索不那么直接地关联着的枝枝蔓蔓。问题是，这条主线是什么？我们能否为起初“摸着石头过河”、随着改革的深化而目标日趋明晰的渐进式财税体制改革历程理出一条主线？

财税体制改革，在一个很长的时期内，曾作为经济体制改革的一个组成部分而加以推进。中共十八届三中全会以来，又被赋予国家治理的基础和重要支柱的全新定位而成为全面深化改革的基础工程和重点工程。如果说改革开放40年来我们走出的一个基本轨迹就是由经济体制改革走向全面深化改革，经济体制改革和全面深化改革的目标又分别在于经济市场化和国家治理现代化，那么，作为其中的一个重要内容，财税体制改革有无自身的目标取向？如果有，那又是什么？

在40年间，发生于财税体制改革领域的事项，不仅数不胜数，而且犬牙交错。本着由部分推进至整体的考虑，在不同时点、基于某一特定背景、立足于某一侧面或角度而策划并推出的这些事项，当被放置到财税体制改革的大棋局上加以定位的时候，它们各自的角色和作用是什么？又同作为一个整体的财税体制改革工程有着怎样的联系？

梳理以往改革的基本轨迹，概括以往改革的基本经验，其最终的着眼点，当然要放在改革基本规律的提炼上。否则，中国奇迹就只能停留在经验层面而达不到理论的高度。这需要理论抽象。能否进行这种抽象？怎样进行这种抽象？迄今的财税体制改革进程是否到了足以使我们能够搭建一个理论分析框架的时候？

过去40年所取得的财税体制改革成果，固然显著而丰盛，但同完善的社会主义市场经济体制及国家治理体系和治理能力现代化的要求相比，只能算是阶段性的。通向未来的财税体制改革道路，依然漫长。当我们对以往改革的基本轨迹、基本经验和基本规律有了一个比较清晰的认识之后，又如何定位未来的财税体制改革前行方向？

上述这些以及其他类似的问题，构成了本文的主题。

## 一、改革的五个阶段：一个大致的勾勒

40年间的中国财税体制改革历程，按照阶段性的改革目标做大致区分，可以归为如下五个既彼此独立又互为关联的阶段：

### （一）1978—1994年：为整体改革“铺路搭桥”

发端于1978年的中国经济体制改革是从分配领域入手的。最初确定的主调，便是“放权让利”——通过“放权让利”激发各方面的改革积极性，激活被传统经济体制几乎窒息掉了的国民经济活力。

改革初期，政府能够且真正放出的“权”，主要是财政上的管理权。政府能够且真正让出的“利”，主要是财政在国民收入分配格局中所占的份额。这一整体改革思路与财税体制自身的改革任务——由下放财权和财力入手，打破或改变“财权集中过度，分配统收统支，税种过于单一”的传统体制格局——相对接，便有了如下的若干改革举措[①]：

——在国家与企业之间的分配关系上，实行“减税让利”。从1978年起，先后推出了企业基金制、利润留成制、第一步利改税、第二步利改税、各种形式的盈亏包干制和多种形式的承包经营责任制等制度。

——在中央与地方之间的财政分配关系上，实行“分灶吃饭”。从1980年起，先后推出了“划分收支、分级包干”、“划分税种、核定收支、分级包干”以及“收入递增包干、总额分成、总额分成加增长分成、上解递增包干、定额包干、定额补助”等多种不同的体制模式。

——在税收制度建设上，实行“复税制”。从1980年起，通过建立涉外税制、建立内资企业所得税体系、全面调整工商税制、建立个人所得税制、恢复和改进关税制度、完善农业税等方面的改革，改变了相对单一化的税制格局，建立起了一套以流转税、所得税为主体，其他税种相互配合的多税种、多环节、多层次征收的复税制体系。

---

① 财政部财税体制改革司．财税改革十年．北京：中国财政经济出版社，1989；高培勇，温来成．市场化进程中的中国财政运行机制．北京：中国人民大学出版社，2001.

——在与其他领域改革的配合上，给予“财力保障”。以大量和各种类型的财政支出铺路，配合并支撑了价格、工资、科技、教育等相关领域的改革举措的出台。

上述的这些改革举措，对于换取各项改革举措的顺利出台和整体改革的平稳推进，所发挥的作用，可说是奠基性的。然而，无论放权还是让利，事实上都是以财政上的减收、增支为代价的。主要由财税担纲的以“放权让利”为主调的改革，却使财政收支运行自身陷入了不平衡的困难境地。

一方面，伴随着各种“放权”“让利”举措的实施，财政收入占GDP的比重和中央财政收入占全国财政收入的比重迅速下滑：前者由1978年的31.1%，相继减少到1980年的25.5%、1985年的22.2%、1990年的15.7%和1993年的12.3%；后者则先升后降，1978年为15.5%，1980年为24.5%，1985年为38.4%，1990年下降为33.8%，1993年进一步下降至22.0%。

另一方面，财政支出并未随之下降，反而因“放权”“让利”举措的实施而出现了急剧增加①。从1978年至1993年，财政支出由1 122.09亿元一路增加至4 642.20亿元，15年间增加了3.1倍，年均增加9.93%。

与此同时，在财政运行机制上也出现了颇多的紊乱现象。诸如擅自减免税、截留挪用财政收入、花钱大手大脚、搞财政资金体外循环、非财政部门介入财政分配等问题，相当普遍，随处可见。

“两个比重”迅速下降并持续偏低、财政支出迅速增长以及财政运行机制陷于紊乱状态的一个重要结果，不仅财政赤字逐年加大，债务规模日益膨胀，而且中央财政已经达到了难以担负宏观调控之责的空前水平。

从1979年至1993年，除了1985年财政收支略有结余之外，其余年份均出现财政赤字，且呈逐年加大之势：1981年为68.9亿元，1990年上升至146.9亿元，到1993年则扩大至293.35亿元。若按国际通行做法，将当年的债务收入纳入赤字口径，则1993年的财政赤字水平实为978.58亿元。

从1979年起，政府恢复了中断长达20年之久的外债举借。1981年，又开始以发行国库券的形式举借内债。后来，又先后发行了重点建设债券、财政债券、国家建设债券、特别国债和保值公债。1993年，国家财政的债务发行收入规模已经达到739.22亿元。

以中央财政债务依存度［债务收入/（中央财政本级支出＋中央财政债务支出）］而

---

① 如农副产品购销价格倒挂所带来的价格补贴以及为增加行政事业单位职工工资而增拨的专款等。

论，到1993年，已经达到59.63%的国际罕见水平。这意味着，当年中央财政本级支出中的一半以上，要依赖于举债或借款收入来解决①。

## （二）1994—1998年：踏上制度创新之路

如此的困难境况，很快让人们从改革最初成果的喜悦中冷静下来，意识到“放权让利”的改革不可持续，在这一路径上持续了十几年之久的财税体制改革自然要进行重大调整：由侧重于利益格局的调整转向新型体制的建立。

绝非巧合，随着1992年10月中共十四大正式确立社会主义市场经济体制的改革目标，1993年11月召开的中共十四届三中全会通过了《关于建立社会主义市场经济体制若干问题的决定》。于是，以建立适应社会主义市场经济的财税体制为着眼点，从1994年起，财税体制改革踏上了制度创新之路②。

1994年元旦的钟声刚刚敲过，中国政府便在财税体制方面推出了一系列重大改革举措：

——按照“统一税法、公平税负、简化税制和合理分权”的原则，通过建立以增值税为主体，消费税和营业税为补充的流转税制、统一内资企业所得税、建立统一的个人所得税制、扩大资源税的征收范围、开征土地增值税以及确立适应社会主义市场经济体制需要的税收基本规范等一系列的行动，全面改革税收制度，搭建了一个新型的税收制度体系③。

——在根据中央和地方事权合理确定各级财政支出范围的基础上，按照税种统一划分中央税、地方税和中央地方共享税，建立中央税收和地方税收体系，分设中央税务机构和地方税务机构，实行中央对地方税收返还和转移支付制度，初步建立了分税制财政管理体制基本框架④。

——根据建立现代企业制度的基本要求，在降低国有企业所得税税率、取消能源交通重点建设基金和预算调节基金的同时，实行国有企业统一按国家规定的33%税率依法纳税，全面改革国有企业利润分配制度。

——彻底取消向中央银行的透支或借款，财政上的赤字全部以举借国债方式弥补，从

① 财政部综合计划司．中国财政统计（1950—1991）．北京：科学出版社，1992；中国财政年鉴（2007）．北京：中国财政杂志社，2007.

② 项怀诚．中国财政体制改革．北京：中国财政经济出版社，1994.

③ 参见《国务院批转国家税务总局工商税制改革实施方案的通知》（国发〔1993〕90号）。

④ 参见《国务院关于实行分税制财政管理体制的决定》（国发〔1993〕85号）、《国务院办公厅转发国家税务总局关于组建在各地的直属税务机构和地方税务局实施意见的通知》（国办发〔1993〕87号）。

制度上斩断财政赤字与通货膨胀之间的必然联系。

这是一个很重要的转折。在此之前所推出的财税体制改革举措，多是围绕利益格局的调整而展开的。而且，是在整体改革目标定位尚待明晰的背景下谋划的。这一轮财税体制改革的显著不同之处，就在于它突破了以往“放权让利”思路的束缚，走上了转换机制、制度创新之路：从重构适应社会主义市场经济体制的财税体制及其运行机制入手，在改革内容与范围的取舍上，既包含有利益格局的适当调整，更注重于新型财税体制的建立。着重财税体制及其运行机制的转换，正是1994年财税体制改革的重心所在。

时至今日，我们所颇为看重并为之自豪的发生在中国财税领域的一系列转折性变化，比如财政收入步入持续快速增长的轨道、“两个比重”持续下滑的局面得以根本扭转、财政的宏观调控功能得以改进和加强、国家与国有企业之间的利润分配关系有了基本的规范等等，正是1994年财税体制改革所收获的成果。可以说，1994年的财税体制改革，为我们初步搭建起了适应社会主义市场经济体制的财税体制及其运行机制的基本框架。

### （三）1998—2003年：构建公共财政体制框架

1994年的财税体制改革，固然使中国财税体制走上了制度创新之路，但并没有解决问题的全部。因为说到底，1994年财税体制改革所覆盖的，还只是当时纳入预算视野的政府收支，游离于体制之外的政府收支，则没有进入视野。而且，1994年财税体制改革所着眼的，也主要是以税收制度为代表的财政收入一翼的制度变革。至于另一翼——财政支出的调整，虽有涉及，但并未作为重点同步进行。与此同时，既得利益的掣肘加之财政增收的动因，也在一定程度上束缚了改革的手脚，使得一些做法带有明显的过渡性或变通性色彩。

随着1994年财税体制改革成果的逐步释放，蕴含在游离于体制之外的政府收支和财政支出一翼的各种矛盾，便日益充分地显露出来并演化为困扰国民收入分配和政府收支运行过程的“瓶颈”。于是，在上个世纪90年代后期，以规范政府收支行为及其机制为主旨的“税费改革”以及财政支出管理制度的改革，先后进入财税体制改革的重心地带并由此将改革带上了财税体制整体框架的重新构造之路——构建公共财政体制框架。

1998年3月19日，朱镕基总理在主持国务院工作之后举行的首次记者招待会上，说下了一段颇具震撼力的话：“目前存在的一个问题是费大于税。很多政府机关在国家规定以外征收各种费用，使老百姓负担不堪，民怨沸腾，对此必须整顿和改革。”[①] 以此为契

① 《朱镕基答记者问》编辑组．朱镕基答记者问．北京：人民出版社，2016：5-6.

机，中国拉开了“税费改革”的序幕。

实际上，在全国性的“税费改革”正式启动之前，各地已经有过治理政府部门乱收费的尝试。最初的提法，是所谓“费改税”①。其主要初衷，是通过将五花八门的各种收费改为统一征税的办法来减轻企业和居民的负担。后来，随着改革的深入和视野的拓宽，我们逐渐发现，现存政府收费的种种弊端，并非出在政府收费本身。现存的、被称为政府收费的大量项目，既未经过人民代表大会的审议，又基本不纳入预算，而是由各部门、各地区自立规章，作为自收自支的财源，或归入预算外收入，或进入制度外收入，直接装入各部门、各地区的“小金库”。因而，它实质是一种非规范性的政府收入来源。“费改税”的目的，显然不是要将本来意义的政府收费统统改为征税，而是以此为途径，将非规范性的政府收入纳入规范化轨道。于是“费改税”开始跳出“对应调整”的套路而同包括税收在内的整个政府收入盘子的安排挂起钩来。也正是在这样的背景之下，“费改税”一词为“税费改革”所取代，进而被赋予了规范政府收入行为及其机制的特殊意义。

在“税费改革”日渐深入并逐步取得成效的同时，财政支出一翼的改革也在紧锣密鼓地进行中。先后进入改革视野的有：财政支出结构由专注于生产建设领域逐步扩展至整个公共服务领域的优化调整；推行以规范预算编制和分类方法、全面反映政府收支状况为主要着眼点的“部门预算制度”；实行由财政（国库）部门集中收纳包括预算内外收入在内的所有政府性收入，且由国库单一账户集中支付政府部门所有财政性支出的“国库集中收付制度”；推进将政府部门的各项直接支出逐步纳入向社会公开竞价购买轨道的“政府采购制度”。

然而，无论是财政支出一翼的调整，还是以“税费改革”为代表的财政收入一翼的变动，所涉及的，终归只是财税体制及其运行机制的局部而非全局。当分别发生在财政收支两翼的改革局限性逐渐凸显出来之后，人们终于达成了如下共识：零敲碎打型的局部调整固然重要，但若没有作为一个整体的财税体制及其运行机制的重新构造，并将局部的调整纳入整体财税体制及其运行机制的框架之中，就不可能真正构建起适应社会主义市场经济的财税体制及其运行机制。于是，将包括收入、支出、管理以及体制在内的所有财税改革事项融入一个整体的框架之中，并且作为一个系统工程加以推进，便被提上了议事日程。

人们也发现，能够统领所有的财税体制改革线索、覆盖所有的财税体制改革事项的概念，除了当时学术界所采用的“公共财政”之外，并无其他别的什么词汇适合担当此任。

---

① 刘仲藜，桂世镛，项怀诚，等．中国财税改革与发展．北京：中国财政经济出版社，1998.

于是，在赋予公共财政中国特色意义的基础上，以1998年12月15日举行的全国财政工作会议为契机，决策层做出了一个具有划时代意义的重要决定：构建公共财政基本框架[①]。

正是从那个时候起，作为一个整体的改革目标的明确定位，公共财政体制框架的构建正式进入财税体制改革轨道。

### （四）2003—2012年：进一步完善公共财政体制

正如社会主义市场经济体制要经历一个由构建到完善的跨越过程一样，伴随着以构建公共财政体制框架为主线的各项财税体制改革的稳步推进，财税体制改革也逐渐步入深水区而面临着进一步完善的任务。

时隔5年之后的2003年10月，中共十六届三中全会通过了《关于完善社会主义市场经济体制若干问题的决定》。在那份历史性文献中，根据公共财政体制框架已经初步建立的判断，做出了进一步健全和完善公共财政体制的战略部署。认识到完善的公共财政体制是完善的社会主义市场经济体制的一个重要组成部分，将完善公共财政体制放入完善社会主义市场经济体制的棋盘，从而在两者的密切联系中谋划进一步推进公共财政建设的方案，也就成了题中应有之义。以此为契机，又开始了旨在进一步完善公共财政体制的一系列操作[②]。

——最先进入操作程序的，首推税制改革。按照部署，在这一时期，先后有出口退税制度的改革、上调工薪所得减除额标准和实行高收入者自行申报、取消农业税、增值税由生产型转为消费型改革、内外资两个企业所得税法合并等几个项目，得以启动。

——几乎是与此同时，财政支出以及财政管理制度线索上的改革也投入了操作。需要提及的是，这一线索上的改革，适逢科学发展观和构建社会主义和谐社会重大战略思想的提出。因而，它的进展异常迅速：在取消农业税并打破了原有农村公共服务供给体系的同时，公共财政开始了逐步覆盖农村的进程；财政支出越来越向以教育、就业、医疗、社会保障和住房为代表的基本民生事项倾斜；围绕推进地区间基本公共服务均等化，加大了财政转移支付的力度并相应调整了转移支付制度体系；以实行全口径预算管理和政府收支分类改革为入手处，强化了预算监督管理，进一步推进了政府收支行为及其机制的规范化；等等。

---

① 在那次会议上，时任中共中央政治局常委、国务院副总理李岚清代表中共中央明确提出“积极创造条件，逐步建立公共财政基本框架”。（李岚清．深化改革振兴财政确保明年财税目标实现．人民日报，1998-12-16．）

② 谢旭人．中国财政改革三十年．北京：中国财政经济出版社，2008.

## （五）2012 年至今：建立现代财政制度

在中国的发展史上，2012 年是一个十分重要的转折点。这一年，中共十八大召开，开启了中国特色社会主义走入新时代的征程。也是在这一年，延续多年的中国经济发展速度、结构和动力格局发生重大变化。还是从这一年起，改革开放进入攻坚期和深水区。在新的历史起点上全面深化改革，实现经济体制、政治体制、文化体制、社会体制和生态文明体制改革的联动，作为一种历史的选择而提至我们面前。

2013 年 11 月，中共十八届三中全会通过了《关于全面深化改革若干重大问题的决定》。立足于全面深化改革的宏观棋局，以建立现代财政制度为目标，新一轮财税体制改革由此展开①。

——就预算管理制度改革而言，有别于以往围绕一般公共预算（亦称财政预算）而定改革方案的做法，新一轮预算管理制度改革的视野扩展到包括一般公共预算、政府性基金预算、国有资本预算和社会保险基金预算在内的全部政府收支。其目标，就是在覆盖全部政府收支的前提下，建立“全面规范、公开透明”的现代预算管理制度。基于这一目标所做出的部署是：“改进预算管理制度。实施全面规范、公开透明的预算制度。审核预算的重点由平衡状态、赤字规模向支出预算和政策拓展。清理规范重点支出同财政收支增幅或生产总值挂钩事项，一般不采取挂钩方式。建立跨年度预算平衡机制，建立权责发生制的政府综合财务报告制度，建立规范合理的中央和地方政府债务管理及风险预警机制。”

——就税收制度改革而言，有别于以往围绕税收总量增减而定改革方案的做法，新一轮税制改革设定的前提是“稳定税负”。其目标，就是在“稳定税负”的前提下，通过“逐步增加直接税比重”优化税收收入结构，建立现代税收制度。基于这一目标所做出的部署是：“深化税收制度改革，完善地方税体系，逐步提高直接税比重。推进增值税改革，适当简化税率。调整消费税征收范围、环节、税率，把高耗能、高污染产品及部分高档消费品纳入征收范围。逐步建立综合与分类相结合的个人所得税制。加快房地产税立法并适时推进改革，加快资源税改革，推动环境保护费改税。”

——就中央和地方财政关系改革而言，有别于以往围绕中央或地方财力增减而定改革方案的做法，新一轮中央和地方财政关系改革的目标，被锁定于“发挥中央和地方两个积极性”，构建现代中央和地方财政关系新格局。以发挥“两个积极性”而非“一个积极性”

① 楼继伟．深化财税体制改革　建立现代财政制度．求是，2014（20）．

为目标所做出的部署是："建立事权和支出责任相适应的制度。适度加强中央事权和支出责任，国防、外交、国家安全、关系全国统一市场规则和管理等作为中央事权；部分社会保障、跨区域重大项目建设维护等作为中央和地方共同事权，逐步理顺事权关系；区域性公共服务作为地方事权。中央和地方按照事权划分相应承担和分担支出责任。中央可通过安排转移支付将部分事权支出责任委托地方承担。对于跨区域且对其他地区影响较大的公共服务，中央通过转移支付承担一部分地方事权支出责任。""保持现有中央和地方财力格局总体稳定，结合税制改革，考虑税种属性，进一步理顺中央和地方收入划分。"

从 2013 年 11 月到中共十九大，在为期 4 年多的时间里，作为阶段性的改革成果，新一轮财税体制改革在如下几个方面取得了相应进展：

——在预算管理制度改革领域，2015 年 1 月，正式颁布并实施了以覆盖全部政府收支为主要着眼点的新《预算法》，并且，围绕新《预算法》颁布了一系列旨在规范政府收支行为的制度。以此为基础，现代预算管理制度的若干基本理念得以确立，以四本预算构建的全口径政府预算体系得以建立，预决算公开透明也取得一定成效，等等。

——在税收制度改革领域，作为间接税制度改革的重要内容，营改增全面推开且简并了增值税税率，资源税改革顺利推进，消费税征收范围逐步拓展，环境保护税正式开征。与此同时，以颁布《深化国税、地税征管体制改革方案》为标志，税收征管体制改革开始启动。

——在中央和地方财政关系改革领域，以全面实施营改增为契机，2016 年 4 月底，公布了《全面推开营改增试点后调整中央与地方增值税收入划分过渡方案》。作为未来 2～3 年的过渡方案，以 2014 年为基数，采取增值税增量五五分成的方式重新划分中央和地方收入。2016 年 8 月，又发布了《国务院关于推进中央与地方财政事权和支出责任划分改革的指导意见》。根据这一指导意见，到 2020 年，要基本完成主要领域改革，并逐步规范化、法律化，形成中央与地方财政事权和支出责任划分的清晰框架。

## 二、改革的取向抉择：从公共财政体制到现代财政制度

从主要着眼于为整体改革"铺路搭桥"、以"放权让利"为主调的改革，到走上制度创新之路、旨在建立新型财税体制及其运行机制的 1994 年的财税改革；从以规范政府收支行为及其机制为主旨的"税费改革"以及财政支出管理制度的改革，到作为一个整体的财税改革与发展目标的确立；从构建公共财政体制基本框架，到进一步完善公共财政体制

和公共财政体系，再到以建立现代财政制度定位财税体制改革目标，为推进国家治理体系和治理能力现代化发挥基础性和支撑性作用。当我们大致把握了40年来财税体制改革的基本轨迹之后，一个随之而来的问题是，财税体制改革是否存在着一条上下贯通的主线索?

换言之，迄今中国的财税体制改革，究竟有无一个不以人的主观意志为转移的客观规律可循?

### （一）始终服从于、服务于整体改革需要：一条主线索

前面的考察已经清楚地表明，中国财税体制改革的一大特点，就是它始终作为整体改革的一个重要组成部分，始终与整体改革捆绑在一起并服从于、服务于整体改革的需要。

如果说改革开放40年来走出的一个基本轨迹就是由经济体制改革走向全面深化改革，经济体制改革和全面深化改革的目标又分别在于经济市场化和国家治理现代化，那么，我们可以看到，40年来的财税体制改革实质上是一个顺应这一变革并逐步向匹配经济市场化和国家治理现代化的财税体制及其运行机制靠拢和逼近的过程。

这一过程可以相应概括为：以“财政公共化”匹配“经济市场化”，以“财政现代化”匹配“国家治理现代化”。其具体的体现就是，以“公共财政体制”匹配“社会主义市场经济体制”，以“现代财政制度”匹配“现代国家治理体系和治理能力”。

### （二）以“财政公共化”匹配“经济市场化”：经济体制改革中的财税改革

关于中国经济体制改革取向，迄今一个最为流行的表述是“市场化改革”。如果说经济体制改革是沿着一条颇具规律性且逼近“经济市场化”的道路走过来的，那么，作为与之相匹配的一个必然选择，财税体制改革的基本取向就是走向“财政公共化”——构建公共财政体制。

1. 由“非公共性”的财税运行格局及其体制起步

中国的财税体制改革，当然是由传统经济体制下的财税运行格局及其体制起步的。

对于那一时期的财税运行格局，尽管可从不同的角度加以归结，但本着收入——“钱从哪里来”、支出——“钱向何处去”以及政策——“收支安排所体现的目的”这样三条有关财税活动运行层面的基本线索，可以将其概括如下：

财政收入主要来自国有部门；财政支出主要投向于国有部门；财政政策倾向于在国有和非国有部门之间搞“区别对待”。

以1978年的情形为例，全国财政收入的86.8%来自国有部门的缴款，全国财政支出的85.6%用于国有部门。若再加上带有准国有性质的集体经济单位的缴款和用于集体经济单位的支出，这两个比重又会双双跃增至90%以上[①]。这样一种“取自家之财”“办自家之事”的财政收支格局，所折射出的，无非是财政政策的鲜明取向——发展和壮大国有经济、削弱以至消除私有制经济。

财税运行格局之所以是上述这个样子，当然同那一时期所实行的“二元”经济社会制度环境有关。在“二元”的经济社会制度下，作为其重要组成部分的财税体制，自然也必须建立在“二元”的基础上——在财政上实行不同所有制分治和城乡分治。这就是：

——国有制财政。以所有制性质分界，财政收支活动主要在国有部门系统内部完成。至于非国有部门，则或是游离于财政的覆盖范围之外，或是位于财政覆盖范围的边缘地带。

——城市财政。以城乡分界，财政收支活动主要在城市区域内部完成。至于广大农村区域，则或是游离于财政的覆盖范围之外，或是位于财政覆盖范围的边缘地带。

——生产建设财政。以财政支出的性质分界，财政支出活动主要围绕着生产建设领域而进行。至于非生产性或非建设性的支出项目，其中主要是以改善民生为代表的公共服务性的支出项目，则往往被置于从属地位或位于边缘地带。

换言之，“二元”的财税体制所覆盖的范围，不是全面的，而是有选择的。“二元”的财税体制所提供的财政待遇，不是一视同仁的，而是有薄有厚的。“二元”财税体制下的财政支出投向，不是着眼于整个公共服务领域，而是专注于生产建设。于是，形成了同属一国企业和居民、身处同一疆土之上并受同一政府管辖，但因财政覆盖程度不同而须面对不同财政待遇的不同的区域、不同的企业和不同的居民。

有选择而非全面的财政覆盖范围，有厚有薄而非一视同仁的财政待遇，专注于生产建设而非整个的公共服务领域，如此的财税体制以及作为其结果的财税运行格局，显然不能说是“公共性”的[②]，至少其“公共性”是被打了折扣的。事实上“国有制财政+城市财政+生产建设财政”所集中体现的，正在于传统体制下的“二元”财税体制的“非公共性”特征。

这即是说，“非公共性”的财税运行格局及其背后的财税体制，是中国财税体制改革

① 财政部综合计划司．中国财政统计（1950—1991）．北京：科学出版社，1992.

② 也可换一种表述——普惠性。

的起点。也可以说，正是这种“非公共性”的财税运行格局和财税体制同财政本质属性以及经济社会发展之间的不相适应性，把中国财税体制推上了改革之路。

2. 由“非公共性”逐步向“公共性”靠拢和逼近

就总体而言，经济的市场化进程首先带来的，是GDP所有制构成的多元化。这一影响传递到中国财税运行格局上，就是财政收入来源的公共化——由“取自家之财”到“取众人之财”。到2006年，全国税收收入来源于国有部门的比重，已经退居到22.2%。来自其他所有制成分的份额，则提升至77.8%①。

财政收入来源的公共化，自然会推动并决定着财政支出投向的公共化——由“办自家之事”到“办众人之事”。到2006年，在全国财政支出中，包括基本建设、增拨企业流动资金、挖潜改造资金和科技三项费用等专门以国有经济单位为主要投向的支出占比，已经由1978年的52.7%大幅下降至15.87%。与此同时，面向全社会的诸如养老保险基金补贴、国有企业下岗职工基本生活保障补助、城市居民最低生活保障补助、抚恤和社会福利救济费等社会保障支出以及文教科学卫生事业费支出和政策性补贴支出等所占的份额，分别上升至11.25%、18.69%和3.58%②。而且，其中的不少项目，还是从无到有的。

财政收支的公共化，又进一步催生了财政政策取向的公共化——由在“自家”与“他家”之间搞“区别对待”，到在全社会范围内实行“国民待遇”。

呈现在财税运行格局上的这些变化，当然是在财税体制回归公共性的变革过程中发生的。没有以公共化为取向的财税体制变革，不可能有财税运行格局的公共化。发生在财税体制上的变革，又是一个顺应经济市场化以及经济社会制度由“二元”趋向“一元”的过程。这就是：

——从国有制财政走向多种所有制财政。财政的覆盖范围不再以所有制分界，而跃出国有部门的局限，延伸至包括国有和非国有在内的多种所有制部门。

——从城市财政走向城乡一体化财政。财政的覆盖范围不再以城乡分界，而跃出城市区域的局限，延伸至包括城市和农村在内的所有中国疆土和所有社会成员。

——从生产建设财政走向公共服务财政。财政支出的投向不再专注于生产建设事项，而跃出生产建设支出的局限，延伸至包括基础设施建设、社会管理、经济调节和改善民生

---

① 《中国税务年鉴》编辑委员会．中国税务年鉴：2007年．北京：中国税务出版社，2007：692.

② 中国财政年鉴（2007）．北京：中国财政杂志社，2007：381－382。之所以使用2006年而非此后年度的数字，是因为，自2007年起我国实行了新的财政收支分类。由于新旧分类方法的差异，目前暂无可与1978年口径对比的数据。

等众多的公共服务事项。

可以看出，财税体制在变革中所发生的变化，集中体现在其覆盖范围的不断拓展上。由“国有制财政＋城市财政＋生产建设财政”向“多种所有制财政＋城乡一体化财政＋公共服务财政”的跃升，便是财政的覆盖范围不断拓展并逐步实行财政无差别待遇的过程。在这个过程中所日渐彰显的，正是财政与生俱来的本质属性——“公共性”。

3. 由“摸着石头过河”到瞄准“财政公共化”

正如经济体制改革是一个由目标不那么明晰、靠“摸着石头过河”，到目标愈益明确、以自觉的行动朝着既定目标前进的过程，财税体制改革也有着类似或相同的经历。

当财税体制改革刚刚起步的时候，并未确立公共化的改革取向，更未有构建公共财政体制的说法。那时，几乎所有的改革举措，都是基于提升经济活力的目的、围绕着“放权让利”的主调而推出的。然而，正是这种旨在为整体改革“铺路搭桥”、从下放财力和财权入手的种种举措，打破了“财权集中过度，分配统收统支，税种过于单一”的传统体制格局，把财税运行格局带上了收入来源公共化和支出投向公共化的轨道。并且，作为收入来源公共化和支出投向公共化的必然结果，由此启动了财税体制的公共化进程。

当改革必须调整航向、在社会主义市场经济体制的棋盘上谋划全新的财税体制改革方案的时候，虽然并未清晰地意识到经济市场化与财政公共化的高度相关性，但那时所操用的几乎每一个棋子或推出的几乎每一个举措，也都是基于财税运行格局已经变化且不可逆转的现实而选择的。而且，在那样一种情势之下，能够与社会主义市场经济体制对接的财税体制安排以及相关的原则界定，自然离不开经济市场化这个基础。来自诸多方面的同市场经济血脉相连的因素、理念、规则、制度等等叠加在一起，不仅催生了公共财政的概念以及相关的实践，而且改革的着眼点也越来越向财政公共化的方向聚集。

到后来，当局部性的改革随着改革的深入而逐步向全局延伸，以至于必须对财税体制改革目标有个总体定位的时候，也许是水到渠成的功效所致“构建公共财政基本框架”便被作为一种当然的选择，进入人们的视野。并且，从那以后，包括收入、支出、管理和体制在内的几乎所有的财税体制改革线索和几乎所有的财税体制改革事项，都被归结于这条主线索，都被覆盖于这一总目标。也正是从那以后，关于中国财税体制的改革目标，无论学术界还是实践层，都越来越集中于“构建公共财政体制”或“建立公共财政制度”的概括或表述。

再到后来，伴随着建设完善的社会主义市场经济体制目标的形成和确立，建设完善的公共财政体制成为财税体制改革的方向所在。于是“健全公共财政体制”“完善公共财政体系”便被作为与时俱进的概括或表述，先后进入中共十六届三中全会决定、国家“十一五”规划和中共十七大报告等党和政府的一系列重要文献以及改革实践之中。与此同时，公共财政的字眼、理念和精神，也越来越深刻地融入学术界围绕政府职能格局、公共服务体系和社会事业建设等重大经济社会问题的阐述以及普通百姓的日常生活。

4. 一个规律性现象

概括起来讲，由“非公共性”的财税运行格局和财税体制起步，沿着“财政公共化”的路径，一步步逼近和回归“公共性”的财税运行格局和公共财政体制目标，正是经济体制改革背景下中国渐进式财税体制改革的一条主线索。也可以说，由“非公共性”逐步向“公共性”逼近和回归的所谓“财政公共化”过程，是这一阶段的财税体制改革所经受的最可称道的重大挑战。

这实际上告诉我们，经济的市场化和财政的公共化，是一枚硬币的两个方面。经济的市场化，必然带来财政的公共化。搞市场经济，就必须搞公共财政。这可以称为中国财税体制改革的一个规律性现象。

### （三）以“财政现代化”匹配“国家治理现代化”：全面深化改革中的财税体制改革

作为经济、政治、文化、社会和生态文明体制全方位联动的全面深化改革，其总目标锁定于“发展和完善中国特色社会主义制度，推进国家治理体系和治理能力的现代化”。由经济体制改革走向全面深化改革，这一变化带给新一轮财税体制改革的最为深刻的影响，就是跳出以往追随经济体制改革而定改革方案的思维范式，将财税体制改革置于全面深化改革的总棋局中，从而走上了“财政现代化”之路——建立现代财政制度。

1. 从财政与财税体制的全新定位破题

中共十八届三中全会关于新一轮财税体制改革的系统部署，是从财政与财税体制的全新定位破题的，“财政是国家治理的基础和重要支柱，科学的财税体制是优化资源配置、维护市场统一、促进社会公平、实现国家长治久安的制度保障”。

这无疑是一个颇具历史和理论高度的全新论断。其中一个最为突出的变化在于：财政已经由一个经济范畴上升为一个国家治理范畴，财税体制已经由经济体制的一个组成部分上升为国家治理体系的一个组成部分。

关键的问题在于，由经济范畴到国家治理范畴、由经济体制的一个组成部分到国家治理体系的一个组成部分，这种变化，虽最初呈现在人的认识层面，但实则是不以人的主观意志为转移的客观规律的作用使然。在中国财政改革与发展史上，这是第一次从根本上摆正了财政和财税体制位置的回归本义之举，也可说是改革开放进入以国家治理现代化为目标定位的全面深化改革阶段的必然产物。

由此破题，财政与国家治理、财税体制与国家治理体系密切联系在一起，在国家治理的大棋局中谋划并推进财税体制改革，也就成为题中应有之义。

2. 由“财政公共化”走向“财政现代化”

有必要提及这样一个事实“财政是国家治理的基础和重要支柱”的表述，是同国家治理联系在一起的。两者如同一对连体婴儿，均系第一次进入官方语系。没有国家治理，不将国家治理现代化提上议事日程，就不会有财政与财税体制的全新定位。反之，离开了财政和财税体制的全新定位，也就谈不上国家治理，更谈不到国家治理现代化。从两者相辅相成、互为条件的关系中，可以确认，在中国，这样一种变化的出现绝非偶然。它标志着，在初步站稳“财政公共化”的基础上，中国财税体制改革进入了走向“财政现代化”的新阶段。

从历史上看，传统计划经济体制的最显著特征，就是把几乎所有的社会资源集中到政府手里，并由政府直接支配。在那个时候，长官意志主导一切，“治理”二字既提不到议事日程，更难以与国家对接、形成国家治理概念。在改革开放初期，当改革主要立足于经济体制、发展主要聚焦于经济领域的时候，我们不可能形成建设现代意义国家的目标，也不可能提出国家治理现代化的命题。只有在我们基本确立社会主义市场经济体制框架、跻身于世界第二大经济体之后，只有当我们有资格、有基础、有底气、有条件打造现代意义国家的一般制度形态的时候，才会提出推进国家治理体系和治理能力现代化的目标，也才有可能将财政和财税体制置于国家治理的大棋局中重新定位。

换一个角度说，经济市场化的改革进程，也是社会结构和利益格局深刻变动的过程。不仅原有的阶级、阶层和利益群体发生分化，而且一些新的社会阶层和利益群体不断出现，社会呈现出多元、多层的利益关系格局。

不同于以往经济社会主体相对单一、利益关系相对简单的社会结构和利益格局，随着不同社会阶层、利益群体逐渐形成，经济社会主体日趋多样性和多元化，不同利益群体之间发生矛盾和冲突的可能性大大增加，传统的国家治理方式已经与此不相适应。取而代之的，便是与现代市场经济和现代社会结构相匹配的现代国家治理结构。只有如此，才能协调越来越繁多的各种利益矛盾和冲突，包容越来越复杂的各种利益关系，规范越来越难以处理的责任、权力和利益，从而形成一种共谋、共建、共担、共享的利益共同体，保证经济发展和社会进步的全面可持续。也正是因为中国的经济社会发展进入了这一阶段，财政才会跃升至国家治理范畴，财税体制才会成为国家治理体系的一个组成部分。

这实际上启示我们，随着改革开放进入到全面深化改革阶段并确立国家治理现代化的目标，始终作为整体改革的一个组成部分且服从于、服务于整体改革需要的财税体制改革，必然要转向匹配国家治理现代化的改革道路——建立现代财政制度，以“财政现代化”匹配国家治理的现代化。

3. 大不相同于以往的深刻变化

于是，发生在财税体制改革上的一系列大不相同于以往的深刻变化出现了。

——以往的财税体制改革，多是作为经济体制改革的组成部分、在经济体制改革的棋局上加以部署的。其推进和评估，可以紧跟经济体制的改革进程，以是否适应或匹配了社会主义市场经济体制作为标尺。新一轮的财税体制改革，则是作为全面深化改革的组成部分、在全面深化改革的棋局上加以部署的。因而，围绕财税体制改革的推进和评估，不仅要紧跟经济体制改革进程，而且要紧跟政治体制、文化体制、社会体制和生态文明建设体制改革进程，以是否适应并匹配了各个领域的改革联动、是否适应和匹配了改革的总体效果以及是否适应和匹配了实现国家治理体系和治理能力现代化的总体目标作为标尺。

——以往的财税体制改革，多是在将财政视为一个经济范畴、将财税体制视作一种经济制度安排的基础上加以谋划的。无论其触动规模多么巨大，涉及范围多么宽广，甚或其实际影响绝不限于经济领域，但从总体上说来，其主观立意并未脱出财政作为一个经济范畴、财税体制作为一种经济制度安排的思维局限。新一轮的财税体制改革，则是在将财政视作一个跨越多个学科、覆盖所有领域的综合性范畴，将财税体制视作一个可以牵动经济、政治、文化、社会、生态文明所有领域的综合性制度安排的基础上加以谋划的。因而，它绝非一般意义上的经济制度安排，而是站在国家治理的总体角度，将财政作为国家治理的基础性和支撑性要素加以打造，将财税体制作为全面覆盖国家治理全过程、各领域的综合性制度安排加以构建。

——以往的财税体制改革，多着眼于财税体制的属性特征，追求的是财税体制与社会主义市场经济体制的“性质匹配”。其基本目标，是建立与社会主义市场经济体制相匹配的公共财政体制。新一轮的财税体制改革，则是着眼于财税体制的时代特征，追求的是财税体制与国家治理体系和治理能力的“现代化匹配”。因而，它既非以往改革目标的简单延续，也非另起炉灶，推倒重来，而是在公共财政体制建设取得突破性进展的基础上，匹配国家治理现代化的总进程，从现代财政文明出发布局财税体制改革，打造现代国家财政制度的一般形态——顺应历史规律、切合时代潮流、代表发展方向、匹配中国国情的现代财政制度。从这个意义上讲，现代财政制度同公共财政体制一脉相承，实质是建立在财政公共化基础之上的财政现代化。

4. 又一个规律性现象

概括起来讲，站在“财政公共化”的肩膀之上，按照全新的理念、思想和战略推进改革，使得改革循着“财政现代化”的路径继续前行，建立起匹配国家治理现代化的现代财政制度，正是全面深化改革背景下中国渐进式财税体制改革的一条主线索。也可以说，由“公共财政体制”向“现代财政制度”靠拢和逼近的所谓“财政现代化”过程，是这一阶段的财税体制改革所面临的最可称道的重大挑战。

这实际上也告诉我们，国家治理的现代化和财政的现代化，是一枚硬币的两个方面。国家治理的现代化，必然要求和决定着财政的现代化。推进国家治理体系和治理能力的现代化，就必须以建立现代财政制度作为基础和重要支柱。这可以称为中国财税体制改革的又一个规律性现象。

## 三、改革的未来走向：加快建立现代财政制度

中共十八届三中全会开启的全面深化改革有明确的时间表，“到二〇二〇年，在重要领域和关键环节改革上取得决定性成果，完成本决定提出的改革任务，形成系统完备、科学规范、运行有效的制度体系，使各方面制度更加成熟更加定型”。作为其中的一个重要组成部分，新一轮财税体制改革事实上已经进入倒计时状态。若再考虑到其在全面深化改革中的基础工程和重点工程定位，推进新一轮财税体制改革的紧迫性不言而喻。

### （一）围绕焦点、难点和痛点而攻坚

正是鉴于这样一种特殊的背景，2017年10月举行的中共十九大，立足于中国特色社会主义进入新时代的新的历史方位，在系统评估中共十八届三中全会以来财税体制改革进程的基础上，以倒计时思维前瞻未来的改革之路，围绕下一步财税体制改革做出了如下部署：

“加快建立现代财政制度，建立权责清晰、财力协调、区域均衡的中央和地方财政关系。建立全面规范透明、标准科学、约束有力的预算制度，全面实施绩效管理。深化税收制度改革，健全地方税体系。”

仔细地体会上述这一段话并同中共十八届三中全会关于新一轮财税体制改革的部署相对照，就会发现，其中所发生的变化，意义极其深刻。

——中共十八届三中全会提出“建立现代财政制度”，中共十九大报告添加了前缀“加快”——“加快建立现代财政制度”。从“建立现代财政制度”到“加快建立现代财政制度”，集中反映了新一轮财税体制改革的紧迫性。可以说“加快”将中共十八届三中全会绘制的财税体制改革蓝图真正落到实处，已成为中国特色社会主义新时代的迫切要求。

——在中共十八届三中全会所部署的三个方面财税体制改革内容中，预算管理制度改革居首，税收制度改革次之，中央和地方财政关系改革收尾。中共十九大对三个方面内容的排序做了调整：中央和地方财政关系改革跨越其他两方面改革而从尾端跃至首位，预算管理制度改革和税收制度改革则相应退居第二和第三。排序的调整，显然折射的是三个方面改革内容相对重要性的变化。可以说，随着中国特色社会主义进入新时代，加快中央和地方财政关系改革，不仅是新一轮财税体制改革必须跨越的关口，更是必须首当其冲完成的任务。

——中共十八届三中全会部署的财税体制改革内容，篇幅近千字，相对完整而系统。中共十九大关于财税体制改革的直接表述，则只有78个字，系画龙点睛式的。如中央和地方财政关系改革的目标是“权责清晰、财力协调、区域均衡”，预算管理制度改革的目标是“全面规范透明、标准科学、约束有力”，“全面实施绩效管理”，税收制度改革的重点是“健全地方税体系”。可以说，这些简明扼要、极具针对性的表述，均系新一轮财税体制改革的重点内容、关键部位。

其实，上述的重点内容也好，关键部位也罢，之所以在众多的改革议题和线索中被凸显出来，尤其是在对以往四年的改革进程做出系统评估之后被凸显出来，其最根本的原因无非在于，它们实质是新一轮财税体制改革的焦点、难点和痛点。

因而，围绕上述的焦点、难点和痛点而打一场攻坚战，加快建立现代财政制度，将新一轮财税体制改革蓝图绘到底，是中共十九大关于新一轮财税体制改革所发出的一个最重要且最明确的信号。

如下可能是这些焦点、难点和痛点问题的一份大致清单。

### （二）中央和地方财政关系：下一步财税体制改革的重头戏

前面说到，从中共十八届三中全会到十九大，发生在中央和地方财政关系领域的改革进展主要有两项：《全面推开营改增试点后调整中央与地方增值税收入划分过渡方案》和

《关于推进中央与地方财政事权和支出责任划分改革的指导意见》。

就前者而言，注意到这一方案的适用期只有2～3年，它显然是一项权宜之计而非“进一步理顺中央和地方收入划分”的体制性安排。再注意到营改增之后的增值税收入占全部税收收入的比重已超50%，对如此高比重的税种实行分成，它显然是一种“分钱制”办法而非“分税制”安排。

就后者而言，注意到中共十八届三中全会对于此项改革的提法是“建立事权和支出责任相适应的制度”，这一指导意见则在“事权和支出责任”前面添加了“财政”二字，其意图虽可理解为以财政事权和财政支出责任的划分为突破口，从而为整个事权和支出责任的划分铺平道路，但是，它毕竟收缩了其应有的作用空间，实质是一个“缩水版”。

中央和地方财政关系的改革进程之所以会呈现如此的状态，当然与其自身的复杂性以及改革的难度直接相关。

毋庸置疑，中央和地方之间的关系是现代国家治理领域最重要的关系链条之一，中央和地方之间的财政关系又属于其中最具基础性和支撑性意义的要素，亦最具“牛鼻子”效应。围绕它的改革，不仅事关党和国家事业发展全局，而且牵动整个财税体制改革进程。鉴于加快中央和地方财政关系改革的极端迫切性，也鉴于防止本应发挥的“牛鼻子”效应演化为“拖后腿”效应，中共十九大不仅将其摆在了下一步改革的优先位次，而且基于有针对性地加以推进的需要，进一步细化了其改革目标——“权责清晰、财力协调、区域均衡”。

也正是基于上述的考虑，作为中共十九大之后新一轮财税体制改革的开局之举，2018年1月27日，国务院发布了《基本公共服务领域中央与地方共同财政事权和支出责任划分改革方案》。由基本公共服务领域中的中央和地方共同事权破题，制定基本公共服务国家保障标准，规范中央和地方支出责任分担方式，从而建立起权责清晰、财力协调、区域均衡的中央和地方财政关系，便是这一改革方案的主要出发点。

可以预期，中央和地方财政关系的改革，将成为下一步财税体制改革的重头戏。

### （三）预算管理制度：亟待将新《预算法》落到实处

相对而言，中共十八届三中全会迄今，预算管理制度的改革动手最早、力度最大，是新一轮财税体制改革推进最快、成效最为显著的领域。其最重要的标志性成果，便是2015年1月正式颁布的新《预算法》。

然而，以现代预算制度的原则反观新《预算法》，也可以发现，主要源自既得利益格局且困扰我们多年的若干“老大难”问题，仍未得到根本解决。

——虽然新《预算法》明确了“预算包括一般公共预算、政府性基金预算、国有资本经营预算、社会保险基金预算”，但具体到预算收支范围，对于一般公共预算的描述比较翔实——可以细化到“类款项目”，其他三本预算则大而化之——“政府性基金预算、国有资本经营预算和社会保险基金预算的收支范围，按照法律、行政法规和国务院的规定执行”。

——虽然新《预算法》明确了公开透明的标准，但除一般公共预算之外的其他三本预算收支并未达到这一要求，或者遵守的标准并不一致。也正是由于管理标准不一，在我国，对于四本预算的预算监督和约束事实上存在不小的差异，甚至迄今未能形成一个覆盖全部政府收支的“财政赤字”概念。

——虽然新《预算法》已经颁布将近三年，但与之相配套的实施细则至今未能落地。由于缺失具有可操作性的实施细则，不仅现代预算制度的理念难以真正确立，而且诸如财税部门统揽政府收支、实现政府预算的完整和统一等这些基础性的改革目标，也难以落到实处。

也毋庸置疑，所有这些，既是下一步预算管理制度改革亟待攻克的障碍，也是与现代国家治理相适应的现代预算制度必须具备的基本素质。

可以认为，正是出于这样的考虑，中共十九大在对“全面规范、公开透明”加以精炼概括的基础上，为预算管理制度改革确立了更加全面而细致的改革目标——“全面规范透明、标准科学、约束有力”，“全面实施绩效管理”。

也可以预期，循着如此的“路线图”，预算管理制度改革肯定会由此加快而推进至实质层面。

### （四）税收制度：直接税改革对接“健全地方税体系”

迄今，在新一轮税制改革所涉及的“六税一法”——增值税、消费税、资源税、环境保护税、个人所得税、房地产税和税收征管法中，“四税一法”的改革——营改增全面推开、资源税改革顺利推进、消费税征收范围逐步拓展、税收征管体制改革已经启动。表面上进展很快，动作不小，但深一步观察，就会发现，抛开税收征管体制具有特殊意义不谈之外，举凡取得进展的税种，均属于间接税。可归入直接税系列的个人所得税和房地产税，则“裹足不前”。

若将间接税和直接税分别视作新一轮税制改革行动的两翼，可以非常清晰地发现，两翼的改革行动颇不均衡。再注意到以营改增为代表的间接税改革是以减税为基本取向的，以个人所得税和房地产税为代表的直接税改革的基本取向则是增税，两翼改革行动“跛脚”状态所带来的直接结果便是，间接税收入减下来了，直接税收入并未相应增上去。由此带来的收入亏空，只能通过增列赤字、增发国债加以弥补。

无论从哪个方面看，靠“借钱”支撑的税制改革，既不可持续，又蕴含风险。将新一轮税制改革目标落到实处的几乎唯一选择，就是走税制结构优化道路——在推进间接税改革的同时，实施直接税改革。以直接税的逐步增加对冲间接税的相应减少，以自然人税源的逐步增加对冲企业税源的相应减少。

更进一步看，基于优化税制结构目标而进行的直接税改革，迄今所涉及的税种，主要是个人所得税和房地产税。这两个税种，一旦同1994年确立并载入新《预算法》的分税制财政管理体制相对接，又可发现，它们都是可以作为地方税主体税种或主要税种的选项而进入地方税体系的。特别是房地产税，古今中外，历来就是作为地方税或地方主体税种而存在并运行的。就此意义而言，迄今新一轮税制改革进程中发生在个人所得税和房地产税改革上的“裹足不前”现象，也可表述为地方税改革“裹足不前”，或者，地方税体系建设“裹足不前”。

同样毋庸置疑，以个人所得税和房地产税为代表的直接税改革，不仅关系到税制结构优化目标的实现，而且事关地方税体系建设以及中央和地方财政关系改革的进程。从这个意义上讲，直接税改革就是地方税改革，健全地方税体系就是健全地方财政收支体系，也就是重塑以“分税制”为灵魂的中央和地方财政关系新格局。

可以预期，按照中共十九大部署，尽快采取措施，让以个人所得税和房地产税为代表的直接税改革“破茧而出”，进而推进以“健全地方税体系”为重点的税制改革进程，绝对是下一步财税体制改革的一场攻坚战。

## 四、主要结论

关于中国财税体制改革40年基本轨迹、基本经验和基本规律的讨论至此，做出如下结论可能是适当的：

第一，迄今中国财税体制改革所走出的基本轨迹，可以大致概括为“三部曲”：从以放权让利为主调、为整体改革“铺路搭桥”到寻求自身改革、走上制度创新之路，从零敲碎打型的局部调整到立足于对财税体制及其运行机制做整体变革，从构建公共财政体制基本框架到建立现代财政制度。

第二，迄今的中国财税体制改革，事实上存在着一条上下贯通的主线索。这就是：它始终作为整体改革的一个重要组成部分，服从于、服务于整体改革的需要。伴随着由经济体制改革走向全面深化改革的历史进程，不断地对财税体制及其运行机制进行适应性的变革：以“财政公共化”匹配“经济市场化”，以“财政现代化”匹配“国家治理现代化”；以“公共财政体制”匹配“社会主义市场经济体制”，以“现代财政制度”匹配“现代国家治理体系和治理能力”。这是我们从这一适应性改革历程中可以获得的基本经验。

第三，迄今的中国财税体制改革实践之所以总体上是成功的，从根本上来说，是我们在扎根于中国国情土壤的基础上，深刻认知并严格遵从了财税体制及其运行机制的客观规律，按照客观规律的要求谋划并推进改革。作为事实上的中国财税体制改革实践的理论支撑，这些客观规律可以高度概括为：经济的市场化必然带来财政的公共化，国家治理的现代化要求和决定着财政的现代化。搞市场经济，就必须搞公共财政。推进国家治理现代化，就必须以建立现代财政制度作为基础和重要支柱。

第四，随着中国特色社会主义进入新时代，全面推进以建立现代财政制度标识的新一轮财税体制改革更加紧迫。围绕新一轮财税体制改革的焦点、难点和痛点而打一场攻坚战，以加快建立现代财政制度的行动，为推进国家治理体系和治理能力现代化发挥基础性和支撑性作用并最终完成全面深化改革的历史任务，势在必行。

第五，站在新时代的历史起点上，以习近平新时代中国特色社会主义思想为指导，回过头来重新审视并体会中共十八届三中全会对财政与财税体制的全新定位以及关于深化财税体制改革的系统部署，可以将现代财政制度的基本特征做如下归结：财政成为国家治理的基础和重要支柱，财税体制成为国家治理体系的基础性和支撑性要素。引申一步说，财政职能覆盖国家治理活动的全过程和各领域。以此对照当下的中国财政职能和作用格局，可以确认，进入新时代的中国财税体制改革，任重而道远。

## 参考文献

[1] 财政部财税体制改革司．财税改革十年．北京：中国财政经济出版社，1989.

[2] 财政部综合计划司．中国财政统计（1950—1991）．北京：科学出版社，1992.

[3] 高培勇，温来成．市场化进程中的中国财政运行机制．北京：中国人民大学出版社，2001.

[4] 中华人民共和国国家统计局．中国统计年鉴（2015）．北京：中国统计出版社，2015.

[5] 李岚清．深化改革振兴财政确保明年财税目标实现．人民日报，1998-12-16.

[6] 刘仲藜，桂世镛，项怀诚，等．中国财税改革与发展．北京：中国财政经济出版社，1998.

[7] 楼继伟．深化财税体制改革 建立现代财政制度．求是，2014 (20).

[8] 中国财政年鉴 (2007). 北京：中国财政杂志社，2007.

[9] 《中国税务年鉴》编辑委员会．中国税务年鉴：2007 年．北京：中国税务出版社，2007.

[10] 习近平．决胜全面建成小康社会 夺取新时代中国特色社会主义伟大胜利．北京：人民出版社，2017.

[11] 项怀诚．中国财政体制改革．北京：中国财政经济出版社，1994.

[12] 谢旭人．中国财政改革三十年．北京：中国财政经济出版社，2008.

# 集体合作的结晶

## ——记《社会经济统计学原理教科书》的编写[*]

袁　卫[**]　关晓斌[***]

【摘　要】本文回顾了改革开放之初，按照1978年峨眉会议要求组织全国力量编写《社会经济统计学原理教科书》的过程。作者结合参加编写会议的亲身经历对教材内容、特色、历史作用和影响等进行了介绍，记录了我国统计教育与教材改革及建设的一段历史。

【关键词】峨眉会议；统计学原理教科书；集体编写；统计前辈

在我国统计教材的编写史上，没有任何一本教材能像《社会经济统计学原理教科书》(1984年)（以下简称《教科书》）那样动员了20余所高校、40多位专家学者历经数年集体编写。该教材持续使用20余年，印刷17次，印数近28万册。这本教材培养了我国数十万名统计工作者，也见证了改革开放后统计教育、科研事业的变革和发展。

此文献给20世纪80年代初为统计教育拨乱反正做出努力和贡献的前辈们。

## 一、编写的背景

1978年11月27日至12月9日国家统计局在四川省峨眉县召开了“文化大革命”后首次

---

* 本文原刊发于《统计研究》2015年第10期。

** 袁卫，中国人民大学应用统计科学研究中心研究员、中国调查与数据中心主任，新疆财经大学特聘教授。

*** 关晓斌，中国人民大学统计学院博士研究生。

"全国统计教学科研规划座谈会"。全国17所设有统计学系或统计学专业的高校的主要负责人和专家，以及部分省市统计局的代表共30余人参加了会议。按照"实践是检验真理的唯一标准"的原则，与会代表解放思想、打破禁区，就统计学的一些基本理论问题，如统计学是一门还是两门，统计学的性质和研究对象是什么，怎样正确对待外国的统计理论与方法，新中国成立以来我们在统计教育和科研方面有哪些经验与教训等，进行了广泛的讨论。虽然对上面的统计基本问题有种种不同观点，但代表们还是形成了基本共识，即数理统计、社会经济统计、各领域的应用统计应当共存，各学派应加强交流、共同繁荣。会议研究确定了4项任务：一是编写教材。会议决定组织全国专家编写13本教材，以提高全国统计学的教学水平。这13本教材是：《社会经济统计学原理》、《农业统计学》、《工业统计学》、《基本建设统计学》、《商业统计学》、《物资统计学》、《劳动统计学》、《外国经济统计学》、《数理统计学》、《国民经济综合统计》、《国民经济综合平衡统计》、《经济数学方法与模型》和《用DJS-6机算法语言编写统计汇总程序入门》。二是加强统计教育。会议建议加快恢复和扩大高校文科社会经济统计学专业的招生，同时也要委托综合大学培养理科的数理统计学生。三是酝酿成立中国统计学会，加强统计科研。四是加强院校与实际部门的结合。包括统计实际部门与院校人员互相兼职，加强联系与合作，这对促进理论联系实际起到了积极的推动作用。

今天回过头来看，峨眉会议是我国统计学界"百花齐放、百家争鸣"的开始，为我国统计教育、统计科研和政府统计工作的快速发展奠定了基础。

关于社会经济统计学原理，针对统计学专业和经济管理各专业的基本需求，会议建议编写两本教材。

"一本是《社会经济统计学原理》，利用厦门大学业已出版的《统计基本理论》进行适当充实、修改，尽快付印，以满足当时统计教学上的迫切需要。"这本《社会经济统计学原理》（高等学校文科教材）（以下简称《原理》）由厦门大学主编，四川财经学院① 副主编，上海财经学院② 主审。1979年6月15日至28日，参加编写的厦门大学黄良文、翁礼馨，四川财经学院高成庄、陈汉章，上海财经学院马家善、马富泉，天津财经学院③ 杨曾武，辽宁财经学院④ 姚志学，湖北财经学院⑤ 车诚定，陕西财经学院⑥ 吴敏等老师聚集在厦门大学

① 现为西南财经大学。
② 现为上海财经大学。
③ 现为天津财经大学。
④ 现为东北财经大学。
⑤ 现为中南财经政法大学。
⑥ 现为西安交通大学经济与金融学院。

研讨、修改，最后该书由黄良文、翁礼馨总纂，中国财政经济出版社在 1980 年 8 月出版。

另一本“要求根据我国统计工作的实践经验，借鉴外国适合我国需要的统计方法、理论，在《社会经济统计学原理》的基础上有所提高”。会议对第二本教材的要求是在第一本基础上“提高”，而提高的定位和标准主要是借鉴外国的数理统计理论和方法，同时联系我国统计实际，以适应改革开放后大量统计应用人才的需求。要完成好这一“提高”的任务，就需要组织全国各高校的力量，齐心协力，争取在不太长的时间内完成这一工作。1977 年我国恢复高考和大学招生，1978 年全国只有 17 所高校招收经济类统计学专业的学生，但到 1984 年招生高校已经增加到 80 所，对统计学原理教材的需求越来越大，因而编写这本教材的任务十分紧迫。

## 二、编写人员

为了编好这本全国统编的《社会经济统计学原理教科书》，设有统计学专业的高校高度重视，抽调较强的师资参与教材的编写。经过协商，这本教材由中国人民大学主编，天津财经学院、北京经济学院[①]、四川财经学院副主编，厦门大学主审。在确定了主编学校后，又成立了主编小组，组长为杨曾武（天津财经学院教授）、郑尧（中国人民大学副教授），组员有陈允明（北京经济学院教授）、莫曰达（国家统计局统计科学研究所副研究员）、高成庄（四川财经学院副教授）、徐前（中国人民大学副教授）、黄良文（厦门大学教授）、傅春生（北京经济学院副教授）。

全书共 14 章，各章的执笔人是：第一章，杨曾武、郑尧、莫曰达；第二章，徐前；第三章，莫曰达；第四章，杨恩瑜（新疆财经学院[②]讲师）；第五章，马永淑（北京商学院[③]讲师）、王连香（天津对外贸易学院讲师）、吴彬（安徽财贸学院[④]副教授）；第六章，杨宏义（吉林财贸学院[⑤]讲师）；第七章，杨宏义；第八章，马富泉（上海财经学院副教授）、陈汉章（四川财经学院副教授）；第九章，高成庄；第十章，刘鸿熙（国家统计局统计师）、庞皓（四川财经学院讲师）；第十一章，黄良文；第十二章，姚志学（辽宁财经学院副教授）；第十三章，杨曾武；第十四章，莫曰达。

---

① 现为首都经济贸易大学。
② 现为新疆财经大学。
③ 现为北京工商大学。
④ 现为安徽财经大学。
⑤ 现为吉林财经大学。

参加编写的还有：马家善（上海财经学院副教授）、马景江（吉林财贸学院讲师）、方人贺（内蒙古大学讲师）、车诚定（湖北财经学院副教授）、木柱（中国人民大学一分校讲师）、张学忠（辽宁财经学院讲师）、陈炳麟（新疆财经学院讲师）、吴敏（陕西财经学院副教授）、吴梅村（四川财经学院副教授）、杨遵庆（北京商学院讲师）、胡健颖（北京大学副教授）、栗方忠（辽宁财经学院讲师）、秦哲勇（陕西财经学院讲师）、曹毓侯（山西财经学院[①]讲师）、董秀翰（黑龙江商学院[②]讲师）。

在编写和讨论的过程中，丁振京、王思立（吉林财贸学院教授）、刘奇（湖南财经学院[③]副教授）、纪曾曦（中央财政金融学院[④]讲师）、季敏华（杭州商学院[⑤]讲师）、郑人权（北京邮电学院[⑥]副教授）、林青（国家统计局统计科学研究所统计师）、常大智、潘超霖（浙江冶金经济专科学校[⑦]副教授）等提供了具体的编写意见。

1992年11月，《教科书》进行了第一次，也是唯一的一次修订。1983—1991年间，编写组有3位老师去世，他们是杨恩瑜、高成庄、郑尧，因而在1992年修订时第一章就由杨曾武和莫曰达完成，第四章由同为新疆财经学院的陈炳麟副教授接替，第九章由同为四川财经学院的陈汉章教授接替。第五章由原编者中的王连香（天津对外贸易学院副教授）修订，第十章由庞皓副教授修订，由于在修订期间黄良文教授在国外访问，第十一章由北京工业大学何光瑶副教授代为修订。修订版由莫曰达研究员总纂定稿。

## 三、内容与特色

《教科书》共14章，分别为：第一章，总论；第二章，统计设计；第三章，统计调查；第四章，统计整理；第五章，总量指标和相对指标；第六章，平均指标；第七章，标志变异指标；第八章，时间数列；第九章，指数；第十章，平衡法；第十一章，抽样法；第十二章，相关关系分析；第十三章，统计预测法；第十四章，统计工作的管理体制和建国以来统计工作的回顾。

---

① 现为山西财经大学。
② 现为哈尔滨商业大学。
③ 现为湖南大学。
④ 现为中央财经大学。
⑤ 现为浙江工商大学。
⑥ 现为北京邮电大学。
⑦ 现为嘉兴学院。

与《原理》相比，《教科书》内容有了较大的充实。正如前言所说，“按照峨眉会议的精神，本书在体系、内容方面进行了一些新的探索，尽可能吸收数理统计学中可供社会经济统计运用的方法，并力图使理论密切联系实际。全书涉及的统计资料，也基本上引用了最近年份的”。对于数理统计方法，在《原理》增加了“抽样调查”一章的基础上，《教科书》又增加了“相关关系分析”一章，除了介绍线性相关系数外，还有“相关系数的抽样误差”“时间数列自身相关”“等级相关”等内容；在该章“回归”部分，分别介绍了一元和多元线性回归，以及简单非线性回归。《原理》中虽有“统计预测”内容，但仅限于一元线性回归的外推。《教科书》中的“统计预测法”一章中，比较细致地介绍了“移动平均”、“指数平滑”、“回归模型外推”和“时间数列预测”等方法。

除了以上新增的数理统计章节外，《教科书》在其余相关章节也都充实了数理统计和经济计量等内容，比如“偏度与峰度”“投入产出表”等。特别要指出的是，这本教材的例题和数据基本是 20 世纪 80 年代初的实际数据。由于增加了以上新章节和新内容，《教科书》的字数由《原理》的 27.5 万增加到 46 万。

## 四、编写组会议

1979 年 6 月在厦门大学《原理》编写会议上，编写组号召各高校按照峨眉会议精神准备《教科书》的编写。经过近两年的准备，1982 年夏在中国人民大学召开了《教科书》第一次编写会议，讨论确定了编写组构成和教材结构内容。一年后，《教科书》各章内容的编写基本完成，于是 1983 年 7 月至 8 月在杭州花家山庄和浙江建德召开了最后定稿会(以下简称“杭州会议”)。各章执笔人员和编写组部分老师共 28 人参加了会议。当时，由于郑尧老师腿部骨折，需要有人陪同，因而笔者有机会陪同郑老师来到杭州，并全程参加了这次会议。天津财经学院的杨曾武教授脚上长了骨刺，他的助教彭慧忠（笔者在天津财经学院统计 7704 班的大学同班同学）也作为陪同参加了会议。当时，年龄超过 65 岁的老先生有 4 位，分别是马家善（70 岁）、郑尧（69 岁）、杨曾武（67 岁）和高成庄（66 岁）。

会议期间，与会人员留下了一张珍贵的合影（见图 1）。前排左起为：傅春生、徐前、黄良文、莫曰达、杨曾武、郑尧、高成庄、马家善、姚志学、杨恩瑜。中排左起为：袁卫、马永淑、季敏华、杨遵庆、吴彬、林青、王连香、彭慧忠、胡健颖、车诚定。后排左起为：陈炳麟、曹毓侯、栗方忠、马景江、潘超霖、董秀翰、纪曾曦、吴敏、木柱。杭州会议分两个半段，前半段是在杭州西湖边的花家山庄宾馆召开的，主要议程是逐章逐节讨论教材内容。后半段会议转移到浙江省建德县新安江水库管理局招待所，主要是各位编写老师根据前半段会议的修改意见修改定稿。笔者亲历的感觉是，前半段会议热烈、认真，而后半段会议相对轻松、愉快。

图1　杭州会议与会人员合影

前半段会议由于要讨论统计学的一些基本问题，所以研讨的气氛十分热烈。例如，统计学是一门还是两门，社会经济统计学与数理统计学是否可以并存，社会经济统计学是研究统计方法论的科学还是研究社会经济规律的科学，应当用什么指标来反映国民经济发展的速度，对总产值、净产值、最终产品产值、生产指标等如何看待与应用，怎样正确地对待外国的统计理论和统计方法，如何有分析有批判地向外国学习，等等问题，编写组成员畅所欲言，各抒己见，有时争论得面红耳赤不得不延长会议时间。

“认真”是老师们的态度。为了一段论述、一个概念、一个公式、一个用词，老师们都十分较真儿，经常三三两两在一起切磋。记得在讨论到杨曾武老师编写的第十三章“统计预测法”内容时，黄良文老师问杨老师为什么二次指数平滑（见教材第476页）$\widehat{x}_{t+T}=\widehat{a}_t+\widehat{b}_tT$ 中斜率 $\widehat{b}_t=\frac{a}{1-a}(s_t^{(1)}-s_t^{(2)})$，即这个斜率是怎么得出来的。杨老师一时也说不上来。晚饭后，他们二人还在会议室琢磨，笔者陪他们一起讨论。晚上9点多，他们回房间休息了，笔者突然想，可不可以用斜率概念倒推的办法在等式右边加上同时减去 $as_t$，于是就推导出第476页中间一段：

从第二节中讲预测方法中已知，二次指数平滑的公式是：

…………

所以 $\widehat{b}_t=\frac{a}{1-a}(s_t^{(1)}-s_t^{(2)})$

当半夜 12 点左右完成了上边的推导时，笔者很怕不对，又仔细核对了两次，觉得没有什么大的问题了，才轻轻地回到房间，兴奋的心情使得自己一两个小时都没能入睡。第二天早上吃完早饭，笔者赶紧拿上这个结果送给杨老师看。他仔细看了一会儿，没有发现什么问题，就和笔者一起来到黄老师房间请黄老师审查。黄老师认真仔细地看了好一会儿，说："对！还是年轻人快，我们看来已经老了。"并建议杨老师将这一推导过程写进教材。当时，笔者觉得能够帮助老师解决一点儿问题别提多高兴了，这也是笔者对统计教材编写的第一次贡献。当然，从这件事也可以看出当时老师们对一个公式、一个概念都是仔细推敲、认真核实的。

7 月底的杭州天气十分闷热，室内虽然有空调和电风扇，但空调常出毛病，一到下午大家还是常常汗流浃背。负责组织接待的浙江省统计局的领导和接待组建议，在完成各章编写内容的研讨后转到建德县千岛湖边的新安江水库管理局招待所继续修改教材，这个建议自然受到大家的拥护。这个内部招待所建在水库大坝旁，一座简洁的二层小楼，窗前就是水库大坝下的水渠，环境比起花家山庄要幽静凉爽得多。在一个多星期的时间里，老师们除了抓紧时间修改各自负责的章节外，还集体参观了千岛湖和灵栖洞，加上早晚散步的时间使笔者有机会和各校老师们交谈、请教，因此在笔者的印象中这后半段时间是轻松、愉快的。

## 五、作用与影响

这本教材从 1979 年开始准备编写到 1983 年 8 月定稿，共有 25 所高校和国家统计局的 43 位学者参加了编写和讨论。在我国统计教材的编写历史中，这是参与学校最多、参与人员最多的一本教材，也是影响最大的教材之一。

《教科书》自 1984 年出版发行后，成为全国绝大多数经济类统计学专业的普通高校本科、专科和大量自学考试、广播电视大学等使用的教材，从 1984 年第 1 次印刷到 2008 年第 17 次印刷前后共 24 年，共发行 279 100 册。在这近 28 万册教材中，1984—1990 年的几年时间里就印刷了近 20 万册，可以说，这本教材培养了我国改革开放后的一代统计专业人才。

现在我们已经看不到任何一本统计教科书会由这么多所高校共同编写了。当时为什么组织这么大的力量来编写呢？

首先，全国统计学界对这本"文化大革命"后的第一本内容体系有较大变化的教材十分重视。这本教材的规划、编写一直是在国家统计局的组织领导下进行的。1978 年峨眉会议是国家统计局组织的，1983 年杭州会议也是国家统计局牵头组织的，这本教材是由中国统计出版社出版的，国家统计局统计科学研究所的莫曰达研究员和林青处长一直参与这项编写工作。当时全国高校的统计学专业招生刚刚恢复，经济建设与社会发展需要大量统计人才，而“文化大革命”前的教材由于受苏联的影响，内容过于简单，已经不能继续使用，因而需要一本新教材。用最近莫曰达老师回忆当时的话说，当时是“无教材可用”。为了编好这本教材，各高校都推荐对《原理》编写有经验的骨干教师参加，以体现这本教材的权威性。

其次，改革开放之初，统计学界正处于拨乱反正的大讨论之际，教材的编写过程实际上也是不断解放思想、百花齐放、百家争鸣的过程。当时，组织一个实力强大的编写组是希望就统计学原理的一些基本原理和方法问题进行讨论，尽量取得共识，从而让更多的学校选用这本教材。事实上，教材出版后，绝大多数文科经济管理类统计学专业和统计课程都使用了这本教材，这本教材前 3 年就发行了十几万册。

由于 20 世纪 50 年代受苏联统计极左思潮的影响，社会经济统计学被认为是一门具有阶级性的社会科学。《教科书》第一章在第三节“社会经济统计学的对象”第一部分将“对社会经济统计学对象的不同观点”综述如下：

“首先，是否存在着独立的社会经济统计学这门科学，就有明显的分歧。主要有两种观点：

“一种观点认为，并不存在独立的社会经济统计学，只有数理统计学才是唯一的科学的统计学。数理统计学可以广泛应用于自然技术界和社会经济领域，是一门通用的方法科学。对社会经济现象数量方面的研究，是数理统计学在社会经济领域中的应用。

“一种观点认为，数理统计学和社会经济统计学是并存的两门不同的独立的统计学，它们有各自不同的研究对象和各自不同的研究内容、研究方法，它们都产生于实践并对实践起着一定的指导作用。

“其次，在主张社会经济统计学是一门独立的统计学的观点中，对社会经济统计学的研究对象主要也有两种不同的看法：

“一种看法是，社会经济统计学是一门实质性科学，是以大量社会经济现象的数量方面为研究对象的社会科学，目的是找到社会经济发展规律在具体地点、时间、条件下的数量表现。

“一种看法是，社会经济统计学不是实质性科学，而是一门方法论科学。它是对社会经济现象数量方面进行调查研究的方法论科学。

…………

“本书认为，社会经济统计学是一门独立的统计科学；并且认为，社会经济统计学是一门方法论科学。”

在当时这两个比较根本的统计问题上，编写组跨过了苏联错误的第一道思想障碍，即统计学是方法论科学而不是实质性科学，但没能够跨过第二道思想障碍，即仍然认为社会经济统计学是独立的、与数理统计学有不同研究对象和研究方法的统计学。只有亲身经历过的人才知道，在经过苏联从 20 世纪 50 年代初至 70 年代末近 30 年极左思潮的灌输，加之“文化大革命”期间我国高等教育的停办，统计教材在 20 世纪 80 年代初重新编写的难度可想而知，当时能够跨过一道思想障碍也已经十分不易。

由于《原理》主要是反映计划经济的指标和简单的绝对数、相对数方法，因而《教科书》的体系和内容也具有历史的局限性。例如，教材没有随机变量的概念，没有总体和样本的概念，自然也就没有统计推断的概念；重点调查和典型调查（即解剖麻雀）也被当作统计调查方法介绍；由于社会科学的局限，一些当时的统计学的基本概念在现在看来很难理解，比如将总体总数、相对数和平均数称作总量指标、相对指标、平均指标和标志变异指标等等。

在当今大数据时代，作为我国一级学科的统计学，已经与世界同步，并正在大数据分析以及各领域的应用中焕发出勃勃生机。在我国统计学迎接发展机遇的大好形势下，我们十分怀念改革开放之初的统计前辈们，没有他们当时的勇气和努力，就没有我们统计学界的今天。

## 参考文献

[1]《社会经济统计学原理教科书》编写组．社会经济统计学原理教科书．北京：中国统计出版社，1984.

[2]《社会经济统计学原理》编写组．社会经济统计学原理．北京：中国财政经济出版社，1980.

# 中国生态环境管理40年：成就与经验

曾贤刚*

【摘　要】本文回顾了改革开放以来中国生态环境管理的发展历程，认为40年来中国生态环境管理的主要成就包括：生态环境治理取得明显成效，形成了适合我国国情的生态环境管理体制，构建了适应社会主义市场经济需要的生态环境法律法规和政策体系，极大地促进了环保机构和队伍建设，国际环境合作不断发展。同时，总结了中国生态环境管理的基本经验，具体包括：坚持以人民为中心，坚持问题导向性，坚持生态环境保护与经济发展相协调，坚持生态环境管理法制化，坚持借鉴国际经验的同时开展制度创新。最后，提出新时代的中国生态环境管理要以建设社会主义生态文明为目标，坚持“五位一体”总体布局，强化生态环境管理中的公众参与，重视科学技术在环境管理中的应用，实现生态环境的系统管理。

【关键词】改革开放；生态环境管理；成就；经验

回望历史，一部人类文明的发展史，就是一部人与自然的关系史。改革开放40年来，中国经济实现了快速发展，中国已成为世界第二大经济体。但与此同时，就像中国作为经济大国崛起的速度和规模在历史上无与伦比一样，中国生态环境问题也突破了既有的先例。中国只用40年时间就走完了一些发达国家100多年的经济发展之路，但是在生态环境方面也只用40年时间就走完了这些国家100多年的环境污染之路。在这个过程中，中

* 曾贤刚，中国人民大学环境学院环境经济与管理系教授、博士生导师。

国的生态环境管理对于国民经济的持续健康发展功不可没，有效的生态环境管理对遏制生态环境状态的进一步恶化、提升生态环境治理水平、改善生态环境质量起到了重要作用。改革开放40年来，中国生态环境管理取得了巨大的成就，经历了从无到有、从小到大、从单一到综合的过程，现阶段仍然处在变革与发展之中，目前正沿着适应生态文明发展战略的中国特色生态环境管理道路大踏步前进。

## 一、改革开放背景下中国生态环境管理的变迁

### （一）末端管理阶段（1978—1992年）

改革开放伊始，我国进入了社会主义现代化建设的新时期，我国GDP由1978年的3 678.7亿元迅速增长到1991年的22 005.6亿元。但经济发展的同时生态环境也付出了一定的代价。至1991年，全国废气排放量为10.1万亿标准立方米，废水排放总量为336.2亿吨，严重退化草地面积约6 700万公顷[①]。由于生态环境问题日益突出，所以政府开始加强对生态环境的末端治理。生态环境管理工作也逐渐从国家建设中比较边缘的地位跃升为经济发展中一项不容忽视的任务，在第二次全国环境保护会议上，环境保护被确定为基本国策。

1978年中共中央批转了国务院环境保护领导小组《环境保护工作汇报要点》，这是新中国成立以来党中央首次对我国环保事业做出指示。1982年，国务院环境保护领导小组办公室的职能并入新成立的城乡建设环境保护部，结束了“国务院环境保护领导小组办公室”10年的临时状态。1983年，为了落实环境保护基本国策，国务院制定了“三同步”方针，即“经济建设、城乡建设、环境建设同步规划、同步实施、同步发展”战略方针，昭示着中国避免走“先污染后治理”老路的决心。1984年，国务院成立环境保护委员会。1988年，环境保护局从城乡建设环境保护部分离出来，成立直属国务院的国家环境保护局，至此，“环境管理”成为国家的一个独立工作部门。

### （二）规模治理阶段（1992—2001年）

1992年邓小平南方谈话发表之后，中国的改革开放呈现新局面。市场经济改革带动了新一轮的大规模经济建设，从1992年到2001年，中国经济年均增长率为10.35%，城

① 曲格平．中国环境保护四十年回顾及思考（回顾篇）．环境保护，2013（10）．

镇化率也由1992年的27.46%增长到2001年的37.66%。粗放型的经济发展造成了严重的资源浪费和环境污染，加上全国乡镇企业的无序发展，致使这段时期生态环境面临很大压力。而且严重的生态环境破坏还引发了自然灾害，如1998年中国遭受了一次前所未有的大洪水，范围覆盖29个省份，它的成因引发了人们的深刻反思。正是在此背景下，在1992年联合国环境与发展大会之后，中国制定了《中国21世纪议程》《中国环境保护行动计划》等纲领性文件，确定了实施可持续发展战略的政策框架、行动目标和实施方案。

在可持续发展战略思想的指导下，中国政府开始对生态环境进行大规模治理。中国在重点城市、区域、流域海域开展了以“33211”工程为代表的一系列规模化污染防治工作[①]。“33211”工程包含“三河”（淮河、海河、辽河）、“三湖”（太湖、巢湖、滇池）、“两区”（酸雨控制区和二氧化硫污染控制区）、“一市”（北京市）、“一海”（渤海）污染治理工作。在其推动之下，1995年，中国第一项流域性环境法规《淮河流域水污染防治暂行条例》发布。1992—2001年，中国污染治理项目总投资额增加了168.88%，“三同时”建设项目环境保护工程投资增加了541.98%。这一阶段是以总量控制为核心的生态环境管理制度开始落实和完善的时期。

### （三）综合管理阶段（2001—2012年）

2001年，中国正式加入世界贸易组织。对外开放战略的进一步实施与市场经济的不断发展，促进了我国经济的高速增长，生态环境问题也变得更加突出。可以说，这是中国生态环境管理任务最为艰巨的一个阶段。2001—2012年，中国经济年均增长率为10.24%，城镇化率增长14.91%。而且，由于加入WTO带来的影响，2012年中国服务和货物净出口总额为2001年的6.3倍，增长速度远超以往，这迅速让中国成为“世界工厂”。在此背景下，中国的第二产业，尤其是重化工业得到快速发展。2006年，虽然开始实施节能减排计划，但是重化工业扩张的势头仍然不减，污染物上升趋势难以遏制，终于在这一年，主要污染物排放达到了历史最高点：二氧化硫2 588万吨，氮氧化物1 523万吨，化学需氧量1 428万吨，氨氮141万吨[②]。

面对严峻的生态环境形势，党的十七大报告提出了科学发展观重要思想，并强调建设“资源节约型、环境友好型”社会。为了全面落实科学发展观，政府对生态环境采取了综

---

① 解振华．“九五”期间中国环境保护的主要举措．中国人口·资源与环境，1998（1）.

② 周生贤．减少污染物排放　建设环境友好型社会．环境保护，2007（6）.

合管理措施，尤其加强了经济政策改革。2002年，拉开了以推广特许经营制度为标志的市场化改革序幕，在供水、供气、供热、垃圾处理等领域大量引入社会资本。在这一阶段，有利于生态环境的价格政策、税收政策、投资政策、融资政策等各类环境经济政策也都纷纷出台。2001年工业污染治理投资占GDP比重为1.01%，此后基本呈逐年上涨趋势，2012年的工业污染治理投资总额较2001年增长了186.75%。2011年，全国共建成投运的污水处理厂3 022座，比10年前增长了6倍。这一阶段我国环保投融资渠道进一步拓宽，多元化环保投融资体系逐步建立，政府环保投资对引导社会资本投入起到了重要的作用。

### （四）生态文明建设阶段（2012年至今）

2012年，党的十八大报告首次提出“五位一体”总体布局，生态文明建设被提到了一个前所未有的高度。也是在2012年，联合国可持续发展大会在里约热内卢召开，与会各国共同探索可持续发展的有效途径，确立了全球绿色经济发展的基本框架①。从国内外生态环境保护形势来看，2012年是一个重要节点。自2012年开始，在习近平生态文明思想指引下，我国生态环境管理从认识到实践发生了历史性、转折性、全局性变化，生态环境管理成效显著，美丽中国建设迈出重要步伐。

这一阶段，污染治理力度之大前所未有。国务院发布实施大气、水、土壤污染防治三大行动计划，坚决向污染宣战②。推进供给侧结构性改革，加大化解钢铁、煤炭等过剩产能和淘汰落后产能的工作力度。这一阶段，制度出台频度之密前所未有，《关于加快推进生态文明建设的意见》《生态文明体制改革总体方案》相继出台。中央全面深化改革领导小组审议通过40多项生态文明和环境保护具体改革方案，一批具有标志性、支柱性的改革举措陆续推出，“四梁八柱”性质的制度体系加快完善③。在机构建设方面，2018年，中央在国务院机构改革中对生态环境管理相关机构做出了重大调整，撤销环境保护部和国土资源部，成立了生态环境部和自然资源部。这是在继承2008年机构改革政府职能转变和大部制探索的核心思想后，向前进的又一大步。

---

① 曾贤刚，李琪，孙瑛，等．可持续发展新里程：问题与探索——参加“里约+20”联合国可持续发展大会之思考．中国人口·资源与环境，2012（8）．

② 李干杰．我国生态环境保护形势与任务．时事报告，2018（5）．

③ 同②．

## 二、改革开放40年中国生态环境管理的主要成就

### （一）生态环境治理取得明显成效

改革开放以来，我国走的是一条追赶型的快速工业化道路，所以我国的生态环境问题在短期内集中爆发。环境污染不仅来自传统的工业、农业和生活污染，而且还有新的污染来源。环境污染不仅有空气污染、水污染、噪声污染，而且还有生态污染和核污染等。环境污染来源的多样化、环境污染类型的多样化，使得环境问题非常复杂。十几亿人口的现代化进程，这么大的体量，这么快的速度，这么短的时间，污染治理和环境质量改善任务十分艰巨，这个难度可以说是在人类历史上前所未有。

面对比世界上其他国家都大的生态环境压力，我国生态环境治理取得显著的成效。改革开放以来，我国单位产品主要污染物排放强度、单位GDP能耗不断降低，资源能源效率不断提升①。环境基础设施建设加速推进，我国成为全世界污水处理、大气污染处理能力最大的国家。2016年，我国城市、县城累计污水处理厂数量为3 552座，其中城市2 039座，县城1 513座；城市污水日处理能力14 910万立方米，县城污水日处理能力3 036万立方米。2016年，全国已投运火电厂烟气脱硫机组容量约8.48亿千瓦，占全国火电机组容量的80.5%，占全国煤电机组容量的90.0%；已投运火电厂烟气脱硝机组容量约8.64亿千瓦，占全国火电机组容量的82.0%，占全国煤电机组容量的91.7%；7亿千瓦燃煤机组完成超低排放改造。而且还建成了发展中国家最大的空气质量监测网，全国338个地级及以上城市全部具备PM2.5等6项指标监测能力。13.8万个村庄完成农村环境综合整治，整治过的村庄饮用水水源地得到保护，生活污水、垃圾和畜禽养殖污染得到有效治理，村庄环境面貌得到改善。

40年来，国家大力实施天然林资源保护、退耕还林、退牧还草等生态修复工程。森林覆盖率由21世纪初的16.6%上升为2016年的21.6%，其中人工林面积居世界首位。自然保护区已初步形成布局基本合理、类型比较齐全、功能相对完善的体系。1986年，全国自然保护区面积为29.39万平方公里；至2016年，全国自然保护区总面积增长到147万平方公里，共建立自然保护区2 750个，约占陆地国土面积的15%，高于世界平均水平。全国有超过90%的陆地自然生态系统类型，约89%的国家重点保护野生动植物种类

---

① 李干杰．我国生态环境保护形势与任务．时事报告，2018（5）.

以及大多数重要自然遗迹在自然保护区内得到保护。而且，我国已建成以自然保护区为骨干的生物多样性就地保护网络体系，各类陆域保护地面积达170多万平方公里，约占陆地国土面积的18%，提前完成《生物多样性公约》提出的到2020年保护地面积达到17%的目标。

### （二）形成了适合我国国情的生态环境管理体制

经过40年的探索与发展，我国形成了比较完善的生态环境管理体制，已经建立起由全国人民代表大会立法监督，中国人民政治协商会议参政议政，在横向上实行“环保部门统一监督管理，各有关部门分工负责”，在纵向上实行各级政府分级管理的生态环境管理体制①。

全国人民代表大会设有环境与资源保护委员会，负责组织起草和审议环境与资源保护方面的法律草案并提出报告，监督环境与资源保护方面法律的执行，提出同环境与资源保护问题有关的议案，开展与各国议会之间在环境与资源保护领域的交往。全国30个省级及绝大多数市级人民代表大会也相应设立了环境与资源保护机构。中国人民政治协商会议全国委员会设有人口资源环境委员会，围绕人口、资源、环境等有关问题履行政治协商、参政议政、民主监督的职能。全国30个省级和大多数市级政治协商会议也都设有相应的环境与资源保护机构。

根据国家法律法规的有关规定，各有关部门在自己职责范围内承担一定的环保职责。各级政府对本辖区内的生态环境质量负责，并成立了生态环境管理机构，负责管辖区内环保工作。在核安全监管方面，国家实行一级监管，由国家环保部门直接监管。这种生态环境管理体制有利于充分发挥各部门的作用，形成齐抓共管的局面；有利于调动地方的积极性，各地可以因地制宜地开展环境保护工作；有利于把环保规划纳入各领域、各地方的发展规划，综合协调环境与发展问题。

### （三）构建了适应社会主义市场经济需要的生态环境法律法规和政策体系

改革开放以后，中国生态环境管理的法律法规和政策体系开始形成，初步确立了中国特色的生态环境管理道路。目前中国已经建立了宪法、法律、法规、规章及标准5个层次的生态环境管理制度体系。

---

① 曲格平. 中国环境保护四十年回顾及思考（回顾篇）. 环境保护，2013（10）.

1978年，中国首次在《中华人民共和国宪法》中规定：国家保护环境和自然资源，防治污染和其他公害。这是中国环境保护的里程碑，为中国的生态环境管理奠定了重要的法制基础①。自此，中国生态环境管理与改革开放同步，取得了一系列的重大进展，而且在2018年，“生态文明”写入宪法。这为生态文明建设融入经济建设、政治建设、文化建设、社会建设的各方面和全过程提供了有力保障，也为未来制定更全面、更细致、更有效的生态环境保护法律法规提供了最根本的法律保障。

改革开放以来，我国的环境保护立法空前活跃，环境保护法成为我国法律体系中发展最为迅速的一个部门法②。1993年全国人大环境与资源保护委员会的成立，加速了资源环境保护立法的进程。此后，中国环境法律的范围不断扩大，已颁行的法律也得到了多次修订。特别是在2014年，全国人大常委会表决通过了修订后的《环境保护法》，这是对1989年《环境保护法》的一次重大修订。作为我国环境保护法律体系的核心，《环境保护法》是生态环境保护的综合性、基础性、统领性法律。在《环境保护法》之外，单行法、部门法、国际公约作为环保法律体系重要组成部分，同样实现了巨大的丰富和完善。目前，我国已经颁布的与污染防治、自然资源和能源开发利用、生态保护等相关的法律20余部、环保标准300余项，已缔约或签署加入的与环境有关的国际公约、议定书等有50多项。

环境法律体系不断完善的同时，中国环境执法也在日益严格，做到“有法必依，执法必严，违法必究”。党的十九大报告强调，“完善生态环境管理制度……统一行使监管城乡各类污染排放和行政执法职责”③。对环境违法行为实施现场检查、行政处罚、行政强制，是遏制环境污染、保障环境质量的主要行政手段之一，是政府履行环境责任的重要措施。特别是被称为“史上最严”的修订后的《环境保护法》从2015年实施以来，在打击环境违法行为方面力度空前。各级环保部门下达行政处罚决定份数和罚款数额大幅增长，查封扣押、停产限产、按日连续处罚款、移送拘留成为遏制环境违法行为的重要手段和有力武器。

与此同时，中国逐步建立了一整套的生态环境政策体系。早在1989年第三次全国环境保护会议上就提出了环境保护“三大政策”和“八项制度”，即：预防为主、防治结合，谁污染谁治理和强化环境管理的三大政策；“三同时”制度、环境影响评价制度、排污收

---

① 曲格平．中国环境保护发展历程提要．环境科学动态，1988（6）．

② 周珂，梁文婷．中国环境法制建设30年．环境保护，2008（21）．

③ 习近平．决胜全面建成小康社会　夺取新时代中国特色社会主义伟大胜利：在中国共产党第十九次全国代表大会上的报告．北京：人民出版社，2017：52.

费制度、城市环境综合整治定量考核制度、环境目标责任制度、排污申报登记和排污许可证制度、限期治理制度、污染集中控制制度等八项管理制度[①]。此后，陆续出台了许多新的生态环境政策，包括资源和环境保护的税收政策、价格政策、生态补偿政策、排污权交易政策等。尤其是十八大以后，生态环境管理制度不断创新，进一步丰富了我国的环境管理政策体系，包括：颁布《生态文明建设目标评价考核办法》，以考核促进各地推动生态文明建设；实行河（湖）长制，为每一条河（湖）明确生态“管家”；试行生态环境损害赔偿制度，着力破解生态环境“公地悲剧”；开启生态保护红线战略，将重要生态空间进行严格保护；等等。

### （四）极大地促进了环保机构和队伍建设

自1973年开创环保工作以来，在党中央、国务院的高度重视下，国家环保机构历经1974年国务院环境保护领导小组办公室、1982年城乡建设环境保护部环境保护局、1988年国家环境保护局、1998年国家环境保护总局、2008年环境保护部、2018年生态环境部等发展阶段。从历次改革中生态环境管理机构的职能定位可以看到环保部门职能配置逐步合理化，而且行政级别的升格带来了环保工作重要程度的加强。在国家精简机构的大背景下，国家生态环境管理机构却逐步升格，地位逐步提升，这充分体现了党和国家对环保的高度重视，反映了政府以及全社会对生态环境管理的认识不断深化，对生态环境问题严重性的认识不断加深，增强了全国生态环境管理系统加快推进环保历史性转变的力量。

同时，国家生态环境管理机构地位的不断提升也极大地推动了地方环保机构与队伍建设。目前全国共有国家、省（自治区、直辖市）、市（地）、县四级环保机构，部分发达地方的乡镇一级政府也设置了环保机构。1995年，全国环保系统总人数90 270人，环境监测站数2 155个；2015年，全国环保系统总人数已经增长到232 388人，其中环保行政机构57 061人，占本级人员总数比例24.6%，环境监察机构66 379人，占本级人员总数比例28.6%，环境监测站2 810个，总人数61 668人，占本级人员总数比例26.5%。在省以下环保机构监测监察执法垂直管理制度改革后，省级环保部门统筹负责省内环境管理工作，而市县级环保部门现场环境执法的权力得到加强，执法重心下放到地方切实强化了环境基层队伍的建设。

---

① 曲格平．中国环境保护四十年回顾及思考（回顾篇）．环境保护，2013（10）.

### （五）国际环境合作不断发展

习近平总书记强调，人类是命运共同体，建设绿色家园是人类的共同梦想①。改革开放40年来，中国积极参加有关环境保护的缔约方会议和有关国际会议，缔约或签署了多项国际环境公约，并参与有关工作，维护了我国和广大发展中国家的利益。参与并履行了《生物多样性公约》《防治荒漠化国际公约》《气候变化框架公约》《湿地公约》《濒危野生动植物种国际贸易公约》等国际公约，并积极采取相应措施，做出履约承诺。

随着环保事业的稳步发展，中国在生态环境管理领域的国际合作与交流活动异常活跃。中国大力宣传环境保护的方针政策，以更加开放的姿态和务实合作的精神参与全球环境保护事务，展示了新时期中国政府加强环境保护的坚定决心，树立了中国负责任的大国形象，赢得了国际社会的广泛赞誉。特别是十八大以来，党中央带领中国人民在生态文明建设领域取得了举世瞩目的成就，积累了许多宝贵的经验，中国成为全球生态文明建设的重要参与者、贡献者、引领者，为世界各国提供了生态文明建设的“中国样本”。

## 三、改革开放以来中国生态环境管理的经验

### （一）坚持以人民为中心

良好生态环境是最普惠的民生福祉。生态环境是关系党的使命宗旨的重大政治问题，也是关系民生的重大社会问题②。改革开放以来的中国生态环境管理始终坚持以人民为中心。坚持以人民为中心就是把实现人民的愿望、满足人民的需要、维护人民的利益作为一切生态环境管理工作的出发点和落脚点，始终做到一切为了人民，一切依靠人民，一切成果由人民共享。生态环境保护是一项全民事业，充分调动各行各业和广大群众的自觉性和积极性，挖掘群众中蕴藏着的保护和改善环境的巨大潜力，是搞好环境保护工作的重要条件。正是靠着人民群众的支持，中国生态环境管理在过去的40年取得了巨大的成就。当前，我国社会主要矛盾已经转化为人民日益增长的美好生活需要和不平衡不充分的发展之间的矛盾，人民对优美生态环境的需求日益增长。必须坚持以人民为中心，提供更多的优

---

① 《十八大以来治国理政新成就》编写组．十八大以来治国理政新成就：上．北京：人民出版社，2017：273.

② 习近平在全国生态环境保护大会上强调 坚决打好污染防治攻坚战 推动生态文明建设迈上新台阶．人民日报，2018-05-20.

质生态产品，满足人民群众对良好生态环境新期待，提升人民群众获得感、幸福感。

### （二）坚持问题导向性

问题导向是中国生态环境管理演变的重要主线。改革开放以来，中国生态环境管理制度的不断改革与发展，正是对生态环境问题不断变化的回应。无论是生态环境管理机构的建设，还是生态环境管理制度的制定和执行，都是为了解决当时最急迫的生态环境问题。生态环境问题涉及要素多、地区差异大，人们需求偏好各不相同。因此，在寻求生态环境问题解决之道时既需要考虑其自然属性，又需要考虑其经济社会属性。作为生态环境管理的对象，生态环境问题的属性直接会对生态环境管理体制本身的构造产生影响。生态环境问题越简单对于生态环境管理的要求越低，反之，生态环境问题越复杂对于生态环境管理的要求越高。生态环境管理工作必须基于对环境问题复杂性、不确定性和动态性的思考和把握，以不断建构适应新形势的生态环境管理制度。

### （三）坚持生态环境保护与经济发展相协调

我国是发展中国家，解决生态环境问题归根到底要靠发展。无论是社会生产力的提高，综合国力的增强，人民生活水平和人口素质的提高，还是资源的有效利用，生态环境的保护，都有赖于经济的发展。但是，经济发展不能以牺牲环境为代价，不能走先污染后治理的路子。很多发达国家都走过这条道路，我国在这方面的教训也是极为深刻的。在改革开放初期，政府对环境保护重视不足，工业发展尤其是重工业的快速发展导致了比较严重的环境污染。事实上，生态环境保护与经济发展不是对立的，改革开放以来的实践证明，正确处理好环境与发展的关系，二者是可以相互促进的。如何协调环境与经济的关系，是坚持环境保护基本国策的关键。保护生态环境就是保护生产力，改善生态环境就是发展生产力[①]。因此，正确处理好经济发展同环境保护的关系，走可持续发展之路，保持经济、社会和环境协调发展，是我国实现现代化建设的战略方针。

### （四）坚持生态环境管理法制化

长期以来，我国的生态环境保护一直受到“守法成本高、违法成本低、环保执法难”困扰，因此迫切需要在法制轨道上推进生态环境保护工作。改革开放以来，中国不断推进

---

① 习近平谈治国理政．北京：外文出版社，2014：209.

生态环境管理的法制化建设，从立法、行政和司法三个层面出发建构和完善中国的生态环境管理制度。环境问题的解决和处理需要综合运用立法、行政和司法的力量，通过立法使得生态环境管理具有合法性基础，通过强有力的行政使得生态环境管理政策得到有力执行，通过司法使得违反生态环境法律和法规的组织和个人受到制裁。这意味着生态环境管理不仅仅是行政部门的职责，而且也是立法部门和司法部门的职责。改革开放以来的实践证明，法制化对生态环境管理具有极其重要的意义，它不仅要求广泛运用法律手段实施生态环境管理，而且还要求将行政、经济等所有环境管理手段的运用都纳入法制的轨道。

### （五）坚持借鉴国际经验的同时开展制度创新

由于政策和制度的设计是存在成本的，在许多西方发达国家已经建成完备的环境管理体系的情况下，借鉴国际经验无疑是更有效率的改革路径。改革开放以来，中国生态环境管理充分利用后发优势，广泛借鉴发达国家的先进管理制度，在较短的时间内建立了比较完备的生态环境管理体系。但是，也必须认识到中国仍处于社会主义初级阶段的基本国情，中国生态环境管理的改革仍要适应中国的发展现实。从一定意义上说，在我国环境管理实践中产生的经验更为重要。即便是国际先进的经验也必须与我国实际的环境问题相互结合，才能有效。因此中国生态环境管理在借鉴国际先进经验的同时，一直强调开展制度创新。例如，2015 年以来的环保督察制度，就是典型的自主创新的生态环境管理制度。该制度通过约谈、处分等措施督促环保机构履行职责，大大提升了地方环保机构对环保执法的重视程度。

## 四、中国生态环境管理展望

### （一）以建设社会主义生态文明为目标

党的十九大提出，建设生态文明是中华民族永续发展的千年大计①，把建设美丽中国作为全面建设社会主义现代化强国的重大目标。很显然，生态环境保护是生态文明建设的重要组成部分，生态环境管理必须把生态文明建设摆在全局工作的突出地位。未来的生态环境管理，应该立足于生态文明建设的宏伟目标，并以此作为国家以及地方重大决策行为

① 习近平．决胜全面建成小康社会　夺取新时代中国特色社会主义伟大胜利：在中国共产党第十九次全国代表大会上的报告．北京：人民出版社，2017：23.

的约束性目标，以确保生态环境管理具有科学的依据。而且，生态环境管理必须适应中国社会发展阶段的变化，必须对中国生态文明转型起到促进作用。中国生态环境管理改革任何方案的提出都必须基于中国生态文明建设这一最大的背景，否则中国生态环境管理改革方案就不适合中国未来经济社会发展的趋势。

### （二）坚持“五位一体”总体布局

党的十八大报告指出，建设中国特色社会主义，总布局是经济建设、政治建设、文化建设、社会建设、生态文明建设“五位一体”。把握“五位一体”总体布局，必须深刻理解五大建设的丰富内涵。“五位一体”总体布局是一个有机整体，其中经济建设是根本，政治建设是保证，文化建设是灵魂，社会建设是条件，生态文明建设是基础。解决生态环境问题已经不再单纯是环保部门的职责，而是涉及中国经济、政治、社会、文化、环境等方方面面的复杂系统问题。在未来的环境管理改革中，一方面要解决部门间权力交叉、协调力度不足的问题，另一方面要解决责任边界不清的问题，也就是从权和责两个方面实现经济、社会、环境等各个部门管理的统一，从而达成“五位一体”的格局。

### （三）强化生态环境管理中的公众参与

公众参与在生态环境管理中的作用无可替代，在我国《环境保护法》中已经明确了公众参与的地位。一些发达国家政府将公众权益法律化、制度化，将公众参与的程序纳入政府政策制定的过程之中。我国的生态环境管理模式与西方国家差异很大。一段时间以来，我国生态环境管理制度只是针对政府内部机构的设置，社会公众的监督参与被视为生态环境管理制度的外部作用机制，一般不被纳入体制本身的范畴。实际上，公众以及社会团体是我国生态环境监督管理的重要力量，是生态环境保护的社会制衡力量，公众不仅能监督企事业单位的各种违法行为，也能对政府生态环境管理行为进行监督。公众作为利益相关者的广泛参与应该成为未来生态环境管理的一个重要原则。

### （四）重视科学技术在环境管理中的应用

生态环境管理要遵循科学的方法。大数据、“互联网+”、物联网、云计算等技术的运用，已成为实现治理能力提升的重要手段。2016年3月，环保部发布《生态环境大数据建设总体方案》，提出“通过生态环境大数据发展和应用，推进环境管理转型，提升生态环境治理能力，为实现生态环境质量总体改善目标提供有力支撑”。大数据技术方法的不断革新使其应用领域越来越广泛，也在很大程度上为中国生态环境管理进步提供了技术驱动力①。在加快推进生态环境治理体系和治理能力现代化过程中，要切实加强信息化等科学技术手段在环保领域的应用。要强化科技支撑，提高决策科学化水平，推进环境管理精细化，探索和推行网格化环境监管体系。

### （五）实现生态环境的系统管理

生态环境是一个统一的整体，各个环境要素之间具有非常紧密的联系，这是生态环境系统管理的根本基础，是山水林田湖草系统治理的核心内涵。必须按照生态系统的整体性、系统性及其内在规律，统筹考虑自然生态各要素、山上山下、地上地下、陆地海洋以及流域上下游，实行整体保护、宏观管控、综合治理，增强生态系统循环能力，维护生态平衡②。未来的生态环境管理，应该建立以跨越行政区划界限、统筹治理多种环境要素为目标的管理单元，使生态环境管理模式由点的管理向关系的管理转变，也就是由孤立的水、土地、森林、海洋、大气等要素之间的点的、线性的关系，向生态系统一体化治理转变。这不是对传统生态环境管理的简单修补，而是管理模式的变革。

---

① 王金南，蒋洪强，刘年磊．关于国家环境保护“十三五”规划的战略思考．中国环境管理，2015（2）．

② 陈吉宁．为建设美丽中国筑牢环境基石．中国生态文明，2015（3）．

# 改革开放以来中国乡村发展与城镇化的政策演变及其态势*

叶　超**　高　洋***

【摘　要】改革开放至今，城镇化与乡村发展一直是关系到国计民生的重大战略问题，国家为实现乡村与城镇的健康协调发展出台了大量政策。关于乡村发展和城镇化战略的研究也是学术研究的热点。本文通过对改革开放40年来与城镇化和乡村发展相关的文献和政策梳理，将城乡关系研究划分为三个阶段。从“三农”问题政策重点的转变、乡村与城镇化发展政策的演变、“七五”计划至“十三五”规划主题的演变三个方面，分析乡村振兴与城镇化战略的关系，发现国家整体政策和学术研究热点基本一致，体现出从要素、政策、技术等方面到整体战略的转向。但由于政策、研究与实践有所脱节，加之固化的城乡二元结构体制和文化，城乡一体化面临巨大挑战。为实现“两个一百年”的奋斗目标，未来新型城镇化与乡村振兴战略应该有机结合，以实现城乡协同治理。

【关键词】乡村发展；城镇化；城乡关系；政策；改革开放

---

* 本文原刊发于《经济地理》2019年第10期，有删节。

** 叶超，华东师范大学地理科学学院教授和崇明生态研究院特聘教授、博士生导师，上海市“曙光学者”。

*** 高洋，华东师范大学地理科学学院研究生。

## 一、改革开放与城乡关系的演进

改革开放至今已40年，乡村与城镇发展一直是涉及国计民生的重大战略问题，也是学术研究和讨论的热点话题。从农村改革到城乡统筹发展再到乡村振兴战略，从小城镇到城镇化再到新型城镇化战略，反映了城乡关系是改革开放以来中国发展的主调，实现城乡融合是国家发展的主要目标。学术界对特定时期城镇化和乡村发展的研究不在少数，但以40年为跨度，较系统梳理和总结城镇化与乡村政策及研究的关系还非常少见。改革开放40周年之际，有必要从文献和政策演变的角度分析乡村发展和城镇化战略的关系，系统总结政策和研究所经历的过程，厘清发展阶段和轨迹，这对进一步推进乡村振兴战略和新型城镇化战略结合也具有重要的理论和现实意义。

城乡关系是国内外学者研究的焦点话题。可根据看待城乡关系的基本态度，将其划分为早期、二元结构范式时期、20世纪80年代后三个阶段。经典作家强调城乡关联，二元结构理论存在城市偏向，20世纪80年代后又开始普遍强调城乡融合和关联发展①。这个阶段划分，与实际的城乡关系演进大体一致。西方国家经历了从城乡二元对立到城乡一体化的过程②，在城乡治理上，也大致经历了“乡城合治—城乡分治—城乡合治”的过程③。20世纪90年代后，乡村建设和治理逐渐成为研究热点④，乡村性、农村空间的未来、气候变化和粮食安全与乡村演变的关系等问题开始成为研究的重点⑤，反映出从极端重视城市到城市与乡村并重的态势。

---

① 叶超，陈明星．国外城乡关系理论演变及其启示．中国人口·资源与环境，2008 (1).

② 陈国申，李广．从城乡二元对立到一体治理：西方发达国家城乡治理模式变迁及启示．东南学术，2007 (2).

③ 郑国，叶裕民．中国城乡关系的阶段性与统筹发展模式研究．中国人民大学学报，2009，23 (6).

④ Marsden，T.，Lowe，P.，Whatmore，S. Rural restructuring：global processes and their responses. London：David Fulton Publishers，1990；Marsden，T. Rural geography trend report：the social and political bases of rural restructuring. Progress in human geography，1996，20 (2)；Long，H.，Li，Y.，Liu，Y.，et al. Accelerated restructuring in rural China fueled by “increasing vs. decreasing balance” land-use policy for dealing with hollowed villages. Land use policy，2012，29 (1)；Wilson，J. The urbanization of the countryside. Latin American perspectives，2013，40 (2)；Nonaka，A.，Ono，H. Revitalization of rural economies though the restructuring the self-sufficient realm：growth in small-scale rapeseed production in Japan. Japan agricultural research quarterly，2015，49 (4)；Zhang，Y.，Li，X.，Song，W.，et al. Land abandonment under rural restructuring in China explained from a cost-benefit perspective. Journal of rural studies，2016，47；Tu，S.，Long，H. Rural restructuring in China：theory，approaches and research prospect. Journal of geographical sciences，2017，27 (10).

⑤ Whatmore，S. Sustainable rural geographies. Progress in human geography，1993，17 (4)；Woods，M. Rural geography：processes，responses and experiences in rural restructuring. London：Sage Publications，2005；Woods，M. Rural geography Ⅲ：rural futures and the future of rural geography. Progress in human geography，2012，36 (1).

城镇化与乡村问题不但是国内外、多学科研究的重点和焦点，也是关系到国计民生的重大战略问题。城镇化不应被单纯地理解为城市发展，它实质上是乡村向城镇转变的复杂过程，因而必然涉及乡村发展。尤其对中国这样的长期以农业为基础的发展中大国而言，既需要顺应世界城镇化快速发展的趋势，又要解决好中国的“三农”问题，城镇化与乡村振兴同时成为国家战略，正是反映了这种客观必然性。

## 二、改革开放以来城乡关系研究的三个阶段

根据文献分布和政策重大程度，可将国内对于城乡关系的研究分为三个阶段：改革开放初到21世纪初、十六届五中全会（2005年）到“十二五”期间（2011—2015年）、“十三五”规划后（2016年至今）。

从20世纪80年代到21世纪初，国内研究要么是“城市偏向”，要么是“乡镇偏向”，如以费孝通为代表的“小城镇论”和以樊纲等为代表的“大城市论”之间的争论，前者认为乡镇企业是符合我国国情的重大思路[①]，后者则倡导大力发展大城市[②]。

从十六届五中全会“社会主义新农村建设”的提出到“十二五”时期，国家将发展重点转向着力解决不平衡、不协调、不可持续的问题。学术界也掀起了新一轮城乡关系研究热潮。结合新型城镇化与新农村建设，城乡发展关系、城乡发展模式、城乡发展阶段以及城乡协调发展政策是研究的焦点。有人主张新农村建设是城镇化的客观基础，而城镇化是新农村建设的原动力[③]；有人认为从地域空间、人口流动、产业基础、公共产品和公共服务四个角度看，新型城镇化与新农村建设是内在关联的，是一个统一体，城市辐射带动型、农业产业化推动型、村企一体化引领型、资源开发促进型是二者协调的主要模式[④]；也有人认为城镇化与新农村建设协调发展的模式比较表明，城镇化与新农村建设在理论和整体上是协调的，在现实和局部上不协调，存在并进模式、扶植模式、复制模式和吞噬模式等[⑤]。城乡发展阶段划分以1994年为界，乡村工业推动的城镇化和城市工业推动的城市

---

① 费孝通．小城镇　再探索：之一．瞭望，1984（20）.

② 樊纲．城市化：下阶段经济增长的一大关键．管理与财富，2002（3）.

③ 曾福生，吴雄周，刘辉．论我国目前城乡统筹发展的实现形式：城镇化和新农村建设协调发展．农业现代化研究，2010，31（1）.

④ 徐光平．“十二五”时期协调推进新型城镇化与新农村建设研究．东岳论丛，2011，32（8）.

⑤ 叶敏．城镇化与新农村建设协调发展的模式比较．重庆社会科学，2014（6）.

化形成“双轮驱动”模式，这是中国区别于发达国家和许多发展中国家城镇化道路的特点[①]。在如何推进城乡协调发展上，也是颇具争议的，有坚持工业化、城镇化与农业现代化同步推进论[②]，也有乡村转型优先论[③]，这反映出城镇化与乡村发展其实是一个重要而充满争议的话题。

乡村振兴战略提出后，乡村研究又一次成为热点。对“乡村振兴”的内涵分析以及对战略的深入解读较多，但关于具体的某个地区如何因地制宜实现乡村振兴的研究尚不足[④]。基于乡村振兴战略对乡村发展问题、原因及其对策的研究也十分丰富（见图 1）。

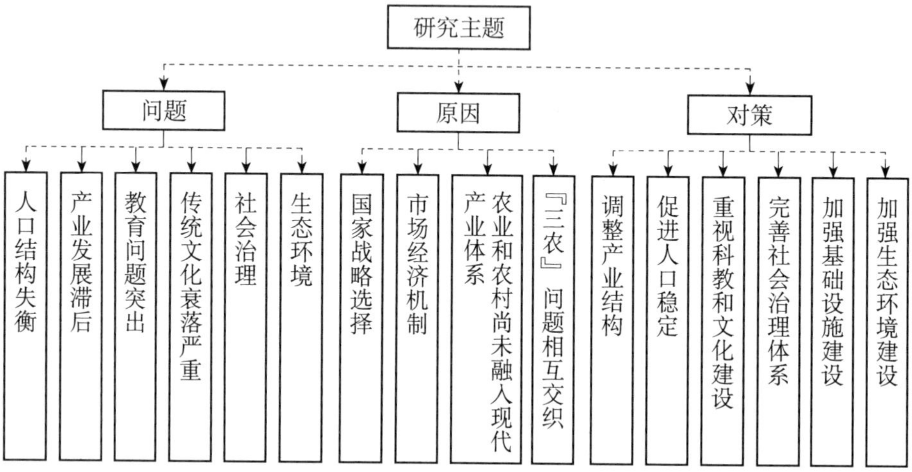


**图 1　乡村振兴战略研究的主要问题、原因与对策**

## 三、改革开放以来城镇化与乡村发展政策的演变

改革开放后，社会主义现代化建设成为共识，国家对“三农”问题从一开始就很重视，但在不同社会阶段侧重不同。可将 1978—2018 年 40 年间“三农”问题的政策导向（见图 2）和 1982—2018 年的中央一号文件（见图 3）进行整理，以清晰展示政策的演变。

---

① 刘雪斌．城市化与新农村建设．南昌大学学报（人文社会科学版），2006（6）.

② 李杰义，谷晗，郑文哲．新型城镇化与新农村建设协调推进的机制与路径：基于浙江嘉兴市 2 个镇的案例研究．安徽农业科学，2013，41（6）.

③ 龙花楼，邹健．我国快速城镇化进程中的乡村转型发展．苏州大学学报（哲学社会科学版），2011，32（4）.

④ 廖彩荣，陈美球．乡村振兴战略的理论逻辑、科学内涵与实现路径．农林经济管理学报，2017，16（6）；王亚华，苏毅清．乡村振兴：中国农村发展新战略．中央社会主义学院学报，2017（6）.

| 时间 | 政策导向 |
|---|---|
| 1978 年 | 加速农业生产 |
| 1979 年 | 加速农业生产 |
| 1980－1981 | 农业机械化 |
| 1982 年 | 大包干 |
| 1983 年 | 家庭联产承包责任制 |
| 1984 年 | 土地承包 |
| 1985 年 | 取消农副产品统购派购制度 |
| 1986 年 | 农村改革 |
| 1987 年 | 调整农业产业结构 |
| 1988 年 | 农业生产资料专营 |
| 1989 年 | 科技·农业 |
| 1990 年 | 减轻农业负担 |
| 1991 年 | 建设农业社会化服务体系 |
| 1992 年 | 发展高产优质高效农业 |
| 1993 年 | 取消农村教育费 |
| 1994－1995 | 农村社会养老保险 |
| 1996 年 | 调整粮食销售价格 |
| 1997 年 | 农业高新技术产业示范区 |
| 1998 年 | 农村电网改革 |
| 1999 年 | 调整农业生产结构 |
| 2000 年 | 农业和农村工作 |
| 2001 年 | 农村扶贫 |
| 2002 年 | 农业综合开发 |
| 2003 年 | 农业标准化 |
| 2004 年 | 农民增收 |
| 2005 年 | 多予少取放活 |
| 2006 年 | 新农村建设 |
| 2007 年 | 发展现代农业 |
| 2008 年 | 农业基础建设 |
| 2009 年 | 保持农业农村经济平稳较快发展 |
| 2010 年 | 城乡统筹 |
| 2011 年 | 水利工作 |
| 2012 年 | 农业科技创新 |
| 2013 年 | 土地承包权流转 |
| 2014 年 | 推进农业现代化建设 |
| 2015 年 | 加快农业现代化建设 |
| 2016－2017 | 农业供给侧结构性改革 |
| 2018 年 | 乡村振兴战略 |

**图 2　1978—2018 年“三农”问题的政策导向**

资料来源：中国政府网——中央人民政府门户网站（http：//www.gov.cn/）。

从 20 年的中央一号文件可见，中共中央从 1982 年到 1986 年发出的 5 个一号文件都是对迅速推开的农村改革（家庭联产承包责任制、农业合作化、土地承包、统购派购）进行总结，重视农业生产及其制度革新。时隔 17 年，2004 年第六个一号文件和 2005 年第七个一号文件，内容则转变为支农惠农，坚持“多予少取放活”的方针，促进农民增收。2006 年第八个一号文件出台，社会主义新农村建设迈出关键一步；2007 年第九个一号文件要求发展现代农业；2008 年第十个一号文件和 2009 年第十一个一号文件，对深入推进农民增收予以意见；2010—2012 年 3 年的一号文件则重视农业发展的基础条件完善；2013—2016 年 4 年的一号文件将现代农业发展放在至关重要的位置；2018 年第二十个一号文件则是将农村发展置于全党工作的重中之重。

从图 2 和图 3 政策整理可见，国家对于“三农”问题有三个转变：第一，从专门政策到整体战略的转变。自 1978 年起国家政策对“三农”问题的偏向从重视农民收入和农业生产的提高，转向重视农村教育医疗卫生等公共服务设施的配套，其后着重偏向于农业现代化建设以及城乡统筹发展，之后强调新型城镇化和供给侧结构性改革，直至现阶段全力实施乡村振兴战略。第二，乡村发展根本态度的转变。40 年间，早期对农村、农民、农业持“索取”的态度，其后国家对其予以相应的补贴和扶持，最后将农业现代化与精准扶贫相结合，并提出全面振兴的国家战略。第三，实施战略及步骤的转变。国家在“三农”发展问题上呈现阶段性特征，采取“制度设计—试点实施—大力发展—强化监督—深化改革—全面振兴”的逐步细化策略。

| 时间 | 中央一号文件 |
| --- | --- |
| 1982年 | 《全国农村工作会议纪要》 |
| 1983年 | 《当前农村经济政策的若干问题》 |
| 1984年 | 《中共中央关于一九八四年农村工作的通知》 |
| 1985年 | 《中共中央、国务院关于进一步活跃农村经济的十项政策》 |
| 1986年 | 《中共中央、国务院关于一九八六年农村工作的部署》 |
| 1987—2003 | 无 |
| 2004年 | 《中共中央国务院关于促进农民增加收入若干政策的意见》 |
| 2005年 | 《中共中央国务院关于进一步加强农村工作 提高农业综合生产能力若干政策的意见》 |
| 2006年 | 《中共中央国务院关于推进社会主义新农村建设的若干意见》 |
| 2007年 | 《中共中央国务院关于积极发展现代农业 扎实推进社会主义新农村建设的若干意见》 |
| 2008年 | 《中共中央国务院关于切实加强农业基础建设进一步促进农业发展农民增收的若干意见》 |
| 2009年 | 《中共中央国务院关于2009年促进农业稳定发展农民持续增收的若干意见》 |
| 2010年 | 《中共中央国务院关于加大统筹城乡发展力度进一步夯实农业农村发展基础的若干意见》 |
| 2011年 | 《中共中央国务院关于加快水利改革发展的决定》 |
| 2012年 | 《关于加快推进农业科技创新持续增强农产品供给保障能力的若干意见》 |
| 2013年 | 《中共中央国务院关于加快发展现代农业 进一步增强农村发展活力的若干意见》 |
| 2014年 | 《关于全面深化农村改革加快推进农业现代化的若干意见》 |
| 2015年 | 《中共中央国务院关于加大改革创新力度加快农业现代化建设的若干意见》 |
| 2016年 | 《中共中央国务院关于落实发展新理念加快农业现代化实现全面小康目标的若干意见》 |
| 2017年 | 《中共中央国务院关于深入推进农业供给侧结构性改革加快培育农业农村发展新动能的若干意见》 |
| 2018年 | 《中共中央国务院关于实施乡村振兴战略的意见》 |

**图3 1982—2018年的中央一号文件**

资料来源：中国政府网——中央人民政府门户网站（http：//www.gov.cn/）。

改革开放40年来，“三农”政策的转变也侧面反映了城镇化。促进乡村发展和城镇化战略的实施在很大程度上是我国解决“三农”问题的有力抓手。关于乡村与城镇化的政策热词也发生了改变，为了清晰显示政策热词变化，将其做成云图（见图4）和图谱（见图5）两种形式。

乡村与城镇化关系演化可以划分为四个阶段：1978—1984年，国家重视农业发展，尤其是农业生产力的提高以及粮食增产和农民增收，城镇化逐渐被正确认识；1984—1992年，地方各级政府被鼓励发展农村非农产业（乡镇企业），农民离土不离乡，促进了小城镇的发展；1992—2004年，大量农村剩余劳动力涌向城镇及大城市，城镇化高速发展；2004年至今，农村劳动力持续转移，城市发展加速，而乡村发展乏力。

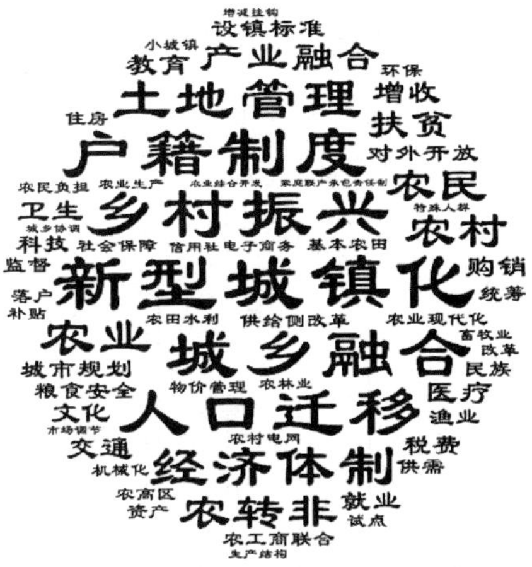


**图 4　改革开放 40 年间乡村与城镇化的政策热词云图**

资料来源：中国政府网——中央人民政府门户网站（http：//www.gov.cn/）。

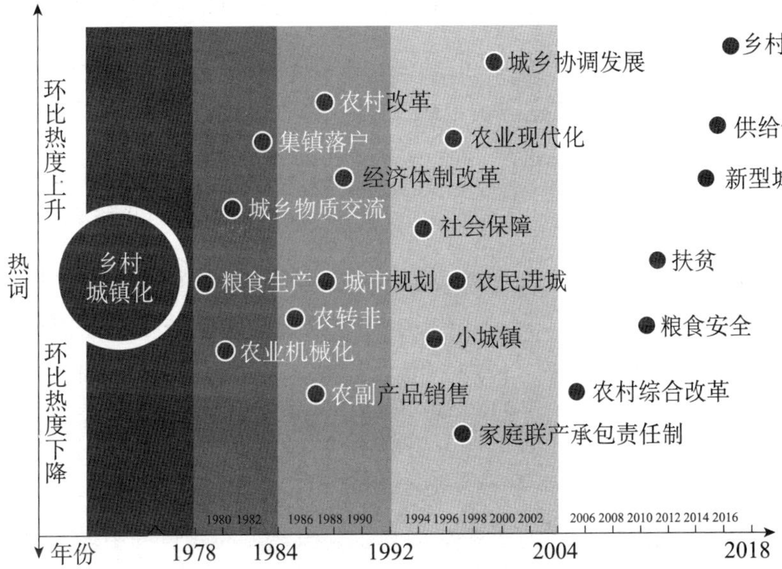


**图 5　改革开放 40 年间乡村与城镇化的政策热词**

资料来源：中国政府网——中央人民政府门户网站（http：//www.gov.cn/）。

除了政策可以直观显示乡村发展与城镇化的关系，从“七五”计划纲要至“十三五”规划纲要内容的转变（见图 6）同样可以显示国家在不同时期对于城乡发展的侧重。

从“七五”计划到“十三五”规划，对农业的重视程度逐步提高，从单纯重视农业投入到将农业发展放在国民经济发展的基础地位上。从“九五”计划提出的科教兴农到“十二五”规划的农业现代化，再到“十三五”规划强调提高农业技术装备和信息化水平，都

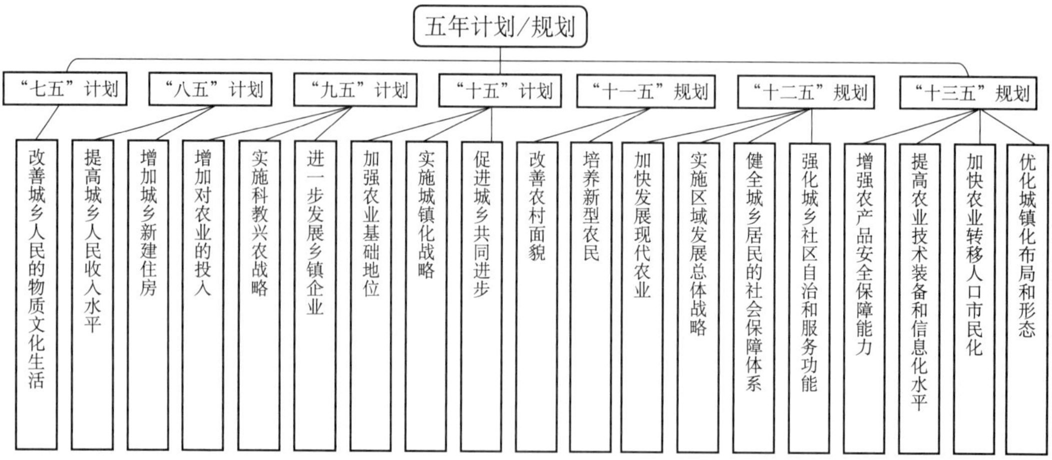


**图6　"七五"计划到"十三五"规划中的乡村与城镇化**

资料来源：中国政府网——中央人民政府门户网站（http：//www.gov.cn/）。

紧密与经济社会发展相匹配。对于农村的发展建设，国家五年规划更是全面布局，这体现在从"十一五"规划中的"生产发展、生活宽裕、乡风文明、村容整洁、管理民主"到乡村振兴战略中的"产业兴旺、生态宜居、乡风文明、治理有效、生活富裕"。对于农民则提出了培养新型农民、助力农村发展建设的要求。城镇化的具体规划安排是从"十五"计划开始的。1998年10月，党的十五届三中全会通过的《中共中央关于农业和农村工作若干重大问题的决定》提出"发展小城镇，是带动农村经济和社会发展的一个大战略"，而在2000年10月党的十五届五中全会通过的《中共中央关于制定国民经济和社会发展第十个五年计划的建议》中，首次明确提出实施城镇化战略，2007年十七大提出走"中国特色城镇化道路"，2012年12月中央经济工作会议则提出积极稳妥推进城镇化，着力提高城镇化质量，2013年7月提出要推进以人为核心的新型城镇化。由此可见，国家对于乡村和城镇化发展的政策基本同步，虽然在实践过程中城乡发展不协调仍在加剧，由于政策、研究与实践有所脱节，加之固化的城乡二元结构体制和文化，城乡一体化面临巨大挑战。

## 四、结论与启示

改革开放40年来，我国城镇化和乡村发展取得举世瞩目的成就。随着城镇化的持续快速推进，城乡之间人口流动的加速，城乡之间二元结构逐渐被打破，但与此同时，也存在研究、政策与实践脱节的问题，城镇化与乡村发展并未有机结合起来，城乡差距呈现不断扩大之势，城乡融合成为最大的挑战。

吸收改革开放以来研究和政策的经验教训无疑对未来新型城镇化和乡村振兴战略的实施至关重要。在新时代背景下，需要将新型城镇化和乡村振兴两大战略的有机结合及协同治理放在关键位置。我国城乡关系转型是一个系统概念，它包括了空间、经济、社会等诸多维度，其中城乡发展的空间差异性在新型城乡关系中占据首要位置。解决新时代社会主要矛盾，亟须发挥政府主导下的市场决定作用，国家层面的战略落实是城乡问题解决的关键。我国发展不平衡不充分问题在乡村最为突出，而实施乡村振兴战略是解决人民日益增长的美好生活需要和不平衡不充分的发展之间的矛盾的必然要求。新时代社会发展矛盾的破解需要乡村振兴与新型城镇化的战略耦合。

中国特色社会主义进入新时代，既是一个重大的政治判断，同时也是一个重大的理论判断。这一判断对我国城乡社会发展意义重大。乡村和城市不再是以往“此消彼长”的关系，而是呈现出城乡发展不平衡、乡村发展不充分等诸多特点。因此，为改变城乡发展不平衡的状况，有必要借助乡村振兴与新型城镇化战略耦合使城乡之间的紧张矛盾得到缓解。在新时代背景下，将乡村振兴与新型城镇化两大国家战略有机结合，是未来中国城乡融合和发展的切入点。构建中国特色的乡村振兴与新型城镇化协同治理的模式是我国全面建成小康社会的内在要求和关键举措。城乡协同治理是乡村振兴与新型城镇化战略贯彻落实的有力抓手。这也是改革开放 40 年城镇化和乡村建设的重要经验和启示。

## 参考文献

[1] 叶超，陈明星．国外城乡关系理论演变及其启示．中国人口·资源与环境，2008 (1).

[2] 陈国申，李广．从城乡二元对立到一体治理：西方发达国家城乡治理模式变迁及启示．东南学术，2007 (2).

[3] 郑国，叶裕民．中国城乡关系的阶段性与统筹发展模式研究．中国人民大学学报，2009，23 (6).

[4] Marsden，T.，Lowe，P.，Whatmore，S. Rural restructuring：global processes and their responses. London：David Fulton Publishers，1990.

[5] Marsden，T. Rural geography trend report：the social and political bases of rural re-

structuring. Progress in human geography，1996，20 (2).
[6] Long，H.，Li，Y.，Liu，Y.，et al. Accelerated restructuring in rural China fueled by "increasing vs. decreasing balance" land-use policy for dealing with hollowed villages. Land use policy，2012，29 (1).
[7] Wilson，J. The urbanization of the countryside. Latin American perspectives，2013，40 (2).
[8] Nonaka，A.，Ono，H. Revitalization of rural economies though the restructuring the self-sufficient realm：growth in small-scale rapeseed production in Japan. Japan agricultural research quarterly，2015，49 (4).
[9] Zhang，Y.，Li，X.，Song，W.，et al. Land abandonment under rural restructuring in China explained from a cost-benefit perspective. Journal of rural studies，2016，47.
[10] Tu，S.，Long，H. Rural restructuring in China：theory，approaches and research prospect. Journal of geographical sciences，2017，27 (10).
[11] Whatmore，S. Sustainable rural geographies. Progress in human geography，1993，17 (4).
[12] Woods，M. Rural geography：processes，responses and experiences in rural restructuring. London：Sage Publications，2005.
[13] Woods，M. Rural geography Ⅲ：rural futures and the future of rural geography. Progress in human geography，2012，36 (1).
[14] 费孝通．小城镇　再探索：之一．瞭望，1984 (20).
[15] 樊纲．城市化：下阶段经济增长的一大关键．管理与财富，2002 (3).
[16] 曾福生，吴雄周，刘辉．论我国目前城乡统筹发展的实现形式：城镇化和新农村建设协调发展．农业现代化研究，2010，31 (1).
[17] 徐光平．"十二五"时期协调推进新型城镇化与新农村建设研究．东岳论丛，2011，32 (8).
[18] 叶敏．城镇化与新农村建设协调发展的模式比较．重庆社会科学，2014 (6).
[19] 刘雪斌．城市化与新农村建设．南昌大学学报（人文社会科学版），2006 (6).
[20] 李杰义，谷晗，郑文哲．新型城镇化与新农村建设协调推进的机制与路径：基于浙江嘉兴市2个镇的案例研究．安徽农业科学，2013，41 (6).
[21] 龙花楼，邹健．我国快速城镇化进程中的乡村转型发展．苏州大学学报（哲学社会科

学版)，2011，32 (4).
[22] 廖彩荣，陈美球．乡村振兴战略的理论逻辑、科学内涵与实现路径．农林经济管理学报，2017，16 (6).
[23] 王亚华，苏毅清．乡村振兴：中国农村发展新战略．中央社会主义学院学报，2017 (6).